网络空间安全技术丛书

网络入侵调查
网络工程师电子数据取证方法

Investigating the Cyber Breach
The Digital Forensics Guide for the Network Engineer

［美］约瑟夫·穆尼兹　阿米尔·拉卡尼 著
　　（Joseph Muniz）　　（Aamir Lakhani）

孙国梓 韩马剑 李毅 谷宇 范礼 译

Cisco Press

800 East 96th Street

Indianapolis, Indiana 46240 USA

图书在版编目（CIP）数据

网络入侵调查：网络工程师电子数据取证方法 /（美）约瑟夫·穆尼兹（Joseph Muniz），（美）阿米尔·拉卡尼（Aamir Lakhani）著；孙国梓等译 . -- 北京：机械工业出版社，2022.5
（网络空间安全技术丛书）

书名原文：Investigating the Cyber Breach: The Digital Forensics Guide for the Network Engineer

ISBN 978-7-111-70761-5

I. ①网… II. ①约… ②阿… ③孙… III. ①计算机犯罪 - 证据 - 数据收集 IV. ①D918.4

中国版本图书馆 CIP 数据核字（2022）第 091475 号

北京市版权局著作权合同登记　图字：01-2020-5370 号。

Authorized translation from the English language edition, entitled Investigating the Cyber Breach: The Digital Forensics Guide for the Network Engineer, ISBN: 978-1-58714-502-5, by Joseph Muniz, Aamir Lakhani, published by Pearson Education, Inc., Copyright © 2018 Cisco Systems, Inc.

All rights reserved. No part of this book may be reproduced or transmitted in any form or by any means, electronic or mechanical, including photocopying, recording or by any information storage retrieval system, without permission from Pearson Education, Inc.

Chinese simplified language edition published by China Machine Press, Copyright © 2022.

本书中文简体字版由 Pearson Education（培生教育出版集团）授权机械工业出版社在中国大陆地区（不包括香港、澳门特别行政区及台湾地区）独家出版发行。未经出版者书面许可，不得以任何方式抄袭、复制或节录本书中的任何部分。

本书封底贴有 Pearson Education（培生教育出版集团）激光防伪标签，无标签者不得销售。

网络入侵调查：网络工程师电子数据取证方法

出版发行：机械工业出版社（北京市西城区百万庄大街 22 号　邮政编码：100037）

责任编辑：冯润峰　　　　　　　　　　　　责任校对：殷　虹

印　　刷：三河市国英印务有限公司　　　　版　　次：2022 年 7 月第 1 版第 1 次印刷

开　　本：186mm×240mm　1/16　　　　　印　　张：23

书　　号：ISBN 978-7-111-70761-5　　　　定　　价：149.00 元

客服电话：(010) 88361066　88379833　68326294　　　投稿热线：(010) 88379604

华章网站：www.hzbook.com　　　　　　　　　　　　读者信箱：hzjsj@hzbook.com

版权所有·侵权必究
封底无防伪标均为盗版

译 者 序

网络安全事件像梦魇一样纠缠着广大因特网用户。因特网用户不仅关心自己是否遭受了网络安全事件的侵袭，也关心网络安全事件发生的时间、方式以及后果。当网络安全事件发生时，如何调查取证和溯源分析，已经成为网络工程师与网络安全从业者关心和研究的焦点。网络安全事件的调查取证并不是一件纯粹的技术工作，而是以证据为中心，集法律、程序、方法、技术于一体的综合性工程。

本书以电子数据取证的概念为开端，阐述了网络安全事件调查人员所应掌握的电子数据取证方法，可帮助读者建立证据意识，掌握常用调查取证和分析工具使用技巧，熟悉应对网络安全事件的方法和常规流程。本书介绍的大多数工具都是开源的，便于读者练习和使用。同时，本书还以几种常见网络安全事件场景为例，详细阐述调查取证的流程、要点以及报告样例。具体包括：网络安全事件发生时要采取何种应对措施来减少或消除事件的不良影响，提高因特网用户的安全性；如何开展调查以及使用何种工具才能被业界所认可；怎样收集证据以及收集什么样的证据才能为潜在的法律诉讼提供帮助和支持，以便更加迅速、有效地开展事件调查取证工作。本书是网络安全专业人士，特别是网络安全事件调查人员不可多得的良好学习素材。本书内容深入浅出，非常适合作为高等学校信息安全或网络空间安全专业选修课的参考书，也可以作为相关专业工作人员案头学习的工具书。

本书由孙国梓、韩马剑、李毅组织翻译，参加翻译的人员还包括谷宇、范礼。具体分工如下：谷宇完成了本书第1、2、3章的主要翻译，韩马剑负责本书第4、7、8、11、12章的翻译，李毅及范礼完成了本书第5、6、9、10、13章的翻译，技术术语部分由所有翻译者共同参与完成。在翻译过程中，我们对书中个别明显的印刷错误做了修改；为了便于阅读和理解，在一些地方添加了译者注。全书最后由孙国梓统稿并审校。在本书的翻译过程中，我们得到了机械工业出版社华章分社朱捷、冯润峰等编辑的大力支持和帮助，在此表示衷心的感谢。

本着对读者认真负责的宗旨，我们努力做到技术内涵的准确无误以及专业术语的规范统一。但是，限于译者水平，加之时间仓促，翻译不妥和疏漏之处在所难免，敬请读者不吝批评指正。

2022 年春于南京

前　言

本书面向网络工程师、安全专业人员和红蓝团队成员，展现电子数据取证的世界。尽管他们的日常工作与取证无关，但是理解电子数据取证的概念，包括取证调查人员用以提高网络和机构安全性并更加迅速、有效地应对攻击破坏和安全事件的工具与方法，将让他们获益良多。

对大多数机构来说，问题不是是否会被攻击，而是何时被攻击。当网络安全事件发生时，你能够提供适当的应对措施吗？你能收集到对潜在的法律诉讼有用的证据吗？你能通过搜集犯罪团伙留下的电子数据解释到底发生了什么吗？电子数据取证可以帮助你处理这些问题，以及作为网络工程师可能遇到的其他情况。

谁需要读这本书

本书介绍了日常生活中数据泄露和安全事件的各种调查场景。如果网络工程师、系统管理员、安全工程师或者安全分析师想了解更多关于电子数据取证的知识，并学习如何开展调查、编写文档和提供证据，以及使用业界认可的工具，那么应该阅读本书。

本书中大多数工具和实例都是开源的，通过简化建设取证实验室的需求，来尝试完成书中提出的目标。尽管任何技术水平的读者都可以从本书中受益，但是建议读者具有网络和安全技术方面的基础。本书不会让你成为取证调查人员，但是它能够为你从事电子数据取证工作奠定坚实的基础，或者为其他工程师提供取证技术方面的帮助。

本书的组织结构

第 1 章：本章介绍了电子数据取证的历史与演变，阐述了研究电子数据取证的价值以及进行调查的益处，探讨了调查人员在机构内部和作为外部第三方成员所扮演的不同角色，以及何时自行进行调查，何时需要外部第三方进行调查。阅读本章可以初步认识电子数据取证。

第 2 章：本章展现了网络犯罪的世界，涵盖了网络犯罪的要素，其中包括网络犯罪类型、网络犯罪分子如何牟利以及他们参与的攻击类型。本章强调了为何电子数据取证调查人员需要精通多种类型的攻击才能正确识别攻击和进行调查。

第3章：本章阐述了如何建立一个实验室，并在实验室中测试本书中讨论的工具和方法。使用本书中介绍的工具进行练习，读者不仅能够领会专业知识和树立信心，而且能够获得对本书中相关概念的实践经验。

第4章：攻击破坏已经发生，要求对安全事件做出响应。那么你应当采取何种应对措施？如何准备应急响应和取证调查？本章可帮助你准备应对数据泄露时所需的知识。

第5章：在确认发生了攻击破坏或者安全事件后，现在需要进行电子数据取证调查。本章讨论在调查生命周期中使用的特定方法，包括如何确定调查的全部范围以及在调查事件时你所扮演的角色。

第6章：在调查过程中，需要收集和保全证据。证据规范、保管链和程序文件将决定调查的成败。本章主要探讨如何正确收集、记录、保全证据及电子数据。

第7章：本章探讨如何对终端的数据进行调查、收集和分析。目前，终端包括PC、Mac、物联网（IoT）和其他常见设备，本章阐述了调查这些终端设备所使用的具体技术以及它们产生的数据。

第8章：网络数据包日志、网络流和扫描为电子数据取证调查人员提供了丰富的信息。电子数据取证调查人员能够准确地建立安全事件时间表，了解攻击破坏活动，并收集相关证据。本章探讨了电子数据取证专家用来调查网络和网络设备的具体技术。

第9章：本章介绍了手机取证和分析，探讨了用于分析iOS和Android设备的最新技术，以及最新手机操作系统中的加密技术对取证和分析造成的阻碍。

第10章：本章介绍了对电子邮件和社交媒体通信的调查。从检查邮件头分析开始，通过不同的系统追踪电子邮件，分辨出欺诈或者滥用的迹象。深入认识社交媒体，了解如何围绕一个人或者网上虚拟身份进行网上调查。

第11章：书中包含思科公司特定的工具和技术，网络工程师可以使用这些工具和技术来协助开展电子数据取证。本章重点介绍可以从思科公司的产品中收集到哪些信息，以及如何提取和分析这些数据。

第12章：本章主要对学习本书获得的知识和技能进行实践。我们通过模拟调查场景，详细描述如何使用本书中介绍的工具和技术来进行调查。

第13章：本章汇集了本书中提到的所有工具，并对一些工具重新进行了介绍，以便更好地理解何时使用它们。本章还提到了许多在调查过程中可能很有价值的替代工具。

致　　谢

约瑟夫·穆尼兹：

首先，我要感谢阿米尔·拉卡尼与我共同完成了另一个项目。我们多年前在同一家公司共事，然而虽然不再是同事，如今我们的交流好像变得更多了。我出版了三本书，拍了两部视频，令人惊讶的是，这些都有他的支持。

我还要感谢审校者安东尼和摩西，以及玛丽·贝思、埃莉诺和其他团队成员，是他们促成了本书的出版。

最后，我要万分感谢我的朋友、家人、约翰·哥伦布和思科公司的其他人，感谢他们对本书以及我参与的其他项目的支持。有时候他们可能会听到我说"让它停下来吧！"，但是他们所有人都帮助我完成了这些有意义的项目。

阿米尔·拉卡尼：

我想感谢我的家人容忍我因写作而错过周末晚餐和家庭活动，并帮助我缓解压力。我要特别感谢我的侄女和侄子，他们真的很想把自己的名字写进书里。感谢法丽达、索菲亚和艾登，我知道我是他们最喜欢的叔叔！

我要感谢我的合作伙伴、挚友——合著者约瑟夫·穆尼兹。我们合作完成三本书真是太棒了！非常感谢审校者安东尼和摩西，以及我的领导的支持。特别要感谢德里克·曼基和安东尼·詹多梅尼科的支持。最后，还要感谢培生（Pearson）公司的所有员工帮助我们完成了本书。

作者简介

约瑟夫·穆尼兹（Joseph Muniz）是思科公司的系统架构师和安全研究员,在为《财富》500 强公司和美国政府设计安全解决方案与架构方面拥有丰富的经验。约瑟夫目前的工作让他能够从主要供应商和客户那里了解到网络安全的最新趋势。他的研究成果主要包括在 RSA 信息安全峰会上题为"社交媒体欺骗"的演讲（该演讲已被广泛引用,搜索"Emily Williams Social Engineering"）,以及在 *PenTest Magazine* 上发表的各种安全主题的文章。约瑟夫运营着 The Security Blogger 网站,在这个网站上发布了关于安全、黑客和产品实现方面的最新资源。他还是多本渗透测试、认证以及安全主题书的作者,你可以通过 www.thesecurityblogger.com 和 @SecureBlogger 关注他。

阿米尔·拉卡尼（Aamir Lakhani）是首席高级安全策略师,负责为重要企业、医疗保健机构、教育机构、金融机构和政府机构提供 IT 安全解决方案。阿米尔为《财富》500 强公司制定技术安全策略以及组织实施安全项目,并为美国国防部和国家情报机构设计了攻击反制防御措施,同时还协助组织保护 IT 和物理环境免受地下网络犯罪集团的攻击。他是在复杂计算环境中构建安全架构的行业领导者,其专业领域包括网络防御、移动应用程序威胁、恶意软件管理、高级持续性威胁（APT）研究,以及网络安全黑产活动调查。

审校者简介

安东尼·詹多梅尼科（Anthony Giandomenico）是一位拥有 20 多年丰富经验的信息安全执行官、传播者、企业家、导师和顾问。安东尼在许多领域拥有专业知识，包括安全流程构建、防御策略、应急响应与取证流程、安全评估、渗透测试和安全操作。他擅长组织初创企业，并为不同行业的安全解决方案公司提供有针对性的咨询服务。

安东尼就职于飞塔公司（Fortinet），致力于通过有效的安全方法正确阐述高级威胁概念和防御策略，并提供知识、工具和方法。安东尼与 FortiGuard Labs 和 Fortinet System Engineering 密切合作，按照既定方案对高级威胁开展应急响应。

安东尼曾在许多会议、展会和媒体上对各种安全概念与策略进行介绍、培训和指导，包括每周在 KHON2-TV 早间新闻的"Tech Buzz"栏目和 OC16 的"Technology News Bytes"栏目上提供月度安全建议。

安东尼创立了 Secure DNA 公司，这是一家全球性安全咨询公司，专注于金融机构、医院和政府机构等关键基础设施的安全防护。

摩西·埃尔南德斯（Moses Hernandez）是 GSSO 的系统顾问工程师和安全研究员，具有帮助大型企业设计网络和安全解决方案的工作背景，还具有渗透测试和帮助初创企业构建应用程序安全的经验。

摩西是 OWASP 分会主席和 SANS 认证讲师，并且参与了各种安全会议，他帮助运作和设计了许多夺旗比赛，同时他也是思科公司的网络威胁应急响应架构师。

目 录

译者序
前言
致谢
作者简介
审校者简介

第 1 章 电子数据取证 ·············· 1
1.1 定义电子数据取证 ············ 2
1.2 从事取证服务 ·················· 4
1.3 汇报犯罪活动 ·················· 6
1.4 搜查令与法律 ·················· 7
1.5 取证角色 ························ 10
1.6 取证就业市场 ·················· 12
1.7 取证培训 ························ 13
1.8 小结 ······························ 19
参考文献 ······························ 19

第 2 章 网络犯罪与防御 ·········· 20
2.1 数字时代的犯罪 ·············· 21
2.2 漏洞利用 ························ 24
2.3 对手 ······························ 27
2.4 网络法 ···························· 28
2.5 小结 ······························ 30
参考文献 ······························ 31

第 3 章 建立电子数据取证实验室 ······ 32
3.1 桌面虚拟化 ···················· 32
 3.1.1 VMware Fusion ········ 33

 3.1.2 VirtualBox ··············· 33
3.2 安装 Kali Linux ············· 34
3.3 攻击虚拟机 ····················· 40
3.4 Cuckoo 沙盒 ··················· 44
 3.4.1 Cuckoo 虚拟化软件 ······ 45
 3.4.2 安装 TCPdump ·········· 46
 3.4.3 在 VirtualBox 上为 Cuckoo 创建账户 ·················· 46
3.5 Binwalk ························· 47
3.6 The Sleuth Kit ··············· 48
3.7 Cisco Snort ···················· 49
3.8 Windows 工具 ················· 54
3.9 物理访问控制 ·················· 55
3.10 存储取证证据 ················ 57
3.11 快速取证背包 ················ 59
3.12 小结 ····························· 60
参考文献 ······························ 60

第 4 章 违规应急响应 ·············· 61
4.1 机构在应急响应中失败的原因 ······ 62
4.2 为网络事件做好准备 ········ 63
4.3 应急响应定义 ·················· 64
4.4 应急响应计划 ·················· 65
4.5 组建应急响应团队 ············ 67
 4.5.1 应急响应团队的介入时机 ······ 67
 4.5.2 应急响应中容易忽略的事项 ··· 70
 4.5.3 电话树和联系人列表 ······ 70
 4.5.4 设施 ························ 71

4.6 应急响应 …… 71	6.3 硬盘驱动器 …… 117
4.7 评估事件严重性 …… 72	6.3.1 连接和设备 …… 119
4.8 遵循的通知程序 …… 73	6.3.2 RAID …… 121
4.9 事件后采取的行动和程序 …… 74	6.4 易失性数据 …… 122
4.10 了解有助于应对违规事件的软件 …… 74	6.4.1 DumpIt …… 122
4.10.1 趋势分析软件 …… 75	6.4.2 LiME …… 123
4.10.2 安全分析参考架构 …… 75	6.4.3 Volatility …… 124
4.10.3 其他软件类别 …… 77	6.5 复制 …… 126
4.11 小结 …… 78	6.5.1 dd …… 128
参考文献 …… 78	6.5.2 dcfldd …… 129
	6.5.3 ddrescue …… 129
第 5 章 调查 …… 79	6.5.4 Netcat …… 130
5.1 预调查 …… 79	6.5.5 Guymager …… 131
5.2 开始案件 …… 81	6.5.6 压缩和分片 …… 131
5.3 应急响应人员 …… 84	6.6 哈希 …… 133
5.4 设备电源状态 …… 88	6.6.1 MD5 和 SHA 哈希 …… 135
5.5 搜查和扣押 …… 90	6.6.2 哈希挑战 …… 136
5.6 证据保管链 …… 94	6.7 数据保全 …… 136
5.7 网络调查 …… 96	6.8 小结 …… 138
5.8 取证报告 …… 101	参考文献 …… 138
5.8.1 案例摘要 …… 102	
5.8.2 获取和检查准备 …… 103	第 7 章 终端取证 …… 139
5.8.3 发现 …… 103	7.1 文件系统 …… 140
5.8.4 结论 …… 103	7.1.1 定位数据 …… 143
5.8.5 作者列表 …… 104	7.1.2 未知文件 …… 145
5.9 结束案件 …… 105	7.1.3 Windows 注册表 …… 147
5.10 评判案件 …… 108	7.1.4 被删除的文件 …… 150
5.11 小结 …… 110	7.1.5 Windows 回收站 …… 151
参考文献 …… 111	7.1.6 快捷方式 …… 154
	7.1.7 打印缓冲池 …… 154
第 6 章 收集和保全证据 …… 112	7.1.8 松弛空间和损坏的簇 …… 156
6.1 应急响应人员 …… 112	7.1.9 交换数据流 …… 159
6.2 证据 …… 115	7.2 Mac OS X …… 161
6.2.1 Autopsy …… 115	7.3 日志分析 …… 164
6.2.2 授权 …… 116	7.4 物联网取证 …… 169

7.5 小结 …… 172
参考文献 …… 172

第 8 章 网络取证 …… 173
8.1 网络协议 …… 173
8.2 安全工具 …… 175
  8.2.1 防火墙 …… 178
  8.2.2 入侵检测和防御系统 …… 178
  8.2.3 内容过滤器 …… 179
  8.2.4 网络访问控制 …… 179
  8.2.5 数据包捕获 …… 182
  8.2.6 网络流 …… 183
  8.2.7 沙盒 …… 184
  8.2.8 蜜罐 …… 186
  8.2.9 安全信息和事件管理器 …… 186
  8.2.10 威胁分析与提要 …… 187
  8.2.11 安全工具总结 …… 187
8.3 安全日志 …… 187
8.4 网络基线 …… 191
8.5 威胁征兆 …… 192
  8.5.1 侦察 …… 193
  8.5.2 漏洞利用 …… 195
  8.5.3 恶意行为 …… 198
  8.5.4 信标 …… 200
  8.5.5 暴力破解 …… 204
  8.5.6 泄露 …… 205
  8.5.7 其他指标 …… 208
8.6 小结 …… 209
参考文献 …… 210

第 9 章 手机取证 …… 211
9.1 移动设备 …… 211
9.2 iOS 架构 …… 212
9.3 iTunes 取证 …… 214
9.4 iOS 快照 …… 216
9.5 如何给 iPhone 越狱 …… 218
9.6 Android …… 219
9.7 绕过 PIN …… 222
9.8 使用商业工具取证 …… 224
9.9 通话记录和短信欺骗 …… 225
9.10 语音邮件绕过 …… 226
9.11 如何找到预付费手机 …… 226
9.12 SIM 卡克隆 …… 228
9.13 小结 …… 228
参考文献 …… 229

第 10 章 邮件和社交媒体 …… 230
10.1 瓶中信 …… 230
10.2 邮件首部 …… 231
10.3 社交媒体 …… 236
10.4 人员搜索 …… 236
10.5 谷歌搜索 …… 240
10.6 Facebook 搜索 …… 243
10.7 小结 …… 250
参考文献 …… 251

第 11 章 思科取证能力 …… 252
11.1 思科安全架构 …… 252
11.2 思科开源工具 …… 254
11.3 思科 Firepower …… 255
11.4 思科高级恶意软件防护 …… 257
11.5 思科威胁网格 …… 262
11.6 思科 Web 安全设备 …… 265
11.7 思科认知威胁分析 …… 266
11.8 Meraki …… 267
11.9 电子邮件安全设备 …… 269
11.10 思科身份识别服务引擎 …… 270
11.11 思科 Stealthwatch …… 273
11.12 思科 Tetration …… 276
11.13 思科保护伞 …… 277

11.14 思科 Cloudlock ……………… 281
11.15 思科网络技术 ……………… 282
11.16 小结 ……………………… 282
参考文献 …………………………… 283

第 12 章 取证案例场景 …………… 284

12.1 场景 1：网络通信调查 ………… 284
 12.1.1 预定方案 ………………… 285
 12.1.2 网络数据调查策略 ……… 286
 12.1.3 调查 ……………………… 288
 12.1.4 结束调查 ………………… 293
12.2 场景 2：正在使用的终端设备的取证 ……………………………… 294
 12.2.1 预定方案 ………………… 294
 12.2.2 终端设备调查策略 ……… 295
 12.2.3 调查 ……………………… 296
 12.2.4 可能采取的步骤 ………… 296
 12.2.5 结束调查 ………………… 299
12.3 场景 3：恶意软件调查 ………… 300
 12.3.1 预定方案 ………………… 301
 12.3.2 恶意文件的调查策略 …… 301
 12.3.3 调查 ……………………… 302
 12.3.4 结束调查 ………………… 305
12.4 场景 4：易失性数据调查 ……… 306
 12.4.1 预定方案 ………………… 306
 12.4.2 易失性数据的调查策略 … 307
 12.4.3 调查 ……………………… 307
 12.4.4 结束调查 ………………… 310
12.5 场景 5：充当应急响应人员 …… 311
 12.5.1 预定方案 ………………… 311
 12.5.2 应急响应人员的策略 …… 311
 12.5.3 结束调查 ………………… 313
12.6 小结 ……………………………… 314
参考文献 …………………………… 315

第 13 章 取证工具 ………………… 316

13.1 工具 ……………………………… 317
 13.1.1 Slowloris DDOS 工具：第 2 章 …………………… 317
 13.1.2 Low Orbit Ion Cannon 网站压力测试工具 ………………… 318
 13.1.3 VMware Fusion：第 3 章 … 319
 13.1.4 VirtualBox：第 3 章 ……… 319
 13.1.5 Metasploit：第 3 章 ……… 320
 13.1.6 Cuckoo 沙盒：第 3 章 …… 321
 13.1.7 Cisco Snort：第 3 章 ……… 321
 13.1.8 FTK Imager：第 3 章、第 9 章 … 322
 13.1.9 FireEye Redline：第 3 章 … 323
 13.1.10 P2 eXplorer：第 3 章 …… 324
 13.1.11 PlainSight：第 3 章 ……… 324
 13.1.12 Sysmon：第 3 章 ………… 324
 13.1.13 WebUtil：第 3 章 ………… 325
 13.1.14 ProDiscover Basics：第 3 章 … 325
 13.1.15 Solarwinds Trend Analysis Module：第 4 章 …………… 325
 13.1.16 Splunk：第 4 章 …………… 326
 13.1.17 RSA Security Analytics：第 4 章 ……………………… 327
 13.1.18 IBM 的 QRadar：第 4 章 … 327
 13.1.19 HawkeyeAP：第 4 章 …… 327
 13.1.20 WinHex：第 6 章、第 7 章 … 328
 13.1.21 OSForensics：第 6 章 …… 328
 13.1.22 Mount Image Pro：第 6 章 … 329
 13.1.23 DumpIt：第 6 章 ………… 329
 13.1.24 LiME：第 6 章 …………… 329
 13.1.25 TrIDENT：第 7 章 ……… 329
 13.1.26 PEiD：第 7 章 …………… 330
 13.1.27 Lnkanalyser：第 7 章 …… 330
 13.1.28 Windows File Analyzer：第 7 章 ……………………… 330

13.1.29	LECmd：第 7 章 ………………	331
13.1.30	SplViewer：第 7 章 ……………	332
13.1.31	PhotoRec：第 7 章 ………………	332
13.1.32	Windows 事件日志：第 7 章 ……	333
13.1.33	Log Parser Studio：第 7 章 ……	334
13.1.34	LogRhythm：第 8 章 ……………	334
13.2	移动设备 ……………………………	334
13.2.1	Elcomsoft：第 9 章 ……………	334
13.2.2	Cellebrite：第 9 章 ……………	335
13.2.3	iPhone Backup Extractor：第 9 章 ……………	335
13.2.4	iPhone Backup Browser：第 9 章 ……………	335
13.2.5	Pangu：第 9 章 …………………	335
13.2.6	KingoRoot Application：第 9 章 …	335
13.3	Kali Linux 工具 ……………………	336
13.3.1	Fierce：第 8 章 …………………	336
13.3.2	TCPdump：第 3 章 ……………	336
13.3.3	Autopsy 和使用 Sleuth Kit 的 Autopsy：第 3 章、第 6 章 ……	336
13.3.4	Wireshark：第 8 章 ……………	336
13.3.5	Exiftool：第 7 章 ………………	337
13.3.6	dd：第 6 章 ……………………	337
13.3.7	dcfldd：第 6 章 …………………	338
13.3.8	ddrescue：第 6 章 ………………	338
13.3.9	Netcat：第 6 章 …………………	338
13.3.10	Volatility：第 6 章 ……………	338
13.4	思科工具 ……………………………	338
13.4.1	思科 AMP ……………………	338
13.4.2	Stealthwatch：第 8 章 …………	339
13.4.3	思科 WebEx：第 4 章 …………	339
13.4.4	Snort：第 11 章 ………………	339
13.4.5	ClamAV：第 10 章 ……………	339
13.4.6	Razorback：第 10 章 ……………	340
13.4.7	Daemonlogger：第 11 章 ………	340
13.4.8	Moflow Framework：第 10 章 …	340
13.4.9	Firepower：第 10 章 ……………	340
13.4.10	Threat Grid：第 10 章 …………	340
13.4.11	WSA：第 10 章 …………………	340
13.4.12	Meraki：第 10 章 ………………	341
13.4.13	Email Security：第 10 章 ………	341
13.4.14	ISE：第 10 章 …………………	341
13.4.15	思科 Tetration：第 10 章 ………	341
13.4.16	Umbrella：第 10 章 ……………	341
13.4.17	Norton ConnectSafe：前面未提及 ……………………	342
13.4.18	Cloudlock：第 10 章 ……………	343
13.5	取证软件包 …………………………	343
13.5.1	FTK Toolkit：第 3 章 ……………	343
13.5.2	X-Ways Forensics：第 3 章 ……	343
13.5.3	OSforensics：第 6 章 ……………	343
13.5.4	EnCase：第 7 章 ………………	344
13.5.5	Digital Forensics Framework（DFF）：第 7 章 ……………	344
13.6	有用的网站 …………………………	344
13.6.1	Shodan：第 1 章 ………………	344
13.6.2	Wayback Machine：第 3 章 ……	345
13.6.3	Robot.txt 文件：第 2 章 ………	345
13.6.4	Hidden Wiki：第 2 章 …………	345
13.6.5	NIST：第 4 章 …………………	345
13.6.6	CVE：第 4 章 …………………	345
13.6.7	Exploit-DB：第 4 章 ……………	346
13.6.8	Pastebin：第 4 章、第 10 章 ……	346
13.6.9	宾夕法尼亚大学证据保管链表格：第 6 章 ………………	346
13.6.10	文件签名列表：第 9 章 ………	347
13.6.11	Windows 注册表取证 Wiki：第 7 章 ………………………	347
13.6.12	Mac OS 取证 Wiki：第 7 章 ……	347
13.7	杂项网站 ……………………………	347

13.7.1	可搜索的 FCC ID 数据库 ········ 347	13.7.11	RingZer0 Team Online CTF ·····	349
13.7.2	服务名称和传输协议端口号	13.7.12	Hellbound Hackers ··············	350
	注册表 ································ 348	13.7.13	Over the Wire ····················	350
13.7.3	NetFlow 版本 9 流记录格式 ····· 348	13.7.14	Hack This Site ···················	350
13.7.4	NMAP ································ 348	13.7.15	VulnHub ···························	350
13.7.5	Pwnable ···························· 348	13.7.16	Application Security	
13.7.6	Embedded Security CTF ········ 348		Challenge ·························	350
13.7.7	CTF Learn ·························· 349	13.7.17	iOS 技术概述 ·····················	351
13.7.8	Reversing.Kr ······················· 349	13.8 小结 ·································		351
13.7.9	Hax Tor ····························· 349			
13.7.10	W3Challs ···························· 349	技术缩略语表 ·································		352

第 1 章

电子数据取证

> 一切成就的起点都是欲望。
>
> ——拿破仑·希尔

本书旨在指导普通的网络工程师进行电子数据取证调查工作。我们对普通的定义是指在电子数据取证相关技术、计算机和网络方面有基本背景的人，同时也包括正在使用的工具，普通的工具可以定义为所购买的具有标准功能的现代计算机。在阅读本书的过程中，会遇到一些需要专业能力和技术的情况，但本书的主要内容是适用于大多数读者的，所以不用太担心你的技能水平。虽然我们泛称为"网络工程师"，但职位性质可能会有所不同。如果你对电子数据取证有深刻的理解和丰富的经验，可能会发现本书的大部分内容似曾相识。如果你对电子数据取证相关技术和安全知识还不熟悉，可能会觉得有些内容理解起来具有些许挑战性。如果你处于两者之间，我们希望你能从本书中找到一些可以让你受益的东西。

尽管电子数据取证通常用于调查领域，但本书对任何想了解网络环境的安全专业人员都有一定价值。电子数据取证技术包括网络防御、网络蓝队和其他系统工程任务。一些工程师可能对寻找内部威胁感兴趣，而另一些可能着力于妥善保全他们被要求调查的数据。取证是一个非常广泛的话题，所以我们希望从不同的角度来探讨它。

关于工具，我们的重点是开放源码，这意味着你可以免费且合法地下载本书所涵盖的大多数应用程序。因为本书是由思科出版的，所以书中包含了关于思科技术的一章，但是对于本书的大部分内容，我们倾向于使用免费和开源技术。此外，一些非思科产品的工具已具有一定商业性质，并成为行业标准。我们会在适当的时候使用这些工具，但也提供其他开源或更具成本效益的工具。由于在许多情况下，企业技术诞生的目的是自动化处理烦琐的任务，并利用大量的情报资源，因此我们希望你不仅能学习使用各种开源工具进行取证工作，也能对企业技术有充分的了解。我们选取的操作系统是 Kali Linux，因为它非常流行，并且提供了大量工具，有一个强大的技术支持社区。我们还为许多示例提供了 Windows 工具，并试图将重点放在概念上，以便这些技术可以应用到其他操作系统和相似但未提及的工具上。在第 3 章中你将开始体会动手实践的乐趣，你会建立一个取证实验室。

如果这是你的目标并且你迫不及待地想要进行实践，请直接跳转到第 3 章。第 3 章之前的章节是用于理解电子数据取证的基本概念的。

本书的主题从了解当前的威胁和取证领域开始。我们会建立一个实验室，然后开始调查取证过程。取证有一种潜在的法律用途，即收集和保全数据，以证明一个理论或目前事实的过程。这意味着数据保全对于确保合法使用是至关重要的，这也是在进行网络调查之前，数据保全作为第一步的原因。我们接下来会使用技术来调查各种类型的设备，从主机到网络，以及两者之间的相关数据，以作为数据保全的过程进行展示。为了使任务重点明确，我们会根据以下指导原则编写本书：

1. 普通的工程师能从这些内容中获益吗？
2. 这项技术对普通的工程师来说是否可行？
3. 普通的工程师是否有机会接触这个话题？
4. 如果一般的工程师不进行实践，这些信息在理论上是否有效益？

根据公司的平均安全预算，这些指导原则摒弃了需要极其昂贵工具的话题，诸如建立一个价值数百万美元的取证实验室等。当然，思科部分是本指导原则的唯一例外。思科的一些针对企业网络的技术无法缩减规模并应用到中小型企业市场上，其中思科 Tetration 就是一个很好的例子，但随着技术的发展，事情总会改变。

在做取证工作之前，让我们先从了解什么是取证以及它的重要性开始。是的，我们可以认为世界上会发生很多恶意事件，当恶意事件发生时，你需要取证来鉴定。然而，重要的是证明你在学习这个主题上的投资是合理的。本章解释为什么我们认为电子数据取证如此重要，希望你读完本章后也会有这种感觉。如果没有，试着在网络上搜索数据泄露，看看其他人是如何面对网络安全故障的。Shodan（www.Shodan.io/）是一个验证事情有多糟糕的非常有趣的工具。请访问 Shodan 网站并搜索不应该位于线上的系统，如工业控制系统。图 1-1 展示了一个使用 SCADA 进行搜索的示例。这些设备代表了如果被网络恐怖分子滥用可能会造成很大损害的系统。

1.1 定义电子数据取证

在大多数正式的定义中，取证涉及犯罪调查，目的是收集证据来证明一种理论。通常，当保护一个被破坏的系统或起诉一个触犯法律的罪犯的时候，就会采用这种理论。标准的取证定义通常会包括谋杀案件，如需要分析指纹、血迹和其他专业知识的特殊工具。电子数据一词聚焦了我们对技术犯罪的关注，这是一种较新的取证形式。因为一切都朝着获得因特网能力的方向发展，因此流行的术语"万物互联"随之形成，而电子数据取证领域的需求也持续增加。在下一章中，我们将介绍网络犯罪是如何演变的，以便你能够更好地了解对手。你会发现，技术和犯罪的更新迭代比法律进步快得多，这使网络取证工作非常具有挑战性，但掌握它的人会收益良多。

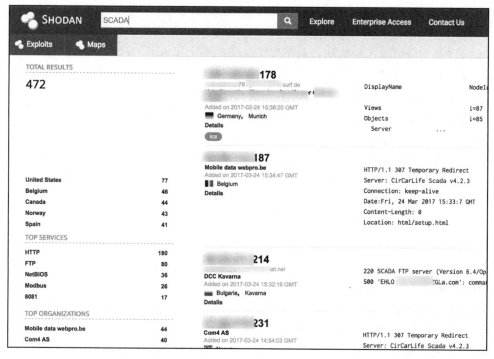

图 1-1　在 Shodan 中搜索 SCADA 系统

任何类型的取证调查都应包括以下目标：
- 收集有效的证据。
- 不干扰正常的商业进程。
- 确保证据对结果和法律行动产生积极影响。
- 协助任何潜在的犯罪调查，并说服对手避免对目标组织采取进一步行动。
- 提供费用可接受的取证程序。

在法律程序方面，许多国家正竭尽全力使法律法规跟上当前的技术趋势，其中包括界定网络犯罪行为。法律执行失败的例子有很多，也许某一项犯罪在大多数标准定义下是违法的，但是相关法律中并未写成强制采取法律行动。在美国，在建立 2003 年的《反垃圾邮件法》（CAN-SPAM Act）将此类行为定为犯罪以前，发送大量电子邮件（称为垃圾邮件）是合法的。但是，该法案仅适用于美国公民。美国联邦调查局（FBI）可以在美国逮捕罪犯，但无权在西班牙这么做。在美国境内，由于管辖权的限制，芝加哥的当地警察无法在佛罗里达州逮捕罪犯。技术可以无处不在，但如果证据超出当地的法律范围，则几乎无能为力。这就是在线资源可以托管受版权保护的电影、音乐等，但是负责执行版权保护的各方却不能强制执法的原因。这也是今天仍然存在垃圾邮件的原因：并非每个国家都有像《反垃圾邮件法》这样的法律。

下一章我们将深入探讨网络犯罪。现在，让我们先看看电子数据取证中的不同角色。

1.2 从事取证服务

一旦涉及犯罪的技术被确认，电子数据取证过程就开始了。你可能会被要求扮演应急响应人员的角色，这意味着你要负责收集、保全和调查证据。你也可能出于各种原因决定将部分或全部取证工作外包，原因如下：

- 你的团队缺少必要的时间、技能或技术。
- 存在潜在的利益冲突。
- 可能导致昂贵或非常冒险的情况。
- 你想要一个有良好声誉的资源。
- 法律要求或禁止你的团队参与。
- 你有预算和偏好运用其他资源。

在第 5 章中，我们将介绍电子数据取证调查是如何分解的。这个过程的一部分包括我们刚才提到的概念，即应急响应人员。应急响应人员指负责在调查开始前确定犯罪现场并收集最终将被分析的证据的个人或团队。

如果要使用其他资源，根据你的需求和情况，可以使用不同的选项，这些选项可以一起使用，也可以单独使用。这些资源如下：

- **专业取证服务**：一种可以承担部分或全部取证工作的雇用服务。根据所需技能、调查地点、服务使用量、行业声誉等因素，价格可能会有所不同。例如，一位客户告诉我，他花了大约 7000 澳元让一家外部公司调查、恢复并提供证据，证明一名员工正在从公司设备中删除和导出系统数据。还有一些案件，随着案件从调查转向法律介入，服务费用高达数十万美元。
- **联络权威机构**：利用当地或外国权威机构协助收集、保全数据并打击网络犯罪。所得到的服务将根据所涉权威机构及其协助能力而有所不同。有时，联系权威机构可能会产生负面影响，因为一旦涉及已查明的罪行，权威机构就有义务履行职能。负面影响的一个例子可能是这种情况向公众公开，从而损害了对组织安全的信任，在调查过程中造成关键系统或人员的损失，并可能导致业务中断。在某些情况下，你可能会失去对调查的控制权，从而导致更多挑战。最佳做法是，在与外部权威机构联系开始法律程序之前，先提出期望。

> **注意** 我们强烈建议你在犯罪发生前与权威机构接洽，以便你在不受网络事件压力的情况下，更好地了解调查期间需要与谁交谈，确定他们提供什么服务，并更好地了解任何潜在风险。在某些情况下，无论公司的政策如何，你都有义务参与执法。你应该清楚地列出需要在你的应急响应政策和计划中与外部机构合作的触发点。最好在发生安全事件之前先了解何时适用！

- **使用内部服务**：这可能是组织内的另一个部门，你的部门，或者可能只是你自己。

在组织内部进行调查有助于保持机密性、降低成本和提高内部人才水平，为将来的事件做好准备。如果你的组织完全缺乏人力、技能和预算来处理调查，那么外包可能是最好的选择。你仍然可以隐藏合同规定的资源，并慢慢学会使用内部服务来处理部分调查。

> **注意** 本书可以帮助你了解网络调查涉及的内容，但它不会使你成为电子数据取证专家。只有经验和持续的教育才能最终让你达到目的。但是，本书可以帮助你踏上专业之旅，并教会你处理某些取证任务。

- **联系安全厂商支持**：大多数安全厂商都利用安全工具。其中许多工具提供各种形式的警报和日志记录，可用于数字调查。如果厂商的技术涉及犯罪情况，你可能会利用该厂商的专家帮助最大化其技术的价值。有时这需要成本，但有时厂商可能根据现有的支持合同或良好的客户支持实践提供帮助。我看到安全厂商的工程师们做的工作远远超出了帮助客户的职责范围，他们希望为未来的销售建立信任，当然这也是正确的做法。其他时候，如果厂商工程人员的技术对犯罪情况没有积极影响，客户可能会迁移到其他技术时，工程人员就会介入。

当你遇到不同情况时要考虑各种因素来做出最佳的选择。我们已经列出了一些你需要借助外部资源的原因。下面简要列出了进行所有电子数据取证调查时应考虑的重要事项：

- **成本**：专业服务的价格可能会变化，也许很快就会变得非常昂贵。
- **声誉**：如果调查后很可能会采取法律行动，你需要与一家有类似案例历史的公司合作。
- **所需技能集**：电子数据取证需采用各种类型的技术，这意味着可能需要一系列技能才能正确完成调查。没有正确的技能可能意味着无法获取关键的证据，甚至导致证据失去原本的价值。
- **利益冲突**：如果被指控犯罪的个人或公司与要求调查的一方有关联，则可能存在被视为法律利益冲突的关系。例如，调查员被要求调查一个涉及他的一个重要人物的案件。调查组不应与利害关系人有任何联系，因为这可能在法律问题上表现出偏袒。
- **时间**：出于各种原因，取证调查可能需要很多烦琐的步骤和工作之间的长时间间隔。有时，最好着眼于收费安全服务或"时间与材料"项目，而不是分配一个员工进行调查。其他时候你可能会被要求支付一笔定金。在这种情况下，最好设定一个条款，说明如果事故从未发生，如何利用雇用时间。例如，可以选择将剩余的时间用于培训或产品优化。
- **风险**：涉及政治和昂贵事务的取证案件可能使内部服务难以承担。

权衡这些因素和其他因素可能会导致一个非常特定或混杂的行动方案。例如，你可以使用内部服务进行文档和项目管理，同时雇用具有特定技术专业知识的合同专家来研究调查过程中收集的证据。你也可以在第一次发生事件时使用外部服务，但需要随时跟踪这些服务，以便在发生另一个事件时利用内部服务。强烈建议你以缓慢提升内部取证能力为目标，指派一名或多名员工进行实践，因为很可能会在某个时间点发生另一事件。

通常情况下，当犯罪行为被确认后，取证工作就会开始。让我们看看下一步该怎么做。

1.3 汇报犯罪活动

当破坏发生时，很可能需要定位相关法律影响的问题，包括考虑聘请法律机构的情况。领导层可能会担心，如果这种情况为公众所知，会对商业品牌或成本造成打击。各种具体的担心可能会导致在汇报犯罪活动时犹豫不定。这时必须考虑一个非常重要的概念，即只有汇报过的犯罪活动才能帮助查明与起诉罪犯。权威机构会根据报告的案件数量进行大量工作，推动对预算、人力和网络犯罪的关注的需求。作为一个团体，我们需要信任权威机构，共同努力减少网络犯罪。

在法律权威面前陈述潜在问题并提出期望会提高解决问题的可能性，以便正确报告网络犯罪。权威机构理解你有业务要经营，而只要沟通清楚预期，就会与你合作。你可以在网络犯罪发生之前启动此过程，主动联系当地执法部门，以建立一个针对不同类型法律需求的联系人列表。要知道，取决于犯罪的范围，网络犯罪可以从当地小组进行升级。在美国，地方权威机构可以接触州、联邦和国际各级的法律。美国已经成立了专门的组织来处理网络犯罪案件，比如联邦调查局的网络犯罪投诉中心（IC3），专门针对与网络相关的犯罪。图1-2展示了从何处开始IC3投诉。

图1-2　向IC3投诉

如果你的团队有责任将任何情况下的网络犯罪事件与权威机构进行接洽，请根据你所在国家的法律资源，确认应急响应计划过程中到底包括哪一方。同样重要的是，当发现潜在的犯罪时，要向员工明确与谁接触。最佳做法是只提供一个联系方，如 security@your_organization.com 或一个电话号码，以避免由于报告过程中的混乱而造成延迟。在集团内部需设定一个单独的联系人，接收潜在的犯罪事件处理请求，由他负责决定与谁接触，包括外部机构。团队还应该准备内部应急响应团队成员的名单列表，如果他们认为有必要，那就可以启动响应过程。团队可能会把这些责任交给另一个小组，当他们不能保证 24×7 都工作时，因为犯罪随时可能发生。如果你的公司没有 24×7 的支持服务，建议将第一级支持服务外包出去，以满足下班后的要求。

另一个重要的建议是，为与网络犯罪活动相关或可能用于网络犯罪活动的技术提供方便的安全厂商支持号码。在许多情况下，时间对响应成功与否至关重要。提前做好准备将大大缩短响应时间。这些数据应该是应急响应策略和计划的一部分。

理解法律问题也是非常重要的，让我们简单地看看搜查令和一般网络法。

1.4 搜查令与法律

一旦发现网络犯罪，你可能需要获得授权，才能继续完成应急响应人员的工作。即使你的内部团队计划进行调查，授权也需要包括获得搜查令阶段。应对措施取决于适用这种情况的地方和国家法律。

在美国，公民受到各种法律的保护，例如 2001 年的《美国爱国者法案》，该法案限制了政府人员在没有搜查令的情况下寻找证据的权利。有时，根据法律，搜查可能会受到质疑，以确定它是否符合宪法，也就是说，它不违反一个人对隐私的"合理"或"合法"期望。这一与《美国爱国者法案》背道而驰的概念，为我们的解释敞开了大门。例如，公民可能会将自己或他们的数据暴露在诸如博客之类的公共事务中，但当一名警官根据其对合理公开内容的理解收集公共数据时，他们可能随后声称自己的隐私受到侵犯。社交媒体和新闻报道发布的数据是一个很好的例子，两者在保护和合理曝光之间进行摇摆。在使用可能被标记为违反隐私法的证据立案时，与调查国家中专门从事网络取证的法律专业人员合作是极其重要的。

在美国，法律对数据保护非常明确。第四修正案被解释为将计算机视为封闭的容器，类似于公文包或上锁的文件柜。这也包括电子存储设备，如闪存驱动器。然而，第四修正案不适用于私人机构进行的搜查，比如你为一家公司工作，并被要求扣押证据。这就是在你的组织中建立许可规则的非常重要的原因，这样你就可以在潜在犯罪发生时合法地访问数据。在工作场所层面，私营部门的工作场所，如办公室，在保留哪些搜查和扣押权利方面，被视为与员工的私人住宅完全一样。除非你在获得空间和相关技术之前签署了许可规则，否则员工办公室基本上被视为私人住宅。违反这些法律会导致你的证据被丢弃，甚至使你面临诉讼的风险。

以下是美国许可概念的细目。在这些情况下，不需要搜查令。

> **注意** 其他国家的法律会有所不同，我们不会提供官方法律建议。

- **一般许可**：这种许可代表相关技术的责任方允许搜索。但是，必须证明提供许可的人能够合理了解他所许可的情况。在法律情况下，获得许可的一方（执法部门）必须证明自己明确意图，并且许可方（给予同意的人）理解他放弃的权利。在法庭上可以申诉的违反许可的例子为：让极度醉酒的人、病重的病人或孩子许可他们当时不理解的东西。

  除了数据所有者之外，其他各方也可以表示许可。关联方（如配偶、系统管理员、共享系统的其他用户以及18岁以下儿童的父母）可以代表系统或感兴趣的数据表示许可。同样的规则也适用于双方当事人，即双方当事人都理解许可，而且调查人员清楚调查意图。

- **默示许可**：这是用户许可的情况，例如在使用公共因特网资源之前，在屏幕上选择"是"表示同意。我们还可以看到打包的形式，这意味着打开一个包，你就许可了一些规则。

> **注意** 在规划IT策略时，一般许可和默示许可是极其重要的。强烈建议在包括雇主签发的任何设备上设置许可签名。这包括访问员工网络和使用员工的移动设备。你可能会在访问系统时看到这一点，并发现弹出了一个带有法律信息的横幅。预先考虑这些规则，以避免将来在你的组织内发现网络犯罪时，出现禁止调查的法律事项。

- **一目了然的证据**：可以看到的证据能够在没有搜查令的情况下收集。但是，这并不是授权警官打开视图清晰的文档或文件夹。规则是，如果警官没有被授权打开它，那么他需要根据第四修正案的授权。如果档案已经打开，而且可以清楚地看到，警官可以拍照并在没有搜查令的情况下收集。
- **逮捕期间的发现**：当一名警官逮捕一名犯罪嫌疑人时，在被逮捕人身上发现的任何设备都可以包括在调查范围内。再一次声明，这并没有授予警官登录或打开文件夹和应用程序的权利，如果没有搜查令，他将无权登录或打开这些文件夹和应用程序。

> **注意** 目前的安全技术已经对这个概念提出了质疑。苹果指纹解锁功能就是一个典型的例子。有些情况下，一名警官强迫一名戴手铐的人将拇指放在移动设备上来达成解锁的目的，然后，这名警官对该设备进行了清晰的观察，并在逮捕期间收集了该设备，使该警官能够获得被第四修正案保护的数据。在这种特殊情况下，规则会因你所处的位置而有所不同，通常情况下，根据所涉法院的不同，这些规则既可能支持也可能反对警官。我们的建议是要谨慎，如果担心发生这种情况，不要用你自己的拇指，将尝试解锁设备的可能性降到最

低。这样，如果不使用指纹解锁，试图以这种方式侵犯你权利的警官在尝试使用错误的手指时将会触发设备锁定。这不是法律建议，而是我们对这一问题的建议。

- **边境搜查**：进入或离开美国的物品有不同的许可规则。如果有"合理的怀疑"，警官可以搜查。这是一种非常宽松的规定。
- **紧急情况**：如果有理由相信数据是易损的，并且有理由认为紧急情况是合理的，那么没有搜查令的搜查就能在法庭上站住脚。查明嫌犯何时在能够获得相关技术的地区是非常重要的。情况的紧急程度取决于法院和案件所涉的情况。
- **财产清查**：如果在财产清查过程中发现证据，那么假设行为是你日常工作的一部分，则可能不需要搜查令。任何被视为故意的行为都可能意味着需要搜查令。例如，被授权访问数据块的管理员在工作期间发现了某些内容。这并没有直接授权警官扣押碰巧包含证据的硬件，例如，管理员可以访问计算机，但计算机中的任务并不是财产清查搜索范围内的证据。在这种情况下，硬件很可能需要搜查令，并被带离现场，由相关法律小组进行调查。
- **国际犯罪**：当处理涉及国际体系的犯罪时，美国法律会变得非常棘手。搜查规则取决于本书范围之外的许多因素。只需知道，如果系统或用户位于美国境外，美国法律将不适用。

在美国，搜查令来自法庭。搜查令可以针对整个机构、楼层、房间、设备、汽车等，也可以延伸至任何公司拥有的资产。执法部门必须起草两份文件，才能从治安法官那里获得搜查令。这些文件必须说明要扣押的计算机文件或硬件。被告可以对搜查令中所列的"要扣押的物品"提出质疑。这种情况是真实存在的，即使大概率会被证明是正当的搜查令。这可能会使取证变得非常复杂，因为执法部门不需要洞察目标地点存在的精确证据形式。因此，法庭上经常发生对任何搜查令提出支持或反对的辩论。

例如，查封一个涉嫌网络犯罪的系统，并在涉及网络通信的一个系统上发现儿童色情制品。这名警官不知道那里有儿童色情制品，但一旦发现，将进行收集，即使它没有被列为搜查令的一部分。

如果你在美国或任何其他有类似法律的国家，请确保你知道什么时候需要以及什么时候不需要搜查令。同时需要了解例外情况，例如证据即将销毁或系统管理员在向员工发布技术之前是否已同意。另外，根据具体情况，可能需要多个搜查令，例如具有多个位置的网络搜索。许多搜查令对搜查有地域限制，这意味着超出该领域的办公室将需要多个搜查令。思科的商业园区延伸了数公里，这意味着思科的安全响应团队可能需要多份搜查令才能在整个园区进行调查。

由于涉及层面的复杂性，大多数美国法院将区别对待网络相关搜索和典型的扣押案件。通常，必须建立一个技术专家组，并且证明有一个适当的监管链。如果你决定进行数字调查，本书涵盖了你应该遵循的许多步骤，要知道法律官员也应该遵循类似的程序，这是

1984 年根据美国第 446 号法律第 109 条设立的。另外，非常重要的一点是，无论是第 41 条规则（美国法院系统民事诉讼中的案件驳回程序），还是第四修正案，都没有任何关于检验时间的规定，包括收缴相关技术的时间！再次说明，在与权威机构接触时，为了避免不受欢迎的结果，请确保说明你对调查结果的预期目标。

要指出的一个重要概念是不用敲门。当一名美国警官执行搜查令时，他必须宣布他的存在和权力。同样的概念也适用于搜索计算机犯罪。然而，有一条不用敲门的规定，当犯罪嫌疑人被认为用他的电脑"热连线"来销毁证据时，可以适用。这可能会援引紧急情况规则，即警官认为数据有风险，必须在没有搜查令的情况下获得。监视型许可证有时也会被考虑在内，这意味着在搜查时不必通知被搜查人。

最后一个相关领域是如何定义隐私。在美国，《隐私保护法》（PPA）等法律规定，警官在没有搜查令的情况下扣押"工作产品材料""公共交流"和"精神印象、结论或理论"等物品是违法的。这项裁决开始与新闻自由法相抵触，因为许多条款被认为是 PPA 详述的条款。了解这些法律如何适用至关重要，通常需要专家级的法律支持。一个基于隐私的法律例外是知道什么时候 PPA 责任不适用于犯罪嫌疑人计算机上的 PPA 保护材料。

另一个隐私法的例子是通过《电子通信隐私法》（ECPA）保护第三方账户。这种保护的一个例子是从因特网服务提供商那里获取证据，并试图调查特定用户以外的数百万个账户。在相关人员之外的用户身上发现的任何东西都将明显违反 ECPA。另一个隐私法的例子是任何被归类为特权文档的数据。医疗文件受 HIPAA 保护，需要特殊的授权和许可，以避免违反 HIPAA 保护。

如果你是任何国家的公民，了解网络法律同样重要。在美国，当警察要求进入你的家或搜查你拥有的东西时，知道什么时候可以说"不，请带搜查令"是非常重要的。同样的概念也适用于密码保护法，甚至涉及加密技术。

如果你最终遇到这种情况，我们建议你联系具有网络经验的律师。如果你缺乏适当的法律支持资金，请考虑联系电子前沿基金会（EFF）。这个非营利组织致力于保护公民的权利。我们强烈推荐该基金会，并支持其所做的贡献。访问 www.eff.org 可更多地了解 EFF。

在下一章中，我们将在网络犯罪的概述之后介绍更多的取证法。现在让我们看看不同的取证角色。

1.5　取证角色

许多角色可以与取证用例相关联。他们中的许多人都有法律属性，但其他人则专注于保护组织的资产。这些例子包括从事法律调查的人员与保护组织网络资产的安全运营中心（SOC）的专家。其中许多角色（包括人力资源）在安全应急响应团队中也占有一席之地。

从高层次来看，组织可能有以下安全相关角色：

- **内部 IT 安全运营团队**：该团队负责安全技术相关项目，包括计算机、应用程序、网络、存储和相关数据。团队中的不同小组可能具有特定的关注点，例如数据中心组或信息安全组。
- **物理安全团队**：这个团队往往技术性较低，更倾向于处理物理冲突。成员可携带各类武器，并使用物理扫描设备，以确保公司范围内只允许使用经授权的硬件。可能负责设施、公司周边、生物测定，以及对组织内不同领域和技术的物理访问记录。
- **法律团队**：法律事务通常由受过法律教育的成员处理，但是，更有效的团队也有处理网络相关事务的经验。法律团队主要负责需要采取法律行动的犯罪情况。例如性骚扰指控、诽谤、版权问题以及公共和国家安全事件。
- **财务**：大多数组织利用技术来处理和跟踪财务交易。这使得相关系统和人员成为犯罪的目标。保护这些系统的团队可能是 IT 安全的一部分，但也可能有一个以财务为重点的小组的特定成员负责确保财务安全，例如识别未经授权的交易。
- **其他角色**：可能还有其他具有特定功能的角色，如拍摄犯罪现场的摄影师、员工碰到事件时的人力资源，或负责记录所收集内容的证据经理。有时，这些角色由负责调查的一方处理，而其他时候，则由调查人员来完成具体任务。

为了满足这些需求，团队的规模和职责范围可能会有所不同。较小的组织聘用个人，而较大的组织可能有一个专用的安全操作中心。如本章前面所述，在确定犯罪时，第一个参与的人被视为应急响应人员。这个人可以来自前面提到的任何一个小组，在制定事故响应之前，重点应该放在保护犯罪区域和相关技术上。保全意味着不让人们改变任何东西，因为这可能会损坏证据，并可能破坏任何在法庭上提起诉讼的机会。此外，相关的罪犯可能位于该地区，并希望采取行动以阻止调查。应急响应人员应使用照片记录所有情况，并列出任何技术、发现时间、任何可能与任何证据相关联的人员，以及权威机构可能要求的任何其他信息。我们将在第 4 章中更详细地介绍取证程序，其中包括应急响应人员的责任。

参与调查的小组应确保应急响应人员发现的任何证据的保管链受到保护。他们分析证据，为下一步行动立案。法律专家可能会参与进来，以便更好地理解与事件相关的法律，这也可能影响下一步行动。如果这种情况需要对已查明的罪犯采取法律行动，则可以聘请其他专家，直至案件结案。事后响应团队通常用于从事件中学习并确定改进的领域。

在整个过程中，可以咨询专家以弥补能力上的差距。专家可能精通用于调查的技术或与特定犯罪有关的法律事项。如果将罪行提交法庭，可能需要专家证人代表参与调查的各方作证。专家证人需要了解技术和法律要求，因为许多法律制度的成员对技术缺乏深刻的了解，如果证据没有得到适当的陈述，可能会影响案件的结果。

如你所见，有许多变动部分和许多人可能参与电子数据取证调查。这推动了网络安全角色的就业市场。需求越专业，通常就需要花费越高的代价来找到合适的专家。

接下来让我们来看看不同网络安全相关角色的就业市场。你可能会发现，本书的内容会引导你走向一个更加有利润、有回报的职业。

1.6 取证就业市场

当你完成本章，阅读到第 2 章时，你将会看到取证技术的价值。当这一价值通过财务图表展现时，行业研究显示，对需要取证能力的工作的需求增加。图 1-3 展示了 payscale.com 对取证计算机分析员和信息安全分析员的潜在工资范围的看法。根据你所追求的专业化程度和在这个行业的工作年限，你在取证领域获得的实际报酬可能远远超出所展示的范围。例如，具备一些基本能力可以让你获得一份体面的安全工作，而成为一位知名的行业专家，调查涉及被盗数据的网络犯罪，很容易让你赚取巨额薪水。显而易见的是，市场正在增长，许多求职者在求职时几乎没有人竞争。此外，必须指出的是，尽管所需技能几乎相同，但头衔可能会有所不同。一个例子是信息安全和取证分析员。图 1-3 没有考虑层次，这意味着一个更高级别的取证角色的收入可能会接近每年 9 万美元。

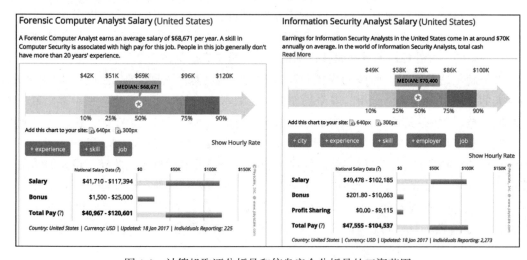

图 1-3　计算机取证分析员和信息安全分析员的工资范围

寻找取证相关的工作并不像在许多其他行业寻找工作那么简单。例如，像领英这样的在线工作资源提供了数百个与 IT 相关的工作，然而其中鲜有关于电子数据取证的领域。如果你正在寻找第一份与 IT 相关的工作，那么你最好先从事一般网络安全或网络工程方面的工作，目标是以后专攻取证。这可能会随着取证技能需求的增加而改变。然而，通常要求取证能力的工作角色也期望在安全和网络方面有扎实的背景。图 1-4 展示了需求取证类型经验和技能集的工作示例。

哪个角色更适合你？很难百分之百确定。在大学期间，我认为我会专注于开发电子游戏，并把我的计算机科学学位带到就业市场。但在面试过程中，我碰巧对网络相关工作产生极大兴趣，从而引发了我对网络安全的热情。可能你对自己的职业生涯并不清楚，但显而易见的是网络安全相关工作的市场需要人才。如果你想要掌握网络安全相关的知识与技术，有不同的方法可以达到目的，包括教育和培训。此外，取证可能只是一个更宽泛的概念，如一般网络工程师的许多工作任务的一部分。我遇到的许多工程师往往扮演着多种角色，包括任何与安全有关的东西。

> **高级电子数据取证调查员**
> 温哥华，华盛顿州
> 每年 73 104.00 ~ 91 380.00 美元
>   该职位开放至 2017 年 3 月 14 日（星期二）首次申请审查之前。该职位的职责是在收集、处理、保全和提交电子数据取证方面引导各种高度技术性的分析和流程，以协助财产犯罪和网络犯罪相关调查的执法工作。在部门内担任技术专家；准备详细的调查和分析报告；与法律代表就审判准备进行磋商；出庭作证。职位状态：这是一个全职、定期、非管理职位。
>
> **取证和证据科经理**
> 80204，科罗拉多州
> 每年 87 825.00 ~ 140 520.00 美元
>   丹佛市目前正在寻求一名取证科经理，对丹佛警方取证科业务单位内的工作人员进行监督。丹佛犯罪实验室取证科是一个多学科组织，致力于从犯罪事件中识别、保全和分析证据。实验室进行的测试涉及指纹、取证化学、取证生物学/DNA、枪支和弹道、痕迹证据、视频和照片分析、计算机取证分析和犯罪现场调查。

图 1-4　取证相关工作要求示例

让我们看看可以做些什么来获得市场上许多取证工作所代表的技能，要知道经验通常比培训重要。挑战在于，有时你需要先接受培训，然后才能获得经验。

1.7　取证培训

最好的培训很可能是实际的实践经验，但在有机会参与真正的调查之前，你可能必须首先证明自己有能力完成所需的任务。科技行业倾向于根据人们的教育和经验来评判他们。在教育层面可以通过获得各种类型的学位和证书来证明，但很多时候是可以在面试中证明的。我雇用的一些最优秀的员工并没有完成大学学业，但在面试过程中，他们比其他应聘者了解得更多。有时某些工作在你有机会展示你所知道的之前需要最低的教育水平或证书。许多与美国政府相关的工作都需要至少大学学历或 CISSP 认证，网站才会允许你提交简历。有些地方则要求最低经验证明，如至少五年的工作经验。

高中和大学正在改进他们的课件选项，以跟上当前的趋势。计算机科学、数学和类似科学的学位分流向网络安全工作是很常见的，但许多高中和大学都提供更具体的课件，如加密和网络安全课程。课程也开始包括获得行业认可的证书的要求，从而为学生获得一份高质量的工作提供更多的帮助。以下是一些大学提供的课程示例。我们并不是推荐这些课程，而是想展示一些已经存在的案例。

约翰杰刑事司法学院
- 要求：
  - FCM 710 安全操作系统架构
  - FCM 742 网络安全

- CRJ/FCM 752 法律与高科技犯罪
- FCM 753 电子数据取证应用
- FCM 760 电子数据证据的取证管理

• 取证和安全选修课（至少选修三门）：
- FCM 700 计算安全理论基础
- FCM/FOS 705 取证学数理统计
- FCM 740 数据通信和取证安全
- FCM 745 网络取证

• 刑事司法选修课（至少选修一门）：
- CRJ 708 法律、证据和道德规范
- CRJ/FCM 727 网络犯罪学
- CRJ 733 宪法
- CRJ/PAD 750 信息和技术安全

爱丁堡龙比亚大学

• 第 1 年：
- 软件开发 1
- 计算机系统 1
- 实用网络 1
- 信息专业导论
- 人机交互导论
- 选修

• 第 2 年：
- 软件开发 2
- 电子数据取证
- 数据库系统
- 系统和服务
- 应用思科网络（安全/无线）
- 选修

• 第 3 年：
- 网络服务
- 安全和取证计算
- 应用开发
- 集团项目
- 核心选修

• 第 4 年：

- 信息
- 社会与安全
- 移动计算
- 高级安全和电子数据取证
- XML 网络服务
- 荣誉项目
- 顶峰课程（3 小时）
  - CCJ 4933：刑事司法系统应对网络犯罪
- 计算机科学课程（必修——10 小时）
  - COP 3014 编程 1
  - COP 3353（1 小时）Unix 简介
  - COP 3330 面向对象编程
  - CDA 3100 计算机组织 1
  - MAD 2104 离散数学 1
- 选修课（12 小时）
  - CDA 4503 计算机网络导论
  - CIS 4360 计算机安全导论
  - CIS 4361 应用计算机安全
  - CIS 4362 网络安全和加密
  - CIS 4407 计算机和网络系统管理
  - COP 4342 Unix 工具
  - COP 4530 数据结构、算法和泛型编程
  - COP 4610 操作系统和并发编程
  - COP 4710 数据库的理论和结构
- 顶峰课程（3 小时）
  - CIS 4385 网络犯罪侦察和取证

另一种常见的教育形式是获取技能认证证书。有些项目在颁发证书前需要特定的技能或培训时间，而另一些项目只需要通过考试。许多受欢迎的证书都有专门的训练营，由经过认证的培训师对学员进行培训，他们会为你提供材料，并且全程辅助指导你为考试做准备。我参加了很多新手训练营，发现它们的质量有很大的差异。以下是评估潜在培训计划时的一些提示。这些建议来自我的个人经验。

- **无论注册人数如何，验证是否会开课**。许多大型培训公司会提供许多上课日期，但除非达到最低注册人数，否则不会开办该课程。有一次我注册了一个高级取证相关课程，被取消了四次。我最终不得不自费飞越国家，并承担其他的旅行费用，只是为了确保能够在九个月后参加这门课程。我发现，无论注册学生情况如何，较小的

供应商都会在特定的办公室举办课程，但较大的公司可能会租一家酒店并外聘培训师。不过，情况并不总是这样，所以在付款前要小心并确认课程是否会如期开课。

- **查看培训师的简历**。我参加过的最好的培训来自具有真实行业经验的培训师。看他们是否出版过书，他们为谁工作过，他们做实地工作多久了。我接触过的最差的培训师是那些仅仅靠培训为生的人。通常，这些培训师涵盖多个课程，他们只阅读书本，而不会提供真实场景的实战知识。更好的培训师会讲述他们认为在材料中很重要的内容，并对这个话题充满热情。同样，情况并非总是如此，有时候也需要从实践过程中判断培训师的优劣。

- **验证包含的内容**。许多课程包括额外的材料、考试和动手实验室，以此来区别其他课程。有时不需要额外的材料，比如你也许会从未来的雇主那里得到的一个昂贵的软件包许可证，或者其他不被行业认可的材料和证书。其他时候，额外的材料是具备一定的投资意义的，这些材料能够提升自己的技术能力，如 CTF（夺旗比赛）或模拟取证演习。不要害怕协商某些内容是否需要包括在课程中，有时，我可以通过删除一些我觉得不需要的东西，比如 900 美元的软件许可证，或是在我上课的地方住的酒店，从而让课程费用减半。

- **成本并不意味着一切**。通常，你可以找到多个服务提供商，为你希望获得的认证或培训提供计划。你应该仔细检查并使用前面的指南来比较课程的价值。你不只是想找到最便宜的提供商。有一次，我有三个提供商的价格在 2000～3000 美元之间，而另一个提供商的价格是 1899 美元。那门课最后成了我学过的最差的一门，并且还被推迟了好几个月。在经历了长时间的旅行和浪费时间之后，我也付出了更多的代价。

- **永远协商**。许多服务提供商提供额外福利以使自己与其他提供商区别开来。他们可以提供从 500 美元的礼品卡到 iPad 的任何东西，因为他们知道许多潜在的候选人将花钱买课，并保留这些礼品，因为它们隐藏在学习材料中。有时你可以选择不要那些礼物以节约课程成本。其他时候，培训可能包括酒店住宿，你可以移除或要求提供免费住宿。如果提供方在酒店举办多个课程，不管你是否使用，那么它可能已经将一系列房间列入预算。我的酒店房间几次都是免费提供的，因为我和另一个服务提供商进行了谈判，他们以同样的价格提供同样的房间。这让服务提供商有足够的理由免除我的酒店费用，为我节省了大约 1000 美元。

在决定哪种认证或计划最适合你时，请了解它们上可拥有高度专业性，下可聚焦于商业利润。你必须考虑自己现在或未来希望获得的工作角色，并确定那些被视为专家的人所接受的教育类型。你可能还想看看他们是否能让你的简历比你的竞争对手更具优势。例如，CISSP 不是动手操作的，而是用来教授安全背后的业务概念的。与此相反的是 SANS 研究所的实践渗透或取证学调查课程。两者兼而有之证明你不仅有完成工作的潜质，还可以帮助汇报，并对你正在处理服务的影响有一个大致的了解。这里有一些流行的认证和课程值得考虑。

- **国际电子商务顾问局认证的黑客取证调查员认证（CHFI）**：国际电子商务顾问局有一些针对电子数据取证工作的认证。获得认证需要在 150 道题的考试中得分达到 70% 及以上。有许多培训选项可以选择，例如训练营和培训指南。国际电子商务顾问局还有关于其他安全技能的认证，如渗透测试和安全分析技能。
- **GIAC 计算机取证认证**：另一个提供培训和认证的受业界尊敬的组织是 SANS。GIAC 计算机取证认证是针对取证技能集的认证程序。查看 SANS 网站可以了解本计划中的各种认证。
- **网络取证认证专家（CCFP）**：(ISC)^2 是一个国际非营利会员组织，在业界因网络安全培训闻名。它最受欢迎的认证是信息系统安全专业认证（CISSP），但它已将重点扩展到更具体的领域，如针对对网络取证工作感兴趣的工作者的认证 CCFP。想通过考试需要在 125 道多项选择题考试中取得 700 分（满分 1000 分）。

最后一个需要考虑的教育领域是安全解决方案的专业研究。许多雇主寻求目前正在使用或计划用于取证工作的技术专家。以本书中主要开源渗透平台 Kali-Linux 中获得认证和培训为例，该平台是由 Offensive Security 开发的。Offensive Security 提供了一个具有挑战性但有回报的计划，我们建议有意向的人去尝试。其他值得考虑的流行框架，同时为本书涵盖的一部分是电子数据取证框架（DFF）、EnCase 和 Autopsy。防火墙和 IPS 认证（Cisco Firepower）或大数据调查经验，如安全信息和事件管理器（SIEM）认证（以 Splunk 为例），是可以帮助获得安全相关职业的流行通用安全技术。通过安全产品中的技能来求职也许在未来可以斩获更多面向取证的工作。下面是一些特定技术的认证示例。

- **Offensive Security 认证专家（OSCP）**：Kali Linux 的工作人员为你提供了一个艰巨的 24 小时实践认证考试。考试由一个虚拟的网络托管目标组成，学生们将对其进行研究和攻击。考生须提交一份全面的渗透测试报告。这场考试很艰难，但参加该项目的人往往强烈认可获得 OSCP 的收益。
- **EnCase 认证审查人员/检查人员（EnCE）**：该项目用于认证流行的 EnCase 软件包技术专员。这包括掌握计算机调查和方法，以及在电子数据取证调查中使用 EnCase 软件。先决条件包括 64 小时的授权计算机取证培训或 12 个月的合格工作经验。一旦被批准，你将参加笔试和实践考试。认证的有效期为若干年，之后将需要执行更新流程。

就所有这些教育选项而言，一个常见的问题是从何处着手。需要再一次声明的是，答案取决于你计划获得或正在从事的工作角色。无论如何，我们的首条建议是在投入时间到如电子数据取证这种特定领域之前，需要建立坚实的安全与网络基础知识。这不仅有助于为此特定的目标做好准备，而且也能让你更好地完成期望角色之外可能遇到的其他任务。大多数 IT 专业人士都声称自己身兼数职，这意味着他们承担着各种各样的工作职责。

当你关注教育的时候，最常见也最昂贵的方法是上大学。如果你希望缩短培训时间，也许可以参照认证部分的建议，在技术培训与商业培训中取得平衡。还应该考虑到的是，一旦你被录用，很多雇主会为你支付培训费用，所以你可能想推迟非常昂贵的培训，直到你的账单可以被报销。如果你的预算非常紧张，你可以下载 Kali-Linux，选择感兴趣的工具，比如本书中提到的工具，并在 YouTube 上搜索相关的培训视频。图 1-5 展示了在 YouTube 上搜索取证课程的示例。许多课程都是免费的，比如通过在线搜索免费课程来学习关于 Linux 的所有知识。像 http://opensecuritytraining.info 和 www.cybrary.it 这样的网站也提供了非常好的免费培训。

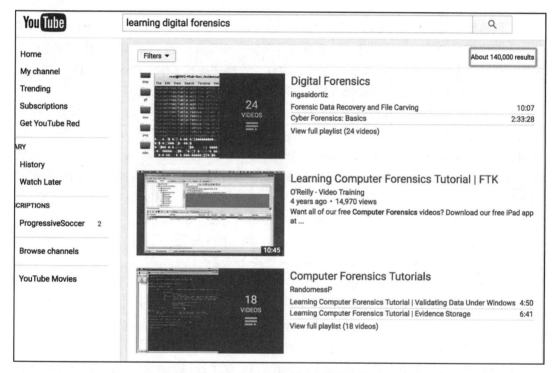

图 1-5　在 YouTube 上搜索网络取证课程

除了培训，还有关于行业会议的问题。行业会议的选择范围非常广，从免费到几千美元的都有。对于会议来说，价格绝不是决定质量的唯一要素。选择参加什么会议与何时参加取决于你的需求。我个人的建议是，如果你正在寻找工作，会议是一个可以在短时间内接触到许多公司的好去处。还可以在许多会议上找到打折的新手训练营，帮助你将培训和求职集中到一段时间内。许多会议也有可供加入的社区，与那些能帮你找到工作的人保持联系，并跟上当前的安全趋势。BSides 是一个很棒的组织，提供美国各地的相关活动。可访问 www.securitybsides.com 以作了解。

RSA 和 Blackhat 属于较大的安全会议，而像 BSides 这样的较小的会议可以按自己的时间表运行。较大的会议往往有供应商赞助，包括昂贵的派对、大型商业楼层、免费赠送物品（用以交换你的联系方式）、来自全球各地的演讲者以及各种形式的免费时尚表演。

规模较小的会议往往更关注会谈以及小型社交活动。很多时候，根据时间和地点的不同，小型会议的效果不逊于大型会议，甚至在某些方面尤为突出。可以关注美国每年举办的 Blackhat、DEF CON 和 BSides 活动。Blackhat 和 BSides 的一些会谈可以在 DEF CON 找到。Blackhat 的全票需要几千美元，DEF CON 通常是几百美元，BSides 是免费的。基本上，无论任何预算，你都可以找到不同的会议，并对安全知识进行有效升级。不要觉得必须花很多钱才能参与进来或获得收益，作为一名学生或暂未从业者，也许不必付出钱便可参与进来，因为社区需要新的血液，并且倾向于对试图加入的人开放。即使是最坏的情况，你也可以给会议留言板管理员发邮件并询问，并得到免费通行证。

1.8 小结

这一章以定义我们写这本书的使命为开篇。如果你想更好地认知内容的组织方式与主题的涵盖形式，那么了解我们的关注焦点是很重要的。接下来，我们分解了电子数据取证的全部内容，并讨论了使用不同形式的专业服务和独自处理取证工作的区别。在第 4 章中，我们将研究涉及取证工作的不同角色，但将集中于实际的取证过程。我们通过调查取证工作市场来结束这一章，并分别阐述了获得电子数据取证相关工作教育和培训的不同方式。

现在我们已经接触到了取证学，让我们看看可能会让你参与到取证调查的网络犯罪和其他领域内容。

参考文献

http://www.payscale.com/research/US/Job=Forensic_Computer_Analyst/Salary

http://www.jjay.cuny.edu/master-science-digital-forensics-and-cybersecurity

http://www.napier.ac.uk/courses/bengbeng-hons-computer-security--forensics-undergraduate-fulltime

http://criminology.fsu.edu/degrees/undergraduate-programs/majors/computer-criminology/

https://www.guidancesoftware.com/training/certifications#EnCE

https://www.isc2.org/ccfp/default.aspx

https://www.eccouncil.org/programs/computer-hacking-forensic-investigator-chfi/

https://www.offensive-security.com/information-security-certifications/oscp-offensive-security-certified-professional/

第 2 章

网络犯罪与防御

> 知己知彼，百战不殆。
>
> ——孙子

犯罪类型多种多样，当犯罪涉及技术问题的时候，所需要的典型的计算机取证技术包括威胁的定位、遏制和补救，以及全面理解从攻击如何产生到对目标组织产生的影响等诸多内容。计算机取证技术可以用于调查网络资源和用户系统，如电话、计算机或任何两者之间只要包含数字数据的东西。现在，越来越多的设备获得了被思科称作"万物互联（IoE）"的 IP 通信能力，这增加了企业实施妥善防御的挑战。你经常会见到诸如物联网、万物互联、M2M 等术语的交替使用。这些术语之间在技术上的差别很小，而在大多数情况下，它们在行业内是可以交替使用的。随着时间的推移，你将更有可能遇到形形色色的物联网设备。

如今，保护物联网设备的法规很少，安全性的选择也有限。这意味着你通常无法安装第三方安全产品，如防病毒软件或锁定使用的端口。管理员需要关注这些设备以及相关的应用程序，因为它们可能以不安全的方式开发，从而暴露导致内部访问的漏洞。图 2-1 中的示例展现了我的门铃和 Nest 恒温器，它们既利用了 IP 资源，又提供了管理应用程序。破坏它们或与之相关的应用程序可能会让攻击者访问我的内部网络。与这些设备相关联的数据也有价值，例如，这两件设备都可以显示我是否在家：门铃通常根据我离开家的动作而触发，恒温器当检测到我的手机离开家中的网络范围时将变为关闭状态。

一个黑客如何危害这些 IoE 设备和其他设备？随着技术的进步，企业在安全方面的投资越来越多，因特网行业对网络威胁的意识也越来越强，情况理应随之越来越好。然而，事实是现状越来越糟了！是什么导致出现这种情况的呢？难道我们不是只要付出一定的代价或努力就应当解决这些网络犯罪问题了吗？本章将深入探讨一件不幸的事：解决网络犯罪，现在不可能做到，将来也大概率不会做到。

既然网络犯罪已出现在当今的科技世界，那就让我们开始调查它吧。正如我们所提到的，你需要知道自己在对抗何方神圣。

图 2-1　IP 门铃和恒温器

2.1　数字时代的犯罪

关于网络犯罪，首先要了解的是为什么攻击者使用技术而不是物理办法抢劫银行或个人。原因有很多，其中包括：与面对面犯罪相比，通过计算机犯罪的曝光率较低；与从城市获得目标相比，从网上获得的目标更多；全球可达性使得不管法律或地点如何，地球上任何具有网络连接的组织都有可能成为目标。简而言之，犯罪分子会把目标锁定在利益的所在地，即罪犯会跟着钱走。如今，人们只需在扫描仪上挥动 iWatch 就可以买到咖啡。由于自动支付功能已集成到移动设备中，因此不需要携带现金甚至信用卡的情况越来越普遍。罪犯可以通过抢劫实体银行赚取单一利润，也可以通过拥有与金融交易有关的系统获得利润流。货币是基于技术的，而罪犯也正是如此。

我在世界各地的演讲中，总是以两年内有多少人的信用卡数据被偷为标准来调查听众。强制使用带 PIN 的智能芯片的国家总是处于劣势，而在美国，高达 95% 的人承认他们的数据被盗。为什么智能芯片技术不能保护数据不被窃取呢？人们是否犯了同样的错误，导致他们的数据被盗，或是敏感数据丢失背后另有原因？大部分情况下，这些受害者中的许多人并没有做任何导致其数据被泄露的事情。通常，问题存在于销售周期中的一个漏洞，这很可能处于商店收取资金并将收入转移到其信任的银行的过程中。想想一家小餐馆及其相关的网络防御系统，它们仅仅是用来保护其使用的销售系统的。这家餐馆很可能没有安全运营中心（SOC）或任何防病毒技术。这使得小企业很容易成为对手危害和获取金融交易的目标。想象一下你最喜欢的餐馆在忙碌的夜晚会有多少交易。如果一个罪犯能够从几家餐馆获得如此水平的财务活动，那么他就可以在足不出户的情况下获得大量收入。

这个解释在宏观上可以说得通，但是谁在购买这些被盗的数据呢？有没有类似 eBay 的被盗数据市场？事实证明，答案是肯定的。普通人每天使用的网络流量只占网上实际可用网络资源的一小部分。大多数因特网用户使用搜索引擎找到新的网站，这些搜索引擎对网站进行分类，并帮助人们找到与所需网络源相关的特定内容。如果我们考虑因特网上的所有网站，其中许多都没有被搜索引擎分类，形成了深网。网站有一个名为 robots.txt 的文件与之关联，它列出了搜索引擎应该记录的内容以及应该忽略的内容。如果你研究一个目标，你应该特别注意 robots.txt 文件中列为"忽略"的网站，这意味着管理员有意隐藏此数据。图 2-2 展示了 www.Cisco.com 的 robots.txt 文件示例。注意所有标记为 Disallow 的链接。

图 2-2　Cisco.com 的 robots.txt 文件

有些网络位于可访问的因特网之外，因此需要特殊的软件或能力才能访问，这些网络被称为暗网。最受欢迎的暗网是 Tor 网络。Tor 建立在各种人提供设备以保持 Tor 软件运行的理念下。这些中继点在 Tor 网络上随机地传递用户的流量，提供了一个不可预测的流量网格，旨在保持 Tor 用户的匿名性。Tor 网站随机提供 .onion 地址，使 Web 服务所有者也做到匿名。Tor 设计被称为洋葱路由，这意味着它实现了匿名分层功能，以保护使用系统的用户的身份。但是，相关部门采用了一些策略来打破这个系统的匿名性，如破坏过时的 Tor 中继点、监视大量的入口和出口点、利用用户在 Tor 网络上身份的泄露等。为进行安全调查，还有其他的暗网可供选择，包括基于匿名概念构建的操作系统。Tails 是运行匿名构建生态的一个很好的例子。

为了说明暗网，图 2-3 展示了臭名昭著的 Hidden Wiki，它是一个连接许多热门 Tor 网站的 Tor 登录页面。注意 Hidden Wiki 的 .onion 地址，它会经常改变。

> **警告** 启用安全保障系统是十分有必要的。虽然许多网站看起来都是过时的和简陋的，但是暗网并不像你所熟悉和喜爱的因特网那样受到监管。一些非常狡猾且怀有恶意的人可能会滥用不安全的系统。

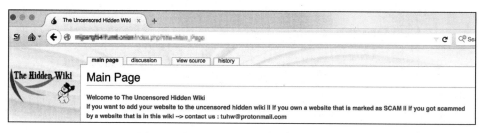

图 2-3　在 Tor 暗网上找到的 Hidden Wiki

有了这一级别的隐私，网络罪犯可以建立拍卖会，出售从被盗证件到暗杀服务等所有事情。你可能想知道网络警察是否监控这些网络，答案是绝对的。然而，由于暗网的构建具有匿名性，所以将活动定位到具体用户是非常困难的。图 2-4 提供了一个出售信用卡数据的示例，这些数据很可能是像餐馆的例子一样被盗的。

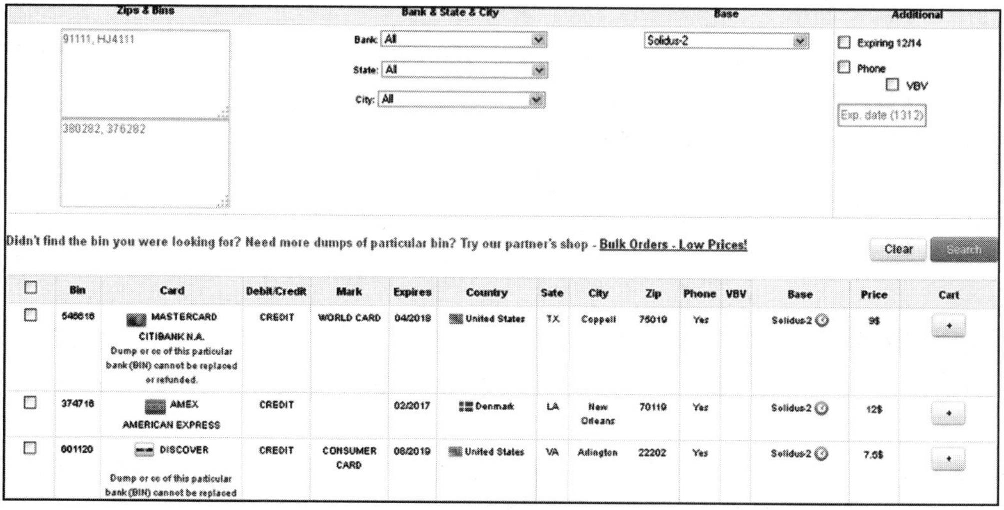

图 2-4　信用卡黑市

图 2-5 展示了在黑暗网络上发现的暗杀服务的例子。很多人会提问，这个服务器如何获得付款？难道权威机构不能把金融交易和暗杀服务联系起来吗？其实，这样的服务使用一种被称为比特币的数字货币，它提供一种完整的数字化的和不可追踪的支付形式。比特币的概念有很多益处，比如将银行从交易周期中剔除，但对手也可将这项技术用于恶意目的。由于在比特币网络中勒索软件的交易可被隐藏，勒索软件近年来已成为一个因特网上的"疑难杂症"。

> **注意** 我们想从技术中立的角度看待暗网与深网。暗网中包含很多非法服务，但就像任何技术的进步一样，任何人都可以利用它来做好事或坏事。不幸的是，人们通常只会记住负面新闻，这让这些技术在公众面前显得非常糟糕。

图 2-5 在暗网中提供暗杀服务

现在你知道了恶意方是如何出售你的数据的，让我们看看他们是如何获取数据的。这就引出了漏洞利用的概念。

2.2 漏洞利用

对手会用很多方法来破坏你的网络，因为你总会有被识别和利用的漏洞。漏洞可以是运行旧软件或配置错误的系统，也可以是非技术性的，如未锁的门或未受教育的用户。漏洞利用是攻击者利用生活中缺陷的方式。重要的是要记住，攻击永远不会停止利用漏洞。对手通常会利用漏洞进行一些操作，如发送恶意软件、勒索软件、远程访问工具（RAT），也会建立信道以便他们删除数据。洛克希德·马丁公司的网络杀戮链模型是一个代表网络攻击生命周期的流行模型，如图 2-6 所示。

图 2-6 洛克希德·马丁公司网络杀戮链模型

根据网络杀戮链模型，攻击者首先使用侦察技术研究目标，目的是识别弱点或漏洞。一旦发现一个漏洞，攻击者将进入武器化阶段，在那里他们将建立或租用网络武器，例如一个漏洞工具包，这可能是一个与其他恶意软件结合的漏洞。接下来，攻击者必须将该武器传递给目标，这是通过多种通信通道如无线、因特网协议（IP）或物理通道等实现的。通常，攻击行为是通过 IP 通信（如通过钓鱼电子邮件的形式）传递的。渗透将在漏洞利用阶段执行，并在计算机上安装其他有效负载。这些有效负载可能允许攻击者获得远程键盘访问权限，从而允许攻击者以完整权限访问受损系统。通常，恶意软件将与命令和控制基础设施通信，以获取其他命令或下载其他恶意工具。杀戮链以行动阶段结束，这意味着攻击者现在位于网络中，可以做到他们试图完成的任何网络任务，例如横向移动以寻找特定数据或破坏其他系统。并不是所有的攻击都必须遵循这个过程，但它是一个很好的模型，可以帮助理解常见网络攻击背后的基础知识。

防御网络攻击的挑战在于，许多管理员只高度关注攻击的一部分。他们只投资利用特征或"已知"威胁检测的网络防御，如在防火墙内启用某些过滤的防病毒或入侵预防系统（IPS）。这些技术忽略了未知的威胁以及绕过这些技术会发生什么。这就是漏洞检测技术和取证学发挥作用的地方。

在本书中，你将学习相关技术，以验证是否发生了违法行为，并收集证据，对确定的单个或多个犯罪分子采取法律行动。许多攻击示例将利用 Kali Linux 中提供的工具，因此你可以轻松地在实验室中测试这些概念。许多用于攻击漏洞的工具将是武器化阶段使用的，这让针对已识别的漏洞执行攻击变得极为容易，这也是网络犯罪增长的另一个原因。罪犯不需要了解攻击是如何进行的，只需要使用武器化软件，通过简单的指向和操作来完成他们的目标。想想电话，大多数人无法使用给定的部件建立电话系统，但我们都知道如何使用它。网络罪犯也可以用同样的方式利用工具，而不必花很多时间去学习技术的工作原理。

武器化网络攻击的一个很好的例子是漏洞利用工具包。对手可以租用入侵包来执行大规模攻击。一个典型的漏洞利用工具包通常包含某种形式的入口和登录页。访问特定页面的受害者首先由 gate 进行评估，以检查他们是否是真正的潜在受害者（而安全公司则希望下架这个漏洞利用工具包）。如果 gate 认为访问者（例如思科的安全研究团队）不是潜在的受害者，则漏洞利用工具包将系统发送到某个随机网站，借此浪费研究人员的时间。如果 gate 确定存在潜在的真实目标，它会将目标移动到攻击者的登录页。该页面将根据操作系统、浏览器等评估受害者的特定漏洞。如果存在正确的漏洞，则登录页将利用受害者并发送勒索软件或恶意软件等内容。通常，网络罪犯利用工具包寻找 Flash 或 Java 漏洞，并提供 Cryptolocker 之类的勒索软件。图 2-7 是一个通用的漏洞利用工具包的示意图。

考虑到我们的勒索软件例子，Cisco Talos 研究了一个标记为 Angler 的目前已无效的漏洞利用工具包。如图 2-8 所示，研究表明，在其高峰期，这个漏洞利用工具包每年产出近 3400 万美元！这就引出了解你对手的几个关键点。首先，他们可能有庞大的资产，这给予了他们很大的能力。其次，他们很可能在测试环境中拥有大多数厂商的安全防御产品，因为他们有预算。最后，这种成功会让更多的人从事这项工作。你可以通过查看 Talos 博客（www.talosintelligence.com/）了解更多关于 Angler 的信息。

图 2-9 展示了 Slowloris 干扰服务对某个网站的攻击，出于法律原因我不会提供具体细节。

警告　请不要在家里尝试 Slowloris 或利用其攻击公共系统，因为这会给你带来很多麻烦。

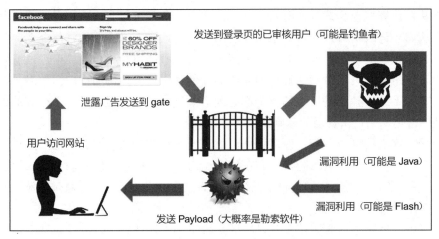

图 2-7 典型的漏洞利用工具包框架

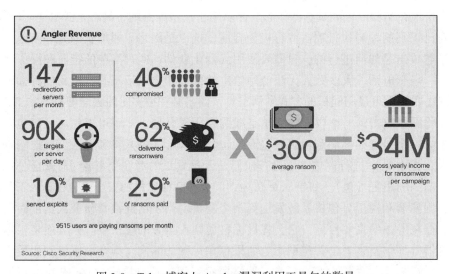

图 2-8 Talos 博客上 Angler 漏洞利用工具包的数量

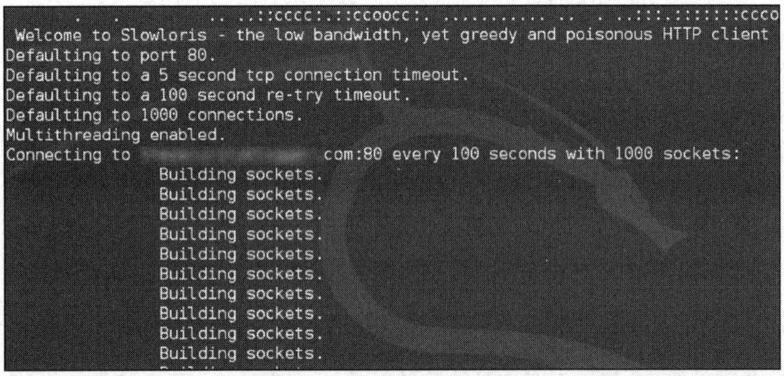

图 2-9 Slowloris DDoS 示例

问题是谁会使用这些工具？这些恶意的人是何身份？他们仅仅是宣泄不满情绪的高中生，还是有组织的罪犯，抑或是政府内部的秘密组织？答案是都有可能。

2.3 对手

我已经几次提到对手，现在让我们看看这些人是谁。网络罪犯的规模和性质各不相同。只要一个人有犯罪的倾向，有时间下载一个武器化的网络工具，就可以成为潜在的对手。当你观察所有的网络罪犯时，你可以通过观察其目标来区分不同类型的对手。我们可以将对手分成四种不同的攻击者：

- **激进主义和随性者**：犯罪分子出于对某个概念的执着，试图表明自己的观点。有时他们是为了名声，而有时他们认为自己在对世界产生影响，我们需要把这些人想象成网络抗议者。
- **国家资助的网络战参与者**：可以把这些人想象成一个政府专门组织的网络军队，他们技术精湛，资金雄厚。大多数组织对于此种攻击都处于不利地位，通常，相关政府不会承认参与其中。
- **有组织的犯罪人员**：他们常以赚钱为目的进入计算机世界。当工作无利可图时，典型的犯罪就会转移到另一种策略上。通常，他们使用逐类型攻击，如漏洞利用工具包和垃圾邮件活动。有时，这些成员不会花时间隐藏自己的身份，因为他们相信自己的行为不太可能惹上麻烦。KrebsonSecurity 就这个概念写了一篇有趣的文章，你可以在 https://KrebsonSecurity.com/2015/03/who-is-the-antidetect-author 上找到。
- **间谍活动人员**：有时这些人是国家资助的，但有时他们为了个人或竞争利益而瞄准知识产权，就如 A 公司偷了 B 公司的秘密。

攻击方往往比防守方更有优势。第一个主要优势是他们不担心触碰法律，因为他们本质上是现行网络法规的对抗者。这意味着他们没有能力上的限制，也没有防御者必须处理的边界。例如，美国有很多法律禁止在有人对你发动网络攻击时进行回击。还有一些隐私法限制了防御者所能研究的内容，以及防御者必须遵循一般的黑客法。防御者可能会被要求遵守法规，使他们在最新的软硬件版本满足特定的法规要求之前无法升级。遵从法规有时会降低你的安全性，因为对技术的法规遵从调整通常需要时间，并且落后于供应商提供的最新版本。举例来说，某个主要的漏洞即使被未经 PCI 认证的代码版本修补，但在该软件的 PCI 合规性公开宣布之前，也不会部署到运行该漏洞软件的任何客户。攻击者可能会滥用该漏洞，因为攻击者知道任何等待 PCI 的人都不会运行最新代码，因为这会侵犯该公司的 PCI 状态。

对手的另一个优势是资金。我们举了一个例子，说明许多对手从犯罪活动中获得的资金多么充足。这些资金通常是免税的，可以用来改进攻击实验室和获取防御技术以测试自己的攻击手段。许多防御者的预算有限，需要适当地变更和控制程序来实现防御更新。

时间是另一个有利于攻击者的优势。据报道，许多成功的网络入侵都持续了很长一段时间。防御者通常无法长期集中精力，而且由于公司开支必须显示其防御服务的价值，否则将失去人力和技术预算。许多网络罪犯没有制衡机制，这意味着他们可以随心所欲地发起攻击。

对于攻击者和防御者来说，最后一个非常重要的优势是：攻击者只需要正确一次，而防御者需要每次都正确。

从百分比的角度来看，这意味着防御者明显处于劣势。不仅每次都必须正确，而且更要做到在杀戮链的每一步都正确。如果攻击者突破边缘但被 IPS 阻止，则防御者必须调整以适应整个攻击。除非防御者已经完全适应了这种情况，否则攻击者便可以专注于下一层的攻击。另外，攻击者可能会发起多个攻击，目的是混淆防御，使防御者很难知道他是否真的在突破防线。这方面的一个例子是，攻击者对某家公司发起拒绝服务（DoS）攻击，以分散该公司 SOC 的注意力，与此同时攻击者对面向 Web 的服务器进行漏洞利用。防御者也许能阻止 DoS 攻击，但不知道他们可能因 Web 漏洞而沦陷了。

对于那些负责防御的人来说，网络安全可能是一件可怕的事情。希望这些概念有助于证明安全投资以及制定事故响应计划的重要性。该计划的一部分应该包括取证方面，我们将涵盖其中许多步骤。

对于事故响应的取证学，识别和起诉对手将是许多取证调查的目标。正如我们刚才所解释的，这通常难以成功实现，因为涉及的步骤很多，而且很可能非常有利于罪犯。即使你能够收集证据来定罪一方的网络犯罪，许多法律系统将无法处理不符合监管链法律标准的证据。这样说来，本书所涵盖的步骤至关重要：只要你能确定发生了什么，并从中吸取教训，更好地为未来的威胁做好准备，即使不实施逮捕也仍然是一种胜利。

接下来我们简单了解一下网络法，以便更好地了解整个法律程序。请记住，也许你有确切证据，但若不能将其应用于法律调查，那么除了改进你自己的内部安全操作之外，证据可能就没有多大价值。

2.4 网络法

网络法的第一个重要概念是，嫌疑人必须违法才能被指控犯罪。在许多情况下，犯罪活动被确认，但一旦该活动与某个没有制定针对所发现的犯罪内容的法律的国家联系起来，罪犯就不会被起诉。例如，一名居住在小岛上的攻击者被认定对一家名为 XYZ 的美国公司发动攻击，如果 XYZ 试图以网络犯罪追查罪犯，它必须按照适当的取证实践收集犯罪证据，识别违法行为，并将罪犯与这些犯罪行为联系起来。如果罪犯不在美国，XYZ 必须让美国法律权威机构参与进来，并确认法律是由罪犯居住的国家执行的。如果违反了该国的法律，美国和该国必须交出证据，才能开始当地调查。如果没有违反该国的任何一项法律，可能就无所适从了。XYZ 可以阻止攻击者，但任何其他报复（如黑客回击）都可能意味着

XYZ违反了法律，因此可能会被罚款。总之，像这样的国际刑事调查有很多变数，执行起来可能会变得非常困难。

关于现行法律如何努力跟上最新网络犯罪这一概念，仍然存在着一种差距，这种差距是由制定法律和理解相关技术的延误造成的。一个例子是为受版权保护的材料做广告的网络资源。受版权保护的事物必须保存在尊重这些权利的国家内，否则这种保护就没有任何意义。举个例子，一个没有流媒体内容版权保护法律的国家，很可能会有服务器通过因特网提供这类材料，因为这样做是完全合法的。有些法律可能禁止从尊重版权保护法的国家获取材料，但法律也依然可能存在漏洞。举例来说，下载受版权保护的材料是非法的，但对流媒体的利用是合法的。另一个挑战是如何识别与处理非法下载。当Napster被认定为一种共享受版权保护的材料的非法方法时，我们看到政府试图逮捕和处罚使用Napster的公民。这些事件通常会给政府造成一个混乱的公众形象，而且指控这些罪行的成本比起诉后获得的罚款要高。

为了专注于本书的使命，我们选择不深入研究网络法。原因是读者可能来自任何有自己不同的法律的国家。此外，网络法还在不断发展，你必须在遵循之前验证它。不过，我们会展现美国一些重要法律的简明历史，以帮助描绘出网络法今天的状况。

当计算机最初被引进时，它主要作为工业和教育中心使用的工业设备。直到20世纪80年代，人们才开始考虑计算机犯罪。20世纪80年代以前，人们将网络视为犯罪手段的唯一踪迹出现在Donn Parker 1976年出版的一本书 *Crime by Computer* 中。随着计算机犯罪开始被报道，执法部门开始以一种临时的、几乎没有培训的志愿者方式适应数字法律。计算机分析响应小组（CART）于1984年成立，为联邦调查局的外勤人员提供一些搜索计算机证据的共同基础。最终，在1993年，美国联邦调查局主办了第一次计算机证据国际会议，来自多个国家的与会者出席了会议。那次会议引发了人们对现有网络法律缺失以及政府需要正式制定网络安全实践的广泛关注。1995年，国际计算机证据组织（IOCE）在一次类似的活动中成立，为电子数据取证提供了国际标准。随着时间的推移，以取证为重点的专业团体和工作也逐渐形成。

为了理解网络法是如何运作的，让我们看看美国的情况。在美国，当考虑网络犯罪时，有各种各样的法律需要了解。目前有成百上千条法律，但我们会提供一些重要法律的简要概述。由于我们只是提供一些示例，因此建议寻找其他来源，以获得更完整的美国网络法清单。

- 2001年的《美国爱国者法案》限制了政府人员在没有搜查令的情况下寻找证据的能力。这基本上保护了美国公民的隐私。
- 第四修正案规定了防止非法搜查和扣押的保护措施。这有助于将计算机视为封闭的容器，就像公文包或文件柜一样。这包括存储设备，因此在未经许可的情况下访问存储设备或计算机需要搜查令。"许可"的概念在第1章中有介绍。
- 《电子通信隐私法》（ECPA）为计算机网络服务提供商的客户和订户规定了隐私权。

这对于保护电子邮件、账户记录等中存储的信息非常重要。该法包括"向用户提供发送或接收有线或电子通信能力的任何服务"。ECPA将信息分为三类，获取这些信息需要搜查令、传票或其他法律法庭命令：
- 订户信息。
- 与客户或订户有关的记录或其他信息。
- USC 2510中的内容。

- 下列法律规定使用特定技术为犯罪：
  - 18 USC 1029：与接入设备有关的欺诈和相关活动。
  - 18 USC 1030：与计算机相关的欺诈和相关活动。
  - 18 USC 1361-2：禁止恶意破坏。
- 第402条规定，相关证据一般可接受，而无关证据则不可接受。这澄清了什么可以被视为证据。
- 第901条是身份认证的要求。这对取证很重要，因为需要证明证据是经过认证的，以及证明其声明的内容。
- 如果有关各方的性质可能受到质疑，下列法律将影响谁正在进行取证调查，谁将作为专家证人被邀请，以及任何其他角色。例如，如果一名专家证人与调查的一方是朋友，这可能显示出偏袒关系，因此此人将被排除在案件调查外。
  - 第608条：证人品格和行为的证据。
  - 第609条：以犯罪证据弹劾。
- 其他适用于美国法律并会影响网络案件运作的法律包括：
  - 第502条：律师/客户特权和工作成果；弃权限制。
  - 第614条：法庭传唤和讯问证人。
  - 第701条：非专业证人的意见证词。
  - 第705条：披露专家意见所依据的事实或数据。
  - 第1002条：原件要求。
  - 第1003条：副本的可采性。

还有很多其他的法律，但在美国学习网络法时，这些法律是需要考虑的。我们强烈建议在采取任何法律行动之前，利用一个了解相关法律的资源。如第1章所述，如果你缺乏适当的法律支持资金，请考虑电子前沿基金会（EFF）。这个非营利组织致力于保护人民的权利。我们强烈推荐该基金会，并支持其所做的贡献。可访问www.eff.org进行了解。

2.5　小结

在本章中，我们对网络犯罪和相关对手进行了概述。我们的目的是让你了解作为法庭调查或防御网络攻击的管理员一方，可能会遇到什么样的情况。接下来，我们看到了法律演变所做的努力，提供了处理网络调查时可能涉及内容的完整视图。本书的读者是网络工程师，所以我们保持法律的部分轻量级。你可以找到很多优秀的资源，以了解网络法在你那一方天地是如何运作的。我们建议你在参与法律调查或联系具有此类知识的协助人员之前参考这些资源。

现在我们已经了解了网络犯罪，接下来将准备建立取证实验室，并开始获得一些实践经验。让我们继续前进，开始搭建实验室吧！

参考文献

http://www.lockheedmartin.com/us/what-we-do/aerospace-defense/cyber/cyber-kill-chain.html

第 3 章

建立电子数据取证实验室

我真的恨死训练了。但我告诉自己：别放弃，忍受当下的苦，然后这辈子都像一个冠军一样活着。

——穆罕默德·阿里

当我在高中的时候，我的教练告诉我，"每个人都会变得更好或更糟，没有人会保持不变。"这给了我一个宝贵的人生教训：只有经验和实践才能让你提高技能，成为一名优秀的网络安全取证专家（好吧，我对教练所说的话引申得可能有些远了，但这些原则是正确的，并可以转化到网络安全和网络取证的方面）。如果不练习技艺，你很可能永远不会掌握任何执行取证工作所需的技能。正如人们所说的知行合一，接下来从详尽的实验室研究中获得的实践经验会非常有价值，有助于理解你在本书中看到的以及在未来的研究中出现的概念。

现在是时候言归正传，建立你的电子数据取证实验室了。首先，这不是一个典型的"让我们建立一个实验室"章节，其往往只是介绍一些工具，并叫你下载软件。本章将详细介绍如何为取证研究建立实验室，并提供一些调整和其他建议，以补充你的研究。主题包括创建 Kali Linux 系统的取证构建，以及其他工具，如构建 Snort IPS 以检测网络攻击和 Cuckoo 沙盒以测试恶意软件。学完本章，你将知道如何建立一个电子数据取证实验室，并可以在你的教育工作中使用。让我们开始吧！

3.1 桌面虚拟化

你想测试新软件吗？也许你想尝试恶意软件或模拟对网站的攻击？而购买硬件会使成本迅速上升，因此，许多实验室会采用虚拟化技术。桌面虚拟化意味着你使用同一个硬件（如一台笔记本电脑）来运行多个操作系统或桌面。例如，MacBook Pro 可以运行 Windows 10、Ubuntu Desktop 16 和 Windows 7 的虚拟实例。这些额外的操作系统就是我们所说的访客操作系统。它们共享与主机操作系统相同的物理资源，如显示器、键盘、鼠标、内存和硬盘。在本例中我们共享 MacBook Pro，图 3-1 展示了一个带有 Windows 7 和 Kali Linux 虚拟化操作系统镜像的 MacBook Pro，这些系统都在同一台 MacBook Pro 硬件上运行。

必须了解主机系统运行访客操作系统。访客操作系统可以与主机操作系统以及其他访客操作系统共享网络连接和文件系统，也可以被隔离。共享访客操作系统使在访客操作系统和主机之间移动文件更加容易。当它被隔离时，所有通信、程序和数据都将留在访客操作系统中。例如，你可以让 MacBook Pro 与所有系统共享其网络连接，在访客系统和主机之间建立 NAT 连接，或者在与主机隔离的专用网络中包含每个访客系统。图 3-2 展示了一个虚拟化的 Windows 7 操作系统，它与承载它的 MacBook Pro 硬件共享网络功能。

在下一节中，我们将介绍一些特定的桌面虚拟化软件包。要知道它们基本上都是一样的，决定使用哪个取决于你的预算和个人喜好。在选择虚拟化软件时，可以从 VMware、Oracle、Parallels 和许多其他软件中选择。我们重点介绍两个最受欢迎的选项。

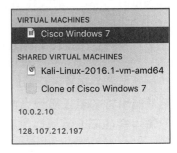

图 3-1　MAC 上的 Windows 7 和 Kali Linux

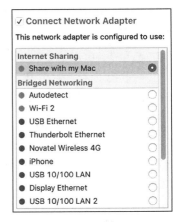

图 3-2　Mac 与 Windows 7 虚拟机共享网络

3.1.1　VMware Fusion

VMware Fusion 是由 VMware 公司开发的软件。之所以要强调 VMware Fusion，是因为我们认为它是 Mac OS X 系统可用的最佳选项之一。该软件允许 Apple Macintosh 电脑运行多种操作系统，如 Microsoft Windows、Linux 等。如果你正在使用另一个软件虚拟化环境，则不必切换到 VMware Fusion。我们讨论的所有内容都可以在几乎所有其他虚拟桌面软件包中找到。

VMware Fusion 有两种版本：基础版和专业版。使用专业版非常重要，因为它允许你创建和编辑虚拟网络。我们在本书和其他高级培训中涉及的许多实验室在基础版上可能不适用。VMware Fusion 适用于 Mac 计算机。如果你有 Windows 或 Linux 系统，则可以使用 VMWare Workstation 作为替代选项。我们确实觉得 VMware Workstation 比 VMware Fusion 成熟了一点，但这两种产品在功能对等方面都在迎头赶上。

可访问 www.vmware.com/products/fusion.html 了解更多信息。

3.1.2　VirtualBox

VirtualBox 是一款免费的开源桌面管理程序，目前由 Oracle 公司开发。它运行在 Mac OS X、Windows 和 Linux 主机上，支持多种类型的访客操作系统。该软件是完全免费的，如果你没有另一个桌面管理程序，我们强烈建议你不要购买，而是使用 VirtualBox。与其他一些开源工具不同，VirtualBox 非常易于使用，拥有大量优秀的文档，提供免费培训，并且有大量的支持者。有关详细信息，可访问 www.virtualbox.org/ 进行了解。

3.2 安装 Kali Linux

既然已经选择了你的虚拟环境，我们便准备好引导你安装 Kali Linux 了，你可以使用这些指引将 Kali 安装到桌面虚拟化环境中或直接安装到个人计算机上。安装 Kali 很简单，只需搜索 Google 就可以找到很多视频和文档。最新版 Kali 的最低要求如下：

- 至少 20GB 的磁盘空间
- i386 和 amd64 架构的 RAM，最小 1GB，建议 4GB 或更大
- CD-DVD 驱动器 /USB 引导支持

当然，这并不意味着你应该坚持最低限度。基于典型的软件和我们使用机器的情况，建议如下：

- 至少 80GB～100GB 的磁盘空间
- 4GB 内存，8GB 优先
- USB 引导支持

让我们开始建立第一个实验室：下载和安装 Kali！

1. 首先需要做的是从 www.Kali.org/downloads/ 下载 Kali Linux，本页有几个下载选项。你可以将镜像作为 ISO 或 Torrent 下载。如果选择 Torrent，则仍会下载完整的 ISO 镜像，但文件的某些部分可能来自不同的源，以加快下载整个文件所需的时间。因此，我们建议使用 Torrent 文件下载选项。你需要 BitTorrent 客户端（如 Transmission，https://transmissionbt.com/）来下载 Torrent 文件。如果你对 Torrent 有顾虑，可以随意获取直接的 ISO 镜像。

2. 我们强烈建议你验证 SHA-256 哈希值。这样做是为了确保下载的文件没有被调整或篡改。即使你从受信任的网站下载软件，你下载文件的源也可能已被破坏，且正在分发受污染的软件版本。众所周知，恶意软件作者和其他威胁方会在免费工具和流行下载中注入恶意软件，这也包括那些发现本书免费的 PDF 在线版本的情况。我们已经看到了以前书中的恶意软件，而它们自由地张贴在未经授权的来源，所以值得警示！图 3-3 是作者之一的另一本书的一个例子，被 Cisco ThreatGrid 认定为感染了恶意软件。

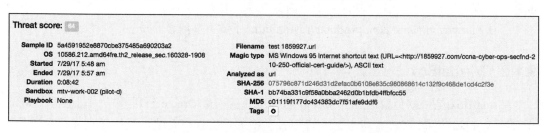

图 3-3　感染恶意软件的 *CCNA-Cyber-OPS*

你的软件也有可能损坏了。这些相同的完整性验证功能不仅可以检测注入软件中的可能恶意代码，还可以检测数据文件的潜在损坏情况。在基于 Mac 或 Linux 的计算机上，命令很简单：只需键入 **shasum -a 256** *location of file* 命令。在大多数版本的 Windows 上，你需要下载一个可以为你检查哈希值的实用程序。我们喜欢 Raymond 的 MD5 和 SHA Checksum 实用程序，你可以在 https://raylin.wordpress.com/downloads/MD5-SHA-1-Checksum-utility/ 上找到。图 3-4 展示了这个实用程序，它验证了我们从 Kali Linux 网站下载的 Kali Linux 文件的哈希值。使用这些结果，我们能够将哈希值与发布者网站上找到的软件的相应哈希值相匹配，以确保下载了正确的、未经篡改的版本。

> **注意** 我们通常只检查哈希值的最后四到五个字符，以便在手动检查或"目测"哈希值时更轻松一些。如果最后 4 到 5 个字符匹配，则大概率整个哈希值是匹配的。

图 3-4　Checksum 工具示例

3. 你需要从 ISO 镜像启动。在 ISO 启动之后，将要求你选择一种安装类型。在大多数情况下，选择图形用户安装。选择安装类型后，你将处理一组典型和标准的安装设置问题。不过，我们首先需要看的重要细节并不多。让我们看看这些具体的问题：

- 密码：在过去（以及在预先构建的 VM 镜像中），Kali Linux 带有一个默认的 root 用户名和一个 *toor* 密码（root 的倒序拼写）。你应该选择一个新密码。在某些情况下，我们可以通过利用公开系统的默认密码来破坏整个网络。toor 是攻击者和渗透测试人员测试的常用密码，因此，更改它很重要。此外，对安全专业人员来说，让攻击者使用他自己的安全工具中的默认密码来破坏系统是非常尴尬的。
- 磁盘分区：我们建议使用逻辑卷管理（LVM）加密的整个磁盘。LVM 本质上是一个分区软件，它允许你动态地调整磁盘的大小，并且比使用其他方法要容易得多。

图 3-5 展示了安装过程中将遇到的磁盘分区步骤的示例。
- **网络镜像**：强烈建议你配置网络镜像。如果选择"否"，则可能无法安装软件包或更新。网络镜像会命令 Kali Linux 使用中央 Kali 存储库来下载新的和更新现有的软件。

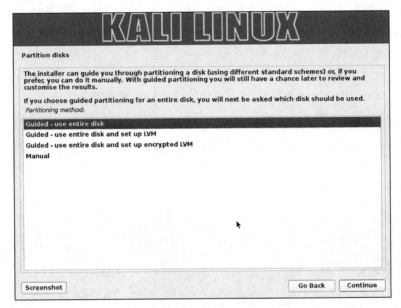

图 3-5 LVM 示例

4. 当 Kali Linux 完整安装后，它会通过 DHCP 获得一个 IP 地址。你应该确保你的 Kali Linux 安装具有因特网连接。接下来，你应该打开一个命令终端，在一行中运行 apt-get -y update && apt-get -y upgrade 来更新和升级 Kali。完成该过程后，重启设备。

> **注意**　我们强烈建议你不要跳过更新和升级步骤。我们发现，我们在 Kali Linux 及其支持的工具上遇到的许多问题都是通过简单地更新到最新版本来解决的。在 Kali Linux 中工作时，如果发现某个工具运行不正常，请考虑执行此步骤。

Kali Linux LiveCD 或 Live Boot 基本上意味着操作系统没有安装在主机硬盘上。相反，操作系统从 ISO 文件（通常在虚拟机上）或从刻录的 DVD 或插入物理主机的 USB 运行。这是对主机操作系统进行快速测试的一种好方法，因为该过程通常使用起来非常快。当我们授课时，即使学生使用的是虚拟机，我们有时也会让他们使用 LiveCD 选项，确保从一个干净的操作系统开始学习。应当指出，我们也可以使用桌面虚拟化功能作为快照来完成同样的任务。

对于取证调查员来说，LiveCD 选项非常重要。原因包括这个版本为取证工作的锁定方式、系统运行速度，以及完成工作后清理数字足迹的容易程度。启动 Kali Linux 时，有一个取证模式选项。此模式与 LiveCD 完全相同，但在取证模式下，默认情况下禁止 Kali 以任何方式接触文件系统。这使得调查人员能够保持机器的状态。我们将在第6章中讨论数据保全。图 3-6 展示了现场取证模式选项的一个示例。

图 3-6　启动 Live 取证模式

这是我们最喜欢的方法之一，有时也被认为是最快的方法，因为 Kali Linux 启动和运行是从 USB 驱动器"实时"运行的。这种方法有几个优点：

- 这在取证学上是合理的。与取证模式下的 LiveCD 类似，以这种方式运行 Kali Linux 绝对不会对主机的硬盘或操作系统进行任何更改。完成调查后，只需卸下 USB 驱动器，重新启动，系统就会恢复到原始状态。
- 它是便携式的。你可以把 Kali-Linux 放在笔记本包里，几分钟内就可以运行了。只要把它放进 USB 接口，重新启动，只要机器支持 USB 启动，你就可以继续了。
- 它是可定制的。你可以添加可能非标准安装的一部分的特定工具和其他程序。

> **注意**　你应该知道，虽然在默认情况下，取证模式不会接触主机的硬盘驱动器，但你可以更改此行为。更改取证模式的默认行为需要一些工作，因此你不太可能意外更改它。另外，即使硬盘没有被触摸，你也可以通过重新启动系统来销毁证据，比如活动内存。

要从 USB 驱动器安装 Kali Linux，首先需要创建一个可引导的 USB 驱动器，该驱动器可以从 Kali Linux 的 ISO 镜像设置。你需要至少 8GB 或更大的 USB 驱动器才能创建可引导的 Kali Linux USB。对于 Mac 和 Linux 用户，可以在我们的示例中使用 **dd** 命令来实现这一点。对于 Windows 用户，可以下载一个名为 Win32 Disk Imager 的工具，该工具位于 https://launchpad.net/Win32-image-writer。

首先，让我们看看 MAC 和 Linux 系统的进程。确定用于将镜像写入 USB 驱动器的设备路径。在没有将 USB 驱动器插入端口的情况下，在 Mac OS 上执行 **diskutil-list** 命令，如图 3-7 所示。

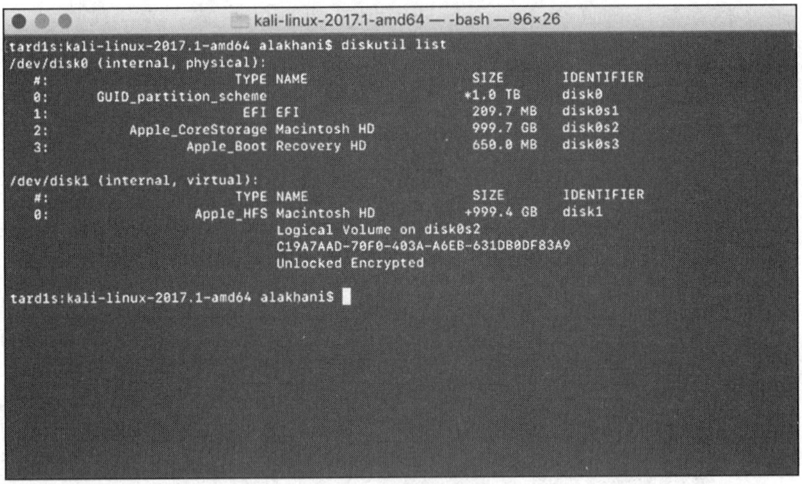

图 3-7 diskutil-list 命令

在 Linux 上，你可以使用 sudo fdisk -l 来完成相同的任务。你很可能会在 Mac 上的 /dev/disk 位置和 Linux 系统上的 /dev/sda 位置看到相关设备。接下来，将 USB 驱动器放入主机系统并运行相同的命令。思路是，你通过尝试确定系统将如何识别新的 USB 驱动器。这样的话，你就知道该用哪种驱动器了。在安装了 USB 驱动器的情况下运行命令后，你应该会看到额外的驱动器，如图 3-8 中所示的 /dev/disk2。你在系统上看到的名称因系统而异。

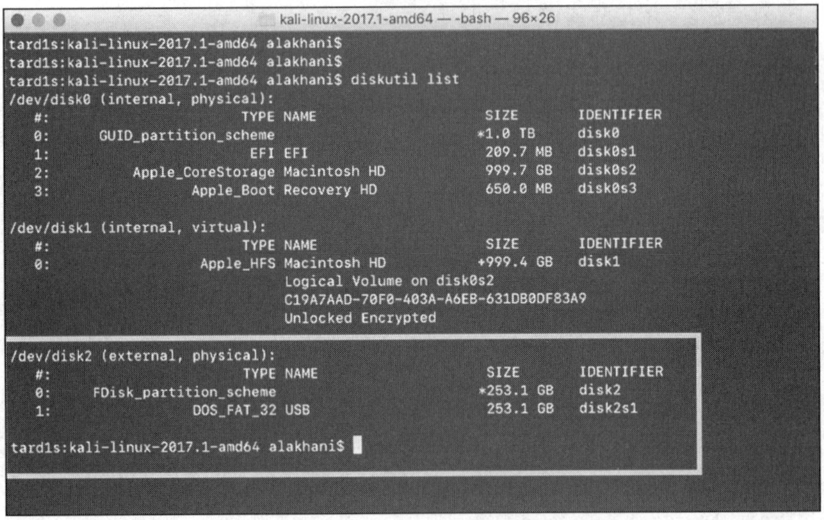

图 3-8 USB 示例后的 diskutil-list 命令

既然已经确定了 USB 驱动器的路径，就需要卸载 USB 驱动器。**不要复制本书中的命令**。相反，请确保将 USB 插入系统的路径正确。在我们的例子中，路径是 /dev/disk2/，因此我们给出命令 sudo diskutil unmount/dev/disk2。

> **注意** 如果出现错误，请改用 unmountDisk 命令。对于我们的示例来说，应该使用 sudo diskutil unmountDisk /dev/disk2。

使用前面的命令卸载驱动器后，可以使用 dd 命令制作已下载的 ISO 的精确副本。本例中使用的命令是 dd if=*full path and name of the file* of=*/full path of output device* bs=*block size*。在示例中，我们输入命令 sudo dd if=kali-linux-2017.1-amd64.iso of=/dev/disk2 bs=1m，如图 3-9 所示。

> **注意** 增加块大小（Block size）可以大大提高设备构建 USB 驱动器的速度。在我们的示例中，对于典型的安装，使用大小为 1MB 的块可能需要两个小时。但是，这些设置非常可靠，不会导致错误。

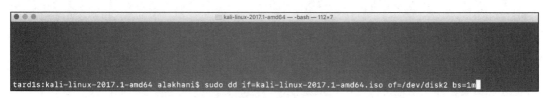

图 3-9　dd 命令

不幸的是，dd 命令不仅需要一些时间来处理大型镜像，而且在进程执行时也不提供任何反馈。当你执行这个命令时，它看起来就像是终端窗口在沉思。要验证复制过程是否正常工作并查看复制过程完成的程度，可以执行的技巧是按键盘上的 Ctrl+T（Control-T）。你应该会看到正在写入的数据增加，这表明进程确实在复制数据。只要复制和完成过程的数量增加，dd 程序就可以正常工作。图 3-10 展示了使用 Ctrl+T 命令验证复制过程的示例。

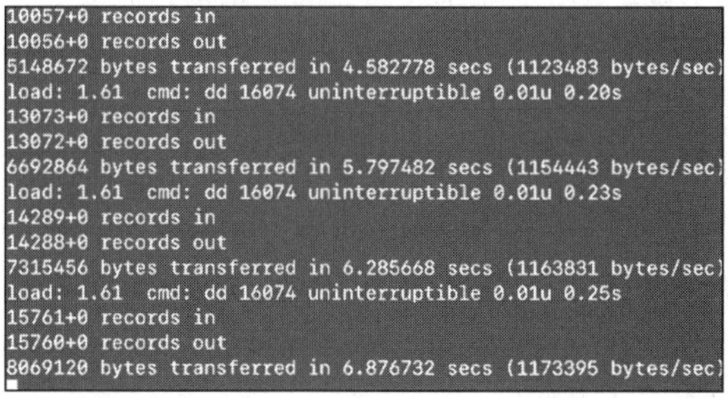

图 3-10　由 dd 命令示例写入的数据示例

复制命令完成后，命令提示符将为下一个命令做好准备。现在可以通过弹出媒体安全地卸载磁盘。为此，请使用 sudo diskutil unmountDisk /dev/disk2 命令或前面提到的 sudo diskutil unmount /dev/disk2 命令。现在，你应该能够从已安装 Kali Linux 并准备在主机系统上加载的 USB 驱动器启动。

使用 Kali Linux 构建的 USB 设备启动时，请选择 Live（non-forensics）版本。当 Kali Linux 完全安装后，它会通过 DHCP 获得一个 IP 地址。在开始安装过程之前，请确保系统具有因特网连接。完成后，转到终端应用程序，在一行中运行 apt get-y update && apt get-y upgrade 以更新和升级 Kali。完成此过程后，建议重新启动设备。

祝贺你！现在你应该了解如何使用可用的 ISO 镜像选项构建基本的 Kali-Linux 安装。你可以使用此方法在物理计算机上安装 Kali Linux，或者在桌面管理程序（如 VirtualBox）上安装 Kali Linux。你还应该了解如何创建自己的便携式 USB Kali 安装。接下来，我们看一下如何在重新构建的 Kali Linux 上攻击其他系统。

3.3 攻击虚拟机

为了在受控的实验室环境中测试攻击和防御方案，你可以刻意下载几个易受攻击的操作系统。这使你能够测试在发现、搜索和利用漏洞方面的技能。你应该把易受攻击的机器隔离起来，不要联网。攻击者可能会发现这些易受攻击的操作系统，并将它们用作扩展和攻击网络其余部分的跳转点。如果在物理机器上安装这些易受攻击的机器，请使用 LiveCD 功能进行安装，并使物理机器与网络的其他部分隔离。

在大多数实验室用例中，使用虚拟机技术构建易受攻击的机器。在下一个示例中，我们使用 192.168.99.0/24 的网络在 VMware 中创建了一个私有虚拟网络（在 VirtualBox 中也可以完成相同的工作）。我们在这个独立的虚拟网络上为 Kali-Linux VM 和易受攻击的操作系统分配了一个 NIC，这个网络存在于主机系统中。我们建议你确保虚拟机没有 NAT 转换或对因特网的访问，并确保所有虚拟机只有一个 NIC，以防止从一个网卡转发到另一个网卡。图 3-11 是这个 VM 隔离配置的一个例子。

我们在实验室示例中使用的两个最流行的易受攻击的操作系统是 Metasploitable 和 Dam Vulnerable Web App（DVWA）。Metasploitable 是在 Ubuntu 上刻意构建的易受攻击的操作系统。你可以在 Rapid7 的网站 https://information.Rapid7.com/download-Metasploitable-2017.html 上注册，免费下载 Metasploitable。DVWA Web 应用程序是基于 PHP 和 SQL 构建的，坦率地说，是非常脆弱的。你可以在 https://github.com/ethicalhack3r/DVWA 下载 DVWA ISO。这两种方法都是测试各种攻击类型的重要来源，包括 Kali Linux 中可用的工具。

另一个好的测试资源是位于 https://computersecuritystudent.com 的计算机安全学生网站。它提供免费的 DVWA 全套课程，可在 https://computersecuritystudent.com/cgi-bin/CSS/process_request_v3.pl?HID=688b0913be93a4d95daed400990c4745&TYPE=SUB 找到。此资源提供了配置和攻击场景的优秀示例，帮助你更加熟悉本书中介绍的工具和技术。

我们也会使用其他几个易受攻击的操作系统。Samurai Web Testing Framework（Samurai WTF）并不像其他一些测试框架那样受欢迎。我们喜欢 Samurai WTF 的地方在于它有一个很好的演练和课程，介绍如何在其 Sourceforge 项目网站上演示和了解漏洞。你可以在 https://sourceforge.net/projects/Samurai/files/ 上找到 Samurai WTF。

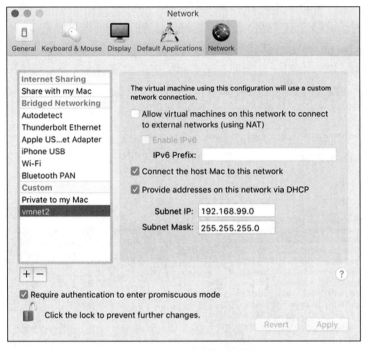

图 3-11　虚拟机隔离示例

最后一个要考虑的工具是 OWASP Multillidae Web Application，它与 DVWA 相似。Mutillidae 测试了在 DVWA 中发现的许多相同的漏洞，但测试方式略有不同，以确保你真正了解攻击者使用的技术。你可以从 https://sourceforge.net/projects/mutillidae/ 下载 Mutillidae。

我们建议你考虑将这些攻击目标虚拟机中的一些作为测试 Kali Linux 设置的选项。现在让我们深入了解一下使用 Metasploitable 攻击虚拟机。

Metasploitable 是一个操作系统分发版，按设计包含许多漏洞。目标是简化针对各种漏洞的测试攻击，以便网络管理员、学生和其他安全专业人员可以练习攻击和防御技术。有几个地方可以下载 Metasploitable，并且存在易受攻击的操作系统的不同版本。正如我们在本章前面提到的，我们建议从 Rapid7 的网站 https://information.Rapid7.com/metasploitable-download.html 下载并使用发行版。

Metasploitable 之所以得名，是因为它允许主要安全应用程序（如 Metasploit）轻松执行漏洞测试。下载 Metasploitable 时，我们建议从网络的角度将其隔离。我们已经多次强调这一点，因为生产网络上的 Metasploitable 系统对于真正的攻击者来说可能是金矿。

使用用户名和密码组合 user:user 登录到 Metasploitable。如果需要 root 权限，则需要使用用户名和密码 msfadmin:msfadmin 运行登录。

当我们通过发出命令 nmap -p 0-65535 IP-ADDRESS-For-METASPLOITABLE，从 Kali Linux 框扫描 Metasploitable 系统时，我们可以看到相当多的端口打开。这些端口中的大多数都有易受攻击的应用程序。尝试对 Metasploitable 系统运行各种 NMAP 扫描，以查看 NMAP 通过使用不同的 NMAP 变体提供的反馈类型。你可以在 https://svn.nmap.org/nmap/docs/nmap.usage.txt 上找到其中许多选项。

Metasploitable 操作系统分发版具有恶意和无意后门等许多不同的漏洞。例如，可用的服务之一是与一些漏洞相关的 distcc 服务。一个特定的漏洞很容易演示，而还有很多简单或复杂的漏洞可以自己测试。让我们来看看如何使用 Kali Linux 来利用这项服务。

为了演示 distcc 漏洞，让我们在 Kali Linux 机器上启动 Metasploit 控制台并运行一个简单的后门攻击。在 Kali Linux 终端窗口中，键入 msfconsole 启动 Metasploit，如图 3-12 所示。

图 3-12 Metasploitable 主控制台

加载 Metasploit 框架后，你应该会看到一个提示。欢迎消息将是不同的，有时是一个非常有趣的 ASCII 字符的使用。当你看到命令提示时，下一步是选择要使用的漏洞。如果不知道应该使用哪种类型的攻击，可以在 Metasploit 中搜索关键字。当你对目标系统执行漏洞扫描、查找一些关键漏洞并希望将这些漏洞与 Metasploit 中可用的武器化攻击相匹配时，此功能非常有用。

要测试此功能，请使用命令 search distcc 以搜索 distcc。可以使用相同的技巧搜索其他漏洞，以增加在 Metasploit 中识别可用漏洞的机会。

在示例中，我们知道 distcc_exec 存在漏洞。要使用该漏洞，请键入命令 use exploit/

unix/misc/distcc_exec。接下来，你需要配置你的漏洞以了解要攻击的目标。可以通过命令 set RHOST 后接目标系统的 IP 地址来执行此操作。要查看 Metasploit 中有哪些配置设置可供利用，请键入 show options。在本例中，我们只需要配置 Metasploit 所针对的系统。其他漏洞攻击可能会要求提供各种各样的信息，例如成功入侵系统后要传递的恶意负载类型、要使用的端口或协议等。使用 set 命令更改设置，该设置在你发出 show options 命令后可用并可见。在我们的示例中，set 用于设置 RHOST，这意味着将受到攻击的远程主机。

成功配置攻击后，键入 exploit 运行攻击。图 3-13 展示了执行 distcc_exec 攻击的示例。

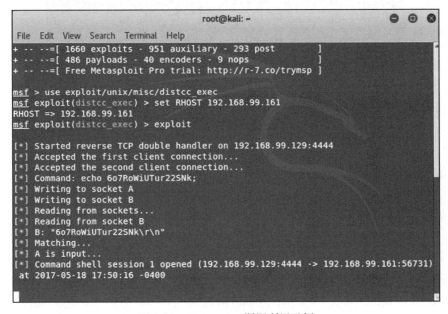

图 3-13 distcc_exec 漏洞利用示例

为了总结攻击示例的步骤，我们运行以下三个命令：

```
msf > use exploit/unix/misc/distcc_exec
msf exploit(distcc_exec) > set RHOST 192.168.99.161
msf exploit(distcc_exec) > exploit
```

当此特定攻击成功入侵目标系统时，你将获得对受攻击系统的 shell 访问权限。要验证通过漏洞利用获得的系统访问级别，可以键入 **ifconfig** 等操作系统命令来查看结果。图 3-14 展示了受损系统的网络配置。

你可以在 Metasploitable 上测试几十个漏洞。当你在测试漏洞、证据和其他在调查期间可能发现的东西时，这些操作系统是极其宝贵的。那么如何测试恶意软件呢？我们的建议是为此建立一个沙盒。接下来看看如何设置 Cuckoo 沙盒。

图 3-14　查看受损系统上的 ifconfig 结果

3.4　Cuckoo 沙盒

检查恶意软件最常用的方法之一是在沙盒中运行它。沙盒是在实时操作系统中执行和分析恶意软件的安全环境。有时，恶意软件只在实时操作系统中执行时才起作用，因此，单靠静态分析是不可能研究清楚的。本节中的步骤将引导你了解如何在系统上安装 Cuckoo。我们想预先提醒你，安装 Cuckoo 可能是复杂和耗时的。如果不想经历在你的环境中安装 Cuckoo 的麻烦，你可以使用另一个选择，即访问 Malwr（https://malwr.com/）。Malwr 是一个使用 Cuckoo 沙盒的开源恶意软件分析网站。图 3-15 显示了注册了一个免费账户后 Malwr 网站的主界面。你可能还对使用提供类似功能的各种商业软件工具感兴趣。例如，Cisco ThreatGrid 解决方案提供了各种测试功能，包括调整沙盒环境、主动测试和暂停正在评估的恶意文件。

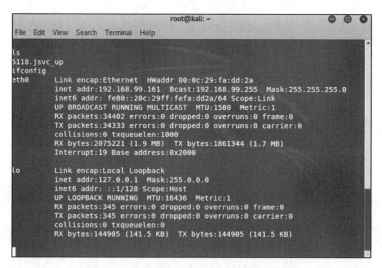

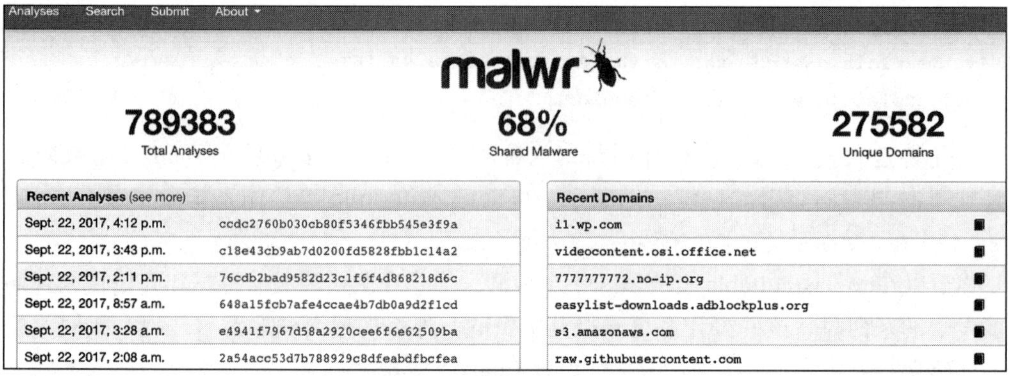

图 3-15　Malwr 主界面示例

让我们来看看如何在你的环境中设置 Cuckoo 沙盒。Cuckoo 沙盒是世界领先的开源自动恶意软件分析系统与沙盒环境。这对你到底意味着什么？这代表你可以运行任何类型的文件，Cuckoo 会将文件执行在一个安全的环境。Cuckoo 将提供有关在隔离 Cuckoo 环境中执行相关文件时所做操作的详细结果反馈。此反馈可能包括网络连接、注册表更改、下载的其他文件以及更多详细信息。当试图了解在取证调查过程中遇到的恶意文件如何工作时，此工具可能非常有用。

根据 Cuckoo 网站所述，如果你的系统有过时的 Python 或其他依赖关系，可能会让你面临 Cuckoo 不能正常工作的风险。我们强烈建议你在 Cuckoo 的专用机器或虚拟系统上安装 Cuckoo，以避免一些潜在的并发问题。Cuckoo 网站建议在安装前完全更新系统。

在我们的 Cuckoo 例子中使用 Ubuntu 操作系统。重要的是，相同的指令在 Debian 或基于 Debian 的系统上的工作方式应该几乎相同。在 Windows 和 Mac OS X 上安装 Cuckoo 也是可能的。但是，由于 Cuckoo 软件的复杂性，我们强烈建议你使用 Ubuntu 而不是 Windows 或 Mac OS X。大多数 Cuckoo 支持论坛都将精力集中于指导 Ubuntu 的安装。在为工具集选择操作系统时，应始终考虑拥有最佳支持的选项。

本例的第一步是安装必备库。可以通过输入以下命令来执行此操作：

```
$ sudo apt-get install python python-pip python-dev libffi-dev libssl-dev -y
$ sudo apt-get install python-virtualenv python-setuptools -y
$ sudo apt-get install libjpeg-dev zlib1g-dev swig -y
```

Cuckoo 使用基于网络的界面。MongoDB 是一个流行的开源数据库，以其速度和可伸缩性著称，我们需要利用它来有效地使用 Cuckoo。要安装 MongoDB，必须执行以下命令：

```
$ sudo apt-get install mongodb
```

除了 MongoDB 之外，Cuckoo 还使用 PostgreSQL 跟踪恶意软件特性、记录数据和执行其他内务管理项目。要将 PostgreSQL 安装为数据库，必须安装 PostgreSQL 服务器。使用以下命令安装 PostgreSQL：

```
$ sudo apt-get install postgresql libpq-dev
```

3.4.1 Cuckoo 虚拟化软件

Cuckoo 沙盒支持多种虚拟化软件环境。它使用这些环境运行恶意软件的目标操作系统。在本节中，我们使用 VirtualBox。要安装 VirtualBox，请使用以下命令：

```
$ echo 'deb http://download.virtualbox.org/virtualbox/debian xenial contrib' | sudo tee -a /etc/apt/sources.list.d/virtualbox.list
$ wget -q https://www.virtualbox.org/download/oracle_vbox_2016.asc -O - | sudo apt-key add -
$ sudo apt-get update
```

```
$ sudo apt-get install virtualbox-5.1
```

3.4.2 安装 TCPdump

Cuckoo 官方文档建议安装 TCPdump。TCPdump 使 Cuckoo 能够更详细地检查和记录网络流量活动。要在 Ubuntu 上安装 TCPdump，请执行以下步骤：

```
$ sudo apt-get install tcpdump apparmor-utils
$ sudo aa-disable /usr/sbin/tcpdump
```

仅当使用默认 CWD 目录时，才需要禁用 AppArmor 配置文件（aa-disable 命令），正如我们在本示例安装中所做的那样。如果不执行以下命令，AppArmor 将阻止创建 PCAP 文件：

```
$ sudo apt-get install tcpdump
```

接下来，你需要通过发出以下命令来安装 setcap：

```
$ sudo apt-get install libcap2-bin
```

你还需要在 TCPdump 及其默认权限内进行一些小的更改。这允许 TCPdump 以 root 权限运行，这是必需的。运行以下命令以完成此操作：

```
$ sudo setcap cap_net_raw,cap_net_admin=eip /usr/sbin/tcpdump
```

应使用以下命令验证结果：

```
$ getcap /usr/sbin/tcpdump
/usr/sbin/tcpdump = cap_net_admin,cap_net_raw+eip
```

如果使用 set 命令有困难，只需发出以下命令即可授予 TCP Dump root 权限：

```
$ sudo chmod +s /usr/sbin/tcpdump
```

3.4.3 在 VirtualBox 上为 Cuckoo 创建账户

你需要为 Cuckoo 创建一个用户。可以使用以下命令执行此操作：

```
$ sudo adduser cuckoo
$ sudo usermod -a -G vboxusers cuckoo
```

Cuckoo 本身有很多特点和选择。按照前面的安装过程，你可以进行基本的 Cuckoo 安装。基本安装完成后，下一步是安装访客操作系统。安装操作系统是特定于你正在使用的虚拟化软件的。在本例中，我们使用的是 VirtualBox。VirtualBox 可以简单地启动，并且可以安装标准的访客操作系统。图 3-16 展示了这个过程的一些步骤。

安装访客操作系统超出了本书的范围，但你可以在 VirtualBox 的网站和 VirtualBox 文档中找到详细说明。安装访客操作系统后,你只需使用 Web 浏览器导航到 Cuckoo 系统,登录并开始使用该系统。图 3-17 展示了功能齐全的 Cuckoo 系统界面。

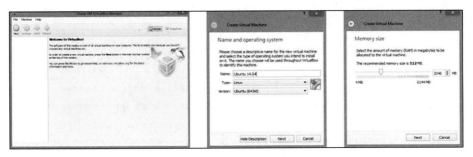

图 3-16　VirtualBox 安装步骤示例

图 3-17　Cuckoo 主登录界面

3.5　Binwalk

Binwalk 是一个检查固件的工具。具体地说,它用于确定固件镜像中是否存在嵌入的或可执行的代码。过去,它被用来发现路由器和其他现有设备中的漏洞、恶意软件和后门。Binwalk 使用魔术字符串来唯一地标识不同类型的文件。

要使用 Binwalk，请下载 .bin 格式的固件。大多数家庭路由器固件、摄像头和物联网设备都使用这种格式。Binwalk 也可以处理其他类型的文件，例如图像文件或其他压缩文件。

```
root@kali:~# binwalk -B myIOTfirmware.bin

DECIMAL         HEX           DESCRIPTION

0               0x0           TRX firmware header, little endian, header size: 28
bytes, image size: 2945024 bytes, CRC32: 0x4D27FDC4 flags: 0x0, version: 1
28              0x1C          gzip compressed data, from Unix, NULL date: Sat Sept
2 19:00:00 1969, max compression
2472            0x9A8         LZMA compressed data, properties: 0x6E, dictionary
size: 2097152 bytes, uncompressed size: 2084864 bytes
622592          0x98000       Squashfs filesystem, little endian, DD-WRT
signature, version 3.0, size: 2320835 bytes,  547 inodes, blocksize: 131072
bytes, created: Sat Sept  222 07:24:06 2017
```

我们可以看到 bin 文件实际上是由不同类型的文件组成的。前面的例子显示了这个文件的两部分是压缩的：gzip 部分和 squash 文件系统。我们也可以使用其他工具来分离和解压缩这些文件。从 binwalk 可以看出，这个文件的最后一部分是一个开源路由器固件镜像 DD-WRT。最有可能的是，该固件的其他部分是特定于制造商的，如徽标和图形。这只是一个使用这个有价值的工具的简单例子。

3.6　The Sleuth Kit

The Sleuth Kit——Autopsy 是一套命令行工具，可用于基于 Windows 和 Linux 的系统。尽管它主要用于 Linux，但也在 Windows 上也逐渐流行起来。请记住，即使在 Windows 上，默认情况下这些工具都是命令行工具，并且不随 GUI 一起提供。如果需要，有些 GUI 包装器可以使用这些工具，但大多数人只是从命令行或终端窗口使用这些工具。

The Sleuth Kit 的核心功能允许网络调查员执行磁盘和文件系统分析。其强大之处在于它的插件支持，允许你向产品添加功能，还可以将各个模块导出到其他取证工具中。

The Sleuth Kit 允许并期望你在一个包括文件提取、文件分析、日志记录和报告的三阶段框架中工作。以下是这三个阶段的总结：

- **文件提取**：The Sleuth Kit 有多种分析磁盘镜像和文件的工具。当其找到相关的文件信息时，会将其添加到数据库中。默认情况下，The Sleuth Kit 使用 SQLite 数据库，但可以将其更改为 PostgreSQL 或其他类型的数据库，此特性也是 The Sleuth Kit 如此受欢迎的一个原因。当文件提取完成时，它会自动记录在数据库中，以便以后进行调查。

- **文件分析**：The Sleuth Kit 有许多不同的模块，可以帮助取证调查员的文件分析。例如，HashCalcModule 计算已提取并添加到 The Sleuth Kit 数据库的文件的哈希值。在使用 The Sleuth Kit 时，模块通常有一个特定的任务。文件提取后，可由多个文件分析模块进行处理，结果可自动输入中央数据库。
- **日志记录和报告**：报告模块功能强大，因为它们可以从用于处理文件的多个模块中获取结果，并通过合并信息创建单个报告。它们还可用于验证信息在被多个模块处理时是否符合预期，这一点由生成一个包含所有处理结果的报告来实现，这比单独的报告更容易阅读。

要在 Kali Linux 上安装 The Sleuth Kit，只需在命令行终端中键入命令 **apt-get install sleuthkit**。最新版本的 Kali Linux 已经安装了 The Sleuth Kit。当 The Sleuth Kit 安装在 Kali 上时，你可以直接从命令行运行任何单独的命令。所有命令的列表可以在 Sleuth Kit Wiki 页面 http://Wiki.sleuthkit.org/index.php?title=The_Sleuth_Kit_commands 上找到。每个命令都有显示命令语法的手册页。我们将在第 5 章中更详细地介绍使用此程序的情况。

3.7 Cisco Snort

Cisco Snort 是一个免费的、受业界尊重的开源网络入侵检测系统（IDS）和入侵预防系统（IPS）。Snort 可以对配置为监视的流量执行实时流量分析和数据包日志记录。某些规则是由 Cisco Talos 研究团队提供的，但是仍有很大的空间来开发自定义规则或修改开放源码社区中可用的规则。许多行业安全解决方案都利用后端的 Snort 作为其检测平台。可访问 www.cisco.com/c/en/us/products/collateral/security/brief_c17-733286.html 了解更多信息。

与企业 IDS 和 IPS 技术不同，Snort 需要一些投入来设置和维护。此要求的另一面是 Snort 具有高度可定制性。在本书的网络取证主题中，我们使用 Snort 作为我们的首选检测平台。因此，让我们快速浏览一下 Snort 系统的基本设置。

> **注意** 我们建议在 Security Onion OS 发行版中使用 Snort。设置 Snort 并在 Security Onion 操作系统上运行它很容易。该系统有内置的指引和脚本，可以轻松配置 Snort。

在本节中，我们将讨论 Snort 的手动安装。我们做此选择的原因是确保你了解如何安装 Snort 以及在何处更改特定配置。即使你决定使用 Security Onion OS 发行版，我们也强烈建议你至少手动安装一次，这可以确保你了解有关如何执行正确 Snort 安装的详细信息。此外，如果你真的只想使用 Snort 的话，Security Onion 可能会杀伤力过大。

我们建议为 Snort 使用专用系统或带有网络接口卡的专用虚拟机。也推荐使用 Ubuntu 桌面系统。通常，我们会使用 Ubuntu 服务器，但出于几个原因，我们向你推荐 Ubuntu 桌面版。第一，桌面版有一个完整的 GUI 桌面环境，这使得管理组件和更新系统更加容易。第二，我们计划编辑大量的文本文件。使用基于 GUI 的文本编辑器（如 Gedit）编辑这些文件可能会更容易。Ubuntu 服务器只提供命令行编辑选项。第三，桌面版本与服务器版本具有相同的内核和安全功能。与服务器版相比，使用桌面版的唯一缺点是服务器版更快，因为它加载的软件和扩展更少。

第一步是安装 Ubuntu 并执行所有必要的更新。完成该步骤后，打开一个终端并键入以下命令来安装 Snort。

1. 你需要安装所有依赖项。使用以下命令：

```
sudo apt install -y gcc libpcre3-dev zlib1g-dev libpcap-dev openssl
libssl-dev libnghttp2-dev libdumbnet-dev bison flex libdnet
```

2. 你应该创建一个工作目录。使用以下命令完成此操作：

```
mkdir ~/snort_src && cd ~/snort_src
```

3. 现在你可以下载 Snort 了。请注意，在你阅读本书时，版本可能会发生更改，但与版本号更新相同的语法应该不会发生任何更改。使用以下命令启动下载：

```
wget https://www.snort.org/downloads/snort/daq-2.0.6.tar.gz
```

4. 下载完成后，需要使用以下命令解压缩 Snort：

```
tar -xvzf daq-2.0.6.tar.gz
cd daq-2.0.6
```

5. 现在需要使用 **make** 命令创建安装文件并安装 Snort。使用以下命令执行此操作：

```
cd ~/snort_src
wget https://www.snort.org/downloads/snort/snort-2.9.9.0.tar.gz
tar -xvzf snort-2.9.9.0.tar.gz
cd snort-2.9.9.0
./configure && make && sudo make install
```

6. 完成安装后，就可以将 Snort 配置为在 IDS 模式下运行了。这意味着你需要对配置文件进行一些简单的编辑。你还需要下载 Snort 将遵循的规则，并最终测试安装。

有很多 Snort 规则的源代码可以下载。ProofPoint 等公司从其产品中提供高级 Snort 检测规则，如 ET Pro Ruleset（www.proofpoint.com/us/threat-insight/et-pro-ruleset），或 Cisco Systems 提供基本规则订阅（www.snort.org/products#rule_subscriptions）。我们将使用免费的、开源的社区规则来安装。

7. 要更新 Snort 库，请使用以下命令：

```
sudo ldconfig
```

8. 现在你需要创建一个指向 Snort 的符号链接，以便于管理。一定要记住符号链接！使用以下命令：

```
sudo ln -s /usr/local/bin/snort /usr/sbin/snort
```

9. 完成所有操作后，继续使用没有根权限的专用用户名运行 Snort。以下命令就是一个例子：

```
sudo groupadd snort
sudo useradd snort -r -s /sbin/nologin -c SNORT_IDS -g sno/et
```

10. 接下来，你应该创建一个文件夹来存放 Snort 配置。使用以下命令完成此操作：

```
sudo mkdir -p /etc/snort/rules
sudo mkdir /var/log/snort
sudo mkdir /usr/local/lib/snort_dynamicrules
sudo chmod -R 5775 /etc/snort
sudo chmod -R 5775 /var/log/snort
sudo chmod -R 5775 /usr/local/lib/snort_dynamicrules
sudo chown -R snort:snort /etc/snort
sudo chown -R snort:snort /var/log/snort
sudo chown -R snort:snort /usr/local/lib/snort_dynamicrules
```

11. 现在可以创建白名单、黑名单和本地规则文件。这是一个可选步骤，但如果你希望以后排除规则或创建自定义规则，则强烈建议你执行此步骤。

```
sudo touch /etc/snort/rules/white_list.rules
sudo touch /etc/snort/rules/black_list.rules
sudo touch /etc/snort/rules/local.rules
sudo cp ~/snort_src/snort-2.9.9.0/etc/*.conf* /etc/snort
sudo cp ~/snort_src/snort-2.9.9.0/etc/*.map /etc/snort
```

现在你可以下载社区规则了。我们已经提到思科在撰写本书时以 30 美元的价格出售一个规则订阅，即 ProofPoint ET Pro。老实说，ET Pro 规则集是我们遇到的最好的 Snort 规则集之一。如果你的公司计划投资 Snort，那么你所需要的就是一个简单的规则集许可证。这些规则质量极高，包括 beta 和零日保护，误报率极低。

在本例中，你将下载社区规则。首先，访问 www.snort.org/ 并注册一个免费账户。你可以设置一个免费的 OINK 代码。这允许你下载免费的社区规则。你需要 OINK 代码来自动下载和安装规则。但是，如果只想快速测试 Snort，可以手动下载社区规则。使用以下命令下载社区规则：

```
wget https://www.snort.org/rules/community -O ~/community.tar.gz
```

12. 接下来，使用以下命令提取并安装社区规则：

```
sudo tar -xvf ~/community.tar.gz -C ~/
sudo cp ~/community-rules/* /etc/snort/rules
```

在 Ubuntu 上默认安装 Snort 需要找到许多不同的规则文件，这些文件不包含在社区规则中。你必须注释掉或删除这些行。如果不注释掉这些规则，Snort 将无法正常工作。这个问题特定于在 Ubuntu 上运行 Snort，但也可能存在于其他平台上。我们建议使用 **sed** 命令注释行。这样，如果需要，可以稍后取消注释。下面的命令就是实现这一点的示例：

```
sudo sed -i 's/include \$RULE\_PATH/#include \$RULE\_PATH/' /etc/snort/snort.conf
```

13. 接下来，编辑 snort.conf 文件以配置 snort 网络。使用 VI 打开配置文件，或者如果你想使用另一个文本编辑器程序也可以。另一个选择是 Nano。以下命令使用 VI：

```
sudo vi /etc/snort/snort.conf
```

如果你使用的 NIC 不止一个，请输入 Snort 服务器或公共或外部 IP 的 IP 地址。在许多情况下，第二个 NIC 默认设置为混杂模式。下面是一个使用模板执行此操作的示例，该模板用于将 IP 地址放置在：

```
ipvar HOME_NET <server public IP>/32
```

14. 接下来，输入外部地址范围。因为这可以是任何地址，所以使用预置值 ANY，如以下命令示例所示：

```
ipvar EXTERNAL_NET !$HOME_NET
```

15. 接下来，必须输入规则文件的路径。使用以下命令执行此操作：

```
var RULE_PATH /etc/snort/rules
var SO_RULE_PATH /etc/snort/so_rules
var PREPROC_RULE_PATH /etc/snort/preproc_rules
```

16. 接下来，输入绝对路径。如果你按照前面的示例操作，只需复制下面显示的命令的行：

```
var WHITE_LIST_PATH /etc/snort/rules
var BLACK_LIST_PATH /etc/snort/rules
```

17. 打开 snort.conf 文件，向下滚动到第 6 节，并将 unified2 的输出设置为以 snort.log 文件名登录，如以下命令示例所示：

```
# unified2
# Recommended for most installs
output unified2: filename snort.log, limit 128
```

18. 接下来，转到文件的底部以查找包含的规则集列表。你需要注释掉或去掉 local.rules 的 # 符号，以允许 Snort 加载任何自定义规则。你要注释掉的规则行如下所示：

```
include $RULE_PATH/local.rules
```

19. 因为你使用的是社区规则，所以需要将显示的下一行添加到规则集。编辑 local.rules 行并添加以下内容：

```
include $RULE_PATH/community.rules
```

20. 保存所有文件更改。恭喜，你成功了！

下一步，我们仍然需要测试以确保一切正常工作。我们将使用参数 -T 来测试配置以启用测试模式。别担心，困难的部分已经解决了。使用以下命令：

```
sudo snort -T -c /etc/snort/snort.conf
```

输入此命令后，运行 Snort 配置测试。你应该得到如下示例所示的消息：

```
Snort successfully validated the configuration!
Snort exiting
```

如果你碰巧遇到错误，最常见的情况是你丢失了文件或文件夹，你可以通过将 snort.conf 文件中提供的配置过程中丢失的任何内容添加到该文件中来进行修复。

21. 接下来，让我们测试规则和配置。你需要确保 Snort 记录正确。你将在传入的 ICMP 连接上向 local.rules 文件添加一个自定义且非常嘈杂的检测规则警报。在文本编辑器中转到本地规则。测试后一定要把东西换回来！通过以下命令使用 Nano 或任何你想使用的编辑器访问本地规则：

```
sudo nano /etc/snort/rules/local.rules
```

编辑它以匹配以下输出。稍后你将删除或注释掉此内容。保存文件并在完成后退出。

```
alert icmp any any -> $HOME_NET any (msg:"ICMP test"; sid:10000001;
   rev:001;)
```

22. 接下来，你需要使用 -A console 选项启动 Snort 以将警报打印到 stdout。你需要确保选择的网络接口与服务器的公用 IP 地址正确，此配置是 eth0。这也被称为混杂、嗅探或监听接口。

```
sudo snort -A console -i eth0 -u snort -g snort -c /etc/snort/snort.conf
```

当 ICMP 流量在屏幕上生成时，你应该看到它。

23. 你很可能不想每次都启动 Snort 来运行它，可以设置自动运行 Snort。这意味着每次重新启动系统时，Snort 都会启动。为此，只需为 Snort 添加一个启动脚本。使用以下命令完成此操作：

```
sudo nano /lib/systemd/system/snort.service
```

进行以下更改以启动 Snort：

```
[Unit]
```

```
Description=Snort NIDS Daemon
After=syslog.target network.target
[Service]
Type=simple
ExecStart=/usr/local/bin/snort -q -u snort -g snort -c /etc/snort/
    snort.conf -i eth0
[Install]
WantedBy=multi-user.target
```

定义服务后，使用以下命令从命令行终端重新加载 systemctl 后台程序：

```
sudo systemctl daemon-reload
```

24. 现在只需发出以下命令，即可使用配置运行 Snort：

```
sudo systemctl start snort
sudo systemctl enable snort
```

> **注意** 现在可以对 Snort 使用通常需要的服务命令，包括 **stop**、**restart** 和 **status**。例如 **sudo systemctl status snort**。

恭喜你，Snort 系统可以正常工作了，你将在本书后面使用它。

3.8 Windows 工具

许多 Windows 取证工具都是开源且商用的，它们大多有很多重复的功能。在本节中，我们将描述在 Windows 环境中工作时使用的一些基本工具，这远远不是一个全面的列表，除了我们在本节以及本书最后一章中指出的工具之外，还会有很多其他的选择。

- **P2 eXplorer**：Paraben 的 p2 explorer 软件允许创建、装载和查看 dd、RAW 或其他驱动器镜像格式的取证镜像。它允许你作为常规驱动器来浏览镜像，但它仍然保留镜像并确保证据不被篡改。这是探索镜像最简单也最常见的方法之一。此外，软件作为活动驱动器装入，保留未分配、松弛和删除的数据。我们通常使用 FTK Imager 创建硬盘镜像，然后使用 P2 explorer 快速查看和检查这些镜像。可访问 www.p2energysolutions.com/p2-explorer 了解有关 P2 explorer 的更多信息。
- **PlainSight**：PlainSight 是一个允许你查看硬盘和分区信息、用户和操作系统权限、因特网历史记录、下载的文件和访问的网站的工具。PlainSight 还允许你查看最近的文档、查看 USB 使用情况和解密基本密码。这是一个简单的工具，可以在一台正在调查的 PC 机上收集基本的访问信息。可访问 www.plainsight.info/ 了解有关 PlainSight 的更多信息。
- **Sysmon**：Sysmon 是 Microsoft 提供的 SystemInternal 工具包的一部分。该工具实际

上提取系统和事件日志信息。然而，安全研究人员发布的指南 Swift on Security 通过示例和说明书极大地增强了该工具的功能性，它们展现了如何使用该工具快速提取很难擦除的深层日志信息。可以在 https://github.com/SwiftOnSecurity/sysmon-config 上找到该项目。

- **Webutil**：这个极其基础的工具可以胜任许多工作。它由微软出版发行，可从 Technet 和其他网站免费下载。该工具使你能够收集事件日志和其他元数据。它功能强大，因为其允许你使用命令安装和卸载事件清单、执行查询以及导出、存储和清除日志。可访问 www.oracle.com/technetwork/developer-tools/forms/webutil-090641.html 了解有关 Webutil 的更多信息。

- **ProDiscover Basic**：ProDiscover Basic 是一个简单的电子数据取证调查工具，允许对驱动器上发现的证据进行镜像处理、分析和报告。添加取证镜像后，可以按内容或通过查看保存数据的集群来查看数据。也可以使用"搜索"节点根据指定的条件搜索数据。这个工具类似于我们在本节中描述的其他一些解决方案，但它有时通过提供不同的视角来帮助取证调查员。我们经常通过 ProDiscover 发现其他工具遗漏了的证据，这是因为它以不同于本节前面描述的工具的方式显示数据。可访问 www.arcgroupny.com/products/prodiscover-basic/ 了解有关 ProDiscover Basic 的更多信息。

3.9 物理访问控制

你的实验室应该有某种物理访问控制。这对目前而言并不重要，但如果你走上定期进行取证的道路，你需要考虑物理访问控制。缺乏物理访问控制可能会使你的证据和发现遭到质疑，因为物理访问控制的缺乏会使恶意参与者有机会篡改它们。许多法律制度都将这种可能性视为疑似或潜在证据腐败的原因。

大多数专业的取证专家在开发与真实证据交互的实验室时遵循物理访问控制的最佳实践。物理访问控制保护你的证据免受有意或无意的篡改。开始职业生涯时，我的发现曾面临挑战，而当一个清洁人员决定要清理我的桌子并为我重新整理一些物品时，我的证据最终被认定为无效。虽然当时看来这是一个很大的不便，我甚至担心我未来的职业生涯，结果却只是一首小插曲。现在我的实验室有了严格的访问控制、日志记录和监视功能。

让我们来回顾一下在保护你的实验室时你应该考虑的一些事情。首先你应该考虑的是物理门禁。你希望强制执行哪种类型的锁和物理访问控制？一些实验室可能有如图 3-18 所示的密码门，这些锁的特性和样式各不相同，但最好能够分别分配密

图 3-18　密码门锁

码，而不是使用一个通用密码。它也有助于包括一个跟踪系统，自动记录某人进入实验室的过程。

你希望能够使用某种报告机制证明谁访问了实验室，以便将此数据包含在保管链文档中。在没有跟踪系统的情况下，你需要一个带有过程的登录和注销日志，以确保对实验室的访问记录在案。我们强烈推荐自动化，这可以由大多数新功能门锁完成。新锁也开始具备物联网功能，这意味着它们可以连接到因特网，并提供管理应用程序，分配和重置密码。图 3-19 展示了一个支持物联网的锁包，其中包括各种跟踪功能，非常适合记录访问取证实验室的人员。

图 3-19　物联网锁工具包

用门锁实施出入控制的最大挑战是确保人们不会为他人开门，从而导致未经授权的人进入实验室。这有时被称为背驮或尾随。防止这种情况的一个昂贵的解决方案是利用保安或电子诱捕系统，它设在人们必须经过的房间或分割区域，会对经过人员进行评估，以确保不会发生尾随现象。通常情况下，一个捕捉区包括一个称重系统和某种类型的锁定系统，防止一个人试图跟随在进入该区域的人之后。解决这个问题的更经济的方法是使用监控，目标是对任何进入实验室的人进行录像，以备份门禁日志。许多较新的视频选项包括按需录制，以便在人们不在时保持录制门附近区域。图 3-20 展示了 Ring 系统，它记录了在入口点发现的任何运动。此图像来自可在移动设备上运行的 Ring 管理应用程序，这让追踪正在访问你实验室的人变得非常方便。

另一个需要考虑的访问控制技术是访问卡系统。这些系统通过给人们分配一张可以从移动设备上读取的物理卡或是数字代码来工作，这些代码在提供访问权限之前由门进行验证。你可能已经在某家酒店看到了类似的系统，以实物卡的形式提供。将门禁卡系统与门锁技术结合起来，可以提供一个多因素认证环境，人们需要知道密码并拥有门禁卡才能获准进入实验室。这对于希望对方在入侵时受到挑战的专业取证服务是理想的。

图 3-20　Ring 公司门禁跟踪

所有证据必须与监管链表格一起清楚记录。该证据必须存储在一个安全的环境中，可以在你的团队访问任何证据时强制执行日志记录。我们称之为证据室。

3.10　存储取证证据

当开始你的职业生涯时，你很可能没有证据室，但至少应该有一个证据柜。避免使用通用文件柜或其他容易获得证据的地方。通常只需要一点蛮力和一个很好的拖拽就可以打破文件柜。使用可以用来储存你的证据的一个迷你保险箱或一个特制的防火取证柜是一个很好的且成本效益高的解决方案。如果你确实购买了保险箱，请确保你有足够的空间和地面支撑结构。当你在职业生涯中变得越来越成熟时，你可以考虑把你的保险柜扩展为一个多用途的证据室。最佳实践是确保不同的法律事务彼此隔离，以便访问材料的分析师只能访问他应该访问的内容。将所有证据放在一个保险箱中可能会导致分析师访问一个案件的数据时篡改他不参与的另一个案件的证据。即使你刚从搭建实验室开始学习与起步，我们也会推荐这些技术。现在养成的好习惯对未来的事业会有很大的帮助。

> **注意**　再次注意，某些证据可能需要不同级别的安全存储。这可能包括机密和敏感材料。在同意存储任何可能给你带来潜在法律风险的数据之前，请确保验证这些要求。你

> 可能会看到这些文件上的标记，如绝密或机密。不要把它们放在你的保险箱里，因为这样储存它们很可能违法。

整理证据和存储证据一样重要。使用简单的标签和电子表格跟踪所有事情是一个很好的开始。为此，我个人使用Google Drive，它为我们提供了一个中心位置，我们团队中的多个调查员可以在这里检查和记录证据。重要的是，我们在收集证据的任何地方都使用标签方案，并使用标准的命名约定来保持事物的有序性。例如，如果ZKLAW律师事务所雇用我们调查一个名为BadCompany的组织，我们可以使用ZKLAW-BadCompany-1-1作为第一个证据，ZKLAW-BadCompany-1-2作为第二个证据，依此类推。在本例中，第一个数字表示案例编号，第二个数字表示证据编号。实物证据，如硬盘驱动器，将有一个标签遵循我们的标签方案，并将记录在电子表格中。你应该使用一些对你有意义的存储机制，并让参与同一案例的整个团队使用相同的方法来实现一致性。

在本书的后面，我们将在调查过程中讨论监管链。监管链流程的一部分是记录进出实验室的内容以及访问实验室的人员，物理访问控制也是这个过程的关键部分。其他需要考虑的物理访问控制包括房间的结构、负责保护房间的人员、实验室的位置以及诸如洪水等的危险因素。这些主题大多超出了本章的讨论范围，但在开发取证实验室时需要考虑。

数字空间也应考虑访问控制。接下来让我们更仔细地看一下这个概念。

网络访问控制

与物理控制一样，你需要一种方法来记录访问了实验室网络的人员，以及控制他们访问的内容。这可以通过不同形式的分割来实现。图3-21展示了你可以利用的六层分割。

物理分割是在自己的网络上隔离每个区域，这是有效的，但其成本会很快变得高昂。虚拟分割是在同一个网络内使用防火墙等技术创建孤立的网络。防火墙的成本也可能变得高昂，因此虚拟化分割功能（防火墙的内容）可以使用提供多个虚拟防火墙的一个物理设备来实现分割目标。这可以看作将一个物理防火墙分割成多个虚拟防火墙，并让它们像独立的防火墙一样。可以使用虚拟局域网（VLAN）隔离网络，并使用访问控制列表（ACL）分割这些隔离的VLAN。

图3-21 六层分割

例如，我可以在VLAN 20上有两个设备，但是通过应用某个阻止访问特定服务的ACL来限制某一设备访问某些东西，而另一个设备将有权访问这些服务，因为它没有限制其访问的ACL。在数据包级别进行分割的一个新概念是使用安全组标记（SGT）。这些都是正确分割网络的理想方法。

如果你需要了解更多关于网络安全和网络访问控制的概念，这里有专门的书籍。我们将在本书后面介绍思科的旗舰访问控制技术，称为身份服务引擎（ISE）。

以下是取证实验室需要考虑的网络访问项目：
- 你的电子数据证据将存储在哪里？
- 如何获取你的证据？
- 谁有能力访问你的数据？
- 谁为你的取证实验室管理计算机和网络基础设施？

有一件事会变得颇为棘手，那就是存储潜在的电子数据证据。取决于证据的性质，你自己会在存储证据时有犯罪的风险。计算机镜像就是很好的例子。捕捉或包含高度敏感或非法描绘的镜像，如果被发现为其所拥有，除非获得授权，否则可能会给调查员带来麻烦。通常，在特定情况下，有联邦（国家）和地方法律会对此进行管理。如果你遇到处理机密或敏感信息的任何潜在情况，我们强烈建议你寻求有关正确存储和处理数据的法律建议。

3.11 快速取证背包

你的实验室要考虑的最后一件事是，当你被要求进行调查时，什么东西可以被迅速运送。作为一名取证调查员，你很可能遇到一个要求你前往事故地点并迅速启动急救程序的情况。地点是未知的，所以你应该有一个快速取证背包，里面装着执行任务所需的工具。完美背包的内容取决于你希望执行的工作类型。以下是你的快速取证背包需要考虑的项目：

- 功能强大的笔记本电脑（推荐两台），支持 Windows 和 Linux
- 大型外部硬盘，用于复制大量数据
- 用于快速复制的 USB 记忆棒
- 硬盘驱动器写阻断程序
- Logicube-MD5（带写阻断的便携硬盘复制机）
- 数码相机
- Kali Live7 CD 和 Live USB
- 四端口集线器，而不是交换机
- 监管链、披露和许可表
- 各种工具和六角螺丝刀
- 便携式标签打印机、笔记本、录音机、笔

当你开始使用快速取证背包进行调查时，实际装在里面的东西很可能会改变。具体的工具和日志选项根据你的个人喜好而有所不同。你可能还希望有一个以上的包，这取决于你需要如何完成访问工作。根据经验，我们的车里和办公室里都至少要有一个包。

3.12 小结

毫无疑问，随着你对电子数据取证的了解越来越多，你会发现某些工具比其他工具更适合你。用得越多，经验越丰富，你的实验室也会随之变得越多。本章应当只是你的职业生涯与取证实验室的起点。我们在本书的结尾还涵盖了专门针对取证工具的一个章节。

在本章中，我们介绍了桌面虚拟化软件的使用、Kali Linux 的安装、如何在 Ubuntu 上构建一个专用的 Cuckoo 恶意软件分析系统、如何配置一些流行的取证软件包、如何安装一个基本的 Cisco Snort 以及在 Windows 操作系统上可能需要的常用工具的基础知识。我们还谈到了其他一些取证实验室的最佳实践，包括访问控制和存储文档。

在下一章中，我们将研究如何应对违法行为。在现实世界中，在你对一个漏洞做出回应之前，你要确保你的实验室准备就绪，能够处理你可能需要调查的任何数据。我们强烈建议你确保自己的实验室已经准备好，然后再继续准备未来章节中介绍的内容。至少，应该完成 Kali Linux 的安装，并有一个可供测试的系统。

参考文献

https://www.vmware.com/products/fusion.html

https://www.virtualbox.org/

https://www.kali.org/

https://transmissionbt.com/

https://raylin.wordpress.com/downloads/md5-sha-1-checksum-utility/

https://information.rapid7.com/download-metasploitable-2017.html

https://computersecuritystudent.com

https://sourceforge.net/projects/samurai/files/

https://malwr.com

http://wiki.sleuthkit.org/index.php?title=The_Sleuth_Kit_commands

http://www.cisco.com/c/en/us/products/collateral/security/brief_c17-733286.html

第 4 章

违规应急响应

> 永远不要把一次失败和最后的失败混为一谈。
>
> ——斯科特·菲茨杰拉德

2017 年 5 月 31 日,有报道称攻击者未经授权访问了 OneLogin 的数据和网络,造成了数据泄露,目前尚不清楚此次数据泄露的破坏程度。OneLogin 是一家总部位于旧金山的专门从事管理应用程序和多站点登录软件的安全公司,OneLogin 销售用于提高个人整体安全性解决方案的软件。毫无疑问,在数据泄露事件发生后,人们开始质疑 OneLogin 安全解决方案的有效性。在 Reddit 论坛上可以找到此次数据泄露事件的证据(www.reddit.com/r/technology/comments/bemqwz/password_manager_onelogin_admits_data_breach_in/)。

2014 年 5 月 27 日在 Fool.com 网站上发布的一篇文章报道称,易贝网(eBay)遭到网络攻击,造成 2.33 亿个易贝网注册账户信息数据被泄露,文章批评了易贝网对数据泄露的处理方式,声称易贝网花了近 3 个月的时间才发现数据泄露,又花了两周的时间进行报告(www.fool.com/investing/general/2014/05/27/ebay-data-breach-response-teaches-everyone-how-not.aspx)。

2017 年 2 月 2 日,TechCrunch 上的一篇文章报道称,在雅虎遭受了两次大规模数据泄露后,威讯(Verizon)将收购雅虎的价格压低了 3.5 亿美元。在这些数据泄露事件被披露后,许多安全专家质疑雅虎在保障自己用户安全方面做得如何。

这些例子表明,对违规事件进行正确、有效的响应是多么重要。许多机构因为数据泄露事件已经将其声誉一扫而光,失去了客户,在某些情况下,大规模数据泄露之后,永远无法完全恢复。通过适当的应急响应计划和技术,可以避免许多这样的陷阱。

电子数据取证网络工程师参与了数据泄露应急响应的部分过程。在许多情况下,他们的角色是提供更多有关数据泄露事件的技术性细节。然而,在本章中,我们将研究违规应急响应时机构通常需要开展的全部工作。这能够让网络工程师完全理解处置流程,并在应急响应期间确保满足机构的特定任务需求。需要重点指出的是应急响应不同于电子数据取证,但是许多应急响应计划会把通过取证了解发生了什么、证明有关事件的推理或者为将来可能的法律诉讼做好准备归入其中。

本章从管理角度而非技术角度概述了事件应急响应的过程。作为一名网络工程师，你可能会参与整个应急响应过程的一小部分，但是我们认为，你必须了解机构在组建应急响应团队（Incident Response Team，IRT）和参与事件应急响应过程时所面临的挑战。请记住，技术服务应当始终紧随相关的业务目标。了解这一点将有助于为取证实践维持经费和取得支持。

本章的目标是确保你理解机构为什么会在处理违规应急响应过程中失败，以及拥有成功的违规应急响应计划的机构所使用的调查技术。我们结合了关于建立一支成功的事件应急响应团队的几个公认框架来编写本章的内容。此外，我们还增加了自己的经验，并概述了在你所在机构内部构建应急响应流程所需的经行业验证的组件。

在第5章中，我们将讨论与网络工程师相关的调查技术细节，包括网络工程师在违规应急响应中使用的软件，以及在收集、保全和分析证据时如何使用这些软件。本章将概述使用第5章中的技术来提供应急响应小组在其调查的不同阶段所需的详细证据和关联数据。在此之前，让我们首先了解应急响应过程中相关的基本概念。

4.1 机构在应急响应中失败的原因

无论对网络事件的准备或者演练有多充分，任何处理网络攻击的机构或者企业都必须理解这一过程所伴随的压力。所有攻击事件都有其独特的挑战和要求。这种事件会造成很高的风险，公众可能会对公司品牌完全失去信任，事件可能会给机构造成经济损失，自满可能导致过失犯罪。在如此大的风险下，你可能认为机构会做好处置网络事件的准备。可悲的是，事实并非如此。许多机构不想为潜在的数据泄露事件制定响应计划而真正处理其所需的问题、努力和费用。数据泄露的问题会吓坏机构，他们需要大量的工作来制定适当的应急响应计划，他们中的许多人宁愿埋头于沙中，也不愿面对现实。在评估安全性的同时，我们询问了数百个机构的应急响应计划，然而得到了诸如"什么是应急响应计划？"或者"我们打电话给约翰，他负责一切。"之类的答案。

2016年年初，好莱坞长老会医疗中心因为网络攻击无法为客户提供最好的病人护理服务，而支付约17 000美元来消除勒索软件（www.latimes.com/business/technology/la-me-ln-hollywood-hospital-bitcoin-20160217-story.html）。在此类攻击发生后，医疗中心及其声誉和公众对该机构的信任都立即处于危险之中。一些机构认为，雇用一家安全服务公司，并让它处于待命状态，就可以为未来的事件做好准备。机构不能简单地依靠雇用专家和购买网络保险来作为它们违规应急响应的方法。缺乏应急响应流程可能意味着没有履行最低安全级别所应尽的职责，无论公司购买了什么外包服务，都可能导致公司承担法律责任。许多保险公司会聘请第三方审计人员来验证现有的响应措施，这意味着需要确保机构不仅拥有适当的技术，而且还要拥有可行的应急响应计划。

许多机构将IT（Information Technology，信息技术）投资和IT安全视为可以降低的成本。为了创造更好的效益，一些机构使用合并或者消除安全程序的防御解决方案，其中舍弃了一套完整的具有安全意识、应急响应和抵御违规功能组件的 IT 数据安全程序，因为这些机构认为自己不需要这套安全程序，或者认为他们现有的解决方案和策略已经解决了这些问题。许多企业公司认为自己在 HIPAA 和 PCI DSS 等监管和合规操作方面的大量投资为它们提供了足够的保护和应对违规行为的响应能力，但是没有将应急响应计划纳入预算是不正确的。如果你还记得我们之前章节的内容，合规性是最低安全级别，机构不应当中止安全程序方面的投资，因为这些程序中很多环节使用的是过时的材料，不足以防御现实世界的威胁。事实上许多合规性程序不是基于风险编写的，而是以一刀切的方式编写的。每个机构各有差异，其漏洞也各不相同，因此需要根据业务需求定制安全程序才能有效抵御威胁。

机构经常会简单地高估他们对违规应急响应的能力。美国政府的许多部门都在进行"桌面"（tabletop）演习，以训练其应急响应能力。根据 Ready.gov 的说法，"桌面"演习是基于讨论的会议，团队成员在非正式的会议环境中开会，讨论他们在紧急情况下的角色以及他们对特定紧急情况的响应。主持人会引导参与者讨论一个或者多个"场景"（www.ready.gov/business/testing/exercises），这些模拟演习的场景包括大范围停电或网络攻击等情况。"桌面"演习背后的想法是善意的，它是在为应对真正的事件而做准备，但是它与真正的渗透测试或者红蓝（攻防）训练计划所提供的内容并不尽相同。在某些情况下，将"桌面"演习作为唯一的训练，可能会让人产生一种错觉，以为机构在应对真正的网络事件方面准备得很充分。

由于没有持续不断的训练，机构无法充分准备他们的计划，演习训练不应被视为特殊事件。机构应当构建嵌入到其标准操作程序中的持续训练和响应程序，训练要结合团队所有相关成员处置违规事件的实践、技术和业务方面的内容。机构应当随时对应急响应团队进行违规应急响应的训练。

4.2 为网络事件做好准备

机构需要将网络安全和风险缓解政策嵌入其文化和业务的 DNA 中。利伯曼软件（Lieberman Software）公司创始人兼首席执行官菲尔·利伯曼（Phil Lieberman）在 2012 年 9 月 9 日的一篇文章中援引 The Next Web 的话："许多市值数十亿美元的公司甚至没有首席安全官（https://thenextweb.com/insider/2012/09/09/why-companies-bad-responding-data-breaches/）。"我们与当今的一些最大的安全提供商有过直接的接触。在同一篇文章中，利伯曼接着解释说，公司可能只把安全看作一种成本风险模型（https://thenextweb.com/insider/2012/09/09/why-companies-bad-responding-data-breaches/）。从这种思路出发可以得出一些有效的论据。塔吉特（Target）、易贝（eBay）、家得宝（Home Depot）等公司发生的重大数据泄露事件，在短期内导致了公司价值的损失和股价的下跌，但是从长期来看，这些公司已经从安全事件中恢复过来。我们有时会听到这样的争论："在违规应急响应时真的需要大笔投资吗？毕竟，塔吉特和家得宝还在正常经营。"我们反驳说，这两家公司以及其他许多经历过数据泄露的公司，都花费了相当多的时间和金钱，以重新赢得公众的信任、升级他们的系统，并对未来的事件实施了有效的应急响应计划。这也转移了大家对计划中最终影响到客户和机构的本应加强部分的注意力。在成本方面，大多数情况下，主动制定应急响应计划的成本要比被动制定应急响应计划的成本低得多。问题是，我们通常只有在事件发生后才会被批准获得适当的资金。当你主动问及应急响应计划的时候，尽管解释了数据泄露的风险，但是你可能会得到这样的回答："你只是在谈论网络狂人。"

在网络安全措施方面，获得来自机构高管层（C-Suite）的支持是绝对重要的。如果公司没有网络安全方面的执行高管，那么他们需要实施一种支持网络安全问题执行所有权的结构。一些机构的首席安全官（Chief Security Officer，CSO）直接向董事会报告，而其他较小的机构则将首席安全官的传统职责交给首席财务官（Chief Financial Officer，CFO）或者首席技术官（Chief Technology Officer，CTO）。尽管这并不总是现实的或者可能的，但是将CSO的职位移出高管层还是有一定道理的。CTO和首席信息官（Chief Information Officer，CIO）负责以安全的方式实施技术解决方案来开展业务。然而，CSO最终应该负责实现安全性，同时理解CTO或者CIO对业务运营的要求。让CSO置身于传统的层级组织结构之外，不仅可以实现职责分离，还可以减少利益冲突。不管是政治还是个人信仰，人们只需要看看前联邦调查局局长詹姆斯·科米（James Comey）和美国总统唐纳德·特朗普（Donald Trump）之间的关系，就可以明白为什么把自己置于一个需要为自己的老板执行政策的位置可能是个坏主意。这也是许多机构将CSO职位从标准管理结构中移除的原因，这只是为了消除潜在的利益冲突。

4.3 应急响应定义

应急响应通常被定义为调查机构内数据泄露的术语。通常，攻击者会使用恶意软件或者漏洞攻击作为破坏机构的主要工具之一。这可能意味着使用复杂的程序来攻击和绕过安全设备及软件。在其他情况下，这可能意味着攻击者只是通过社会工程或者网络钓鱼的方式来攻击使用该技术的人。一般来说，当攻击者使用技术作为攻击的一部分时，应急响应是必要的。

应急响应团队（Incident Response Team）通常被称为IRT，是一支由个人组成的团队，他们随时准备就绪，并且具有调查数据泄露的专业知识。在大多数情况下，这些团队在机构业务的技术及非技术方面都具有专长，这使得他们能够迅速作出决定，理解和解释调查结果，并根据需要迅速采取任何必要的行动。

应急响应团队必须拥有并遵循定义明确的应急响应方法。这里描述的基本事件处理方法遵循了几种公共方法和技术的变体，我们对它们进行了修改，并且它们能够在大多数环境中取得很好的效果。我们的应急响应程序包括以下方面：

1. 制定并实施违规响应计划。

2. 保护数据和被调查的区域。
3. 组建应急响应小组。
4. 防止数据泄露蔓延。
5. 了解违规行为的严重性和危害程度。
6. 遵循所有法律和机构发布的程序。
7. 执行后续行动和程序。

许多不同的应急响应模型都是公开的,并且得到了广泛的应用。美国联邦贸易委员会(The US Federal Trade Commission)有一个很好的指南 *Data Breach Response: A Guide for Businesses*,参见 www.ftc.gov/system/files/documents/plain-language/560a_data-breach-response-guide-for-business.pdf。此外,合规和标准化组织也会有自己的指南。例如,支付卡行业(Payment Card Industry,PCI)也发布了自己的数据泄露响应指南。在许多情况下,这些指南并没有提供一套完整的策略,你可以在你的机构中按照他们当前的标准实施。我们建议部分采用这些指南并对其进行定制,以满足你所在机构的特定业务和法律要求。本书中的概念也是如此。

最后要记住的一点是,通常没有对个人成为应急响应者或者事件处理者提出的法律要求或者所需的必要条件。换言之,通常情况下,不需要像律师和医生那样需要认证或者政府注册,但是每个区域、州和国家可能不同。你需要核实你所在地区的法律,以确保满足法律和政策的要求。

不要把应急响应人员和取证专家混为一谈。许多地方要求取证专家或者收集各种类型证据领域的人需要持有私家侦探或其他类型的执照。在美国,法律不仅因州而异,而且因行业(如医疗、工业、制造业、教育、金融等)的不同,对个人进行应急响应和电子数据取证调查的要求也有所不同。即使不需要认证也能成为事件处理人员,但是在调查期间,你也需要严格遵守州、联邦和其他国家的报告要求。

在一些复杂的案件中,你必须向执法部门和其他政府官员报告调查结果,这些报告的要求可能直接与所在机构内同意的保密和隐私政策相矛盾。作为事件处理人员,如果不遵守所有的政策和法律,那么可能导致你自己需要承担相应的法律责任。如果这听起来很复杂,别担心,你不是一个人!这是许多事件调查人员和取证人员每天都要面对的难题。如果你对正在考虑调查的事件有任何顾虑,我们建议你与法律专业人员联系。许多独立顾问通常购买商业责任保险或者与法律专家密切合作。如果你在一家公司工作,你的法律责任可能是有限的,因为你代表的是你的公司。再强调一次,请记住法律在不同的国家有很大的不同,有时甚至在同一个国家也会存在差异。

4.4 应急响应计划

处理数据泄露的最佳方法是确保它们不会发生。最好的防御是远离战火。最好的足球策略是比其他球队进更多的球。当然，这些听起来不错，但是现实世界不是这样的。在今天的网络上，你可能不得不对某种网络事件做出响应，有一个适当的计划来处理这些情况是明智的选择。制定一套网络应急响应计划就好像在你的房子里安装了一个灭火器，你可能永远都不需要它，但如果你需要它，你会很高兴它就在那里。

在继续讨论后续内容之前，让我们看看你可能需要响应的事件类型。对于开发响应计划的基础，我们大致遵循 NIST 特别出版物 800-61 第 2 次修订版中定义的指南，参见 http://nvlpubs.nist.gov/nistpubs/SpecialPublications/NIST.SP.800-61r2.pdf。根据该文件，网络事件由一个或者多个重大网络事件组成。网络事件包括但不限于以下内容：

- 含有敏感数据的笔记本电脑或者其他计算机设备失窃。
- 攻击者破坏内部网络并使用这些系统成为僵尸网络的"肉鸡"。
- 勒索软件爆发导致系统无法使用。
- 用户有意或者无意地公开披露敏感信息。

正如你所想象的那样，网络事件可能会有数百个不同的场景。需要记住的重要一点是，事件是一个可观察到的事物，它可能会给机构带来风险。同样重要的是要知道法律或者法规可能要求对事件作出响应，并有具体的任务要求，例如向公众发布关于该事件的某些信息。在应急响应案例初期，最初的几分钟就可以确定事件是否涉及违法犯罪。准备计划应当包括一套关于证据保全的程序。你必须把所有的事件当作可能会导致法律诉讼的案件一样对待，即使有些不太可能发生。你可能直到很久以后才完全意识到你正在调查事件的全部影响。这就是为什么我们涵盖适当的数据保全程序，并在每次调查证据时不断提醒你遵循这些步骤。当你阅读本书的时候，你会一次又一次地看到这个建议。

一般应急响应准备计划应当包括如何处理和保全证据的部分。我们建议遵循以下准则：

1. 请勿访问、登录或者更改被攻击的系统。
2. 不要关闭被攻击的系统。
3. 切断被攻击系统的网络连接，拔下连接的网线，如果系统通过无线连接网络，那么将其放置到电磁信号屏蔽环境中。
4. 以可靠的方式收集和克隆所有数据。
5. 如果可能的话，把一切都记录下来并拍照。

在开始创建响应计划之前，了解环境是非常重要的。在这个阶段，成熟的机构应该有大量的文档可供查阅。对于大多数机构来说，现实情况是需要一个调研过程来准确地反映和理解当前的环境。在这个阶段，你需要花时间对员工进行询问，目的是了解他们工作的细节，他们从事的工作以及与数据相关的风险。我们建议至少从以下几点着手：

1. 查阅所有可用的网络、应用程序和工作流文档。
2. 识别并将关键数据和资产映射到网络、应用程序和工作流文档。
3. 要求近期进行网络评估和安全审计。
4. 询问每个部门的工作人员以了解环境。

5. 调研安全运营中心（Security Operations Center，SOC）、咨询台和一般的 IT 支持部门。

在后面的章节中，我们还将讨论应当确保正确启用和配置的特定网络设置，包括设备的适当日志记录和保留管理配置。应急响应计划中应当包含确保在网络设备上配置了以下安全策略：

1. 启用登录到中央 syslog 服务器。
2. 配置保留适当的日志。
3. 启用物联网、PC 及工作站、安全设备和网络设备的日志设置。
4. 通过安全信息和事件管理器（Security Information and Event Manager，SIEM）或者类似的集中式的安全产品收集威胁情报提要日志。

4.5 组建应急响应团队

组建应急响应团队需要召集一组人员一起工作和培训。许多机构没有设立专门的应急响应团队，而是将其他工作岗位的人员组建成应急响应团队。与任何职能团队一样，应急响应团队需要实践其技术，提高其技能，并了解如何协同工作，这一点至关重要。如果你的团队不够专业，那么建议至少要定期留出专门的时间，让团队成员集中在一起通过模拟场景进行训练。应急响应团队应当包括取证调查人员、公司通信和公共关系小组、网络和系统管理员以及法务代表，每个人都应当知道 IRT 成员是谁以及如何与其他人进行合作。我们都不想在重大网络事件的压力下还要向应急响应团队的其他人进行自我介绍。

当你选择应急响应团队的成员时，他们应当包括具有网络攻击技术方面经验的人员，以及了解如何配置和管理机构所使用的计算机信息系统的人员。可以选择渗透测试相关岗位的人员来承担具有网络攻击经验成员的角色，选择网络工程师相关岗位的人员担当负责管理系统成员的角色。此外，应急响应团队需要管理层、领导层、市场营销和法务代表准确评估情况，并在经济上或者政治上做出适当的敏感的决定。如果你想知道为什么市场营销人员会参与其中，答案很简单，他们可能更能够以最有利的方式扭转局面，以应对数据泄露等造成的负面影响。你肯定不愿看到一名心烦意乱的分析人员向当地新闻抱怨。

以下是在应急响应程序中应当包含的角色列表：

- 领导层
- 具有虚拟、物理和云技术知识的技术人员
- 有权做出影响技术和服务变化决策的经理
- 能够就经理决策的影响提供建议的法务代表
- 面向公众信息的营销人员

4.5.1 应急响应团队的介入时机

最先发现事件迹象的人可能不是应急响应团队中的人员。许多违规行为是由客户、外

部机构或者普通员工报告的。布莱恩·克莱布斯（Brian Krebs）经营着一家非常受欢迎和尊敬的网站 Krebs on Security（https://krebsonsecurity.com/），他曾在自己的网站上报道过许多数据泄露事件。有传闻说，一些机构是通过浏览布莱恩网站上的新闻才第一次得知自己成了数据泄露事件的受害者，甚至出现了"布莱恩·克莱布斯是我的入侵检测系统"的说法。

不幸的是，这个故事强调了有许多机构无法确定攻击者是否已经渗透到他们的网络中。机构需要了解他们应该在什么时候和为什么与他们的应急响应团队合作。对于机构来说，过早地与应急响应团队合作可能会支付高昂的费用，并且会耗尽应急响应团队成员的精力；而与应急响应团队合作太晚又可能导致攻击者有机会完全破坏网络并隐藏其踪迹。你所在的机构应当有启动应急响应的一些规则或者触发机制，并有一个供人们报告违规事件的简单方式。我们的建议是将联系方式合并为一个电子邮箱地址或者电话号码，因为卷入事件的人可能会惊慌失措，需要快速找到 IR 资源。这就是为什么美国的紧急电话号码简单易记：911。稍后我们将详细讨论联系人列表。

OODA 循环为理解如何对突如其来的网络安全事件做出快速反应提供了一个很好的参考流程，它经常用于网络安全的威胁情报领域。OODA 由军事战略家、美国空军上校约翰·博伊德（John Boyd）开发，是观察（Observe）、判断（Orient）、决策（Decide）和行动（Act）的缩写，该流程可以作为一个工作流来实现，并且在处理各种类型的危机（包括非技术性危机）时，许多应急响应专家仍在使用。OODA 循环如图 4-1 所示。

从应急响应的角度来看，OODA 可以作为团队调查事件时的起点。在图 4-2 中，我们展示了应急响应团队可能采取的典型行动以及这些行动与 OODA 循环的关系。

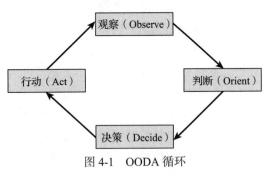

图 4-1　OODA 循环

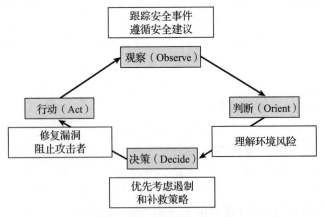

图 4-2　网络相关的 OODA 循环

当IRT团队最初对事件做出响应时，他们应当观察并理解安全事件。我们在本章前面提到了有关初步评估和询问指南的一些步骤。

作为IRT团队的技术人员，网络工程师应当密切关注可观察的安全事件，包括评估日志、安全信息和事件管理器以及设备报警。当你观察环境时，我们推荐的另一种技术是注意正在使用的应用程序，并研究这些应用程序的所有漏洞或者安全通知。大多数安全日志都没有显示攻击者是如何利用应用程序来危害网络的。作为一名网络工程师和取证专家，你需要超越日志所显示的内容，进行额外的，有时甚至需要手动进行调查。有很多方法可以搜索可能存在的漏洞。通常情况下，通过谷歌搜索应用程序和准确的版本号可以显示其可能存在的漏洞。此外，像 https://cve.mitre.org/ 这样的网站也是寻找通用漏洞披露（Common Vulnerabilities and Exposures，CVE）的好地方。我们还建议在 www.exploit-db.com 上搜索漏洞数据库，甚至在 https://pastebin.com/ 上搜索代码。图4-3展示了exploit-db网站中的搜索选项。当你使用这些搜索引擎时，不要只局限于应用程序，还可以尝试搜索电子邮箱地址、IP、ASN和其他属于机构的信息，看看是否有数据泄露。

图4-3　Exploit-db.com 搜索示例

让我们看看攻击者执行的典型操作，以及这些操作如何与OODA模型对应。在图4-4中，我们将网络攻击者的一些行为添加到OODA循环中，这些操作大致上基于洛克希德·马丁公司的网络杀戮链模型，描述了攻击者在网络攻击期间采取的行动。你可以看到攻击者的潜在技术与IRT成员用来调查和响应攻击不同方面的机会之间具有的关联性。并非每一次攻击都会遵循结构化的OODA循环，但是这是一种IRT应对广义攻击过程模型的工作方式。

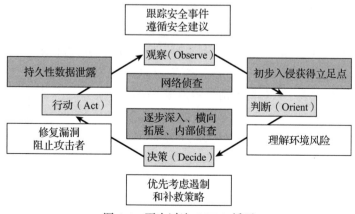

图4-4　再次讨论OODA循环

4.5.2 应急响应中容易忽略的事项

我们已经提供了一些在构建应急响应程序时应当考虑的参考框架。我们经常忽略一些未完成的项目,在了解团队如何进行应急响应之前应当了解这些项目。这些项目听起来可能很简单,也可能很明显,但是主要问题之一可能是机构缺乏对这些项目的规划。首先,让我们看看团队是如何参与的。

4.5.3 电话树和联系人列表

几年前,当我的职业生涯刚开始时,我在一家大型全球机构的 IT 服务台工作,解答有关 VPN 问题、重置密码以及执行其他与 IT 相关的业务。我通常在凌晨 2 点到 10 点轮班,这样我就可以继续在大学上课了。IT 服务台是为数不多的 24 小时接听电话的兼职工种之一。然而,我们确实接到了各种出乎意料的电话,这些都是我们所不擅长的。一天清晨,我接到了公司接线员的电话,她不知道该转接哪个号码,她只记得 IT 服务台是一个全天 24 小时运行的部门,这家公司的一名高管是一架被劫持的商业客机上的乘客,犯罪分子要求为高管的生命支付赎金。记住,当人们陷入危机时,他们可能无法记起复杂的数字或者流程。你应当考虑让你的联系方式尽可能简单。

当讨论创建一个可靠的电话树作为应急响应计划的一部分时,客户经常会不屑一顾。希望你永远不会遇到和我一样的情况。在这种情况下,当事人唯一能记住的是我们 IT 团队简单的联系方式,我可能不是帮助被劫持飞机上公司主管的最佳人选,任何人都会比深夜的电话支持人员要好。同样,IT 服务台还被期望能够修复任何东西。顺便说一下,这位公司高管和大多数乘客最后都平安无事。

一个好的应急响应和沟通计划应当包含一份现成的联系人名单,有时这份名单表现为电话树。电话树只是一个列表,其中列出了发生违规事件时需要通知的人员,该列表可能包括机构外的人员,如利益相关第三方和承包商。列表中通常会指出哪些人是可选的,哪些人是必须联系的。由于重要的人员往往很忙,而且身不由己,因此列表中个人的联系方式应当包含多个联系电话、电子邮箱或者其他联系方式。因为犯罪总是会随时发生,所以大多数电话树中应当包括如果找不到某人该怎么办、重复联系的频率以及备用计划。重要的是要记住,联系相关人员可能会占用专家调查违规行为的宝贵时间,这就是为什么机构经常会将呼叫电话树列表中人员的事情外包给服务公司。

最后一个需要了解的概念是事件发生时的反馈。领导层和利益相关方可能希望在事件解决过程中不断更新事件的状态。应急响应准备计划应当包括团队如何向公司和数据利益相关方提供反馈和更新的说明,如果没有定义此步骤,那么应急响应团队可能会被更新事件状态的请求搞得焦头烂额。如果计划包括反馈循环,每个人都会了解如何接收和传递事件状态的更新,从而减少应急响应团队必须进行的个别事件状态更新,使他们能够集中精力调查事件。

4.5.4 设施

与电话树类似，人们往往会忽略周围设施的小细节。当走进一个设施，你会惊讶地发现，你需要从天花板上取下一个摄像头来分析它的硬盘驱动器，或者需要卸下安装在砖墙上的网络接入点。当调查人员在半夜到达一个不熟悉的地点时会发生什么？当业务被网络事件摧毁时，他们能够进入数据中心或者被困在停车场吗？网络取证调查人员可能需要进入未经授权的、个人通常无法进入或者难以进入的区域和系统。物理访问的长时间延迟可能会造成保全证据或者销毁证据的差异。各个机构需要准备好在需要时迅速准许进入这些区域。在应急响应计划中应当包含有关如何访问数据中心、远程备份位置、天花板上的技术（例如无线接入点）等区域的信息。

另一个要问的问题是，何时要求所有团队成员必须都集中在同一场所内，或者成员是否可以通过 VPN 等安全通道进行远程工作。如果应急响应团队成员远程工作，那么如何在不让结果暴露于被污染风险的情况下共享信息？如果发生紧急情况，这些设施能否容纳整个团队的成员？一些机构会保证他们的设施内有床和淋浴，以及提供 7×24 小时的餐饮服务，以确保他们的团队拥有调查复杂事件时所需的一切。在大多数情况下，你不必走到这一极端，但是为最坏的情况做好准备或者至少准备一些文档是明智的。

4.6 应急响应

一旦完成了对应急响应团队和策略的规划，使其达到了具有可操作性的程度，就应当开始考虑实际的应急响应将如何发生。第一步是了解团队将如何确定范围和控制潜在的威胁。如果你做不到这一点，你很可能无法对违规事件进行补救。范围界定意味着了解与事件有关的所有系统、人员和网络。遏制措施是为了确保将攻击隔离在正在调查的系统内，这样攻击者就无法扩展到其他系统。尽快界定事件范围和采取遏制措施，IRT 遏制事件的时间越长，攻击者就越有可能深入机构并删除可能证明其存在或者实施攻击活动的日志及其他证据。当涉及违规行为时，披露事件信息的时间是绝对关键的。

应急响应团队必须决定在何处以及如何阻止攻击者。在许多成熟的机构中，系统通常位于网络的不同区域或者不同的异地位置，或者它们使用了多个云提供商，由于具有天然的网络隔离，能够防止威胁轻松地穿过网关和防火墙传播，这使得对攻击的遏制措施更容易实现。然而，这也使网络取证调查员的工作变得复杂，因为他们需要从多个系统收集证据，而且他们必须对多个网络进行了解和评估。经验丰富的网络取证调查人员了解如何收集不同系统的信息，并为不同的场景做好准备，例如系统运行、关闭、损坏、虚拟化等，这将意味着需要在不同的应用程序之间部署不同的策略。请注意，负责取证调查的人员与应急响应者之间可能存在冲突行为。例如，有一种很常见的情况，机构在应急响应时会有一个将感染了恶意软件的系统进行重新映射的策略，而此事件的响应行动会直接与取证调查人员的做法相矛盾。取证调查人员需要克隆和调查系统，以了解系统是如何受到攻击的，并帮助机构避免未来的违规行为。最好的做法是在应急响应计划中定义如何处理这些复杂情况，它应当明确规定应急响应团队和取证调查人员哪一方更有权采取适当步骤。我们倾向于赋予取证团队更高的权力，但是这应当取决于业务和具体情况。

IRT 应当在什么时候发表事件已经得到适当控制的声明？这个问题很难回答，我们曾遇到过这种情况：IRT 认为有些违规事件得到了控制，但是在声明发布后更多的系统显示感染了相同的或者新变种的恶意软件。为什么这些团队会失败？在许多情况下，他们在试图修补漏洞之前并不了解漏洞的真正范围，或者他们有一种错误的遏制意识，这可能是由于取证调查发现的信息与人们没有认识到的某些重要信息之间存在脱节。例如，在恶意软件在网络中横向传播之前，IRT 为了识别用来破坏网络的漏洞而误解了哪个系统是最初被感染的系统。IRT 必须了解攻击的全部范围，以便对其进行控制，这通常包括了解攻击的整个生命周期。我们在第 2 章中讨论过攻击生命周期的概念，当时我们谈到了网络杀戮链模型。取证专家可以通过检查日志、通信流量和系统，为 IRT 的其他成员提供有价值的信息，从而深入了解攻击的全部范围。我们的建议是让一个具有取证专业知识的成员或者小组负责确定事件何时得到适当控制。本书将帮助你成为这个团队的一员！

为了充分了解如何划定事件范围，取证专家必须确定以下几点：

1. 可能包含证据的设备类型有哪些？
2. 设备上运行着什么样的操作系统和软件？
3. 设备采用什么样的网络通信方式，这些设备的正常流量情况如何？
4. 这些设备是如何连接的，它们可以与哪些设备通信？
5. 系统上有哪些可用的日志，能否判断其是否遭到篡改？
6. 事件的时间线以及事件是从何处开始的？
7. 与设备相关联的数据的重要性和敏感程度如何？

在这些问题得到回答之后，取证调查人员通常可以继续保全证据，并评估违规行为的严重性和危害程度。

4.7 评估事件严重性

如果 IRT 不了解系统或者系统包含的数据，那么将无法评估攻击的严重性。大多数管理员都知道，当个人或者信用卡信息泄露时，情况确实很糟糕。了解业务相关数据的价值是事件严重性评估工作中最具挑战性的部分，这些数据不像信用卡或者社会保险号码那么明显。通常，我们通过与数据所有者的直接沟通来了解业务数据的价值。业务连续性计划是获取数据价值的另一个途径，它处理不同类型的数据和相关的敏感度。当 IRT 介入时，应当主动评估机构不同部分的风险和价值。成熟的机构会花时间在风险管理战略中适当地制定一个业务连续性计划。

如何评估攻击的严重性？研究人员可以使用一些可量化的方法：

- 被窃取的记录数量
- 受影响的客户数量
- 受影响的地理区域数量
- 获取被盗数据的难度
- 遏制漏洞的难度
- 系统安全性的难度

这些高级的方法可以帮助你计算事件造成的损失金额，这是确定事件严重程度过程的一部分。但是，你必须查看记录的数量或其他基本数据以外的数据来确定事件的严重程度。2014 年索尼影业（Sony Pictures）遭受的攻击只影响了相对较少的唱片数量，但是当时影响极其广泛，迫使索尼放弃了大规模发行电影《采访》（The Interview），部分原因是这次袭击可能导致了数百万美元的损失。

作为一名网络取证调查员，你可能需要了解在事件期间可能被访问信息的类型以及被访问信息的潜在价值，然后需要确定是否发生了数据泄露。要做到这一点，你需要将你的发现通知一个或多个不同的团队。

4.8 遵循的通知程序

作为一名网络取证调查员，你通常需要遵循两个通知生命周期。第一个通知准则与机构相关的外部各方相关联。第二个是内部处理的通知过程，这个已经在前面讨论过了。

关于外部通知程序，首先要了解的是，这些程序可能受到若干法律和合规条例的约束。一般来说，联邦法律和监管法律会优先于所有其他要求，因此即使你可能不想披露某些信息，但是法律会要求你必须披露这些信息。此外，调查人员通常需要采取逐步递进和最透明的程序方法。以加州为例，该州在 2002 年通过了一项法案，要求对影响加州居民的攻击提高透明度并发出通知。这些法律有效地强制机构处理针对所有客户攻击的透明度问题。本法案的有趣之处在于，联邦法律并没有要求披露某些类型的信息，但是州法律要求强制执行这些类型信息的披露。通常情况下，美国的联邦法律会优先于州法律，但是在本例中，加州的机构更容易受到州法律的影响。重要的是要理解和考虑如何看待机构所在地的法律约束。

为了概括披露法律，它们通常遵循以下优先顺序：

1. 联邦法律优先于州法律。
2. 州法律优先于市 / 县法律。
3. 市 / 县法律优先于机构 / 公司指南。
4. 机构 / 公司指南管理网络取证调查程序。

最后，在某些情况下，无论法律或者司法管辖权如何，都必须立即披露相关信息并遵照法律采取行动。这些案件通常涉及与现实危害、威胁或者影响国家安全的行为相关的事件。你可能会知道当发生这些案件时司法和联邦的团队将要参与调查。此外，有些法律可能会强制你披露比数据泄露更多的信息。在这些情况下，取证调查人员强调了可能遭受攻击的区域。有些法律规定，如果通过被攻击的系统能够入侵其他网络，即使没有证据表明它们遭受了攻击，那么必须报告所有这些系统都遭受了攻击。这就是为什么在一些攻击的公开声明中称大量数据被泄露而事实上泄露的数据可能要少得多的原因。然而，某些法律强制机构将被攻击系统可以访问的其他系统也包含在被攻击系统之内。

我们非常重视外部通知，但事件的内部通知也同样重要。内部通知使利益相关方了解所有程序，并帮助员工了解发生了什么以及他们应该和不应该披露的情况。如前所述，我们建议设置一个时间表，以使内部团队随时了解事件状态的更新情况。在许多情况下，IRT 可能有一个专门的通信人员来处理事件状态更新情况。

4.9 事件后采取的行动和程序

应急响应团队必须就如何应对违规事件提出建议。取证调查结果将被用来确定发生了什么事件，事件何时发生以及为什么会发生。将发现的有价值的信息记录在文档中，将使用的每一种工具、技术和取得的发现都必须记录在案，并且可以重复使用。这有助于确保结果的准确性，以便 IRT 能够针对当前的威胁做出响应，并防止再次遭受攻击。

重要的是，作为一名调查人员，你要报告调查结果，而不能基于可能的假设或者猜测做出结论。专业调查人员的报告在一定程度上具有客观性，注重报告事实。如果需要做出结论，应当确保具有支持观点的证据，排除其他推测，并为结论提供可靠的理由。

披露取证结果的基本规则应包括：

1. 如果存在明显的过错，即使责任方是公司，也要坦诚相待，帮助公司承担责任。

2. 有时没有正确的答案，无法收集或者无法获取适当的证据。没有确凿的证据也没有关系。如果你有技术并且了解取证工具，你要记录取证的结果，无论这些结果是否能够证明你的案件。

3. 教育客户、管理层和其他可能了解你工作的人如何缓解问题或者避免将来可能出现的问题。

通常，取证结果和报告是使用不同于应急响应应用程序的特定软件开发的。如果配置正确，大多数日志记录和管理软件都是用于应急响应的主要工具，这包括安全信息和事件管理器、日志管理、趋势分析和其他工具。大多数网络工程师都有使用这些工具的经验。审计人员在测试 Web 应用程序时使用如 Nessus 等其他工具。为了帮助你了解哪些工具适合应急响应程序的不同方面，接下来我们将介绍一般的工具类型。

4.10 了解有助于应对违规事件的软件

本节讨论机构可能愿意投资的软件，能够帮助在违规应急响应时收集证据，本节不包括在调查期间使用的软件。本章没有提到磁盘镜像软件、注册表分析工具、密码破解和其他取证调查工具等。别担心,在第 13 章中将详细描述所有这些工具以及本书中介绍过的工具。本节具体讨论网络工程师用来帮助 IRT 应对违规事件的软件类型。

4.10.1 趋势分析软件

NetFlow 之类的软件工具可以帮助应急响应团队识别信息流的趋势,并为威胁情报提供如高级搜索、威胁映射、树映射、图表、博客链接和词云等可视化和发现技术,这有助于过滤日志数据中存在的固有干扰,并识别重要的安全事件。大多数趋势软件允许管理员保存这些搜索以便日后使用,甚至可以将其导出为 PDF 或者 CSV 文件格式的报告。许多常见的如 Splunk 和其他安全信息和事件管理器产品都可以提供这种趋势分析。图 4-5 展示了日志和分析工具包中的 SolarWinds 趋势分析模块。

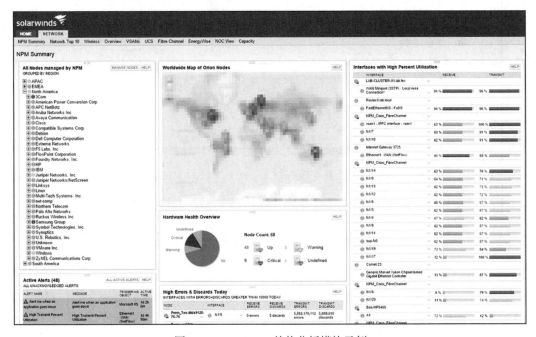

图 4-5　SolarWinds 趋势分析模块示例

应急响应团队可以借助如异常和威胁连接等威胁情报管理平台,并使用这些趋势和高级分析来调查安全事件。在这些类型的调查中使用的一个流行工具是思科 Stealthwatch 产品,我们将在第 11 章中介绍此工具。

4.10.2 安全分析参考架构

几句忠告:任何类型的分析软件都需要时间来学习,并且通常需要大量的投资。这些技术可能不适合某些环境，然而我们看到已经有许多全球性机构投入了时间和人力来使用这项技术，并在违规应急响应程序中得到了成功运用。

无论选择何种产品，安全分析参考架构都是使用跨多个供应商的一些常见组件设计的。它们通常在基于可搜索的大数据 Hadoop 集群中的大型存储阵列上收集系统日志并进行完整的数据包捕获。这些系统（用一种非常基本、过于简化的解释）采用了现有的日志和数据包数据，并基于异常的离群值（outlier）突出显示违规行为。它们还关联来自多个设备的安全日志，通过从第三方和本地获取多个外部威胁源，让分析人员更全面地了解情况。图 4-6 展示了 RSA 安全分析的主界面。其他被认为提供完整安全参考架构的产品还有 IBM 的 QRadar 和 HawkeyeAP。

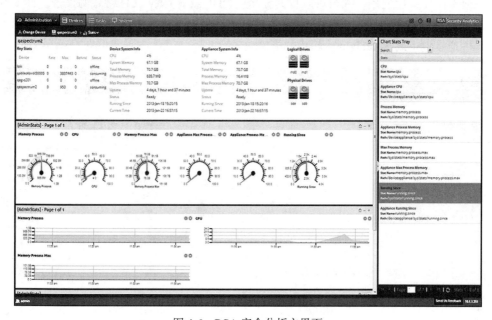

图 4-6　RSA 安全分析主界面

安全应急响应人员可以在调查事件时查看、分析和回放整个通信流量会话。如果公司担心数据可能已经遭到泄露，RSA 软件包不仅可以确认是否发生了数据泄露，而且还允许调查人员查看泄露的确切数据内容。如果威胁情报源了解到新的威胁，那么可以将该情报追溯到以前收集的数据。图 4-7 展示了潜在数据泄露的示例。

图 4-7 展示了威胁源提供的关于恶意软件通信协议的新信息。安全分析参考架构能够追溯查看过去的数据，以确定威胁是否存在于机构内部。在本示例中，威胁确实存在，并且检测到了 169 个事件。

在此示例中，应急响应团队成员可以使用此数据并将其转换为事件，从而采取适当的响应。这些解决方案包含工作流，并与外部治理、风险管理和合规（GRC）软件解决方案（如果可用）集成。

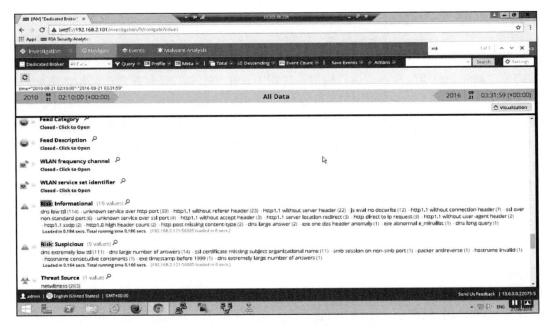

图4-7　RSA安全分析数据泄露的示例

安全分析参考架构的最大缺点之一是购买、安装和维护系统所需的成本较高。存储大多数数据分析工具所需的大量详细日志和捕获的完整数据包需要非常高的成本，这包括维持不断增长的存储需求和培训员工有效使用该系统所需的额外成本。

影响这些解决方案价值的另一个挑战是数据必须具有可读性。较新的攻击使用了加密技术，加密的流量无法进行威胁分析。[这适用于本书撰写时可用的技术。思科最近宣布，思科加密流量分析（Encrypted Traffic Analytics，ETA）使这一情况发生了一些改变。] 许多安全分析解决方案都有分析加密数据的变通方法，如SSL拦截和中间人劫持技术。当安全设备位于内部网络和用户之间时，可以中断连接和加密来检查和分析流量，从而实现加密流量的分析，但是这些类型的解决方案实现起来相当复杂。

4.10.3　其他软件类别

应急响应团队用到的其他有用的工具类型属于团队校准和日程软件的范围。我们的团队主要利用谷歌或者微软的开源工具及应用程序。但是，你可能希望考虑使用更高级别类型的校准软件，如思科的WebEx产品线的软件套件。

我们刚刚开始接触可用的工具类型。请记住，这些主要是与网络工程师在应急响应过程中向IRT提供数据时使用的有关工具。在后面的章节中，我们将讨论使用工具和收集取证证据方面的更多技术。第13章总结了本书中的所有工具，并提供了我们认为对取证和应急响应有用的其他技术。

4.11 小结

在违规应急响应中，没有捷径可寻。成功的机构必须了解违规应急响应是应急响应计划的关键部分。成功的应急响应计划的关键在于，在一个独立于传统管理结构的机构内，获得对网络安全和应急响应切实可行的支持。应急响应计划应当包括使调查人员能够快速收集、分析和理解数据的基本组成部分。如日志管理、安全分析以及外部治理、风险管理和合规性（GRC）等数据管理软件可以极大地帮助事件团队开展违规应急响应。最后，机构必须指导其公共关系团队采用最佳方法与内部和外部各方就违规行为进行沟通，同时通知利益相关方并满足所有法律要求。

作为一名网络和电子数据取证专家，你会参与到这个过程中，你可能只是参与了响应过程的一小部分或者一个子集。你的角色可能更多倾向于技术性工作，也可能更多的是管理性工作，但重要的是要了解机构在违规应急响应中所经历的整个过程，以便为自己的具体职能做好充分准备。

本章让你从管理的角度理解如何构建应急响应流程。作为一名网络工程师，你的主要工作是利用技术技能在整个过程中提供支持。在下一章中，我们将讨论完成应急响应和取证任务所需的详细信息。

参考文献

http://www.lockheedmartin.com/us/what-we-do/aerospace-defense/cyber/cyber-kill-chain.html

https://thenextweb.com/insider/2012/09/09/why-companies-bad-responding-data-breaches/

https://techcrunch.com/2017/02/21/verizon-knocks-350m-off-yahoo-sale-after-data-breaches-now-valued-at-4-48b/

https://www.reddit.com/r/technology/comments/6emqwz/password_manager_onelogin_admits_data_breach_in/

https://www.fool.com/investing/general/2014/05/27/ebay-data-breach-response-teaches-everyone-how-not.aspx

http://www.latimes.com/business/technology/la-me-ln-hollywood-hospital-bitcoin-20160217-story.html

第 5 章 调 查

> 毕竟，离开我们选择揭示的内容我们什么都不是。
>
> ——弗兰西斯·安德伍德，《纸牌屋》

在前面的章节中，我们介绍了一些基本的取证概念。现在该将注意力集中在取证调查的技术方面和工程任务上了。现在，你应该对如何组建团队、建设取证实验室以及创建取证调查的管理者视图有一定的了解。本章关注一个从一开始到以取证报告形式交给需要你的服务的当事人的取证调查的整个过程涉及的内容。

在本章中，我们先检查预调查清单上的项目。接下来我们看一下开始取证案件的过程和记录工作的最佳做法。我们涵盖了证据处理主题如搜索和扣押、证据保管链，以及如何处理在调查过程中发现的证物。我们还将研究怎么开始一个调查来获取设备留下的数字证物。本章最后一部分着眼于如何正确结案并撰写专业的取证报告。许多主题会在以后的章节里得到更全面的介绍，这里我们的重点是调查过程。

通用电子数据取证调查的步骤如下：

- 确定是否发生事件。
- 确定所有遗留的线索。
- 对情况进行初步评估并确定潜在证据。
- 搜索并扣押具有潜在证据的证物。
- 为将来的法律用途收集并移交证据。
- 得出相关结论。
- 编制取证报告。

开始调查之前，请先考虑所有要考虑的因素。

5.1 预调查

当有人要求你提供服务时，立即进入调查的情况很少见。更有可能是某事将要发生，需要你或者你的团队了解究竟发生了什么。有时候，你会得到很多细节，但有时候你会被隔开，以便你的结果不受影响，且没有偏见。不论情况如何，至关重要的是你的团队首先要了解调查的目标。这决定了你的团队相对于其他选项（例如聘用顾问）是不是最佳选择。你需要了解此案的背景信息。你需要回答的问题包括：

- 正在调查什么事件？
- 谁参与了？
- 它对组织有何影响？
- 涉及哪些证物？
- 有什么政策需要注意吗？
- 有什么要求需要澄清吗？

接下来，你需要知道谁是应急响应人员。你还需要详细了解调查涉及的所有系统的当前状态。应急响应人员并不总是现场的第一人，通常是指第一个意识到需要进行调查的人。很多时候，收集证据失败是因为应急响应人员没有遵循可接受的程序。因此，确保对应急响应人员进行培训非常重要。

我们认为，这通常是每个组织所需的最少的取证培训内容。在本章中，我们进一步介绍应急响应人员。

应急响应人员必须能够确定你的团队达到调查中商定目标所需的工作水平。此人还需要在取证调查之前建立状态。应急响应人员需要所有相关设备的完整资产列表，并强制执行从该列表中添加或删除设备的过程。如果没有此列表，那么你可能必须成为应急响应人员，使用视频、拍照和文档（记录每个感兴趣的证物的当前状态）来记录发现的结果。

以下是你需要获取的常见事项列表，以确保你有被调查的环境的可靠文档。每条都需要一个时间戳，并且必须由调查者签名：

- 具有联系信息的应急响应人员列表（也可能是你的团队）
- 关于感兴趣的证物的资产列表
- 感兴趣的证物的易失性顺序
- 硬盘的序列号和其他证物相关的数据
- 系统时钟偏移记录
- 视频、照片，或者事件现场的草图（如果其他方法不可用）
- 见证人的联系信息

调查期间需要指定代表调查小组的技术负责人。任何有关问题和疑虑都应该与他联系。其他的角色可以包括摄影师、证据管理人、证据记录人、检查人、专家证人、律师和其他决策者。重要的是，任何被指定为调查者的人都应具备标准的证据处理程序知识，以免造成由于其进行调查的方式和对方律师对其资格的质疑带来的复杂性。技术负责人还可以充当调查团队与外部各方之间进行沟通的主要联系人，以免打断调查过程。这与上一章中描述的建立应急响应团队的过程非常相似。根据情况，该取证团队还可以充当应急响应团队或独立的团队。

准备调查的下一步是确认你是否有权访问资产列表上的每个系统。在第1章中，我们介绍了一些保护设备隐私的美国法律。你需要拥有一份正式文件，以确保对所有设备具有明确的访问权限，以防止自己违反某些隐私法。你可能需要获得必要的搜查和扣押授权书。记住，授权书可能针对特定的区域（如一间房间），或者是更大一点的区域（如整个公司）。确保你在授权书指定的区域工作。我们将在本章的后面介绍这个过程。

如果希望访问实时网络上的系统（例如防火墙或路由器），则应获取网络拓扑并确定本次调查被授权的访问类型。你可能被告知要请求数据，但是需要另外的授权人员来为你获取数据。当需要其他人来获取你计划用于调查的数据时，会存在数据污染或证据保管链空缺的风险。你应该努力为所有数据提取指派一名经过取证训练的分析师，并确保记录了整个过程。你需要获取有关数据提取过程的详细信息，这将在本书的后面介绍，具体取决于所调查的设备。第8章中详细介绍了如何从网络设备获取数据。

最后，你需要计算工作所需的工作量。应该考虑工具、人力和技能，并确保它们满足工作范围。再说一遍，你可能会发现自己没有合适的工具或人员来完成这项工作，因此需要考虑将案件的部分或全部工作外包。

总结预调查，你应该回答以下问题：
- 你将成为应急响应人员或者谁是应急响应人员？
- 你是否有资格接受此案，并且拥有合适的工具？
- 目前的努力对于继续工作是否有意义？
- 你是否被授权处理此案？
- 有没有比使用你的服务更好的选择？
- 在继续之前是否需要解决潜在的挑战或法律问题？

当这些问题的答案为前进开绿灯时，你可以开始案件并开始记录你的工作。

5.2 开始案件

开始案件后立即做笔记是至关重要的。我们强烈建议使用案件管理应用程序，以便在记录每个步骤时为你提供指导，并可以轻松生成报告。开始案件时，你需要包括以下详细信息。大多数案件管理程序将带你了解此类信息。

- 日期和时间
- 事件发生的地点
- 证据是在易失性系统上还是在非易失性系统上
- 犯罪现场人员的详细资料
- 可以作为证人的人的姓名和身份
- 文档、图片和视频

处理案件或某种官方标准时，做笔记肯定没有错。每个人都有自己的笔记方式，因此请务必使用对你有意义的方法记录所有内容。你做的笔记越多，就可以从最终的取证报告中获取越好的数据。另外，笔记少可能会被反方律师质疑，从而使你的调查工作受到质疑。最起码应该使用 Microsoft Word 或 OneNote 的一些预先创建的调查表单模板来记录。你可以在 www.sampletemplates.com/business-templates/forensic-report.html 上找到它们。

我们建议同时使用物理日记本和数字日记本。物理日记使你可以快速记录笔记并勾勒出事件或犯罪现场的轮廓。实现相同目标也有"数字版"，例如对犯罪现场进行录像、拍照或使用绘图软件。同时备有数字和物理版本的笔记，无论你遇到什么情况，都可以灵活地随时记录笔记。例如，启动一台笔记本电脑比起使用录音机或者用笔记录需要更多的时间。小型录音机也可能有助于捕获有关你在调查过程中看到或正在做的事情的快速语音记录。

Kali Linux 中提供一个免费工具 Autopsy，我们在第 3 章中介绍了它的功能。Autopsy 是一组工具，在 Kali Linux 里可以使用简单的图形界面进行访问。这些工具的主要用途是分析在调查中提取的磁盘镜像，如果你正在寻找一些免费和易于使用的案件管理工具，它也可以是你的案件管理工具。要开始在 Kali Linux 中运行 Autopsy，请转到 Forensic 部分并选择 Autopsy，系统弹出命令行提示，说明你现在可以使用 http://localhost:9999/autopsy 的地址访问图形界面。这意味着 Autopsy 程序正在运行，通过端口 9999 监听本地计算机。打开 Iceweasel 浏览器并转到该地址打开 Autopsy 主界面，如图 5-1 所示。不要关闭命令行终端，那样会终止 Autopsy。

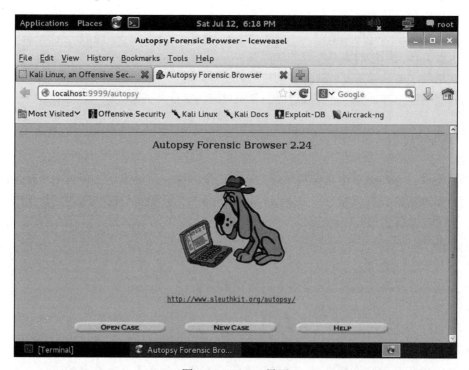

图 5-1 Autopsy 界面

假设你要开始一个新案件，并想使用 Autopsy 作为案件管理工具。访问界面后，单击"NEW CASE"按钮。要求你提供案件名称、描述以及与处理案件的调查人员的姓名。填写这些信息，然后单击"NEW CASE"，就创建了一个新案件，然后你会看到文件保存在 Kali Linux 系统中的位置。图 5-2 展示了在 Autopsy 中创建新案件时发生的情况。

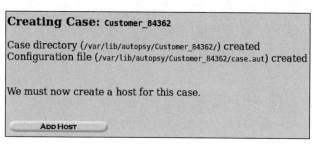

图 5-2　创建新案件

接下来，你需要添加一个 Host（主机）。主机代表正在调查的设备。单击"ADD HOST"，然后填写主机设备的描述。某些数据字段是可选的，但我们建议你包含尽可能多的数据。接下来，要求你导入镜像文件。图 5-3 展示了在此步骤中在 Autopsy 中看到的页面。单击"ADD IMAGE FILE"以导入镜像。你需要有镜像文件的访问权限才能将其导入 Autopsy。

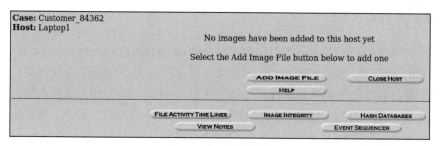

图 5-3　使用案件管理

你也可以为文件活动创建时间线，将此视为调查中记录每次访问证物的时间的方法。调查文件时，可以添加类似于数字日志的注释。可以使用特定镜像的注释或使用 Event Sequencer。对于本章中的大多数示例，我们用 Event Sequencer 记录数字日志。还有更好的程序可以用来记录日志，但是我们只是使用此工具来演示电子数据取证日志的概念。图 5-4 展示了正在使用的 Event Sequencer。请注意，此示例中已经记录了两个事件。

Autopsy 可以做很多事情，但是这个简短的介绍将使你了解案件管理软件包的工作原理。对于专业工作，我们建议使用其他流行的工具，例如电子数据取证框架（DFF）、开放式计算机取证架构（OCFA）、X-Ways Forensics 和 EnCase。你应该尝试其中的一些工具，以确认哪种工具最适合你的调查方式。与使用记事本和纸来管理调查相比，它们中的任何一个都可能更有效。如果你喜欢，Autopsy 也可以完成工作。请访问 http://resources.

infosecinstitute.com/computer-forensics-tools/#gref，以获取一些流行的案件管理软件的列表。

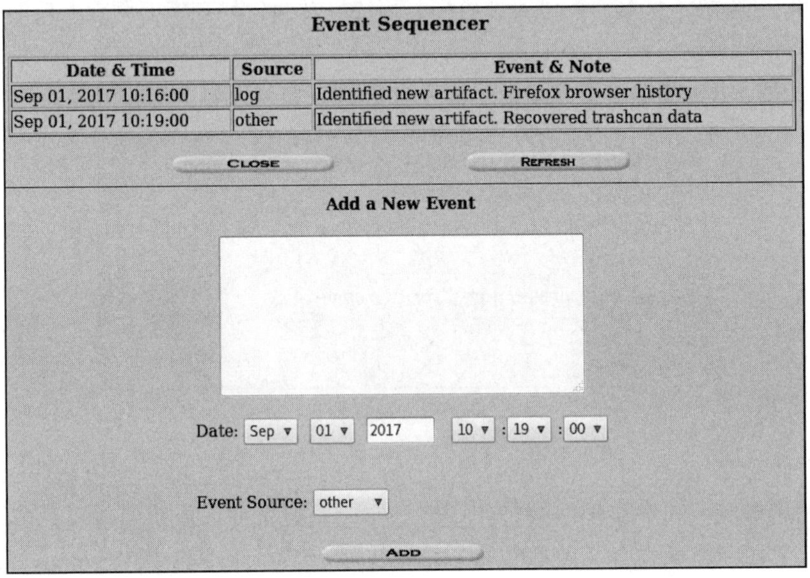

图 5-4　Event Sequencer[①]

5.3　应急响应人员

如本书前面所述，应急响应人员是对事件做出响应的第一个人或团队。此人或团队有责任识别和记录涉及该事件的区域的当前状态，这意味着调查记录从此处开始。从应急响应的角度来看，并非每种情况都需要应急响应人员。例如，IT 支持不会把识别出在笔记本上安装了恶意软件的员工的隔间用胶带隔离。明确地说，出于取证目的，我们把应急响应人员看作在需要取证服务的安全事件发生后接触的团队。通常，这是一个引人注目的情况，需要关闭该区域以避免污染证据。

取证调查的应急响应人员应该完成以下任务，其中很多任务在记录案件的步骤中会提到：
- 封锁涉及事件的区域。
- 记录所有涉及的系统和可能要调查的系统。
- 拍摄并记录系统当前状态的所有详细信息。
- 收集所有可能成为证人的人的姓名。
- 评估调查的任何危险或威胁。
- 与任何必需的外部方（例如主管部门或数据所有者）进行接触。
- 通知应急响应团队。

[①] 原书有误，原文为 Creating a New Case。——译者注

- 决定下一步行动（外包、内部服务调查等）。

你的团队可能成为应急响应人员或被要求接管调查，因此你需要与应急响应人员进行接触。如果你不是应急响应人员，则需要回答本章前面介绍的问题来开始新案件。你的日志记录从移交开始，因此你创建的所有案件文件都包含从对应急响应人员的交流中获得的假设和详细信息。重要的是要获取尽可能多的详细信息，并将其标记为来自与你进行互动的不同人员的数据。如果你或其他人需要询问在你的团队参与之前发生的行动，则此信息包括应急响应团队和这些人员的联系信息。如果你是应急响应人员，要将调查移交给其他取证团队，那么其他调查小组也会向你询问类似的问题。请记住，仍然要考虑所有相关人员的责任，来保证调查是正确和公正的。

以下是你作为应急响应人员可能需要的一些工具。如第 3 章所述，你应将这些工具包括在取证工具包中。

- 安装了 Windows 和 Linux 的高性能笔记本电脑（推荐两台，确保环境干净，这意味着没有恶意软件，更新到最新补丁程序并进行了适当的安全设置）。
- 大容量外置硬盘，用于复制大量数据。
- 用来快速复制的 U 盘。
- 硬盘只读接口（例如，使用 Logicube-MD5、带只读的便携式硬盘复制机或安装在笔记本电脑上的写阻断软件）。
- 数码相机。
- Kali Live CD 和 Live USB。
- 四端口集线器，而不是交换机。
- 证据保管链表格、披露声明和许可声明。
- 各种工具和六角螺丝刀。
- 便携式标签打印机、笔记本、录音笔、笔。
- 警戒带。

你需要用一些东西将区域显示为禁区，从而保护该区域。警戒带通常用于这个目的，如图 5-5 所示。作为网络工程师，带着警戒带并封闭一个区域听起来有点奇怪，但是它使得信息很直观地传达到每个人："不要靠近此区域！"你还希望监视该区域，直到取证团队可以将证物送到实验室调查，或者在不允许移动设备的情况下拍摄取证质量的照片。监控方面的任何缺陷都可以被认为是可能会污染调查的时机，也就是外部有机会对证据产生影响的时候。你需要保留负责监控犯罪现场的一方的日志，并在现场受到任何威胁时可以找到他们的联系信息。最佳做法是使用具有法律权限的人员，例如保安或警官，而不是公司的普通员工。

你需要一台数码相机，用来拍摄与感兴趣的证物有关的一切。例如，在图 5-5 中，你需要一张不带警戒带的干净的显示器照片，显示正在运行的程序。请记住，第 1 章我们说过，未经授权或系统所有者的许可访问系统可能是非法的，但是如果可以公开查看就是合法的。例如，如果警官或调查人员具有在场的执法权，那么显示器上的内容和偶然发现的内容是合法的。请注意，这不是法律建议，以上仅适用于美国法律。你还需要拍摄插入计算机的设备以及插入网络插孔或网络设备的所有网络电缆。录像和草图也可以。记录的所有内容都应包含在你的案件日志中。

图 5-5　犯罪现场

回顾 Autopsy 的例子，你需要在创建取证副本或执行其他调查技术之前拍摄该资产状态的照片。在图 5-6 中，我们创建了一个日志，该日志是关于最初固定的设备和应急响应人员拍摄的照片位置的数据。最好可以包括更多细节，但是我们只是出于学习目的提供一个简单的示例。

图 5-6　记录应急响应人员

你需要对要考虑进行调查的每个资产重复此过程。确定所有设备之后，你应该对完成此调查所需的潜在工作有一个合适的评估。你可能不确定调查某些设备所需的时间。你可能会假设设备很简单，但随后发现很复杂，损坏的硬盘驱动器或者加密都可能影响你的时间线。除了可能影响调查的许多因素之外，你至少应该能够尝试概括调查要求，并就如何处理此案做出决定。如果你选择移交案件，则无须花费太多精力，因为所有笔记都存储在案件管理软件中。

你可能有许多不同的设备类型被确定为调查的目标。我们有专门章节介绍你可能会看到的一些常见设备类别。包括各种形式的 Windows 设备、Linux 系统、IoT 设备、网络设备、移动设备、电子邮件服务器和社交媒体。有些设备可能不在这些主题范围内。但是，我们认为此处介绍的策略将为你提供足够的步骤，以帮助你继续调查几乎所有的数字资产。无论设备的性质如何，如果它是数字资产，它就可能具有某种形式的内存、操作系统和其他技术，类似标准计算机的功能。我们建议你对可能遇到的任何数字资产进行研究，因为在本书出版后还会出现新的技术。

重要的是要知道查看证据的当事方如何看待证据。一般而言，电子数据证据具有挑战性。首先，许多人认为它很难处理，并且由于不断变化，因此本质上是混乱的。对于某些痕迹，由于它们的易失性，确实如上所述。痕迹的易失性使它看起来很脆弱，有时甚至很难把它看成绝对真理。这意味着许多法律团体把电子数据证据视为间接证据或传闻证据，这取决于你对其电子数据真实性的支持程度。反对方可能会针对这种弱点试图使你的电子数据证据显得抽象，或者对于要证明的内容是不完整的从而使得这些电子数据证据从案件里剔除。这就是为什么我们继续强调在整个调查期间记录所有内容的重要性。仅报告事实，并尝试使用尽可能多的可参考细节来证明你的案件。这一点在本章后面我们讨论如何分发取证报告时再详细讨论。

我们下个主题是关于各种登录到案件管理系统和打算调查的资产的不同状态。第 6 章详细介绍了在开始调查一个证物之前必须执行的操作，本章仅关注调查步骤。你必须始终牢记的主要规则是下一章的主题：**永远不要调查原始证物**。你所做的任何更改都可能被视为污染，这可能会破坏你的团队花时间收集的证据的合法使用。你应该对收集到的任何电子数据证物执行以下三个步骤，以替代调查原始证物的做法：

- 制作证物的取证副本。
- 通过哈希值校验这些副本。
- 在开始调查副本之前启用写保护。

显而易见，应始终采纳使用副本的建议。但是我们处理的一些案件不是这样，原因是原始设备已被篡改或更改，或者有可能以某种方式被篡改或更改。如果你决定要从事调查工作，我们建议你研究一些在法庭判决中电子数据取证发挥作用的案例。在下一章中，我们将重点探讨这些主题。执行这些步骤的过程取决于电源状态，或者系统是运行还是关闭。让我们从调查的角度更详细地研究这个概念。

5.4 设备电源状态

你可能会遇到许多类型的系统，这些系统的供电方式和连接到网络的方式各不相同。有时，这些系统利用电池电源或使用诸如以太网供电（PoE）之类的技术由墙壁插孔供电。有时，资产使用蜂窝通信获得对网络的访问。在其他时候，数字资产使用蓝牙或无线网卡。重要的是，除非无法避免，否则不要更改系统的状态，例如，如果保持连接状态存在更大危害的风险，或者没有其他可将系统移至受控实验室环境的选项。你需要在日志记录和照片中包括有关该系统当前状态的详细信息。如果对系统的获取方式有疑问，或者对访问系统或其他情况有法律问题，则此信息可能很重要。

维持设备的电源状态对于获取该设备上的所有可用数据以及不对资产进行更改至关重要。运行的系统很可能具有易失性数据，如果系统断电，这些数据将丢失。易失性数据的例子包括 RAM 中的数据。获取此数据可能很重要，因为许多类型的恶意软件不会将自身安装在硬盘驱动器上。其他例子包括路由器的网络表或桌面上运行的进程。关闭系统电源不仅会销毁这些数据，而且重新启动电源还可能更改这些设备。这意味着你（调查人员）在感兴趣的人使用了该系统以后更改了系统的状态。例如，如果你在重新引导系统之前和之后对系统进行哈希验证，则会看到哈希值发生变化，这在大多数法律事务中意味着污染。哈希和镜像验证概念将在下一章中介绍。

数据应该按照变动性（volatility）的顺序来收集。这意味着应首先收集易失性数据。关闭设备电源后，这些数据可能会丢失，并且可能对调查有价值。我们的变动性列表基于 https://tools.ietf.org/html/rfc3227#section-2.1 上的因特网工程任务组（IETF）文档 RFC3227。根据 IETF，以下是易失性数据痕迹从最易失到最稳定的列表。请注意，权重基于痕迹上数据的易失性和价值。

1. 寄存器、缓存
- 由于 CPU 高速缓存和寄存器不断变化，因此它们被认为是非常易失的。
- 更改以纳秒为单位发生，因此你需要获取并标记此数据，假设再做一次获取会有所不同。

2. 路由表、ARP 缓存、进程列表、内核统计信息和内存
- 这些数据痕迹表示网络设备和计算机部件中不断变化的数据。
- 如果断电，这些数据将丢失，并且即使管理员不使用它也可能会更改。

3. 临时文件系统
- 如果断电，这些文件可能会丢失。
- 变动性系数不如前面的示例那么高，因为数据往往会残留，即使断电也有可能恢复。

4. 磁盘
- 存储在磁盘上的数据为保存而设计，因此丢失数据的可能性很小。

- 硬盘驱动器的性质可能有所不同，并且总是有可能发生故障。
- 较新的固态驱动器包含 TRIM 和可更改数据的磨损平衡（Wear）算法。第 7 章中将更详细地介绍此主题。

5. 与相关系统有关的远程日志记录和监视数据

- 日志和监视系统上的数据可能会更改，但通常日志会存储到硬盘上。
- 与硬盘驱动器上的数据相比，日志数据的易失性更大。日志数据被认为价值较低，因此在调查价值方面的变动性列表上较低。

6. 物理配置、网络拓扑

- 这些信息不是易变的，可能提供的取证价值很小。

7. 存档介质

- 与其他收集的痕迹类似，但是这些都是较旧的信息，因此价值更低。

图 5-7 展示了终端设备的变动性顺序。你可以根据正在调查的案件或获取数据的努力程度来调整项目。例如，从犯罪嫌疑人可能未使用的系统中获取 RAM 可能不像直接从已关机的嫌疑系统中取出硬盘的副本那么重要。

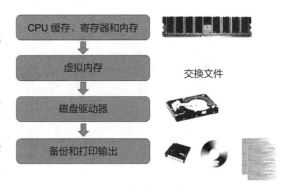

图 5-7　变动性顺序汇总

你需要在案件管理程序中为从笔记本电脑取出的每一项数据创建单独的痕迹标记（artifact notation）。最佳做法是保持一切井井有条，因此证物笔记本电脑中的任何痕迹都应保存在与该笔记本电脑相关的文件夹下，以免数据与正在检查的其他设备混合在一起。如果痕迹是从要调查的笔记本电脑的 RAM 中提取的，则应创建一个新文件夹保存它们，它们可以指回到 RAM。将你的日志记录系统视为父/子关系，其中任何新的痕迹都是提取的父项目的子项目。我们发现许多调查都会产生大量日志，如果从一开始就没有遵循正确的组织策略，事情很容易变成一团糟。这就是为什么使用案件管理程序如此重要。

使用取证管理平台 Autopsy，你可以上传获取的文件，例如从证物笔记本电脑中提取的 RAM 转储 .raw 文件，如图 5-8 所示。我们再次简化了过程和细节，目的是提供调查过程的一般示例。另外，要知道其他取证软件比 Autopsy 更容易制作报告和记录痕迹。我们使用 Autopsy 开始工作，因为它是免费的，并且可以在你的 Kali Linux 实验室系统上使用。你可能会发现，商业软件包提供了更多的日志记录选项。

在第 7 章中，我们将详细介绍如何从终端提取数据，还包括在何处查找感兴趣的数据，以及可用于实现终端调查目标的工具。至关重要的是，数据应该是可接受的、真实的、可靠的和完整的，以便在大多数法律制度下被视为具有法律效力。这包括证明你已执行正确的步骤来识别证据而没有引入污染，并且在此过程中没有违反任何法律。接下来，我们看一下获取感兴趣资产的合法过程。

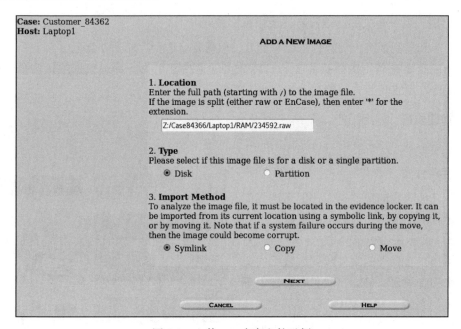

图 5-8　上传 raw 内存文件示例

5.5　搜查和扣押

　　在开始调查系统之前，你可能需要解决法律上的障碍。我们在第 1 章中讨论了许多此类法律挑战和概念。需要牢记的重要一点是，可能存在保护空间隐私的法律，或者你要调查的设备需要获得资产所有者的许可或搜查令形式的法律批准。根据犯罪发生地的不同，规则也不同，因此在进行任何操作之前最好与当地法律专业人士交谈，以了解法律如何影响你的调查。另外，请记住，许多公司都包含使用其资产的协议，这意味着员工在同意使用公司拥有的资产时会放弃隐私权。有关这些法律如何工作的示例和详细信息请参见第 1 章，并确保与当地法律专家联系以获得绝对最佳的建议。

　　通常，法院将数字数据视为请求访问的有形对象。电子数据证据不同于物理证据，因为它可以更轻松地进行更改。此外，美国大多数法院都将计算机记录视为传闻证据，这意味着它是二手证据或间接证据。有些例外情况因法院而异，例如，直接证明违反法律的业务记录可能比传闻更为可取。针对证据的挑战可能基于证据的真实性和可信度，包括评估证据时记录的保管链。评估数据的合法权利也可能会出现，这是搜查令的话题。再一次说明，我们不是律师，这仅仅是我们的意见和建议。你有责任查找可能适用于你的情况的信息。

申请搜查令的步骤取决于你的法律制度。对于第一个例子，假设我们的调查是在宾夕法尼亚州的费城进行的。在这种情况下，我们的决定基于 www.rcfl.gov/philadelphia/request-assistance 中发布的法律。最好是包括法律授权而不是仅仅信任网站，但是在此示例中，我们将跳过法律专家的审查。根据该网站，未经费城地区计算机法证学实验室（PHRCFL）主任事先批准，我们每次提交的证据项目不得超过五个。对于此示例，我们将研究应急响应人员发现的内容，并尝试按优先级对设备进行排序和分组。该网站还列出了非参与机构应考虑的以下警告：

- **蜂窝电话**：所有非参与机构必须先通过 Cell Phone Kiosk 处理其手机请求，然后再向 PHRCFL 提出对手机进行实验室检查的请求。
- **非固定介质**：必须使用 Loose Media Kiosk 处理所有非固定介质（DVD、CD、软盘）。
- **音频/视频增强功能**：任何音频/视频增强功能请求均不可接受。
- **锁定的设备**：对任何锁定的设备的请求均不接受，包括 JTAG 服务。

我们不是法律专家，因此我们将要求法律团队代表我们提出此请求，并假设该团队将属于非参与机构。因为我们不是律师，所以我们将让法律团队处理授权书申请流程。作为网络工程师，对你而言重要的是，法律团队将告知你什么可以提交什么不可以提交来请求获得访问权限的调查令。你需要从法律团队那里知道的是，你可以提交多少个证物，哪些类型的证物被认为可接受或不可接受以请求访问，你可以访问这些证物多长时间，以及如果授权，授权书将授予你哪些访问权限。我们建议在你的取证团队和法律团队之间举行一次会议，以确认这些详细信息，以便为授权书请求正确的处理信息。为此，许多取证团队中都包括法律专家。

填写请求的人应准备回答一些常见的授权书表格问题。当你执行此过程时，看到的实际问题会根据你打交道的法院系统而有所不同。大多数授权书都需要某些可能的原因。这可能基于许多因素，相比容易被质疑的原因，建议采用明确的事实。例如，将你的可能原因基于追溯到某个住所的 IP 地址，这个原因可能会被认为不够充分，因为该 IP 地址可能来自任何人都可能实施犯罪的不安全的住所。你应该通过在授权请求的表格里详细解释的有力证据，来为对方的法律团队可能质疑你作为授权理由的任何可能原因的情况做准备。

下面是填写授权书时准备回答的问题：

- 调查谁？
- 感兴趣的证物是什么？
- 是否可以在不伤害人员或业务的前提下将其移走？
- 证物的位置在哪里？
- 是否存在数据的异地存储或云存储？
- 谁是你的雇主？你在取证和法律事务方面的经验是什么？
- 是否有授权填写此表格的徽章编号或要求？
- 案件事实是什么？

- 是否还有其他与此案件有关的授权？
- 你期望找到什么？
- 是否有可能原因的证据？

对于第二个示例，我们看一下堪萨斯州的例子。你可以在 https://www.rcfl.gov/heart-of-america/documents-forms/searchwarrant_computer.pdf ⊖ 上找到堪萨斯州法院的授权书示例。图 5-9 展示了授权书请求表中的一页。你应该花时间在线搜索你工作范围内的授权表格以更加熟悉申请授权书所需的条件。

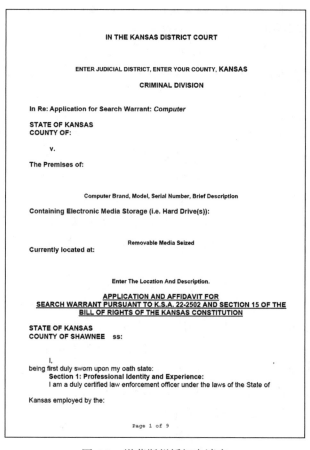

图 5-9　堪萨斯州授权申请表

许多法院定义了内容的类型，有时还为内容分配权重，例如，为"儿童色情"申请授权书可能比为"色情行为"申请授权书更容易。原因是，"儿童色情"的法律可能与"色情行为"相比有更严厉的惩罚，根据州规定，色情行为可能是合法的，但违反了公司政策。图 5-10 展示了如何将该语言包含在授权书流程中，以定义不同类型的犯罪和用语。请记

⊖ 原文的地址是 .doc。——译者注

住，如果你不以合法的方式使用语言，则可以认为你的整个调查没有任何理由或根据。例如，我参与过一个案件（这里我修改了许多细节），其中一个取证调查员提起诉讼，说我的客户复制其正在构建的产品，这意味着我的客户侵犯了知识产权。电子数据证据和调查员自己的案例表明，我的客户制作了非常好的原始产品的劣质仿制品。诉讼表明我的客户创建了劣质副本，所提供的所有电子数据证据都证明我的客户没有侵权，因为劣质副本与真实副本有很大不同。

```
DEFINITIONS
The following definitions apply to this Affidavit and Search Warrant:
    "Child pornography" means any visual depiction, including any photograph,
film, video, picture, or computer or computer-generated image or picture, whether made
or produced by electronic, mechanical, or other means, of sexually explicit conduct,
where the production of such visual depiction involves the use of a minor engaging in
sexually explicit conduct ;
    "Sexually explicit conduct" means actual or simulated (a) sexual intercourse,
including genital-genital, oral-genital, or oral-anal, whether between persons of the
same or opposite sex; (b) bestiality; (c) masturbation; (d) sadistic or masochistic abuse;
or (e) lascivious exhibition of the genitals or pubic area of any persons;
    "Computer," as used herein, is defined pursuant to, as "an electronic, magnetic,
optical, electrochemical, or other high speed data processing device performing logical
or storage functions, and includes any data storage facility or communications facility
directly related to or operating in conjunction with such device";
    "Computer hardware," as used herein, consists of all equipment which can
receive, capture, collect, analyze, create, display, convert, store, conceal, or transmit
electronic, magnetic, or similar computer impulses or data.    Computer hardware
includes any data-processing devices (including, but not limited to, central processing
units, internal and peripheral storage devices such as fixed disks, external hard drives,
floppy disk drives and diskettes, and other memory storage devices); peripheral
input/output devices (including, but not limited to, keyboards, printers, video display
monitors, and related communications devices such as cables and connections), as well
as any devices, mechanisms, or parts that can be used to restrict access to computer
hardware (including, but not limited to, physical keys and locks).
    "Computer software," as used herein, is digital information which can be
interpreted by a computer and any of its related components to direct the way they
work.    Computer software is stored in electronic, magnetic, or other digital form.    It
commonly includes programs to run operating systems, applications, and utilities;
    "Computer-related documentation," as used herein, consists of written,
recorded, printed, or electronically stored material which explains or illustrates how to
configure or use computer hardware, computer software, or other related items;
    "Computer passwords and data security devices," as used herein, consist of
information or items designed to restrict access to or hide computer software,
documentation, or data.    Data security devices may consist of hardware, software, or
other programming code.    A password (a string of alpha-numeric characters) usually
operates a sort of digital key to "unlock" particular data security devices.    Data security
hardware may include encryption devices, chips, and circuit boards.    Data security
```

图 5-10 授权书条款定义

如果成功创建了授权书，则应看到有关已授权的明确规定的规则。在美国，法院系统通常会在授权书中使用受限的语句，从而使警察或调查人员能够将无关的信息与证据分开。在调查期间发现新证据也很常见，这可能需要针对被调查方的新的授权书和案件。例如，你可能正在调查一个系统，其中存在非法毒品内容，但后来发现了儿童色情图片。在这种情况下，你可能需要新的授权书以扩展现有授权书，从而使你可以搜索新证据。我们再次重申这不是法律建议，根据犯罪地点的不同，情况也有所不同。图 5-11 展示了宾夕法尼亚州的授权书。

确定并获得感兴趣的证物后，需要确保正确地运输了它们。这将我们带入下一个主题：证据保管链。

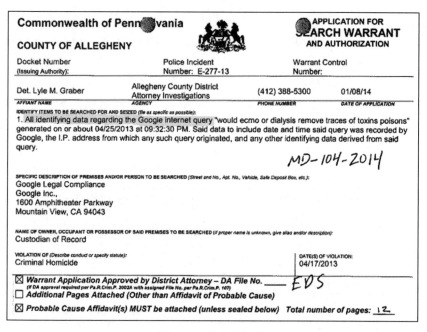

图 5-11　搜查授权书

5.6　证据保管链

在前面的章节中，我们讨论了保管链，这是获取用于调查的证物的流程或生命周期。必须清楚记录从发现证物到将其退还或销毁的监管链过程。该文档包括谁有权访问它，将其存储在哪里以及在整个调查过程中的当前状态。如果在调查生命周期中未记录任何这些详细信息，则可能会导致对方因外部污染的可能性对证据的真实性提出质疑。

保管链过程的第一步是在与系统进行交互之前，建立有关系统运行状况的日志。这是监护前状态。与应急响应人员一样，你需要使用视频、照片和日志记录有关设备的所有信息。目前没有文档标准，因此无论采用什么记录证物的样式都不会错。重要的是，你要包含足够的详细信息，以便在调查之前确认系统的状态，这样可以明确区分类似的证物，并能够识别各种功能和设置，例如插入了什么。NIST 提供了可以使用的保管链文件样本，如图 5-12 所示。

进行调查时，你会发现自己处于不同的情况。有时，诸如笔记本电脑或手机之类的证物很容易运输。在这种情况下，你需要使用危险品袋（hazmat bag）并确保其标签正确。为什么不用普通的袋子？理想情况下，你需要一个能防止静电积聚电荷的危险品袋，以防止损坏证物。你还需要确认如果将证物装袋，期望的温度是多少？如果通电，将其放在密闭的袋子或储存容器中会产生热量吗？在这些情况下，你可能需要使用冷却器，以免造成热损害。如果你在寻找合适的危险品袋的官方标准，可以考虑通过 MIL-STD-3010 4046、EIA

541、EIA 625 或 ANSI / ESD S20.20 认证的包装袋。图 5-13 展示了用于计算机硬盘驱动器的常见危险品袋。

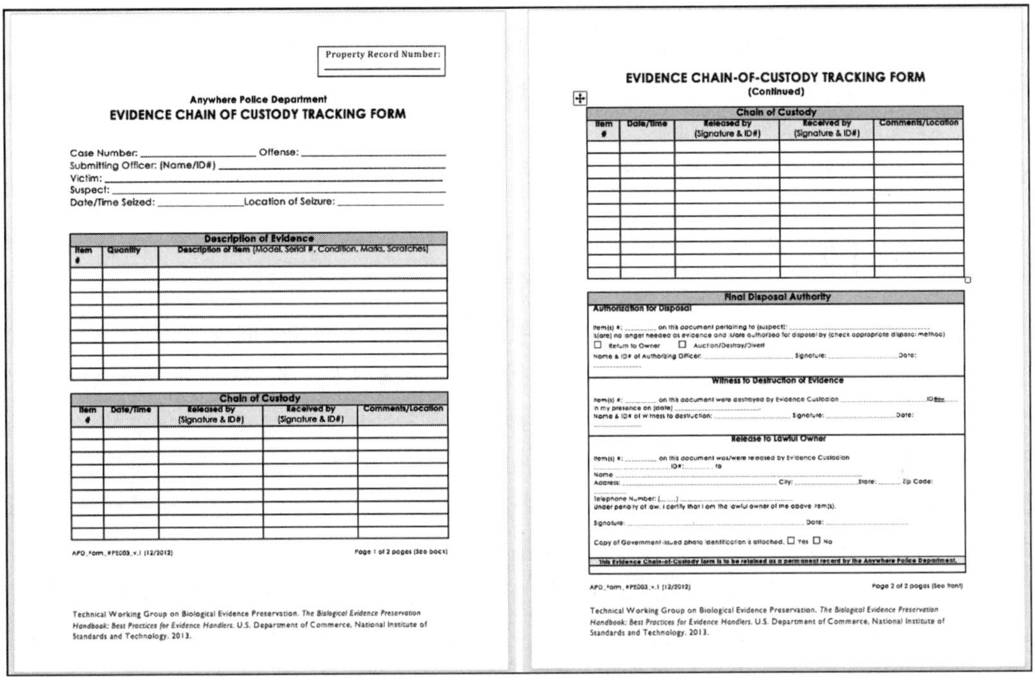

Property Record Number:

Anywhere Police Department

EVIDENCE CHAIN OF CUSTODY TRACKING FORM

Case Number: ______ Offense: ______
Submitting Officer: (Name/ID#) ______
Victim: ______
Suspect: ______
Date/Time Seized: ______ Location of Seizure: ______

Description of Evidence

Item #	Quantity	Description of Item (Model, Serial #, Condition, Marks, Scratches)

Chain of Custody

Item #	Date/Time	Released by (Signature & ID#)	Received by (Signature & ID#)	Comments/Location

APD_Form_#PE003_v.1 (12/2012)　Page 1 of 2 pages (See back)

Technical Working Group on Biological Evidence Preservation. *The Biological Evidence Preservation Handbook: Best Practices for Evidence Handlers*. U.S. Department of Commerce, National Institute of Standards and Technology. 2013.

EVIDENCE CHAIN-OF-CUSTODY TRACKING FORM
(Continued)

Chain of Custody

Item #	Date/Time	Released by (Signature & ID#)	Received by (Signature & ID#)	Comments/Location

Final Disposal Authority

Authorization for Disposal

Item(s) #: ______ on this document pertaining to (suspect): ______
is(are) no longer needed as evidence and is/are authorized for disposal by (check appropriate disposal method)
☐ Return to Owner　☐ Auction/Destroy/Divert
Name & ID# of Authorizing Officer: ______ Signature: ______ Date: ______

Witness to Destruction of Evidence

Item(s) #: ______ on this document were destroyed by Evidence Custodian ______ ID#: ______
in my presence on (date) ______
Name & ID# of Witness to destruction: ______ Signature: ______ Date: ______

Release to Lawful Owner

Item(s) #: ______ on this document was/were released by Evidence Custodian
______ ID#: ______ to
Name ______
Address: ______ City: ______ State: ______ Zip Code: ______
Telephone Number: (____) ______
Under penalty of law, I certify that I am the lawful owner of the above item(s).
Signature: ______ Date: ______
Copy of Government-issued photo identification is attached. ☐ Yes ☐ No

This Evidence Chain-of-Custody form is to be retained as a permanent record by the Anywhere Police Department.

APD_Form_#PE003_v.1 (12/2012)　Page 2 of 2 pages (See front)

Technical Working Group on Biological Evidence Preservation. *The Biological Evidence Preservation Handbook: Best Practices for Evidence Handlers*. U.S. Department of Commerce, National Institute of Standards and Technology. 2013.

图 5-12　NIST 证据保管链文档

装袋和打标签的过程应该非常直接。你应该考虑收集所有可以存储数据的设备以及这些设备的文档或手册。这意味着例如 GPS、备份系统、软件和 IoT 设备等。我们建议分配一个人来收集和记录资产，以简化保管链记录流程。该人员应确保在装有证物的每个袋子中包括当前日期、时间、各种序列号、资产的独特特征以及他自己的名字。如果认为证物已启用无线或蜂窝服务，则你可能需要使用某种形式的法拉第笼，以阻止这些类型的通信。一些危险品袋可以提供法拉第笼功能。如果没有，你可能需要将装袋的证物移到一个存储容器中，以防止这些通信。图 5-13 中所示的危险品袋的价格约为 70 美元，因为它具有法拉第笼功能。

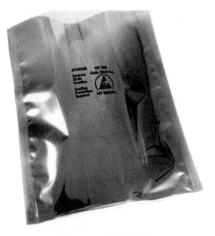

图 5-13　危险品袋

跟踪谁访问了打包的证物很关键。你需要维护类似于我们使用 Autopsy 时显示的数字的日志。每当访问或移动证物时，都应该有事件日志。你可能拥有专用的保管链日志，或者你的取证管理软件中包含日志功能。当资产不再使用时，必须将其存放在通常称为证据室的安全存储设施中。我们在第3章中讨论了证据室。在进入存储有任何被调查证物的证据室之前，应直接链接并强制执行证据保管链。

在某些案件里，你可能无法打包和标记证物。例如，移除设备会对公司产生负面影响、设备无法移动、设备上有些与案件无关的数据不能带走，依此类推。例如包括路由器等网络设备，这些设备可能有犯罪证据，但目前还在客户网络上传输实时流量。在这些情况下，调查这些设备的方法可能会有所不同。接下来，让我们更仔细地研究这种情况。

5.7 网络调查

本节介绍了如何调查不允许关闭电源或从客户所在地移除的实时网络设备。可以满足这些标准的设备包括路由器、交换机、防火墙、入侵防御技术，甚至是一些巨大的发电机，它们的重量实际上有数吨，并且包含放射性物质。关闭任何这些设备的电源可能会使公司下线，并有可能使业务瘫痪。如果将SCADA组织中的发电机关闭，可能会造成伤害。这意味着你需要在不影响设备的操作状态的情况下获取证据。你可以通过直接从设备中提取记录或查看设备在网络上的数字足迹来做到这一点。

在第8章中，我们将更深入地调查网络，包括用于检测实时流量中的威胁的工具以及安全事件的数据包捕获。历史数据包捕获的一个示例是重播捕获的由安全工具触发的事件的数据包。在本节中我们将重点介绍在计划从这些类型的网络设备提取证据时应考虑的调查过程。考虑获取设备之间发生的情况的记录和数据与从最终用户系统中获取的过程的对比。

在进入网络之前，你应该首先了解所考虑的范围。这意味着获取网络图、了解数据在系统之间的流动方式、识别正在处理的数据的类型并突出显示要考虑进行调查的网络，以及把在你的网段中找到的任何设备放在你的资产清单上。不在资产清单上但将要用于调查的设备应使用本章前面介绍的预调查程序进行评估。出于隐私或其他原因，你可能无权评估网络上的设备，但是可能可以评估其网络痕迹。你仍然需要在资产清单上记录任何设备并评论其在调查中的作用，无论你是否打算访问它。这样，如果你后来发现由于新发现的证据而需要对这些设备中的一个或多个进行调查，则可以快速确定你对这些设备的了解。

你可以使用各种工具来发现和验证网络上的设备。Kali Linux上最常用的工具是Nmap，它是Network Mapper的缩写。Nmap的最简单用法是键入nmap <扫描类型><选项><目标>。例如，你可以键入nmap 192.168.1.0/24 来扫描整个C类网络192.168.1.0。另一用法是键入 **nmap -A thesecurityblogger.com** 启用操作系统和版本检测来扫描thesecurityblogger.com网站。图5-14展示了使用Nmap扫描简单的C类子网。

使用Nmap的方法有很多，你可以在https://nmap.org上找到具体介绍。在第8章中，我们将更深入地研究将Nmap与Wireshark和SNORT一起使用以检测各种形式的网络攻击。从调查的角度来看，重要的是要知道执行Nmap扫描可能会触发现有的安全解决方案，并将数字痕迹添加到要调查的对象的安全日志中。映射网络是攻击者破坏网络后使用的常见步骤。因此，你需要确保自己有权执行扫描，以免打扰监视你正在调查的网络的安全小组。你还应该记录设备的网络设置，以确保不会对调查产生负面影响。你可以在搜索日志时过滤掉自己的设备，并在案件文件中记录你使用的 IP 地址，以便其他调查人员知道你在调查期间对网络产生了什么影响。

```
root@kali:~# nmap 192.168.255.0724

Starting Nmap 7.12 ( https://nmap.org ) at 2017-09-27 09:50 EDT
Nmap scan report for 192.168.255.1
Host is up (0.00023s latency).
All 1000 scanned ports on 192.168.255.1 are filtered
MAC Address: 00:50:56:C0:00:08 (VMware)

Nmap scan report for 192.168.255.2
Host is up (0.0066s latency).
All 1000 scanned ports on 192.168.255.2 are closed
MAC Address: 00:50:56:F9:22:42 (VMware)

Nmap scan report for 192.168.255.254
Host is up (0.000081s latency).
All 1000 scanned ports on 192.168.255.254 are filtered
MAC Address: 00:50:56:E9:B2:70 (VMware)

Nmap scan report for 192.168.255.171
Host is up (0.0000020s latency).
Not shown: 999 closed ports
PORT     STATE SERVICE
111/tcp  open  rpcbind

Nmap done: 256 IP addresses (4 hosts up) scanned in 9.54 seconds
root@kali:~#
```

图 5-14　Nmap 示例

你也可以下载 Windows 版本 Nmap 运行。也有许多其他扫描工具可用，例如 Angryip.org 的 Angry IP Scanner。无论你决定使用哪种工具，都要确保将结果记录在案件管理工具中。对于我们的示例，我们使用 Angry IP Mapper 并将结果（如图 5-15 所示）上传到我们的取证案件文件。我们在案件文件里对任何发现的设备评论，并使用与我们的调查有关的信息来贴标签。例如，我们可能会发现 192.168.40.5 处的设备是当前正在调查的服务器，而 192.168.40.10 处的设备是不属于调查范围的员工所拥有的笔记本电脑。我们要记录下该设备，以便以后在网络调查中发现该设备的证据时，可以随时关联该设备以确认是否需要根据调查期间发现的可能原因进行评估。

你可能希望在执行调查时基于你的发现绘制正在调查的网络的图表，无论这个图表是不是客户提供的。很多时候，人们不知道他们的网络上有什么，因为在绘制图表后网络一直在改变。许多调查者使用 Microsoft 工具（例如 Visio、PowerPoint）或 Adobe 产品来绘制图表。你可以使用的一种免费工具是 SolarWind 的 Draw.io，网址为 www.solarwindsmsp.com。这个简单的工具是基于云的，因此你无须安装软件，它可以有效地满足你的图表需求。其他选项包括 LucidChart 和 Dia Diagram。图 5-16 展示了如何使用 Draw.io 软件绘制基本图表。

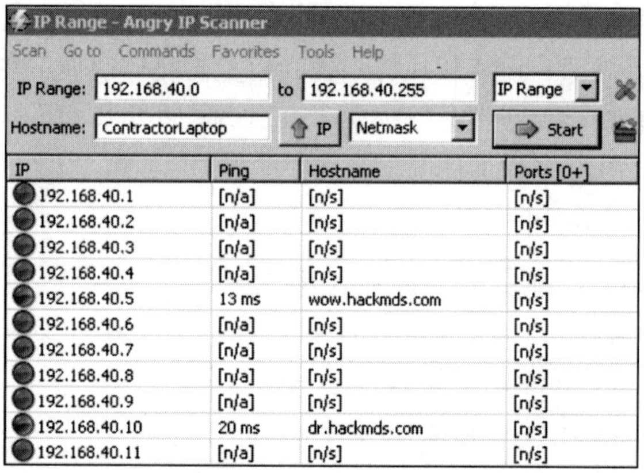

图 5-15 Angry IP 扫描

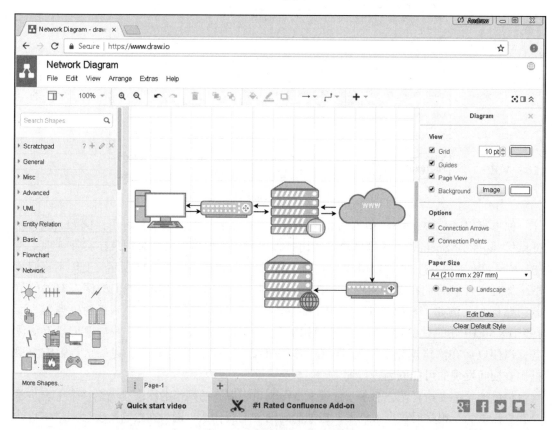

图 5-16 用 Draw.io 绘制图表

你会发现许多安全和网络工具包含日志。你需要从这些工具收集日志、路由表、应用程序数据以及任何与你的案件有关的记录。记录需要打上时间戳,并根据它们在网络图上的位置进行标记,并指明谁收集了数据。有时,你是由外部方(例如资产所有者)提供数据的,但是最好让调查团队中的某个人参与数据收集,以便可以对数据进行正确记录和验证。如果你需要使用另一方来提取所请求的数据,请确保使用该人的联系信息、获取的时间及其来源来标记该数据。我们将在第8章中介绍如何收集各种类型的网络数据。

每个数据段都应组织在一个与提取的来源设备相关的单独文件夹中,并归档到案件管理程序中。我们使用的一种方法是创建一个代表网络的文件夹,并放置用于验证整个网络的任何文档,包括扫描和图表。在该文件夹中,我们为标记的每个设备创建文件夹,并在该文件夹中存储设备的所有日志、捕获的数据包、IP 表等。这种方法使我们的发现保持井井有条,可以简单地将数据链接到获取的位置。除了那些会导致丢失文件的操作,怎么组织你的发现都没有错。回顾我们的 Autopsy 样例,我们可以使用软件来创建事件并标记存储每个采集的数据痕迹的文件夹。

你可能会遇到的一项挑战是非本地数据。它们可能是存在远程数据中心或云服务中的证物。如今,许多公司将云用于数据存储和应用程序。几乎每个人都在使用某种形式的云服务。服务范围从 Gmail 等云电子邮件到 Dropbox 等云存储。云技术的问题在于,大多数技术是在电子数据取证框架和实践之后开发的,因此大多数当前的取证框架都假定你可以访问证物。相同的概念适用于法律要求,因为大多数法律体系目前尚不确定如何定义云取证规则。尤其是,由于所使用的硬件往往会托管多个与手头调查无关的客户,因此云提供商应提供多少访问权限的问题仍然存在。总结云调查的挑战,可以归结为以下事实:数据处理的分散性会带来巨大的技术和法律挑战。

NIST 的 NISTIR 8006 报告等在云取证领域已经开展了工作。该报告重点介绍了取证调查人员在收集和分析存储在云中的数字信息时面临的 65 个挑战和 9 个主要分类。图 5-17 说明了 NIST 在此报告中指出的各种挑战。

在调查云服务时,你应该面对的第一个挑战是无法保护潜在的犯罪现场,因为它位于云中。第二个挑战是云服务提供商不愿提供你正在寻找的数据(例如应用程序或网络日志)。这包括被授予在云环境中访问数据的授权挑战。由于缺少数据,你的结果可能不完整,因此,如果幸运的话,所有证据都可能属于传闻证据。分散的数据还可能意味着数据或元数据的不全,这更加导致证据不完整。如果电子数据证据来自云资源,则这些问题中的任何一个都可能被辩方律师提出。从法律角度来看,预计还会出现诸如多管辖权、证据保管链和隐私问题等挑战。获得调查大型云环境的授权具有挑战性。

考虑到有关云的所有这些挑战,我们的建议是首先立即禁用或切断你要调查的任何资产的服务。这样,理想情况下,你可以防止对与云连接的本地系统进行更改,从而允许你从该系统中拉出最后的连接状态。基本上,你应该尝试从网络中移除云技术,并在禁用云访问后记录当前状态。此过程可能包括使用法拉第笼禁用移动设备的无线功能。一旦做到这一点,你就可以继续进行第 6 章介绍的有关调查本地资产的步骤。在继续进行取证过程之前,请确保在托管链和取证日志管理工具中清楚标记资产的云使用情况。

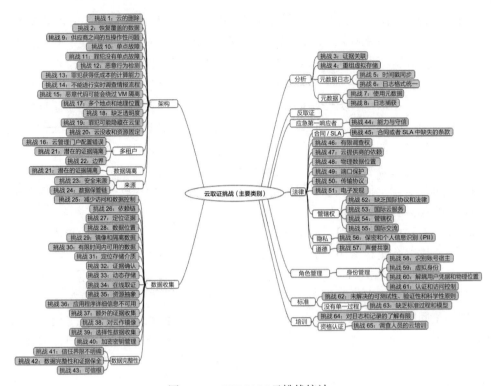

图 5-17　NIST 8006 云挑战统计

你可能无法使用识别工具来扫描云服务，但是你可能会很幸运。你可以部署生成可用于调查的数据的云安全技术。首先要考虑的技术是部署在云中的虚拟防火墙或 IPS 技术。这些工具是可以被调查的，就像物理的或者虚拟的安全工具那样提供基于东西流量（EastWest data）可见性概念的日志和其他可见的数据。这同样适用于部署在云环境中并报告所见内容的代理。代理可以收集 NetFlow、感兴趣的文件等。在第 8 章中，我们将介绍这些技术的工作方式以及如何从防火墙和 IP 技术收集数据。请确保询问你的客户云环境中是否存在任何安全技术，因为随着市场需求的增长，许多供应商都提供了云的选项。

另一种日益流行的云安全技术是云访问安全代理（CASB）。CASB 是位于组织的本地基础设施和云提供商的基础设施之间的软件或工具。将 CASB 想象成守门员，可以使公司将其范围和可见性扩展到它正在使用的云提供商环境中。CASB 的重点是执行策略，例如发现高风险的应用程序、有害的用户行为以及对用户云服务的密码的入侵。CASB 识别和解决的风险在行业中被称为影子 IT，意思是最终用户在不执行公司政策的情况下采取行动。CASB 技术的价值在于它们可以提供用户访问的内容，与采取访问控制和数据丢失技术的功能类似。CASB 解决方案还可以包括威胁数据，例如受感染的账户、反恶意软件检测和一般异常行为。这完全取决于所利用的 CASB 类型，因为有些 CASB 使用可用的 API，而另一些使用在云环境中部署的某种形式的代理。图 5-18 展示了 Cisco CloudLock 界面，其中包含了在不同云环境中发生的许多安全事件。

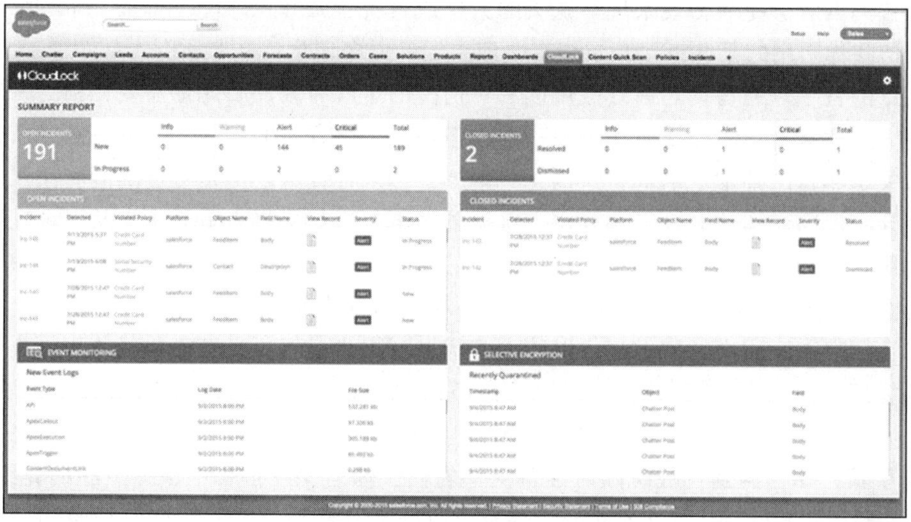

图 5-18　Cisco CloudLock 界面

人们非常关注云安全，因此随着安全技术、法律和调查实践适应云服务的快速增长，数字取证的情况可能会有所改善。在本书发行时，你最好的选择是从网络中删除云，并利用环境中存在的安全技术。

5.8　取证报告

调查中最重要的部分之一是通过取证报告提供的内容。呈现数据的方式可能会导致截然不同的结果。例如，将一方归结为失败的原因可能导致该人或组被终止，即使你仅暗示发生了这种情况并提及你的发现并不是绝对的。另外，对缺陷的解释过于轻描淡写可能由于未表达情况的严重程度而提供错误的安全感。本质上，根据所使用的语气不同，报告可能会导致各种结果。未能从报告中传达正确的影响可能会影响你作为调查员的职业生涯或你所代表的公司的声誉。在此步骤中不要偷懒。在大多数情况下，取证报告是调查中主要的可见部分。

阅读报告的人通常认为结果是准确的，并且认为这些结果是来自专家的。会挑战结果的一方是在报告里面写了负面信息的一方。没人喜欢说"自己的孩子丑"，所以要做好被任何负面数据挑战的准备。相反的情况往往有所不同。很少有人会质疑正面的信息，甚至可能在错误的情况下也不会指出，因为这会使他们的评估无效。

当你收集正面的和负面的证据时，请记住这一概念。在撰写报告时，它将帮助你使用正确的语气。老实说，这同样适用于你在任何关系中的语气。

关于编写报告的另一个重要概念是，人们本质上是懒惰的，通常只关注报告的打开和关闭。你的任务是总结执行的所有工作,并以清晰、无偏差的方式提供信息。你不能假定取证报告的读者会花大力气来填写缺失的数据或具备背景知识才能理解报告中的概念。人们不会访问你引用的某些链接来了解有关该主题的更多信息。并非所有人都知道 IT 行业使用的大量的首字母缩写词。最好假设读者对情况的了解有限,因此你需要花精力来解释所有事情。这意味着你需要拼写每个缩写词或包括一个解释它们的附录。这也意味着你需要提供有关所涵盖的技术术语的背景信息。例如,如果你提到攻击是通过漏洞利用工具包进行的,则应专门说明什么是漏洞利用。数据越多越好。如果报告看起来太长,请在关闭页面后使用附录和其他参考文档,以帮助需要的读者。一个好的经验法则是考虑法官如何理解你的报告。大多数法官专门研究法律,但不擅长信息技术。

作为数字取证调查员,你必须以技术方式撰写报告,但要足够简单以使不同类型的当事人都能理解。你应该期望读者包括管理人员、法律代表、人力资源代表或审判的法官。根据我们的经验,法官往往不懂 IT。你不仅必须陈述你的发现,而且还必须说明获得你的发现的步骤,并在遇到挑战时随时准备支持它们。你需要在报告中包括足够的详细信息,以便一年或者更长时间后如果在审判中被要求解释所做的工作,可以回忆出所有细节。

撰写可靠的取证报告的最佳准备工作是在调查过程中进行大量注释。这就是为什么使用摄像机和本章介绍的其他文档方法记录所有内容至关重要的原因。你可能不需要包括每个细节,但是你可以总结已完成的工作并包括对案例文件的引用,案例文件包含有关所处理事件的更多详细信息。例如,你可以在 Autopsy 中保存案例的记录,打开截图、笔记或者其他用来得出关于发生了什么的结论的其他细节。这就是为什么我们不断指出拥有案件管理程序的重要性的原因,因为你可能不会记住在漫长的调查生命周期中所做工作的每个细节。仅从软件附加现有文档会容易得多。

你可以使用不同样式的取证报告。无论使用哪种模板,在开发自己的报告时都应包括特定的部分。我们认为,每个取证报告至少应包含以下各节中的主题区域。

5.8.1 案例摘要

"案例摘要"部分的长度可能有所不同,但应提供一个简短的摘要,而不是包含有关案例的详细信息。你需要解释有关你为何参与以及正在调查哪些电子数据证据的相关信息。本部分不应包括调查结果或有关此案的任何详细信息。你可以将本节理解为正在看的内容以及为什么选择你的解释。仅此而已。

- 例子

约翰·哥伦布(John Columbus)于 2017 年 8 月 17 日与我联系,要求调查一台从一名最近离职的员工追回的可能包含被盗公司商业机密的笔记本电脑。哥伦布先生要求我的团队检查笔记本电脑,确定系统上是否存在公司商业机密,以及是否有证据证明数据被滥用。哥伦布先生要求取证报告,以及如果由于发现的结果而进行刑事指控和民事诉讼提供支持。

5.8.2 获取和检查准备

在取证报告的"获取和检查准备"部分中,你需要提供有关如何处理电子数据证据的详细信息,包括为获取和保存数据而采取的步骤。信息包括从你开始被调查的证物的证据保管链到当你不操作时确保证物不会被污染的安全保护的所有的一切。你应该包括一些细节,例如证物的每个副本的哈希值,用于制作副本的工具,如何执行写保护等。在这里还可以放入在调查过程中拍摄的照片和笔记,因为许多阅读的人可能并不在乎,除非他们想挑战你为准备证据所做的工作。你可以引用很多此类数据,并在报告末尾的附录中包含完整的详细信息。

- 例子

7/13/2017:由 Irene Muniz 送到我们位于 7345 Carrie Wood Dr., Valrico, FL 33591 的实验室的笔记本电脑(制造商、型号和序列号⊖)。文章 1 表示该设备交付给我们的实验室进行调查的当前状态的照片。交付时系统未打开电源。文章见附录 9523。

7/14/2017:分析师 Steve Stasiukiewicz 准备使用安装在调查系统(名称和序列号)上的数字取证框架(DFF)创建感兴趣的系统的三个取证副本。文章见附录 9524。

7/16/2017:分析师 Steve Stasiukiewicz 启用了写保护功能,并使用 USB 2.0 线将笔记本电脑连接到检验的设备。当识别出感兴趣的笔记本电脑的硬盘驱动器,分析师 Steve Stasiukiewicz 就着手处理这个笔记本的三个副本。副本的哈希值被列出和保存在前面提到的独立的调查系统里。文章见附录 9524。

5.8.3 发现

"发现"部分是报告的一部分,其中包括有关你所做的事情以及在调查过程中发现的内容的详细信息。根据你应包含的详细程度,它通常是报告中最长的部分。最佳实践是使用指向图像和详细信息的超链接来缩短报告的这一部分。你应该突出显示找到的每个痕迹以及用来查找它的步骤。预计对方的律师或其他想要挑战你的发现的人会检查你的报告的这一部分,目的是发现可能导致对你的结论产生怀疑的缺陷。

- 例子

分析师 Lynne Doherty 使用以下工具调查笔记本电脑的副本(基于哈希值)。工具包括 WinHex, Guidance Encase 7.12, Kali Linux 2.1。使用 DFF 提取注册表数据,如附录项 23491 所示。在此图中,我们突出显示了包含 Web 浏览器历史记录的文件夹。这使我们相信以下网站被访问了,这些网站可能已经从此笔记本电脑接收了敏感数据。

5.8.4 结论

报告的"结论"部分根据你在调查期间发现的证据总结你的结论。你的目标应该始终

⊖ Scrial Address:联系上下文,应为序列号(Scrial Number)。——译者注

是报告且仅报告事实。换句话说，不要包括你无法支撑的任何假设。你需要将调查结果的所有详细信息链接到你认为发生的或未发生的事情。如果你对获取所描述细节的过程提出疑问，则可以在"发现"部分中总结证据和参考部分。最好的结论是你只是在指出所发现的内容而没有表达作为调查员的任何个人感受或信念，包括你的体验或你在其他案件下所看到的内容的陈述。让证据说明一切。唯一的例外是当你被要求反驳某件事时，例如被指控方是否做了某件事，在这些情况下，你应该通过引用提供的证据作为无偏见资源来提供你的意见，例如，"使用这些方法发现的 XYZ，使得我相信这发生过。"你还希望证明你的发现是可重复的，不需要任何特殊技术即可使证据重现。请记住，许多法律制度都将证据视为传闻，因此，你应始终努力使证据被视为非常绝对且稳定，以增加其权重来证明你的观点。

- 例子

我们的团队确定了为此次调查提供的笔记本电脑上存在以下痕迹。（列出这些痕迹。）根据公司政策，Moses Hernandez 已将痕迹确认为真实且敏感。痕迹 1 展示了该系统访问的网站，其中的电子邮件和云存储源在图像 2315 中突出显示。痕迹 2 表示一封恢复的在 2017 年 4 月 16 日发送到电子邮件地址 example@company.com 的电子邮件。根据图像 2532 中显示的首部信息，电子邮件账户 example@company.com 的所有者发送了一封电子邮件，其中包含图像 8342 中显示的 Outlook 记录中收集的附件。电子邮件首部的结果表明邮件所有者的意图是将附件发送到以下云电子邮件账户。

5.8.5 作者列表

在"作者列表"中，只要包括撰写报告的人员和所引用人员的详细联系方式。同时需要包括一个签名部分，以对撰写报告的人员进行身份验证。

- 例子

调查负责人：Joseph Muniz, joeymuniz@thesecurityblogger.com. 1.800.123.4567

应急响应人员：Aamir Lakhani, aamirlakhani@drchaos.com. 1.800.321.7654

> **注意** 这里还可以收录所有调查人员的简历，证明他们是电子数据取证领域的专家。

根据你的写作风格、标题语言或者项目的顺序可能会有所不同。你可能还会包括其他部分，例如专门的证据部分、标题页、目录、执行摘要、案件的法律详细信息、报告中使用的术语的定义以及调查的时间线。没有强制性的报告数据的方法，但是一些机构如 NIST 提供了模板，培训机构如 SANS 则对专业报告应该如何组织提出了看法。根据我们的经验，我们倾向于根据本节介绍的主题来开发报告模板，并将其保存以供填写，而不是在每次我们需要写报告时创建新的文档。我们还从日志记录工具中导出详细信息，并将其附加为报告中引用的过程的证据。图 5-19 展示了 Autopsy 导出的报告，其中存储了各种痕迹。我们认为 Autopsy 在导出数据时缺少某些功能，因此你可能需要考虑使用企业级取证案件管理程序。

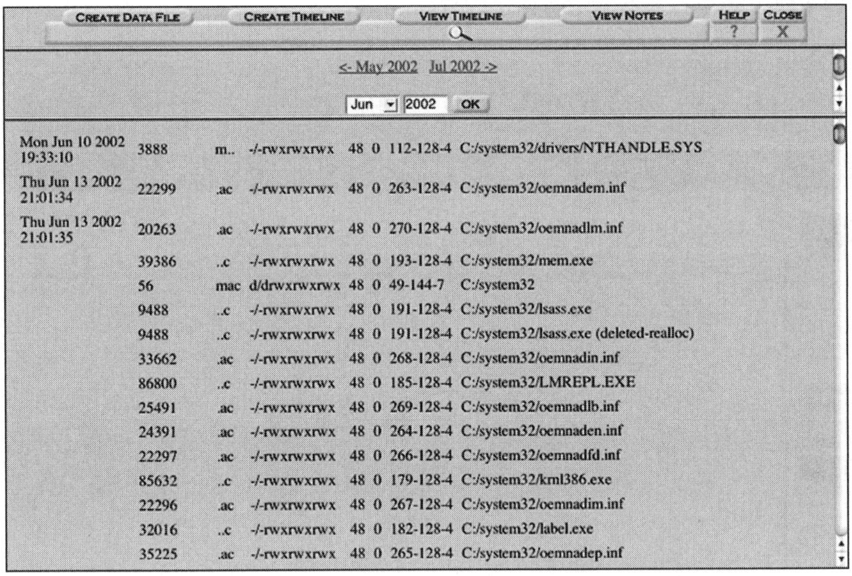

图 5-19 Autopsy 时间线报告

5.9 结束案件

最终，你将完成调查工作，并且需要结案。这可能并不意味着结束调查。相反，这可能意味着你已经完成了整个调查里你的部分，将交出你的调查结果。你可能需要随时结清自己的工作，因此，当你打算这样做时，务必要确认清楚。结束参与通常意味着你不再活跃，但这并不意味着你无法在需要时重新加入。例如，你可能提供了取证报告，而在一两年之内再没有听说这个案子。然后，你可能会因案件要审理而再次被雇用，要求解释案件中涉及你的那一部分。因此，你需要记录何时处于活跃状态以及何时结束对该案件的参与。这也是为什么你的报告应包含足够的数据，以便可以在很长一段时间后回忆起案件事实的原因。我们倾向于将所有案件文件保存在案件管理软件中，这样我们就可以随时提取案件并快速浏览整个时间线。

你应该如何正式脱离一个案件？推荐的方法是利用案件跟踪应用程序，它应该是本章前面提到的日志记录过程的一部分。这样你可以记录工作的时间和什么时候宣布结束参与该案件的时间。如果有人在停止活动时提出疑问，则只需提取案件文件并显示活动时间线即可。你还可以使用笔记本或用于记录案件情况的系统。如果你按时计费，那么此功能在案件管理软件中非常有用。Autopsy 不包括跟踪账单，但是有许多可以完成此任务的工具，例如 TimeLive。图 5-20 展示了使用 TimeLive 跟踪工作时间的示例。同样，该软件不仅用于计费目的。你可能会发现此应用程序对于跟踪谁进行了哪些工作以及能够打印出谁访问了某个证物的跟踪报告非常重要，这也是我们在本章前面提到的 Autopsy 具有的功能。该时间线报告实质上是案件里你的活动的时间帧。

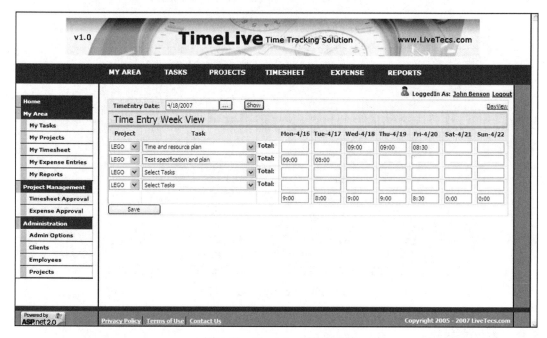

图 5-20　TimeLive 时间跟踪

你在与案件证据的保管链方面可能会受到质疑。你要么需要在授权到期关闭案件之前归还证物，要么指定这些证物以安全的方式存储，并记录最后访问这些证物的人。如果你的公司负责保护存储的证物，则需要指定存储、退回或销毁保存的东西的意图。此信息非常重要，可以避免因对不属于你的证物的不当处理、违反授权规定持有设备的时间期限，或者在证据保管链中造成缺失导致在未来可能被对方指控的法律问题。最佳实践是在启动调查之前就数据和证物保管策略达成一致，以免你被迫花费额外的金钱和时间来加强对调查后证物的控制和存储。其中必须包括资产所有者是谁、所有者的联系信息，以及在该人无法联系时的替代方案。人们可以离开公司，所以你不想听到"我们不知道那件证物，而负责人也不再在公司工作"。

在某些情况下，你可能拥有涉密或敏感的数据。如果你负责丢弃这些数据，则需要在取证报告和案件记录中包括销毁过程。数据的正确销毁取决于所包含的证物和数据。如果你担心因未执行正确的销毁程序而被罚款，则可能需要聘请信誉良好的外部服务方。Securis 等公司提供各种数据销毁选项，如图 5-21 所示。

以下是你可能会遇到并可能需要销毁的常见物品的正确销毁策略：

- **销毁文件**：切碎所有文件。包括被回收的东西。如果数据是机密的，则将碎纸屑分布在不同的纸槽中，以降低重建文件的风险。关于切碎策略，我们建议强制执行所有切碎策略，以确保所有内容均已覆盖。另外，请使用可靠的碎纸机。

图 5-21　数据销毁服务

- **删除数据**：我们将在第 7 章中简要介绍数据删除，其概念是，许多硬盘驱动器将删除数据视为"分配该空间为自由空间"。这并不意味着实际上要删除数据，因此此数据很容易被 Foremost 之类的工具恢复。最佳做法是使用取证级别的删除工具，该工具将所有数据替换为 0，以真正删除数据。

例如，你可以使用类似 **dd if=/dev/zero of=/dev/sdb bs=1m** 的命令将 USB 驱动器上的所有数据替换为 0。专用的免费工具如 Darik 的 Boot 和 Nuke（DBAN）可以清除驱动器上的数据。该程序基于命令行，可在 https://dban.org/ 找到。你可能需要一个可参考的具有精美的图形界面的企业数据删除程序，如 Eraser，该程序可以在 https://www.east-tec.com/eraser/[⊖] 找到。这些程序提供专业级别的数据取证删除。图 5-22 展示了 Eraser 面板。

- **销毁硬盘驱动器**：我们的建议是销毁任何硬盘驱动器，而不是仅以取证方式删除数据。原因是硬盘价格非常便宜，并且硬盘销毁后再也无法恢复数据。对于磁盘驱动器，在盘片上钻孔即可达到此目的。你可以使用磁技术，但是我们觉得给盘片钻孔

⊖　原文是 https://eraser.heidi.ie/，已经无法访问。——译者注

更加确定。有时，磁技术可能会失败，并且烧毁或淹没设备等其他方法也会失败。打碎盘片已经几乎使它无法恢复了，为什么还要冒险使用其他方法呢？如果你觉得需要比盘片钻孔更多的安全性，则应使用采用更多绝对销毁策略的服务，如化学和物理破坏性工具。

- **销毁网络设备**：使用与硬盘驱动器一样的策略。对所有带存储的内容进行取证删除或者进行销毁，后者是我们推荐的方式。这意味着采用存储钻孔或其他方法以确保存储被销毁。

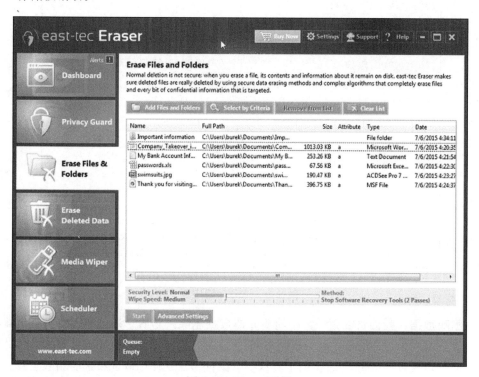

图 5-22　Eraser 面板

5.10　评判案件

关闭案件时，你不应该同时停止调查。是的，正式工作已经完成，但是你应该再增加一个步骤：花时间评估自己的工作，来提高自己的能力。在你可以这样做之前，应该制定一种策略，以评估取证实践的成熟度。很多时候，你会发现自己在收集和检查证据之后花更多的时间在案件上。争议案件尤其如此。在工作完成之后，我们花费了超过 50% 的时间来概述、解释和捍卫我们的方法和结论。

通过在线搜索，你可以找到许多模型来对你的实践进行评分。我们不是说一种方法是对你的实践进行评分的最佳方法。我们的意思是，应该选择一种对你的业务模型有意义的方案。如果你担心合规性，则可能需要先查看成熟度模型是否与你需要满足的强制合规性挂钩，然后再使用其他模型。例如，我们使用 IEEE 数字取证成熟度文档。在该文档中，成熟度分为以下几类：

- **级别 0，个人相关实践**：所有取证实践均已执行，但未记录在案。没有正式的计划，能力会因可用的人和需要执行的操作而异。没有任何方法可以对能力进行评分或者检查和建立制衡机制来确保工作质量。如果专家离开了组织，则取证能力也将不存在。
- **级别 1，文件化过程**：已经开发并批准了概述数字取证过程的文件。很好，但是解释此实践的政策的文档并不经常调整，这意味着它与实际提供的服务不完全匹配。这就是过程漂移，它描述了取证团队如何调整其服务，而这些服务与原始文档不同。同样在此级别上，对所记录内容和所交付内容的验证非常有限，因此制衡能力有限。
- **级别 2，部分部署**：在此级别上，记录的活动被部署。面临的挑战是，活动可能未按规定进行部署，因此某些步骤可能没有记录在案，或者可能并非总是执行所有步骤。在确定谁完成了过程中的步骤，根据一天中的时间、工作地点等对所交付内容的变动方面也存在挑战。
- **级别 3，完全部署**：此级别部署的内容和记录的内容之间保持一致性。所交付的过程是可重复的，并且提供相同的值，而与位置、一天中的时间等无关。团队之间的互动是无缝的，职能和流程之间存在联系。
- **级别 4，测量和自动化**：进行有效的司法实践很好，但是我们在本节的开头说明了改进的重要性。这种成熟度意味着你可以按时间表设置目标，根据客户满意度对自己进行评级，测量实现目标的成本等。很多时候，我们通过资源管理软件来创建此级别的目标。
- **级别 5，持续改进**：最成熟的级别已经超出了根据静态目标衡量成熟度的程度。这意味着确保分级过程也在改进。你可以通过查看调查结果并将更改应用于目标（结果显示改进方法）来实现。例如，如果你发现某个工具节省了运营成本，那么可能需要更改目标以更多地利用该工具，以表明其成熟度。如果该工具引起问题，则新目标的一部分可能是替换或减少对该工具产生不利影响的取证服务。可以认为这是一种更具自定义性且不断变化的评分等级，而上一个级别在目标设定中更为静态。

你可以使用一些工具根据诸如此类的模型来评估你的能力。IEEE 评估和测量数字取证能力、人员、过程、工具、知识库、程序存储库、技能档案、培训等内容。你可以在 www.ieee-security.org/TC/SPW2014/papers/5103a057.PDF 了解有关 IEEE 模型的更多信息。对于此示例，使用该网站提供的评估和评估工具进行分级，如图 5-23 所示。再一次，我们并不是说这是最好的模型，它只是众多可用模型中的一个例子。我们建议你选择一个对你的组织有意义的模型，并检查是否可以快速生成如图 5-23 所示的评分来判断你的成熟度。

分类	分数	最高	平均分 / 5	成熟度等级
评估	51	90	2.83	2 级
采集	70	130	2.69	2 级
检验	97	150	3.23	3 级
分析	35	50	3.50	3 级
报告	49	60	4.08	4 级
审查	18	30	3.00	3 级

图 5-23　IEEE 成熟度分级

对实践进行评分可以改善你的电子数据取证业务。你可以设置奖励目标，例如用于改进取证服务的奖励。这还可以帮助你证明预算的合理性，并使你的管理层能够解释取证小组如何提供价值并进行改进。在本书的前面，我们讨论了获得管理层保证取证实践的重要性，以及取证目标如何使业务目标产生最大影响。提供取证服务成熟度等级是至关重要的数据，可提供给你的管理层，让他们参与实践如何管理。你的管理层很可能不是技术人员，因此利用通用模型是以他们可以理解的方式进行解释。拥有此模型还可以解释何时需要昂贵的技术或人员来提高服务质量。例如，你可以说根据自动化监视服务目标的需要，你需要软件包来将实践升级到级别 4。

你从哪里获得反馈来对你的实践进行评分？你将需要从客户和内部团队成员那里获得反馈，以充分了解调查的进行情况。我们建议使用可以使响应者保持匿名的调查技术来调查与你合作过的客户和其他组。这样，填写报告的人不会觉得自己会因为提供诚实的反馈而遇到麻烦。许多服务可以满足这点，例如 SurveyMonkey。你的目标是回答以下问题：

- 你参与的案件中如何提高绩效？
- 你收到预期得到的结果了吗？
- 交付的取证报告的质量如何？
- 在调查过程中是否发现任何新问题？
- 你在取证过程中考虑了哪些技术或步骤？
- 你觉得取证过程中哪些技术或步骤非常有效？

你可能还有其他问题要问，或者可能希望根据为实践评分的成熟度模型对这些问题进行微调。我们的建议是使问题与生成成熟度评分的工具保持一致，以便简单地将结果导入工具中以快速生成报告卡。你也可以使用软件来帮助完成此过程。

你还应该与客户和内部团队举行汇报会议，以讨论调查的进行情况。我们建议与有关各方（包括法务部门、分析师和其他领导层）举行一个项目闭幕式，以获取所有观点并明确提出改善取证实践的目标。确保评估相关的取证报告，因为它们将代表执行的工作。

5.11　小结

本章的重点是电子数据取证调查过程。你可能已经发现某些步骤缺少技术细节，但这是特意设计的。那些缺少的技术细节将在本书其余各章介绍。本章的重点是你在取证调查过程的整个生命周期中将要执行的操作。本章的目的是为你提供一种自顶向下的调查方法。

本章从解释调查之前应该执行的问题和实践开始，这些详细信息将帮助你确定你或你的团队是否适合处理此案件。接下来，我们研究了如何正确开始一个案件以及利用取证案件管理技术的重要性。从那里开始，我们涵盖了调查过程中的步骤，例如应急响应人员、数据收集、搜索和扣押、保管链和报告。在本章结束时，我们介绍了关闭案件的步骤以及如何评估性能以改善电子数据取证实践。

在下一章中，我们开始将调查过程分解为重点主题。第一个重点主题是在调查证物时应执行的操作。如果不遵循下一章中的概念，则可能会破坏你为法律用途采集的证据。

参考文献

https://www.ncjrs.gov/pdffiles1/nij/219941.pdf

https://www.rcfl.gov/philadelphia/request-assistance

https://tools.ietf.org/html/rfc3227#section-2.1

https://www.shredit.com/en-us/information-security-guide-data-protection-guide

https://www.cnet.com/news/the-right-way-to-destroy-an-old-hard-drive/

http://www.ieee-security.org/TC/SPW2014/papers/5103a057.PDF

https://www.sleuthkit.org/autopsy/

https://www.rcfl.gov/heart-of-america/documents-forms/searchwarrant_computer.doc

https://nmap.org

https://csrc.nist.gov/csrc/media/publications/nistir/8006/draft/documents/draft_nistir_8006.pdf

http://searchcloudsecurity.techtarget.com/definition/cloud-access-security-brokers-CABs

https://hal.inria.fr/hal-01460613/document

第 6 章

收集和保全证据

非凡的观点需要非凡的证据。

——卡尔·萨根

电子数据取证调查中最关键的步骤就是收集和保全证据。为什么这如此重要？答案很简单。如果取证步骤不能正确地完成，那么在涉及法律事务时，你所做的一切都可能被毁掉。法庭系统输入证据是关于文件的，这意味着要毫无疑问地证明在调查过程中发现了没有"污染"的东西。辩方提出的任何无法解决的挑战都可能导致你本来可以用于案件的证据被拒绝。你必须百分之百地采取适当的收集和保全程序。

在本章中，我们将介绍根据状态收集证据的详细步骤，以及在完成调查之前如何保留当前状态。你应该在进行电子数据取证工作时将我们在本章中介绍的过程视为必不可少的第一步。重要的是要知道这些步骤将根据实际情况而有所不同。例如，已开机的系统与已关机的系统的处理方式有所不同，手机与台式电脑略有不同，物联网设备是你会遇到的另一种设备。

让我们从基础概念开始，然后开始研究更复杂的设备。

6.1 应急响应人员

在前面两章中，我们介绍了一个典型的电子数据取证调查过程。该过程的关键点是在犯罪被确认后和应急响应人员出现之后。应急响应人员或应急响应人员团队有很多重要的决定和责任。从技术上讲，这是调查开始的时候，因此应急响应人员必须在调查开始之前记录所有代表环境的内容以及与犯罪有关的所有内容。这意味着此后的任何更改都可以视为一种污染，因为这些更改不是由犯罪造成的，而是在调查期间造成的。一旦发生了对调查过程的污染，就很难把污染问题孤立出来，使其余证据被法院接受。在许多情况下，调查过程中证据的变化或外部影响可能为对立各方对所提证据提出质疑打开大门。

应急响应人员还负责在犯罪现场周围设置警戒线，以防止在犯罪事件被真正确认时该区域发生变化。这通常通过警戒带或其他可以将该区域隔离开以防止未经授权的人员访问的东西来实现。建议与有关部门联系，并在可能的情况下让他们协助将人们带出犯罪现场。并非每个事件都需要这种隔离级别。但是，如果可能是犯罪，那么应急响应人员不应该冒任何风险，应隔离该区域。隔离的原因是，你最不希望看到潜在罪犯在调查开始前通过改变犯罪现场来掩盖他的踪迹。

至关重要的是，在所有潜在证据被识别、记录并尽可能转移到安全地点之前，应急响应人员所建立的物理隔离范围必须得到执行。在某些情况下，你不能运输一个大的设备，例如，一些天花板上的东西。在这些情况下，你可以在调查之前记录它的状态，通过提取存储中所有内容的副本来复制它的当前状态，并以一种称为保管链流程的有良好文档记录的方式传输这些副本。如果在你获取了取证副本离开犯罪现场后原始设备被改变了，你应该仍然能够利用你的发现，只要能证明在你制作和记录取证副本之前设备状态没有被污染。我们将在本章后面深入讨论这个概念。

最后，应急响应人员必须决定下一步要做什么。可能有犯罪行为发生，但是有很多选项可以选择。你会报警吗？是否启动内部应急响应？关于接下来的操作，有一些通用的决定：

- **联系紧急服务**：拨打911。
- **联系政府部门**：打电话给警察或联邦调查局。
- **联系外部专业服务**：将调查外包。
- **使用内部服务**：使用内部员工。
- **综合使用前面的选项**：通过项目管理使用两个或更多的决策。

这些选项中的每一个在不同的情况下都是有意义的。没有什么是绝对正确的答案，但当你选择其中之一作为下一步的调查时，以下是我们的建议：

- **联系紧急服务**：当生命危在旦夕或面临灾难性风险时，这是必需的。例如，如果一家医院受到威胁，而维持病人生命所需的机器处于危险之中，你就需要拨打911。同样，如果有潜在的危险材料泄漏或某种人质劫持情况也需要如此。
- **联系政府部门**：这意味着打电话给政府部门，但不要使用911之类的紧急号码。选择这个选项是有价值的，同时也有潜在风险。它的价值在于，由合法的执法者帮助你，他们的工作很可能是用纳税人的钱支付的。质量可能很好也可能不太好，但确实有很好的调查人员为公共部门工作。这意味着如果你幸运的话，你可以得到很好的技术支持。不利的一面是，一旦你与政府部门接触，你可能会遇到挑战，即他们使用自己的流程，而不是你们通常的流程。例如当你希望某些信息不公开，或者即使需要公开，敏感数据可以以更完善的方式呈现时，外部法律部门可能会没收关键设备或者要求公布情况。基本上，你可能会失去对调查的控制，这取决于政府部门执行的计划。

我们的建议是，在与政府部门打交道时，要坦率地表达你对调查的期望，因为他们可能希望事情进展顺利。无论如何，你都有可能遇到这样的情况：有关部门认为他们侦破了一宗大案，这对他们的职业生涯有帮助，而且会把打击犯罪放在比你的业务更重要的位置，因为打击犯罪是他们工作的重点。此外，如果你在未获授权的情况下打电话给政府部门，你可能会违反保密协议（NDA）或造成个人或商业责任，这一点也很重要。除非你有法律义务，否则在打电话给当局之前一定要考虑到商业、公共和道德利益。

- **联系外部专业服务**：使用专业数字取证咨询有很多原因。一些最常见的原因如下：
  - **责任**：如果你担心内部服务可能会出错，你可能更愿意使用更可信的资源。此外，这样可以把出问题时的责任和受到的指责外包出去。

> **注意** 你可能无法将所有责任都外包出去！例如，如果你没有在安全上投入，并试图利用保险和外部服务来解决所有问题，那么在事件发生后，如果你被发现没有投入预期的努力来保护你的网络和相关数据，可能会发现自己陷入法律和财务麻烦。我们在第 1 章中讨论了这个概念。

  - **经验**：如果某一情况需要专业技能或经验，通常专业服务会提供最新的工具和技术。
  - **资源**：如果你没有时间或人手来进行适当的调查，你可以联系这些服务机构。
  - **成本**：如果外包可能更具成本效益，你可以这么做。建立和维护一个取证团队是非常昂贵的。思科等公司提供的合同包括每月对环境进行健康检查，以及随叫随到的应急响应服务，这些服务可以在事件发生数小时内到达现场。维护人员和设备的成本可能比在需要时使用其他人的能力的成本要高。
  - **利益冲突**：如果内部团队知道潜在罪犯，你可能会要求外部合作。根据调查人员和已被确认的罪犯之间的关系，这可能会产生偏见，使证据无法在法庭上站得住。
- **使用内部服务**：你的团队可以处理实施了应急响应计划的情况。在大多数事件中，时间是至关重要的，因此最好有信心做出决策，而不是不确定、没有正确响应，然后尝试使用外部服务修复问题。
- **使用多个选项**：你可能会使用多个选项。例如，你可以使用法律部门进行一部分调查，使用内部或者外部服务来处理其他部分的调查。我们建议设置一个专门的项目经理来跟踪进度，并帮助所有参与方正确安全地相互参与。在调查过程中，你最不希望看到的就是不同的团队踩到彼此的脚，从而造成混乱，并可能污染调查过程。

一旦你决定如何继续，你就需要开始确定潜在的证据。

> **注意** 应急相应人员采取措施确保该区域没有任何危险因素是绝对重要的。例如，如果一个潜在的罪犯回到家里或回到座位上，发现有人在他的东西周围乱翻，他很可能心情不好。犯罪现场的安全应该永远被放在第一位。

6.2 证据

我们指出，应急响应人员是负责通过确定犯罪现场展开调查的人。目的是在任何调查工作开始之前记录情况，以表明在收集证据时没有引入污染。调查需要收集任何可能在法庭上使用的东西，但作为一名电子数据取证调查员，你的关注点是任何存储的东西。这意味着以下任何一项都是可以调查的：

计算机	硬盘驱动器	网络硬件
移动设备	数码相机	服务器
电话答录机	打印机	物联网设备

关键是，任何有记录或存储能力的东西都可能包含潜在证据。任何目标设备应按照适当的保管链流程进行收集。我们对保管链的定义如下：

显示扣押、保管、控制、转移、分析和处置证据的按时间顺序归档的文件和书面记录。

保管链从识别和记录将被调查的设备开始。包括拍照和标记证物。我们强烈推荐使用数码相机而不是手机上的摄像功能，因为使用数码相机是一个更容易被大多数法院系统接受的方法。你应该对屏幕、来自各种位置的证物的位置、连接的设备等都进行拍照。你还应该记录整个过程的取证日志。许多专业人士使用数字录音机，在每一个步骤语音记录，但是纸和笔也可以。参见第 3 章中我们关于电子数据取证工具包的建议，它包含这些东西。

正式文件应使用标准的和可接受的保管链文档。这意味着每个案件都要有一个独特的标签方案，确定所有涉及的人以及收集物品的具体时间和日期。你可以在网上搜索相关的例子，或者联系当地的执法部门，索取保管链文件的样本。你可以在宾州州立大学的网站上找到保管链文件的样本：

https://www.isc.upenn.edu/sites/default/files/chain_of_custody_0.pdf [⊖]

许多专业人士使用软件来记录取证过程。大多数软件提供需要填写的表格，这些表格会产生一个格式化的保管链文档。重要的是要考虑管理保管链文档的系统的安全性，为此，我们建议使用专门的取证系统。

6.2.1 Autopsy

Kali Linux 中的一个流行的开源应用程序是 Autopsy。要访问 Autopsy，通过 Applications → Forensics 菜单来选择 Autopsy。这将打开一个命令行终端，通知你正在运行 Autopsy。图 6-1 展示了这个屏幕的示例。

在访问 Autopsy GUI 时，请确保此屏幕保持打开状态。要访问 Autopsy GUI，打开 Iceweasel 浏览器，进入终端提供的网站地址。图 6-1 展示了 http://localhost:9999/autopsy。

⊖ 原文网址：http://www.upenn.edu/computing/security/chain 已经无法访问。——译者注

这将带你进入 Autopsy GUI, 如图 6-2 所示。

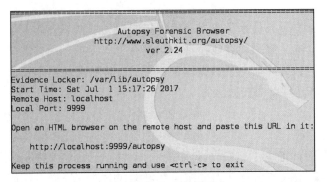

图 6-1　Autopsy 终端弹出

图 6-2　Autopsy GUI 示例

现在你可以准备开始一个新的案件。你还可以打开之前创建的案件并编辑它。要开始一个新案件，单击 New Case。你将看到各种对记录你的案件非常重要的问题，例如涉及人员的姓名、验证调查者工作的方法、确定的证物的照片等。其中包含的一些关键功能是图像的位级副本，以及使用哈希验证保存项目的方法（这些主题将在本章后面介绍）。我们建议查看 www.sleuthkit.org/autospy 更多地了解 Kali Linux 中伟大的开源资源，以便记录你的调查。

6.2.2　授权

当你继续文档过程并准备使用证物时，必须首先确保你被授权继续。这个过程可能需要不同形式的批准，可以是下列任何一种：

- **数据所有者批准**：对于组织拥有的设备，这一步可能需要对证物有权限的人批准调查，比如经理或高管。例如，一名员工使用公司发放的设备犯罪，在这种情况下，很可能是员工在访问设备之前签署过协议，协议规定员工放弃了对该资产的合法权利。你需要与适当的当事人确认此协议，并得到他们的支持，以免侵犯任何赋予潜在罪犯的法律保护。

- **授权**：在第 1 章中，我们介绍了授权和基于人们在世界上生活的地方的不同形式的权利表格。需要知道的是，你需要确认保护证物和它的使用者的法律。如果法律存在，你可能需要通过授权书来获得合法授权突破这些法律。
- **披露表格**：敏感数据可能与证物有关，比如公司商业机密或安全策略配置。如果泄露给外界，公司将很容易受到攻击。在这种情况下，在继续调查之前，你可能需要签署一份保密协议。对于我们的团队来说，当我们参与任何网络调查时，看到保密协议是很常见的，因为大多数组织认为他们的网络是机密的。

一旦完成了适当的授权，你需要更新保管链表并确保证物的运输安全。如果证物是一台活动的计算机，你可能需要使用移动电源来在传输过程中保持系统处于通电状态。有些情况不允许运输开机的系统，你可以启动本章后面将介绍的克隆过程。如果系统连接到一个网络，你可能需要断开系统的连接，除非环境要求其在线，例如希望监视当前的远程通信。如果你断开了系统，你需要记录所有的电缆和那些电缆连接的位置。对于无线系统，你可能需要使用法拉第笼，在运输期间防止远程连接。

> **注意**　在某些情况下，可能存在非授权方访问系统时触发的逻辑炸弹。最常见的是静态数据（Data-at-rest）程序，当看到一些操作如网络断开或退出系统时，它会锁定系统并对硬盘进行加密。在开始保管链过程之前，请先设法收集关于证物的用户信息并评估类似情况的风险。

通常的做法是将证据密封在一个袋子或安全的存储容器中，并在存储中贴上相关证据编号的标签。袋子应该是防静电的。最好使用保险箱来确保证物的安全，并记录每次访问保险箱的时间。请记住，与证物的任何交互都必须记录在保管链文档中。这包括用于将证物转移到取证实验室的人员和过程。当证物回到取证实验室时（如果你能够转移它的话），你可以继续复制原始证物。

接下来，我们来看一下硬盘驱动器，这是在数字取证调查期间你可能会遇到的常见设备。

6.3 硬盘驱动器

我们在前几章中指出的一个关键概念是，不要使用原始证据。这样做会带来污染，使其在大多数法律情况下毫无用处。因此，你需要为计划调查的任何证物创建一些取证副本，并安全地存储原始证物。如果系统通电，你可以尝试提取在线数据，目的是保存易失性数据。对于关闭电源的系统，可以尝试克隆任何有存储的东西。让我们从关闭电源的系统开始。在此之前，我们需要了解要克隆的镜像的类型。

最被接受的格式是 raw 文件格式。这包括证物上的所有数据和所有一切。例如，证据可能存在于被称为闲置空间的文件之间的空间中，或者存在于损坏的磁盘簇中（本书后面将介绍相关概念）。你可能不知道证据藏在哪里，因此需要所有的数据。另外，如果没有捕获整个驱动器，法院系统可能会质疑你的过程，除非有特殊情况，比如固态硬盘（SSD，我们将在本章后面介绍）。原始文件格式保存为 .raw 扩展名。这个选项的好处是复制过程通常非常快，并且可以忽略在复制过程中遇到的错误。这种格式的副本看起来像 Evidence.001 或 Evidence.dd1。

另一种可接受的格式包括 .e 文件扩展名的 EnCase 证据文件格式。EnCase 格式也可以创建一个完整的数字副本，就像 raw 格式一样，但是是为 EnCase 应用程序设计的。有两种版本的 Encase 格式，版本 2 是由 EnCase 7 引入的。关于 EnCase 文件格式需要了解的关键问题是，它是专有的，并且存储了一些元数据。当副本保存时，这种格式的文件看起来像 Evidence.E01、Evidence.E02 等。

> **注意** 测试对方律师可信性的一个策略可以是使用 EnCase 格式。原因是 EnCase 会被法院接受，迫使对方律师必须支付昂贵的费用购买同样的软件。如果他们在取证方面没有经验，或者手头拮据，他们可能会抱怨或表现出软弱。

另一种被广泛接受的保存数据和相关元数据的选择是高级取证格式（AFF）。这种格式遵循开放标准，这意味着许多工具都接受这种镜像类型。有人说它是首选的方法，因为可以存储任意元数据、可调节的压缩和错误检查。当副本保存时，这种格式的文件看起来像 Evidence.AFF1、Evidence.AFF2 等。

要知道，可能还有其他可用的专有选项，这取决于用于复制的软件。我们的建议是使用我们介绍的版本的其中之一，因为它们被普遍接受和支持。

在本章的步骤之后，你将会调查不同类型的数据。例如，当你在下一章研究主机系统时，你将希望查看所有已注册的数据、位于数据之间的数据（称为闲置空间）、标记为已损坏的空间中的数据，甚至有关数据的数据（被称为元数据）。如你所见，潜在的证据可能存在于存储介质的任何部分，这就是为什么你总是生成一个逐位的副本，而不是只专注于复制系统数据。图 6-3 展示了 WinHex 正在查看硬盘驱动器副本。注意一些数据位之间的 00，表示两个数据之间的空白。计算机通常会忽略此空间，但它可以用于隐藏数据。我们在下一章进一步讨论这个话题。在下一章中，我们将重点关注终端。目前，重要的是要知道数据可以存在于任何地方，包括操作系统不认为是存储空间的地方。

> **注意** 备份通常只关注相关数据，这意味着硬盘驱动器的闲置空间和被视为损坏的空间会被忽略。这并不意味着数据不能存在。rootkit 以隐藏在这个空间而闻名！

要访问这些数据，你首先需要连接到你要调查的设备上。接下来，我们来看一些常见的连接类型。

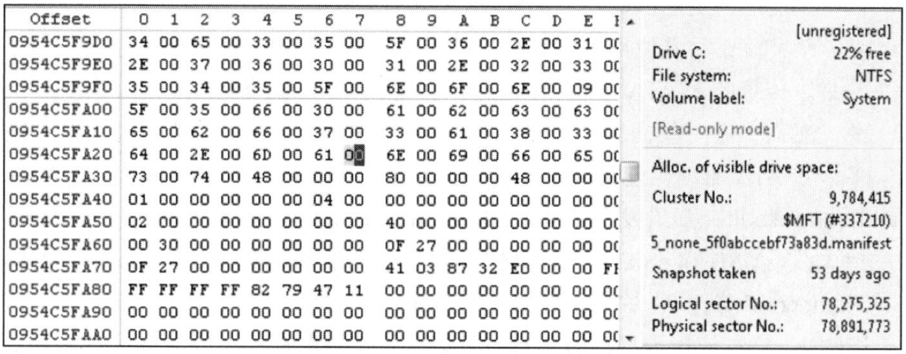

图 6-3　WinHex 中的闲置空间示例

6.3.1　连接和设备

你可能会遇到笔记本电脑或台式电脑。这意味着存储在它的硬盘驱动器上。计算机具有基于旋转磁盘的驱动器是很常见的，但是较新的系统利用微芯片，如固态硬盘。你可能会遇到的典型驱动器类型是外部硬盘驱动器、内部旋转磁盘驱动器、固态硬盘、便携存储驱动器、USB 闪存驱动器和较小的个人云驱动器。我们首先介绍物理驱动器，然后再继续讨论其他类型。

克隆硬盘驱动器时要考虑的第一步是确定你计划如何连接硬盘驱动器。对于台式电脑，这可以通过打开机箱，断开连接硬盘驱动器，并连接驱动器到你的取证工作站来实现。你可能会遇到不同的连接类型，需要合适的电缆。速度也有所不同，通常比制造商声称的速度要慢。你可能会遇到的连接类型包括：

- 内部驱动器
  - ATA/IDE：这是过去最受青睐的内部驱动连接器，但目前大多数系统都采用 SATA 或者固态硬盘。
  - SATA：Serial ATA（SATA）在 2007 年左右取代了 ATA/IDE，因为它具有更快的吞吐量和多驱动器支持等优点。你可能会在现代计算机中看到这些驱动器。
  - SCSI、SAS 和光纤通道：这些不适用于台式电脑。通常，它们存在于企业服务器和存储系统中。
- 外部驱动器
  - USB：这是最受欢迎的外接和移动驱动选项之一。有不同的版本，USB 是最慢的，并且速度随着版本的增加而增加（USB2、USB3 等）。USB 连接器可以为附加设备提供总线电源。

- **FireWire（IEEE 1394 和 IEE 1394b）**：被认为是比 USB 更现代的协议。它提供了从一个端口为多驱动器使用菊花链的能力。如果火线端口是四针或九针端口，你可以使用总线电源驱动外部驱动器。
- **eSATA**：该驱动器使用了 SATA 连接，对于 PC 是很普通的内置连接，而苹果系统不是。传统的 eSATA 不能使用总线电源驱动硬盘驱动器，所以你需要一个外部电源。然而，有一些支持总线电源的选择存在。如果端口支持端口倍增，则可以将多个 eSATA 驱动器连接到单个端口。
- **Thunderbolt**：苹果发布了首款内置 Thunderbolt 连接的计算机。Thunderbolt 还支持火线、USB 和 eSATA，所以你可以将这些驱动器插入 Thunderbolt 端口。一个 Thunderbolt 端口最多可以插入 7 个设备。
- **iSCSI**：这种连接类型混合了现有的以太网硬件和存储，因此你可以将存储连接到以太网端口。如果支持的话，你也可以把它连接到路由器或交换机上。通常，你需要软件来管理这些连接。
- **SCSI/SAS**：这与内部连接相同，但也是一个外部硬盘连接选项。
- **光纤通道（FC）**：这种类型的驱动器通常用于提供长距离高吞吐量的企业级存储。

在本书中，我们不会详细讨论硬盘驱动器的功能。你应该知道，一些硬盘驱动器使用旋转的盘片，而较新的固态硬盘使用类似于 USB 闪存驱动器的微芯片。有时，旋转的驱动器会由于各种原因发生故障，从而对提取和复制存储造成意外的挑战。有时，当硬盘驱动器组件（比如用来旋转磁盘的系统）出现故障时，就需要专业的服务。对失效的硬盘驱动器的恢复策略超出了本书的范围，但通常可以选择的选项。然而，很多时候，这些选择是非常昂贵的。原因是这些人专门从事数据恢复，通常需要把硬盘邮寄到他们的实验室。如果你走这条路，我们建议你寻找理解并同意进行取证恢复的服务。

当涉及电子数据取证时，非旋转磁盘驱动器会带来挑战。这些驱动器没有活动部件，有时标准化的取证复制软件在恢复数据时可能会失败。SSD 和闪存驱动器的主要挑战包括但不限于以下方面：

- 存储方案将数据随机放置在驱动器上，而不是像在旋转驱动器上那样使用扇区的线性映射。这使得预测数据将存储在何处具有挑战性。
- SSD 供应商使用软件简化 SSD 操作以提高性能，但这会破坏数据。
- 损耗均衡算法将进程分散到闪存的所有可用块上，这可能会导致很难找到数据，有时甚至会破坏数据。
- 有时会使用专有的压缩方案，但同样会破坏数据。
- 传统旋转驱动器将被删除的扇区标记为空闲空间，但仍保留数据，直到被替换。SSD 和闪存使用 TRIM，这是一种清除方法，在这种方法中，数据被删除以使存储扇区可用。删除后数据不太可能恢复。

我们将在本章后面讨论 SSD 与闪存的验证和数据保护挑战。了解 SSD 和闪存的挑战很重要，特别地，你应该将当前删除过程与其他驱动器类型区别对待。任何电子数据取证调查员的典型行为都是不关闭或拔下正在被调查的系统，因为这样做可能会改变驱动器的状态，这被认为是一种污染行为。然而，对于 SSD 驱动器，如果你认为存在数据风险（比如删除操作），你可以违反这一规则。你最好防止硬盘驱动器的清除过程，而不是尝试在清除这些类型的驱动器后恢复数据。这可能是你很少遇到的情况，现在你应该知道了。

你更可能遇到的另一种情况是识别具有存储但存储不可访问的设备。例如，一些移动设备或物联网设备可能不提供与计算机的连接或访问存储介质，因此存储被埋在设备中。对于这些情况，你有几个选择。如果允许，你可能不得不通过把设备拆开来访问内存和内部计算，有时这样会损坏设备。许多硬件工程师这样做是为了逆向工程产品是如何制造的。这个过程超出了本章的范围，因为有成千上万的设备可能会遇到它们自己独特的过程。我们通常使用谷歌来查看其他人是否以这种方式访问了系统，我们建议你也这样做。我个人记得的一个例子是访问一辆需要一些工程帮助的汽车的计算机系统，这是我在 YouTube 上找到的。我们强烈建议你获得资产所有者的许可，并在进行之前清楚地了解任何打开设备相关的风险！我们将在下一章更详细地介绍物联网设备。

6.3.2 RAID

最后一个需要了解的磁盘概念是独立磁盘的冗余阵列，通常称为 RAID。RAID 用于数据冗余和增加存储需求。这通常出现在通过在本地或远程位置备份数据来利用高可用性数据的公司中。我们在本章前面提到备份与逐位复制不同，但在某些情况下，你可能需要调查备份系统，这意味着你将对 RAID 系统制作位级副本。

在复制 RAID 之前，你需要了解一些事情。例如，你需要知道数据大小、使用的 RAID 类型、获取和读取数据的适当工具，以及在驱动器之间划分数据的支持，因为 RAID 往往会这样做。不同的 RAID 选项设置的作用不同。以下是供参考的内容：

- RAID 0：快速访问和增加数据存储
- RAID 1：磁盘故障集中，但存储成本高
- RAID 2：更好的数据完整性检查，但比 RAID 0 慢
- RAID 3：使用数据条带和专用奇偶校验确保数据恢复
- RAID 4：与 RAID 3 类似，但数据以块形式写入
- RAID 5：与 RAID 0 和 RAID 3 类似，但在每个磁盘上使用数据和奇偶校验数据
- RAID 6：与 RAID 5 类似，但每个磁盘都有冗余奇偶校验
- RAID 10：组合 RAID 0 和 RAID 1
- RAID15：组合 RAID 1 和 RAID 5

在处理 RAID 时需要注意一些挑战。首先，由于使用的复制软件中没有正确的驱动程序，你可能无法装入硬盘驱动器。有些 RAID 是专有的，这意味着你需要特定的产品来读

取驱动器。磁头或磁盘也可能被损坏，导致读写错误。此外，你可能缺乏关键的细节，如原始控制器或 BIOS 的配置，这意味着你只有硬盘驱动器，但对运行它的系统一无所知。对于这些情况，你可能希望使用专门处理 RAID 恢复的专业服务。

有一些方法可以手动重新组装 RAID。要从一个非常高的层次总结这些步骤，首先需要确定块大小。接下来，通过跟踪磁盘周围的奇偶校验块来确定物理阵列周期。然后，通过检查在整个镜像中哪些物理块是彼此跟随的，以及检查表示相同槽位的不同物理块来构造条带映射。通常，当你重新排序磁盘时，会产生一个模式。该模式将指导你重新组装映射，允许你从阵列中恢复数据。这个过程可能需要正确地执行专业服务。还有一些工具可以提供帮助，比如 EnCase、OSForensics 和 Mount Image Pro。

6.4 易失性数据

6.3 节主要讨论非易失性数据。现在让我们切换到易失性存储，即当设备断电时会消失的数据。为什么易失性数据很重要？下面是一些可以从中提取的细节：

- 所有正在运行的进程和谁登录到系统都可以使用易失性数据进行查看。这些信息对于证明运行的是什么以及事情是如何工作的非常重要，比如理解恶意软件是如何工作的。
- 应用程序使用密码和其他加密数据时⊖，必须以明文形式读取。你可以在这些密码被解码和处理时获得它们。
- 某些恶意软件不会保存到磁盘，只驻留在内存中。这意味着抓取易失性内存来识别这类恶意软件是至关重要的。
- 使用易失性数据可以看到临时消息，如控制台命令或即时消息。
- 使用易失性数据可以看到各种系统和注册表信息。
- 可以看到附加的设备、打开的端口和侦听的应用程序。

包含易失性数据的源的一些示例包括内存、注册表和缓存。查看内存，你可以转储内存的副本并调查许多内容，包括我们刚刚列出的那些点。大多数取证调查软件包都提供了查看内存的功能。如果你正在使用 VM 技术，那么创建 VM 的快照时要包括可调查的易失性内存。你也可以使用像 Windows 中的 DumpIt 或 Linux 中的 LiME 这样的工具。接下来我们来看 DumpIt 和 LiME。

6.4.1 DumpIt

DumpIt 是一个简单易用的 Windows 系统内存转储应用程序。要使用 DumpIt，首先搜索谷歌并下载应用程序，一般是压缩的。解压缩后，你将看到一个可执行文件（确保它是

⊖ 原文为 unencrypted data，联系上下文应该是 encrypted data。——译者注

DumpIt 而不是别的东西！）运行该程序，你将看到一个屏幕，询问你是否确定要将当前的 RAM 转储到运行 DumpIt 的文件夹中，如图 6-4 所示。如果选择 yes，Dumpit 就会对运行时 RAM 里的内容进行完整复制，保存到 .raw 文件里。简单但有效！

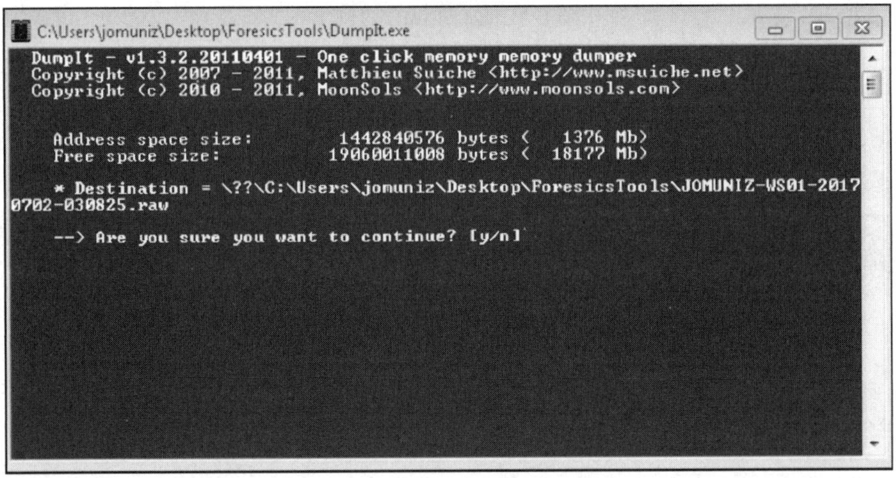

图 6-4　Windows 版本 DumpIt

6.4.2　LiME

另一个用于 Linux 系统的类似 DumpIt 的内存转储工具是 LiME。你可以通过从 https://github.com/504ensicsLabs/LiME 单击 download 按钮下载 LiME，如图 6-5 所示。

下载后，需要解压并编译软件。双击 zip 文件并使用 cd /LiME-master/src 移动到文件夹。接下来，键入 make，开始构建 LiME，类似为 lime-4.3.0-kali1-amd64.ko（版本号根据当前版本有所不同）。键入 ls 以验证创建了

图 6-5　下载 LiME

该文件。几分钟后，你就可以运行 LiME 转储内存。运行 LiME 的命令是 sudo insmod lime-4.3.0-kali1-amd64.ko " path=/root/RAMDump.lime format=raw"。使用 lime 4.3.0，将最终的文件命名为 RAMDump.lime，放在根文件夹中，文件格式为 .raw。图 6-6 展示了运行此命令的示例。

> **注意**　在 Ubuntu（XUbuntu 16.04）中，有人发布帖子说在使用最近的 lime-master 时遇到问题。在运行 apt-get install lime-forensics-dkms 时，你可能也会遇到相同的错误。

```
root@kali:~/Downloads/LiME-master/src# ls
disk.c              lime.h         lime.o      Makefile            Module.symvers
disk.o              lime.mod.c     main.c      Makefile.sample     tcp.c
lime-4.3.0-kali1-amd64.ko  lime.mod.o  main.o   modules.order       tcp.o
root@kali:~/Downloads/LiME-master/src# sudo insmod lime-4.3.0-kali1-amd64.ko "pa
th=/root/RAMDump.lime format=raw"
```

图 6-6 运行 LiME 的例子

> **注意**　如果再次运行此命令，你可能会收到一个错误消息 "ERROR: could not insert module lime-4.3.0-kali1-amd64.ko: File Exists."。这意味着 lime 模块已经加载。你可以通过键入命令 **rmmod lime** 来删除这个模块。现有模块被移除后，LiME 应该能够正常运行。要验证已经加载了哪些模块，请使用命令 **lsmod** 并查找与 lime 相关的模块。删除这些模块就会正常工作。

还有其他转储内存的工具，我们给你的是免费和易于使用的 Windows 和 Linux 的例子。一旦你有了内存转储，下一步就是调查它。Kali Linux 中提供的一个流行的工具是 Volatility。

6.4.3 Volatility

许多取证软件包都包含了调查诸如内存转储之类的事情的能力，但是 Volatility 是 Kali Linux 附带的一个流行的软件。Volatility 可以在 Forensics Applications 中找到，也可以直接从命令行终端运行。首先，访问你的内存转储所在的文件夹，并使用 **volatility** 命令行启动程序。我们要做的第一件事是看一下我们要处理的内存类型。当你的团队中有多个分析师，并且需要研究各种内存文件时，很可能会发生这种情况，因此你不知道内存文件来自哪种类型的系统。要让 Volatility 分析内存类型，使用命令 volatility -f <memory dump file> imageinfo。图 6-7 展示了使用 Volatility 对 DumpIt 程序生成的 Windows 内存镜像分析的示例。注意，来自 Volatility 的信息是最好的猜测。

```
C:\Users\jomuniz\Desktop\ForesicsTools\Volitile>volatility-2.5.standalone.exe -
f JOMUNIZ-WS01-20170112-222401.raw imageinfo
Volatility Foundation Volatility Framework 2.5
INFO    : volatility.debug    : Determining profile based on KDBG search...
          Suggested Profile(s) : Win2008R2SP0x64, Win7SP1x64, Win7SP0x64, Win200
8R2SP1x64
                     AS Layer1 : AMD64PagedMemory (Kernel AS)
                     AS Layer2 : FileAddressSpace (C:\Users\jomuniz\Desktop\Fore
sicsTools\Volitile\JOMUNIZ-WS01-20170112-222401.raw)
                      PAE type : No PAE
                           DTB : 0x187000L
                          KDBG : 0xf80002ff6110L
          Number of Processors : 4
     Image Type (Service Pack) : 1
                KPCR for CPU 0 : 0xfffff80002ff7d00L
                KPCR for CPU 1 : 0xfffff880009ef000L
                KPCR for CPU 2 : 0xfffff88003169000L
                KPCR for CPU 3 : 0xfffff880031df000L
             KUSER_SHARED_DATA : 0xfffff78000000000L
           Image date and time : 2017-01-12 22:24:04 UTC+0000
     Image local date and time : 2017-01-12 17:24:04 -0500

C:\Users\jomuniz\Desktop\ForesicsTools\Volitile>
```

图 6-7 Volatility 分析内存镜像类型

你可以在 Suggested Profile(s) 下看到可能的镜像类型。现在你已经了解了镜像类型，可以使用 -profile=<profile type>。更准确地说，可以使用 kdbgscan 选项来确定正确的 profile 和 kdbg 地址。此选项提供完整性检查以减少误报。当你运行像 pslist 这样的命令来列出正在运行的进程，但却得到了错误的结果时，这种功能会非常有用。原因可能是一些不同的事情，如错误的镜像类型，pslist 插件使用在内存样本中找到的第一个 kdbg 而实际上应该是另一个，等等。你可以使用带有 kdbgscan 的 imageinfo 命令确认你的猜测正确与否。你可以使用 volatility -f <memory dump file> --profile=<guessed profile> kdbgscan 来运行命令。

图 6-8 展示了对 DumpIt 内存映像运行这个命令的示例，假设使用图 6-7 所示的 imageinfo 扫描找到了 Win7SP1x64 映像。

kdbgscan 展示许多有价值的内容，比如镜像类型、偏移量等。当你调查内存捕获时，Volatility 提供了更多的命令来收集细节。图 6-9 展示了一个运行 pslist 命令查看运行进程的示例。

```
C:\Users\jomuniz\Desktop\ForesicsTools\Volititle>volatility-2.5.standalone.exe -
f JOMUNIZ-WS01-20170112-222401.raw --profile=Win7SP1x64 kdbgscan
Volatility Foundation Volatility Framework 2.5
**************************************************
Instantiating KDBG using: Kernel AS Win7SP1x64 (6.1.7601 64bit)
Offset (V)                    : 0xf80002ff6110
Offset (P)                    : 0x2ff6110
KDBG owner tag check          : True
Profile suggestion (KDBGHeader): Win7SP1x64
Version64                     : 0xf80002ff60e8 (Major: 15, Minor: 7601)
Service Pack (CmNtCSDVersion) : 1
Build string (NtBuildLab)     : 7601.23564.amd64fre.win7sp1_ldr.
PsActiveProcessHead           : 0xfffff8000302d420 (81 processes)
PsLoadedModuleList            : 0xfffff8000304b730 (175 modules)
KernelBase                    : 0xfffff80002e09000 (Matches MZ: True)
Major (OptionalHeader)        : 6
Minor (OptionalHeader)        : 1
KPCR                          : 0xfffff80002ff7d00 (CPU 0)
KPCR                          : 0xfffff880009ef000 (CPU 1)
KPCR                          : 0xfffff88003169000 (CPU 2)
KPCR                          : 0xfffff880031df000 (CPU 3)

**************************************************
Instantiating KDBG using: Kernel AS Win7SP1x64 (6.1.7601 64bit)
```

图 6-8　Volatility kdbgscan 示例

```
C:\Users\jomuniz\Desktop\ForesicsTools\Volititle>volatility-2.5.standalone.exe -
f JOMUNIZ-WS01-20170112-222401.raw --profile=Win7SP1x64 pslist
Volatility Foundation Volatility Framework 2.5
Offset(V)          Name                    PID   PPID   Thds     Hnds   Sess  Wo
w64 Start                          Exit
------------------ -------------------- ------ ------ ------ -------- ------ ---
--- ------------------------------ ------------------------------
0xfffffa80024519c0 System                  4      0    121      623 ------
   0 2017-01-12 22:01:07 UTC+0000
0xfffffa80031e9040 smss.exe              268      4      2       32 ------
   0 2017-01-12 22:01:07 UTC+0000
0xfffffa8003967060 smss.exe              392    268      0 --------      0
   0 2017-01-12 22:01:09 UTC+0000   2017-01-12 22:01:09 UTC+0000
0xfffffa8003a90b10 csrss.exe             476    392     10      994      0
   0 2017-01-12 22:01:09 UTC+0000
0xfffffa80025289c0 smss.exe              504    268      0 --------      1
   0 2017-01-12 22:01:09 UTC+0000   2017-01-12 22:01:09 UTC+0000
0xfffffa80024e3b10 wininit.exe           512    392      3       81      0
   0 2017-01-12 22:01:09 UTC+0000
0xfffffa8003b32b10 csrss.exe             520    504      8      370      1
   0 2017-01-12 22:01:09 UTC+0000
0xfffffa8003b5eb10 winlogon.exe          560    504      3      115      1
   0 2017-01-12 22:01:09 UTC+0000
0xfffffa8003b85060 services.exe          604    512     10      296      0
```

图 6-9　Volatility pslist 示例

需要考虑的一些重要功能有：**hashdump**（查看密码哈希）、**iehistory**（查看所有浏览器历史，即使命令说的是 IE 或 "Internet Explorer"）、**dlllist**（查看 dll）、**cmdscan**（查看所有运行在命令行的命令，当调查数据中心终端时很有用）等。如果你调查恶意软件，**pslist** 和 **pscan** 可以帮助你识别隐藏进程。如果你对查看在获取时打开的连接列表感兴趣，请使用 **connections** 和 **connscan** 命令。你可以在 www.volatilityfoundation.org 找到可供运行的选项的完整列表。

你可能会遇到 Volatility 不支持你要调查的镜像文件的情况。你可以通过输入 **volatility --info** 命令来查看构建中存在的镜像文件，如图 6-10 所示。

```
root@kali:~# volatility --info
Volatility Foundation Volatility Framework 2.6


Profiles
--------
VistaSP0x64          - A Profile for Windows Vista SP0 x64
VistaSP0x86          - A Profile for Windows Vista SP0 x86
VistaSP1x64          - A Profile for Windows Vista SP1 x64
VistaSP1x86          - A Profile for Windows Vista SP1 x86
VistaSP2x64          - A Profile for Windows Vista SP2 x64
VistaSP2x86          - A Profile for Windows Vista SP2 x86
Win10x64             - A Profile for Windows 10 x64
Win10x64_10586       - A Profile for Windows 10 x64 (10.0.10586.306 / 2016-04-23)
Win10x64_14393       - A Profile for Windows 10 x64 (10.0.14393.0 / 2016-07-16)
Win10x86             - A Profile for Windows 10 x86
Win10x86_10586       - A Profile for Windows 10 x86 (10.0.10586.420 / 2016-05-28)
Win10x86_14393       - A Profile for Windows 10 x86 (10.0.14393.0 / 2016-07-16)
Win2003SP0x86        - A Profile for Windows 2003 SP0 x86
```

图 6-10 Volatility 显示概要文件信息

在我们的示例中，Volatility 没有任何 Linux profile。当这些情况发生时，通过访问 https://github.com/volatilityfoundation/volatility/wiki/Linux，你可以了解如何构建一个自定义的 profile。

> **注意** 对于那些运行 Windows 系统的用户，Volatility 是作为可执行文件（.exe）提供的，并以与 Linux 相同的方式运行。

我们已经讨论了用于复制内存的工具，但在查看终端时，可能需要复制一个完整的硬盘驱动器。现在让我们看看对一个硬盘驱动器进行电子数据取证调查时应该使用的正确的复制过程。

6.5 复制

要启动复制过程，你可以使用硬件克隆或软件克隆。通常，硬件克隆包括针对不同硬盘驱动器格式的连接器，并且复制过程非常快。市场上有很多复制机选项。在本节的其余部分，我们主要关注软件克隆，因为使用硬件克隆取决于购买的复制机的类型。另外，在可能的情况下，我们更倾向于选择免费的开源软件。

软件克隆执行与硬件克隆相同的功能。唯一的区别是，你需要在一台计算机上运行软件，这台计算机可以连接你计划复制的硬盘并为其供电。连接驱动器可能需要在本章前面解释的格式的电缆，或者你可以把硬盘驱动器插入计算机。向计算机中插入硬盘的一个例子是手机或树莓派中的 Micro SD 卡。图 6-11 展示我的苹果笔记本的 SD 插槽被一个 SD 存储驱动器占用了，SD 存储驱动器是用来读取我想要读取的 Micro SD 卡（从树莓派设备上拿下来的）的适配器。我需要从计算机里取下当前的 SD 卡，然后把 Micro SD 卡放进适配器插入计算机来访问 Micro SD 卡，之后进行复制。

图 6-11　Micro SD 和 SD 适配器

注意　如果你的电脑缺少插槽或连接类型，你可能会找到某种出售的适配器。图 6-11 所示的 SD 适配器在 Amazon 上卖几美元。大多数适配器不会花费很多。另外，为你的取证套件收集适配器是一个好习惯。

当你将硬盘驱动器连接到计算机时，应该执行的第一步是验证该驱动器是否被计算机识别。对于 Linux 计算机，可以使用 fdisk -l 命令来完成这一任务。图 6-12 展示了运行此命令的示例，以验证我的计算机已识别连接的闪存驱动器。令人感兴趣的是第二个 14.9GB 的驱动器。

如果你想要复制的硬盘驱动器没有显示为你可以访问的硬盘驱动器，那么可能需要手动挂载它。如果存在正确的格式和驱动程序，挂载通常会自动发生。我们仍然相信，了解如何手动挂载驱动器是一个好的实践。手动挂载驱动器的步骤是首先使用命令 sudo mkdir /mnt/USB1 创建一个目录。接下来，使用命令 sudo mount /dev/sdb1 /mnt/USB1 启动挂载，dev/sdb1 是要挂载的驱动器，/mnt/USB1 表示你希望将挂载的驱动器放置在 Linux 系统中的位置。

```
root@kali:~# fdisk -l
Disk /dev/sda: 30 GiB, 32212254720 bytes, 62914560 sectors
Units: sectors of 1 * 512 = 512 bytes
Sector size (logical/physical): 512 bytes / 512 bytes
I/O size (minimum/optimal): 512 bytes / 512 bytes
Disklabel type: dos
Disk identifier: 0xaaea4a6f

Device     Boot   Start      End  Sectors  Size Id Type
/dev/sda1  *       2048 60262399 60260352 28.8G 83 Linux
/dev/sda2      60264446 62912511  2648066  1.3G  5 Extended
/dev/sda5      60264448 62912511  2648064  1.3G 82 Linux swap / Solaris

Disk /dev/sdb: 14.9 GiB, 15938355200 bytes, 31129600 sectors
Units: sectors of 1 * 512 = 512 bytes
Sector size (logical/physical): 512 bytes / 512 bytes
I/O size (minimum/optimal): 512 bytes / 512 bytes
Disklabel type: dos
Disk identifier: 0x79f283ce

Device    Boot Start      End  Sectors  Size Id Type
/dev/sdb1      2304  31129599 31127296 14.9G  c W95 FAT32 (LBA)
root@kali:~#
```

图 6-12　Linux 上显示硬盘

> **注意**　手动挂载命令如下：
> fdisk -1（查看驱动器）
> sudo mkdir mnt/USB1（创建驱动器的位置）
> sudo mount /mnt/sdb1 /mnt/USB1（挂载驱动器）

现在你需要决定你想把硬盘驱动器的副本存储在哪里。出于测试的目的，最好在同一台计算机上存储个人数据的副本。对于真正的调查，你可能希望只在使用专用的取证系统时将证据存储在本地。另一种选择是将硬盘驱动器的取证副本存储到附加到工作站的外部专用实验室硬盘驱动器，或者将副本导出到安全网络服务器。要在本地存储副本，你可能需要创建一个文件夹来存储镜像。在 Linux 中，命令是 sudo mkdir /media/[name of new folder]。

让我们看看制作取证认可的硬盘驱动器副本的一些选项。

6.5.1　dd

Linux 系统上最流行和最简单的复制程序是磁盘复制（dd）命令。要使用这个命令，输入 dd，指定复制内容的源和目标，最后指定复制过程中使用的字节大小。例如，要复制图 6-12 中所示的驱动器，可以运行命令 dd if=/dev/sdb of=/media/diskcopy.dd，sdb 是我想要复制的 USB 驱动器。

> **注意**　要运行 dd，输入 dd if=<source> of=<destination> bs=<byte size>。

对于大型副本，Linux 系统看起来好像在这个过程中卡住了。要有耐心，因为更大的硬盘可能需要一段时间。一些 Linux 系统允许你通过使用 Ctrl+T 命令发送 SIGINFO 来验证进程是如何进行的。这就是用 dd 制作基本副本的全部内容。现在让我们看看一个更好的选择。

6.5.2 dcfldd

dd 会完成复制工作，但是一些取证调查员希望有更多的选择。出于这个原因，美国国防部创建了 dcfldd 命令。以下是 dd 中不支持的一些 dcfldd 特性：

- **实时哈希**：在输入数据传输时对其进行哈希，有助于确保数据的完整性。
- **状态输出**：根据传输的数据量和需要多长时间的操作提供进度更新。
- **灵活的磁盘擦除**：使用它们通过已知模式快速擦除磁盘。
- **验证镜像 / 擦除**：验证目标驱动器与指定的输入文件或模式逐位匹配。
- **多个输出**：同时输出到多个文件或磁盘。
- **分片输出**：分片输出到多个文件，比 split 命令更具可配置性。
- **管道输出和日志**：本机将其所有日志数据和输出发送到命令和文件。

dcfldd 的工作原理与 dd 类似。首先，发出 dcfldd，后跟打算复制的内容的源。接下来，你可以选择指定用于验证副本的哈希类型（稍后将讨论这个主题），然后是存储副本的目标。最后，你可以指定字节大小以及是否应该进行错误检查。回顾我们的示例，使用 dcfldd 命令看起来应该像 dcfldd if=/dev/sdb hash=md5 of=/medi/diskcopy.dd bs=512 noerror。

> **注意** 要运行 dcfldd，使用 dcfldd if=<source> hash=<hash type> of=<destination>bs=<byte size> <error checking>。

6.5.3 ddrescue

如果你担心一个硬盘驱动器有很多错误或损坏的簇，那么可能需要考虑使用 ddrescue 命令。当出现读取错误时，此选项复制数据并尝试拯救数据。当你使用其他复制命令并在进行完整复制之前发现进程超时或失败时，此功能非常有用。基本上，当像 dd 这样的命令失败时，ddrescue 可以继续执行。在前面的示例中使用 ddrescue 看起来就像 ddrescue -r3 dev/sdb diskcopy.dd ddrescue.log。ddrescue 启动这个命令，-r3 在放弃之前尝试重试坏扇区三次。正在复制的 USB 驱动器位于 dev/sdb，你可以指定驱动器的较小部分，而不是复制整个驱动器。该命令的最后一部分是 ddrescue.log，表示一个日志文件。包含日志文件非常重要，这样你就可以恢复中断的映像，或者在跳过坏扇区后重试它们。如果没有日志文件，你将不得不重新开始。

> **注意** 要运行 ddrescue，输入 ddrescue [option(s)] <input file> <output file> [log file]。

在处理损坏的磁盘驱动器时，一个很酷的特性和最佳实践是先救援磁盘的特定部分，然后再尝试恢复硬盘驱动器的其余部分。同样，你需要创建一个日志文件来帮助监视恢复每个文件扇区的状态。要了解如何使用所有可用选项，请访问 www.gnu.org/software/ddrescue/manual/ddrescue_manual.html。

> **注意** ddrescue 的开发人员建议不要救援 r/w 安装的分区或带有 I/O 错误的驱动器。我们发现 ddrescue 可以帮助解决这些情况，但这是有风险的。要知道，ddrescue 可能工作也可能不工作，并且存在丢失更多数据的风险。

6.5.4 Netcat

在我们所有的复制示例中，我们将副本保存到运行该命令的系统的本地硬盘驱动器上。对于希望通过网络将硬盘驱动器的副本发送到远程服务器的情况，如果源可以挂载为远程驱动器，则你可以指定该位置。你可以将硬盘驱动器复制到本地计算机，并在复制完成后花费额外的时间将副本从本地取证系统移动到远程服务器。当你计划远程移动文件时，为了避免浪费额外的时间在本地复制，你可以使用 Netcat 工具。要从连接到远程服务器的工作站使用带有 dd 命令的 Netcat，首先指定 dd、你计划复制的内容的来源和字节大小。对于目标，你指定 Netcat 命令，然后是用于访问远程驱动器的 IP 地址和端口。回顾我们的示例，它看起来像 dd if=/sdb bs=16065b | netcat 192.168.10.251234。分解这个命令，dd 是运行的命令，if=/sdb 是我们正在复制的 USB 驱动器，而 bs 是正在使用的字节大小。与我们之前的 dd 示例不同的是，输出不是本地的，而是使用 Netcat 命令发送，后面是用于发送副本的 IP 地址和端口。

> **注意** 要在 Netcat 上运行 dd，输入 dd if=<source> bs=<byte size> | netcat <remote location IP> <port>。

你还可以从保存你计划复制的硬盘镜像的远程系统运行 Netcat 命令。如果你在该系统上并远程访问想要复制的硬盘驱动器，则命令过程是不同的，因为你计划将远程镜像带到本地硬盘驱动器。这意味着命令是反向的，这意味着现在你的源是 Netcat 命令，而目标将是你想要复制的 USB 驱动器。这可以通过执行 netcat -l -p 1234 |dd of=/dev/sdb bs=16065b 来实现。这个命令首先指定 Netcat 命令。-l 表示侦听传入连接，而不是启动到远程主机的连接。接下来是 -p 和 1234，它们指定 Netcat 应该使用的源端口（确保这个端口不被其他进程使用）。dd 命令从本地目标 USB 驱动器 dev/sdb 开始复制过程，bs 表示字节大小。更多关于 Netcat 的信息请访问 https://linux.die.net/man/1/nc。

> **注意** 要在一台计算机上使用 dd 运行 Netcat，输入 netcat -l -p [port used] | dd of= <source being copied> bs=<byte size>。

6.5.5 Guymager

Kali Linux 中许多图形界面的选项提供了完整的磁盘复制副本。一个容易使用的程序是 Guymager，你可以在 Forensics 分类中找到 Guymager。在打开这个程序时，你应该看到可用的硬盘驱动器。你可能必须执行挂载才能显示硬盘驱动器。一旦硬盘出现，你只需右击并选择 Acquire Image。然后你将看到要填写的项目，如图 6-13 所示。当你准备就绪时，单击 Start，你将收到一个 .raw 副本，无论你指定它存储在何处。图 6-13 将 Aamir's Secret hard drive 的副本放在 Kali Linux 桌面上。

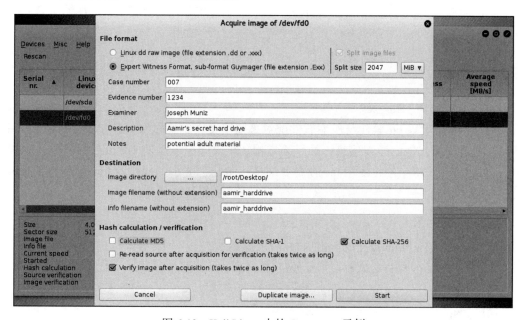

图 6-13　Kali Linux 中的 Guymager 示例

如果你不使用 Kali Linux，Windows 有许多免费的开源选项来挂载和复制硬盘。包括 Arsenal Image Mounter、FTK Imager、OSFMount 和 P2-eXplorer。所有操作系统也都有克隆软件，只是成本有高有低。我们的建议是使用开源代码，除非你为了硬盘复制以外的功能购买取证套件。

6.5.6 压缩和分片

你可能会发现，复制硬盘驱动器很快就会消耗大量存储空间。有些方法可以减少存储需求，但是执行这些操作时不能修改副本的原始状态。如果修改了原始状态会导致污染，并且很可能导致任何证据在法律上被视为无效。在考虑应用程序时，你希望找到的术语是无损压缩或分片。我们强烈建议，如果可能的话，在副本上而不是原始证据上测试压缩和分片功能。我们还建议使用哈希来验证在压缩和分片之后没有进行任何更改。我们将简要介绍这个过程。

下面是 Linux 中一些流行的压缩选项。压缩和解压命令都被列出：

gzip

gzip 压缩 = gzip <file> 或对于整个目录使用 gzip -r <directory>。

gzip -l test.gz 显示压缩信息（与其他压缩选项相同）。

gzip 解压 = gzip -d <file>.gz。

bzip

bzip 压缩 = bzip <file> 或使用 bzip -s <file> 以更少内存进行更轻量级的压缩。

bzip 解压 = bzip -d <file>.bz。

xz

xz 压缩 = xz <file>。

xz 解压 = xz -d <file>.xz。

我们经常会发现 tar 软件与压缩软件配对来归档文件，被称为 tarball。使用 tar 允许你保存有关被压缩文件的详细信息，如目录结构、权限等。下面是使用 tar 和刚才介绍的压缩选项的命令列表。有关使用 tar 的更多细节，请访问 http://linuxcommand.org/lc3_man_pages/man1.html。

带压缩的 Tar

使用 tar 与 gzip = tar tzvf compress.tar.gz 目录。

使用 tar 与 bzip = tar cjvf compress.tar.bz2 目录。

使用 tar 与 xz = tar cJvf zxcompressed.tar.xz 目录。

使用 gzip 解压 tar = tar xzvf xzcompress.tar.gz。

使用 bzip 解压 tar = tar xjvf xzcompress.tar.bz。

使用 xz 解压 tar = tar xJvf xzcompress.tar.xz。

文件分片是处理大型副本的另一种方法。Linux 提供了一些简单但有效的命令来完成这个任务。最常见的命令是使用 split：

```
split [option(s)] [input file] [prefix for output]
```

例如，split -b 22 example.txt new 将文件示例分割成大小为 22 字节[⊖]的文件（由 -b 表示），每个文件将被命名为 newaa、newab、newac 等。另一个例子是 split -l 200 example.txt new，它将生成包含 200 行文本的文件，每个文件被命名为 newaa、newab、newac 等。你可以在 https://linux.die.net/man/1/split 了解更多 split 选项。

最终你将需要重建文件，以便能够查看数据。第一步应该是将文件移动到一个文件夹

⊖ 原文为 22bits，经查看 manpage 和测试，应为 22bytes。——译者注

中，以便你可以对所有目标文件运行一个组合命令。一个简单的命令，可以组合文件如下：

```
Cat [file name]* > [name of output]
```

在前面的示例中，我们创建了多个具有 new[递增计数器] 的文件，例如 newaa、newab 等。使用命令 cat new* > combinednew 可以将名称中带有 new 的任何文件组合到名为 combinednew 的文件中。图 6-14 显示了拆分和合并名为 testfile.png 的文件。

```
JOMUNIZ-M-91SU:Lab jomuniz$ ls
testfile1.png
JOMUNIZ-M-91SU:Lab jomuniz$ split -b 10000 testfile1.png textsmall
JOMUNIZ-M-91SU:Lab jomuniz$ ls
testfile1.png    textsmallac    textsmallaf    textsmallai    textsmallal    textsmallao    textsmallar
textsmallaa      textsmallad    textsmallag    textsmallaj    textsmallam    textsmallap
textsmallab      textsmallae    textsmallah    textsmallak    textsmallan    textsmallaq
JOMUNIZ-M-91SU:Lab jomuniz$ cat textsmall* > testfilenew.png
JOMUNIZ-M-91SU:Lab jomuniz$ ls
testfile1.png    textsmallab    textsmallae    textsmallah    textsmallak    textsmallan    textsmallaq
testfilenew.png  textsmallac    textsmallaf    textsmallai    textsmallal    textsmallao    textsmallar
textsmallaa      textsmallad    textsmallag    textsmallaj    textsmallam    textsmallap
JOMUNIZ-M-91SU:Lab jomuniz$ rm textsmall*
JOMUNIZ-M-91SU:Lab jomuniz$ ls
testfile1.png    testfilenew.png
JOMUNIZ-M-91SU:Lab jomuniz$
```

图 6-14　拆分和合并 Testfile1.png 的例子

利用压缩和分片来节省空间是非常好的。对于执行这些操作，你应该关心的是如何知道你没有修改信息。最好的方法是在操作前后对文件计算哈希。如果数字匹配，你就有一个完全相同的副本。如果数字不同，那么你就已经更改了文件。接下来，我们简要介绍一下哈希。

6.6　哈希

一旦你制作了一份副本，那么确认你确实制作了一份位对位的副本绝对是至关重要的。由于系统复制、复制的传输方式、是否应用压缩或分割等方面的问题，副本可能会发生更改。在数字世界中，哈希校验用于识别文件是否匹配。我们可以将哈希定义为产生唯一数字的单向过程。可以把它看作文件的数字指纹。哈希结果表示一组数字和字母。哈希值的长度取决于所使用的哈希函数。

有三个考虑哈希对电子数据取证有用的规则：
1. 不能预测文件的哈希值。
2. 没有两个哈希值是相同的（哈希冲突）。
3. 如果正在哈希的源发生了任何更改，则哈希值肯定不一样。

假设你有一个文件，内容是"the quick"。当你把这个文件转换成一个哈希时，你会得到一个固定的结果。当你开始向文件中添加单词修改它，使它现在是"the quick brown fox"。将该文件转换为哈希时，你会得到一个全新的哈希值。每次以任何方式更改文件时，无论是添加单词或字符还是删除单词或字符，文件的哈希值都将完全更改。一个逗号或字符更改将导致一个新的哈希值。唯一不变的是哈希值的长度。原始文件可以有 1 个单词或

1000 个单词,但是当转换成哈希时,输出总是相同的固定长度。图 6-15 提供了这个概念的示例,以帮助你理解。

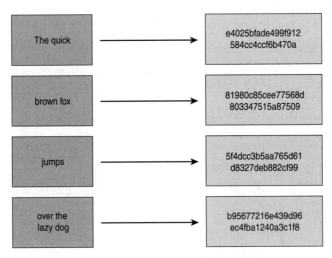

图 6-15 哈希和文件相关更改示例

有一些哈希算法可以用于执行验证。例如 Message Digest 5(MD5)或各种 SHA 族算法(SHA-1、SHA-244、SHA-256、SHA-384、SHA-512)。MD5 是一种 128 位、32 个字符的算法,经常使用但不推荐用于法律事务。同样的建议也适用于 SHA-1 哈希,该哈希产生 160 位、40 个字符的长哈希。这些被认为是较旧的算法,并且已经出现了哈希冲突,这意味着两个不同的文件可能产生相同的哈希值,但这种可能性不大。关于碰撞的事实是,它们纯粹是学术性的。MD5 早在 2010 年就观察到碰撞了,但它仍然可以很好地验证文件。

在电子数据取证的世界里,即使是轻微的碰撞机会都是坏消息。这样做的原因是,这种轻微碰撞的可能性表示两个不同的文件具有相同的数字指纹。在法律事务中,这种纯粹由媒体驱动的缺陷可能被对方律师滥用。法院系统对怀疑感兴趣,因此即使是很小的可能性也足以构成对证据的怀疑,因为该证据在被旧算法验证时可能被污染。

我们的建议是对专业工作使用更强的哈希选项,而将较弱的算法用作测试。在此期间,最近的碰撞是 SHA-1,目前正在对 SHA-128 进行测试。这将意味着,按照当今的标准,SHA-224、SHA-256 或 SHA-512 将是我们用于专业用途的选择。2010 年,美国国家标准与技术研究院(NIST)也推荐这些算法作为选择。我们知道计算能力在不断增加,所以即使是这些算法在未来也可能会发生冲突。

> **注意** 说白了,你可以使用 MD5 或弱 SHA 进行测试,但你应该计划对法律事务使用更强的哈希。我们基于本章中介绍的概念挑战了对方使用的弱哈希算法并获胜。碰撞是罕见的,但请记住,如果有怀疑的余地,就有可能挑战哈希。为什么要冒这个险?请使用类似 SHA-256 或 SHA-512 的算法。

让我们看一些使用 Kali Linux 中可用选项的弱和强哈希计算示例。

6.6.1 MD5 和 SHA 哈希

让我们从 Linux 中最基本的哈希选项开始。完成文件或硬盘驱动器的副本后，可以通过命令 md5sum /dev/sdb > md5_sdb.txt 来验证它。命令 **md5sum** 启动 MD5 哈希计算，/dev/sdb 是文件的位置，**md5_sdb.txt** 是存储哈希结果的文件（假设你不希望它们在屏幕上显示）。MD5 适合实验室测试，但应考虑对实际取证工作进行更强哈希处理。一个使用 SHA-512 哈希的类似命令是 **sha512sum /dev/sdb**。在此示例命令中，我们使用 sha512 创建感兴趣的 USB 驱动器的哈希，并且只在屏幕上显示该哈希。图 6-16 展示了对 pie.gif 文件同时运行 **md5sum** 和 **sha512sum** 命令的示例。如你所见，sha512 是一个更长的哈希数字。

```
root@kali:~/Downloads# md5sum pie.gif
83ec20d5a3c30225e87372442d009ae3  pie.gif
root@kali:~/Downloads# sha512sum pie.gif
3008b69403f62fecb0e544554bc8e4e55024ed4e3e8e6cc33ab7e1b4e25875cd587b000d22c1842c
5aa215a866377dcab7c1cfb7fc34bc58a1e6898be73d07d2  pie.gif
root@kali:~/Downloads#
```

图 6-16 使用 Md5sum 和 Sha512sum 的例子

MD5 命令格式为 md5sum [file location]。

SHA-512 命令格式为 sha512sum [file location]。

在本章的前面，我们讨论了 dcfldd 复制命令如何包含一个同时进行哈希计算的选项。与单独使用哈希验证副本相比，这可以节省一些时间。使用 dcfldd 进行哈希的一个示例是命令 dcfldd if=/dev/sdb hash=md5,sha512 md5log=md5.txt sha512log=sha512.txt of=finalfile.dd。这个命令创建一个位于 sdb 的 USB 驱动器的副本，并将其称为 finalfile.dd。它还计算 MD5 和 SHA-512 哈希，并把它们存储在名为 md5.txt 和 sha512.txt 的日志文件中。**dcfldd** 有许多可定制的参数，但是在包含哈希时，使用该命令的一般格式如下：

```
dcfldd if=[source file] hash=[hash type(s)] hashwindow=[how often hash calcula-
tion happens] [hashtype]log=[name of hash log file] bs=[amount of bytes to read]
of=[file output].dd
```

> **注意** 你可以使用的 **dcfldd** 哈希选项是 md5、sha1、sha256、sha384 或 sha512。你可以同时运行多个哈希检查。

Kali Linux 提供了其他哈希程序来帮助验证副本。另一个例子是 Hashdeep，你可以在 Kali Linux 的 Forensics 部分找到它，它提供了验证两个或多个文件的简单方法。你只需从命令行运行 **md5deep**，然后输入要验证的文件的位置。

所有操作系统都可以使用许多开源程序来执行哈希校验。这是大多数取证调查软件的共同特性，但是我们展示了 Kali Linux 中用于测试的独立选项。对于 Windows 用户，开源工具如 WinHex 和 Digital Forensics Framework（DFF）提供了哈希校验。

6.6.2 哈希挑战

在尝试校验副本时，你可能会遇到一些挑战。一个常见的挑战是处理固态和闪存驱动器。正如本章前面所解释的，这些驱动器有时包括损耗均衡算法和 TRIM，从哈希角度这会改变驱动器的状态。如果一个法律团队试图质疑这类介质的副本，那么你应重点关注逻辑块地址结构而不是物理块地址，也就是关注复制的数据而去除 SSD 和闪存驱动器功能带来的变化。你可能不必为这种情况辩护，但是你应该知道，法院只对逻辑块地址结构感兴趣。因此，请准备好解释这一概念，并提供副本和验证程序的文档，来保护你的数字取证调查期间的发现。

> **注意** 这不是法律建议，因为许多法庭都不一样。如果你担心对方会质疑 SSD 和类似闪存的设备的副本，我们建议你找一个训练有素的法律顾问。

对于像内存这样的易失性数据，你可以创建副本并记录该过程。同样，你的目标是创建一个副本，但是你将从该副本创建副本并对其进行哈希校验，以确保所有内容都匹配获取时间点的内容，以证明没有引入污染。例如，你可以在 2017 年 3 月 24 日（星期五）上午 8 点 23 分转储内存，并创建几个反应当时状态的 RAM 副本。你可以调查这些副本并证明你的证据存在于这些副本之间。对于这些情况，你可以提供从应急响应人员收集设备到创建了副本的合适的保管链文档是非常重要的。

6.7 数据保全

一旦你努力创建文件的位级副本并对其进行校验，最理想的情况是不要污染你的辛苦工作。重要的是要记住，对副本的任何更改都意味着副本在法律上已经无效。为了避免这个问题，你可能需要利用写阻断。写阻断拒绝任何对对象更改的操作。通常认为写阻断是"只读"的，这意味着它去除了写功能。

在大多数可信的取证应用程序中，有物理和软件写阻断选项可供你使用。与硬件克隆选项一样，硬件写阻断通常为连接到硬盘驱动器进行调查时遇到的所有连接提供适配器（但是，你不应该使用原始证据！）硬件写阻断产品的概念是，它们通过只允许不会修改数据的指令，或明确地阻止写指令并允许其他所有指令来强制执行写阻断。我们的建议是检查你选择的解决方案是否合法。你可以使用 NIST 网站上的计算机取证工具测试清单，网址是 www.cftt.nist.gov。图 6-17 展示了插入到硬盘驱动器的物理写阻断。

软件写阻断通常是取证软件的选项而不是独立的软件，它可以简单地保护你的副本。你可能会选择独立的软件，但是我们建议你购买取证产品，它们包括本章所有主题。图 6-18 展示了使用 WinHex 程序启用写阻断示例。启用写阻断的步骤取决于你使用的程序。

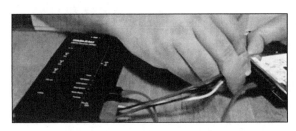 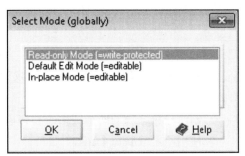

图 6-17 物理写阻断的示例　　　　图 6-18 在 WinHex 里打开写阻断

写阻断并不总是能够保护文件或磁盘驱动器不被修改。例如，写阻断可能阻止在 SSD 驱动器上执行 TRIM，但是写阻断可能无法停止可能导致产生新的哈希的内部损耗均衡算法。即使你已进行了适当的取证和调查程序，这也会使事情看起来好像是你对证据进行了篡改。再次强调，强烈建议你经常校验，对于涉及 SSD 和类似闪存的驱动器的情况，将你的消息集中在逻辑块地址结构上，而不是物理块地址上。

如何检查一个没有在法庭上使用过的写阻断？NIST 提供了测试大纲，网址是 https://www.nist.gov/system/files/documents/2017/05/09/hwb-atp-19.pdf ⊖。另一种简单的方法是执行以下三个步骤：

1. 将介质附加到你的取证系统，为该介质启用写模式，然后清除介质上的所有内容。格式化介质以确认它是空白的。复制一定数量的数据并删除该数据的特定部分。创建该介质的镜像，并创建该镜像的 SHA-256 哈希。

2. 启用写阻断并重新附加介质。尝试将文件复制到介质。尝试从介质中删除文件。尝试格式化介质。镜像介质并创建镜像的 SHA-256 哈希。

3. 检查两个哈希是否匹配。在介质上启用写并删除部分数据。镜像介质并创建一个 SHA-256 哈希。验证哈希值是否与前两个哈希值不同。

如果你担心法院会接受某个特定的写阻断，请使用以前在法庭上引用过的那个，因为它很可能经过了广泛的测试。例如，Guidance Software 的 FastBloc 设备或其他来自 Tableau 系列的产品。任何 NIST 推荐的写阻断都是不错的选择。

我们还建议至少创建一个证据的两个副本，这样，如果写阻断失败，你可以尝试在另一个干净的副本上进行调查。我们有时候会创建一些副本，并首先在不使用写阻断的情况下，在一个副本上运行一些可能会修改硬盘的软件，来确认我们要找的东西。一旦找到了感兴趣的数据，我们可以转向另一个未修改的副本，并尝试在使用写阻断的情况下得到同样的证据。

记住人们在被法律接受之外不关心时间或者过程。人们关心的是结果，所以打几个副本来加快调查过程可能是好的，只要它做得正确。

⊖ 原文为：www.cftt.nist.gov/HWB-ATP-19.pdf，已无法访问。——译者注

6.8 小结

我们花了整整一章的时间来讨论三个核心概念，这三个概念在你开始调查之前经常发生。如果你的结果被用于法律事务，这样可以减少证据被对方质疑不可用的风险。这三个步骤如下：

1. 制作原始证物的两个或多个位级副本。
2. 使用哈希校验每个副本。
3. 启用写阻断来保存这些副本。

我们还介绍了无法执行这三个步骤的情况以及如何处理这些情况。下面是对这一概念的总结：如果你不能执行这三个步骤，那么请关注你可以控制的领域并记录和及时校验状态。然后及时引用来自那个状态的副本来证明你的证据只与所发现的有关，而没有引入任何变化来识别和提出证据。

既然你了解了如何为调查证据做好准备，那么就可以开始调查了。在下一章中，我们首先研究主机系统。考虑下一章，一旦你有了感兴趣的系统的副本，你会做什么。但是，不要忘记本章的概念，你要将本章的三个核心步骤铭记于心！

参考文献

http://www.lockheedmartin.com/us/what-we-do/aerospace-defense/cyber/cyber-kill-chain.html

https://infosectrek.wordpress.com/2014/02/22/step-by-step-guide-to-using-lime-the-linux-memory-extractor/

http://dcfldd.sourceforge.net/

https://www.gnu.org/software/ddrescue/manual/ddrescue_manual.html

https://www.digitalocean.com/community/tutorials/an-introduction-to-file-compression-tools-on-linux-servers

http://linuxcommand.org/lc3_man_pages/man1.html

https://linux.die.net/man/1/split

https://www.gnu.org/software/ddrescue/manual/ddrescue_manual.html

Penetration Testing with Raspberry Pi, by Joseph Muniz and Aamir Lakhani (Packt Publishing, 2015)

第 7 章

终 端 取 证

人类一直是最非凡的计算机。

——约翰·F. 肯尼迪

在本章中，我们将介绍终端系统取证的基础知识。当今，种类繁多的终端设备连接到了网络中，终端取证变得更加复杂。事实上，图 7-1 中的数字显示了接入因特网以及获得因特网功能的终端设备数量正在以 10 亿的数量级增长。从安全的角度来看，对所有这些终端进行取证将是一项巨大的挑战。不久以前，人们的台式电脑是由一个放在桌子下面的像大盒子一样的主机箱和一个体积比较大的 CRT（阴极射线显像管）显示器组成的，而如今，大多数人至少携带着 3 个接入因特网的设备。接入因特网的智能设备和包括物联网设备在内的其他设备的数量正在迅猛增长。从取证的角度来看，这种情况喜忧参半。一方面，需要调查取证的电子设备数量庞大，对调查取证是个挑战；另一方面，将会有更多维度的证据可以用于调查事实真相。我们日渐依赖的众多物联网设备时刻记录着我们生活中的要素，而这些要素可以作为日后调查的证据。

很明显，我们不能涵盖调查过程中可能遇到的每种设备类型。因此，我们将重点放在调查取证中可能会遇到的常见设备上。在本章中，我们首先将重点阐述 Windows 操作系统的调查取证，因为它在企业环境中仍然占据着最大的市场份额。接下来，我们将讨论 Mac OS X，然后是 Linux，最后是物联网设备的调查取证。虽然 Windows 仍然是最常用的桌面操作系统，但是 Mac OS X 正变得越来越流行，它很可能是你在企业环境中看到的另一种常见类型的操作系统。此外，Linux 在服务器和数据中心环境中的应用非常广泛，而且 Linux 在物联网设备中也很常见，因此我们需要做好对它进行调查取证的准备。

从取证的角度来看，我们在研究终端设备时主要关注几个方面。对于 Windows 系统，我们需要深入研究文件系统和注册表，它们是可以用来检索数据的信息宝库。作为一名网络工程师，你可能对 Windows 文件系统或者注册表了解得不够深入。因此，我们首先快速介绍 Windows 文件系统，然后阐述在注册表中快速查找和收集有用数据的具体位置。

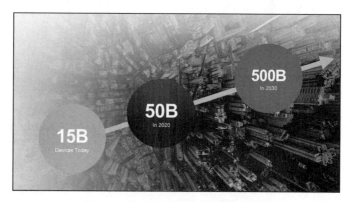

图 7-1　接入因特网设备的增长趋势

7.1　文件系统

我们先来熟悉一下 Windows 文件系统的基本知识。从调查的角度来看，我们可以在文件系统中找到各个用户的"指纹"。通过收集这些数据以及相关的元数据，可以查明不同用户的使用意图。在此之前，首先了解 Windows 系统的结构。图 7-2 提供了由 Windows 操作系统构建的标准目录结构的基本视图。

文件系统可以由操作系统创建，它的功能是有效地管理可以使用的存储空间，并为文件建立索引，以便用户能够更有效地访问操作系统。同时，文件系统记录了有关数据存储和文件分配的所有数据，为操作系统提供磁盘复制和删除文件等操作。为此，操作系统需要提供命名文件和目录的标准格式，这种命名格式实质上是将文件名链接到实际存储的数据。

文件分配表（File Allocation Table，FAT）是 Windows 中使用最广泛的文件系统，已经存在多年，由于它与其他操作系统具有全局兼容性，通常作为 USB 驱动器等存储介质使用的默认格式。既然大多数操作系统都支持 FAT 文件系统，那么为什么不是所有 Windows 系统都使用 FAT 文件系统呢？这是因为 FAT 文件系统具有诸多限制，例如 FAT 文件系统不支持 2TB 容量以上的硬盘驱动器、FAT 文件系统中单个文件的最大大小为 4GB，这些限制使得 FAT 文件系统不适用于现代大容量驱动器和现代的操作系统。

FAT 文件系统是通过簇和扇区工作的，而簇会产生松弛或者浪费的存储空间。在只有几 GB 的 USB 驱动器或者较小的硬盘上，我们不易注意到这种浪费的存储空间，但是当硬盘容量增加到数百 GB 时，FAT 文件系统浪费的松弛空间变得非常明显。在 FAT12、FAT16 和 FAT32 的较新版本中，都在努力通过减小簇大小来减少松弛空间的浪费，但是由于 FAT 文件系统对簇和扇区的依赖，使其仍然无法避免松弛空间的浪费。我们将在本章后面探讨文件松弛空间，很多恶意程序会用文件松弛空间隐藏数据。FAT 文件系统还有其他限制，比如支持的最大文件大小，这取决于所使用的 FAT 文件系统版本，而且 FAT 文件系统不支持交换数据流，我们将在本章中对交换数据流进行介绍。

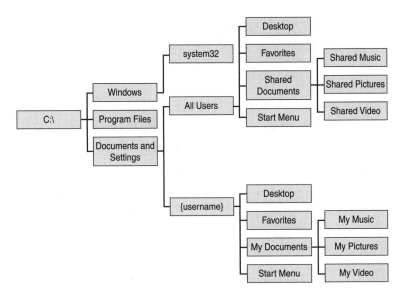

图 7-2　Windows 目录结构

从安全角度来看，FAT 文件系统的安全性非常有限，它本身不具备加密机制，这有助于对被格式化的 FAT 文件系统磁盘驱动器进行调查。要加密 FAT 文件系统，需要使用第三方加密解决方案，这些解决方案往往是通过对单个文件进行编码来实现的。同时，FAT 文件系统也没有任何内置的安全功能，匮乏的安全性也有利于调查工作。但是，许多公司会利用第三方安全技术，而不仅仅依赖于文件系统的安全功能。

1993 年 Windows NT 3.1 中引入了另一种流行的 Windows 文件系统，即新技术文件系统（New Technology File System，NTFS）。由于 NTFS 文件系统比 FAT 文件系统具有更多的功能，而且更稳定、更安全、执行速度也更快，因此在现代 Windows 操作系统上被广泛使用，但是 NTFS 文件系统与其他操作系统的兼容性不如 FAT 文件系统。与 FAT 文件系统类似，NTFS 文件系统具有一个主文件表和一个位图，但是它使用了更小的簇，极大地降低了松弛空间。尽管 NTFS 具有一些安全功能，但是许多用户并不启用这些安全功能，而是使用其他第三方安全技术。表 7-1 列举了 NTFS、exFAT 和 FAT32 的一些功能对比。

表 7-1　NTFS、exFAT 和 FAT32 功能对比表

	NTFS	exFAT	FAT32
最大卷大小	$2^{32}-1$ 个簇	128PB	所有操作系统支持到 32GB 部分操作系统支持到 2TB
簇数量最大值	$2^{32}-1$ 个簇	4294967295	4177918
最大文件大小	2^{44} 字节（16TB）减去 64KB	16EB	4GB-2 字节
内置安全性	支持	仅限最小 ACL 时支持	不支持
易恢复性	支持	激活 TFAT 时支持	不支持
压缩	不支持	不支持	不支持

现在我们探讨能够从文件系统中收集到的电子数据证据。对于活动文件，我们可以从数据块中收集文件内容等信息，从元数据中收集诸如文件所有者、访问时间和分配给文件的权限等信息。如果把元数据看作关于数据的数据，那么这就意味着文件上的元数据就是关于文件的数据。

大多数调查软件，比如电子数据取证框架（Digital Forensics Framework，DFF），会突出显示调查取证人员可能需要提取的文件详细信息等相关数据。图 7-3 展示了名为 microscope.jpg 的 JPG 格式文件的详细数据，图中只展示了文件的部分数据，你需要拖拽滚动条查看其余的数据，这里显示的数据可能与其他流行的取证工具相似。

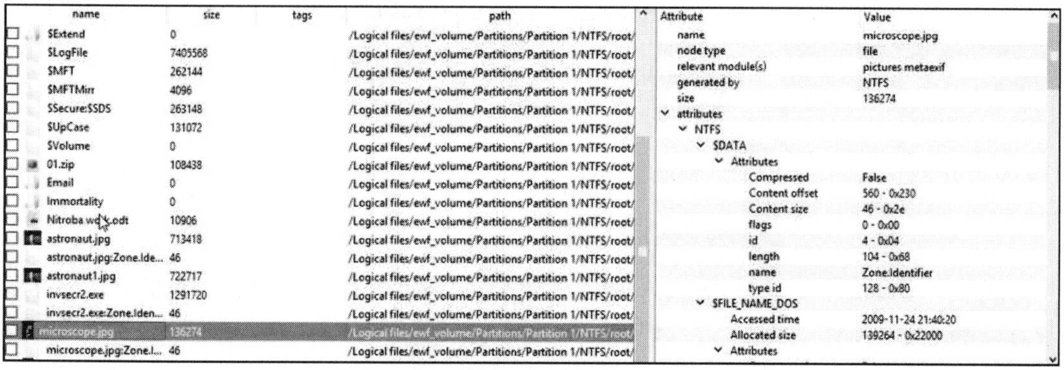

图 7-3 DFF 详细信息

我们还可以使用 Exiftool 从文件中提取元数据，只需键入 **exiftool**，并在其后加上需要调查的文件名即可。如图 7-4 所示，使用 Exiftool 查看 bmap-1.0.17 文件夹中文件的信息，这里仅显示了命令执行时该文件夹中部分文件的信息。

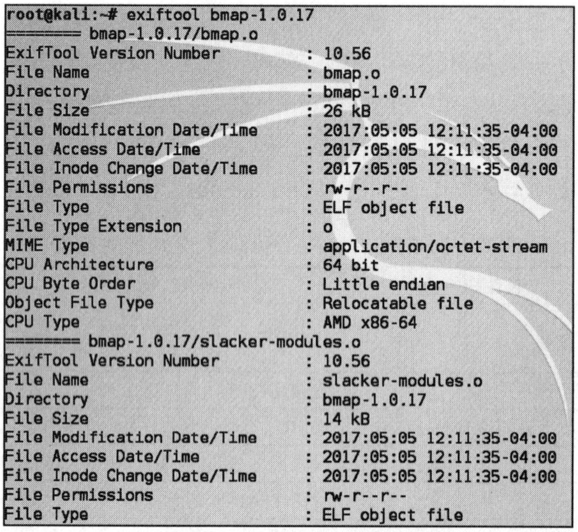

图 7-4 Exiftool 的结果信息

上面这些只是能够用于提取文件详细信息的众多工具中的两种。我们在 https://docs.microsoft.com/en-us/sysinternals/downloads/ 上还可以找到微软公司提供的一些工具，只需在保存下载可执行文件的同一文件夹中运行程序，即可借助这些工具获取 Windows 操作系统中的很多详细信息。下面是系统信息类别的摘要和获取该信息的相应工具名称。

- 进程内存（Process Memory）：Pmdump.exe、Pd.exe、Userdump.exe、Adplus.vbs
- 打开的文件（Open Files）：PsLoggedOn、Net Sessions、LogonSession
- 登录的用户（Logged-In Users）：Net 文件命令、PsFile 实用程序、OpenFiles 命令
- 系统还原点信息（System Restore Points）：Rp.log、Change.log.x 文件
- 进程信息（Process Information）：Pslist/Pslist –x、Tasklist、Fport、Listdlls
- 注册表设置（Registry Setting）：Reg.exe、Win Registry Editor、Regedit.exe、Regedit32.exe

记住，这些工具只能在取证副本上运行，而不能在原始存储介质上运行！现在让我们看看 Windows 注册表中有哪些有价值的数据。

7.1.1 定位数据

让我们看看在调查使用 Windows 操作系统设备的文件系统时，应当考虑收集哪些类型的数据。文件系统存储在某种类型的硬盘驱动器上，即使我们永远不想以任何方式修改原始存储介质，但是在开始分析文件系统之前，我们必须要制作原始硬盘驱动器位对位的副本。我们在第 6 章中讨论制作原始存储介质副本的重要意义，以及创建符合取证质量要求的证据副本的过程。在对证据副本进行调查取证时，我们需要考虑所有的数据，包括操作系统无法识别但仍可以使用的区域，比如 FAT 文件系统中松弛空间等被浪费的空间。

我们的目标是尽可能多地收集各种证据，以便重新创建和恢复特定用户账户的历史记录。我们可以从不同的位置收集感兴趣的数据。尽管我们可能希望立即寻找恶意行为或者其他迹象来重现案件情景，但是最好在开始分析证据之前先收集所有信息。一些数据起初并不重要，但是后来可能会成为关键点。计划收集所有与案件有关的资料。

以下是在构建用户配置文件时可能需要获取的数据摘要。我们将在本章后面深入讨论其中的诸多主题。

- 根用户文件夹（Root User Folder）：通过此文件夹可以访问整个操作系统，它的位置是 %SYSTEMROOT%\System32。
- 桌面文件夹（Desktop Folder）：此文件夹中保存了由用户或者程序自动放置在桌面上的数据，它的位置是 %USERPROFILE%\desktop。
- 回收站文件夹（Recycle Bin Folder）：此文件夹中包含最近删除的文件，这些文件很容易恢复，我们将在本章后面对此进行更详细的讲解。此文件夹具有隐藏属性，需要取消选中"隐藏受保护的操作系统文件"选项才能查看到这个文件夹，它的位置是 C:\$recycle.bin。

- 我的文档（My Documents）：此文件夹中包含用户创建的文件。当在系统上安装程序时，相关信息也会存储在此文件夹中，此文件夹通常是主存储空间，它的位置是 C:\Users\<username>\Documents。
- 元数据（Metadata）：元数据是关于数据的数据，我们将在本章后面对此进行讨论。
- 还原点（Restore Points）：从概念上来说，还原点是为了在发生错误时将系统恢复到工作状态而设置的位置。例如，如果计算机被恶意软件感染、崩溃或者开始运行缓慢，用户可以决定回滚到系统运行正常的时间点。还原点中包含保存时安装的程序、操作系统和文件设置。
- 打印机缓冲池（Printer Spooler）：此文件夹中包含与打印机作业相关的信息，它的位置是 C:\Window\System32\Spool\Printers。
- 应用程序数据（Application Data）：应用程序数据是为程序提供向后兼容性而设计的，充当着将程序和文件重定向到不同位置的快捷方式。此文件夹中包含与各种应用程序、Windows 通讯簿和最近访问的文件的设置相关的信息，它的位置是 C:\Users\<username>\AppData\Roaming。
- 开始菜单（Start Menu）：菜单中包含指向系统上所安装程序的链接。Windows 7 发布后，原来的开始菜单被开始（Start）取而代之。
- 发送到（Send To）："发送到"可以视为快捷方式，换句话说，此文件夹中包含指向其他软件应用程序的链接，可以通过访问这些快捷方式发送或者激活文件，它的位置是 C:\Users\<username>\AppData\Roaming\Microsoft\Windows\SendTo。
- 程序文件（Program Files）：Windows 操作系统有两个程序文件文件夹，分别为 32 位和 64 位版本的 Windows 操作系统设计，它们的位置分别是 C:\Program Files（x86）和 C:\Program Files。
- 固定文件/跳转列表（Pinned Files/Jump List）：Windows 7 操作系统引入了固定文件/跳转列表的概念，就像钉在墙上的便条中的信息一样，其本质就是 Windows 可以把文件放在屏幕上，以便于用户访问。固定文件和跳转列表可以提供最近访问文件的记录，它的位置是 C:\Users\<username>\AppData\Roaming\Microsoft\InternetExplorer\Quick Launch\User Pinned\TaskBar。
- 收藏数据（Favorite Data）：此文件夹中包含与 Windows 资源管理器和 Internet Explorer 收藏夹相关的信息，它的位置是 C:\Users\<username>\favorites。
- 交换文件（Swap Files）：页面或交换文件是计算机上帮助扩展计算机内存的内存文件。这些文件具有隐藏属性，需要取消选中"隐藏保护的操作系统文件"选项才能查看到它们。我们可以通过右击"我的电脑"选择"属性"，在"任务"菜单中单击"高级系统设置"，然后在"高级"选项卡中单击"性能"中的"设置"，最后在"性能选项"对话框中的"高级"选项卡中单击"更改"找到交换文件的位置。
- Cookies：Cookies 中存储着网站的信息，如特定用户的首选项和配置。它的位置是

C:\Users\<username>\AppData\Roaming\Microsoft\Windows\Cookies。
- 最近访问文件夹（Recent Folder）：此文件夹中存储着特定用户最近访问或者打开过的文件的链接，它的位置是 C:\Users\<username>\AppData\Roaming\Microsoft\Windows\Recent。
- 缩略图缓存（Thumbs Cache）：此文件夹中存储着类似于 Thumbs.db 的缩略图文件，默认情况下，缩略图文件是根据图片文件创建的，此文件夹的位置是 C:\Users\<username>\AppData\Local\Microsoft\Windows\Explorer。
- 注册表（Registry）：此文件夹中包含 Windows 的配置信息，信息包括首选项、系统设置、历史和当前使用的应用程序，以及许多其他有用的东西。后面我们将重点探讨注册表。

7.1.2 未知文件

在某些情况下，我们可能会遇到一些无法确定的未知文件。我们可以通过多种不同的方法来确定文件的真正含义。首先，可以使用网络资源和程序来标识文件类型，我们可以通过网址 http://mark0.net/soft-trid-e.html 下载一个免费软件 TrIDNET，TrIDNET 的界面如图 7-5 所示。我们可以将任何有疑问的未知文件加载到 TrIDNET 中，识别未知文件的本来面目。在使用此程序之前，需要从 mark0.net 等网站下载特定的定义文件。

除了 TrIDNET 之外，还有许多其他程序也可以完成同样的任务，例如图 7-6 所示的 PEiD。PEiD 需要一个名为 userdb.txt 的签名文件才能正常工作，但是 PEiD 没有附带 userdb.txt 文件，因此使用前需要自己去下载这个文件。下载签名文件或者其他类型的文件时，我们要确保从信誉良好的资源处下载。我们在 GitHub 中可以搜索到可用的 userdb.txt 文件，但是在使用这种公共文件时，我们应该对它们进行检查，以确保这些文件不是恶意的或者不包含不正确的信息。

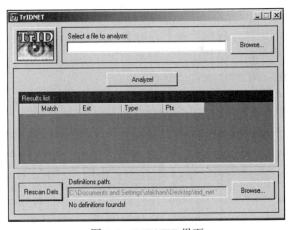

图 7-5　TrIDNET 界面

> **注意**　这些程序没有完整性哈希值校验，所以在获取软件时需要小心。

手动识别文件的方法是在十六进制下查看文件并查找匹配的魔数（magic number）。魔数是在文件头部中找到的表示文件类型的十六进制签名。例如，所有 GIF 格式的文件都有 47 49 46 38 37 61 或者 47 49 46 38 39 61 的十六进制文件头部，所有 JPEG 格式的文件都有

FF D8 FF DB、FF D8 FF E0 nn nn 4A 46 49 46 00 01 或者 FF D8 FF E1 nn 45 78 69 66 00 00 的十六进制文件头部。我们可以在很多在线资源上找到文件魔数的完整列表。对于 UNIX 系统，可以使用 /etc/magic 识别文件，该文件中已经包含已知扩展名文件的文件头和文件尾。

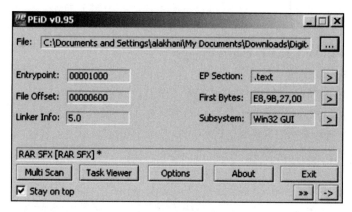

图 7-6　PEiD 程序

文件可以被修改，但是文件的魔数或者文件头会保持不变。文件的这一特性对于攻击签名或者应用程序识别工具等方面非常有用，这些工具可以在数据流经工具时对其进行检查，并可识别出魔数与文件类型不符的文件。在下一章中，我们将通过这个方法在 Cisco Snort 中开发入侵检测的签名特征，通过文件魔数来检查下载的特定类型的文件，比如当我们用这个规则检查下载的看似是 GIF 的文件时，会找到一些扩展名为 .gif 但实际上是被修改扩展名的其他文件类型的文件。某个 JPG 文件的十六进制数据如图 7-7 所示，图中突出显示了 JPG 文件的魔数。

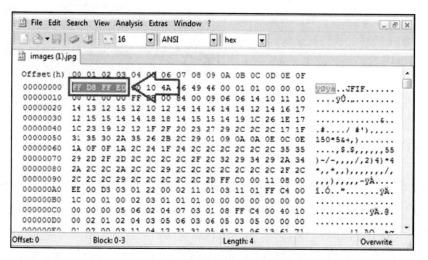

图 7-7　JPG 格式的文件魔数

使用手动方法或者自动工具都可以实现文件的识别和检测，使用自动工具可以快速识别文件，而手动方法通常用于对文件进行操作，比如深度文件恢复（file carving）⊖或者开发签名检测。在刚才提到的查找 GIF 文件的 Snort 签名的例子中，我们可以设置 alert tcp any any -> any any (contain: "47 49 46 38"; msg: "GIF file detected"; sid 10001) 规则，这个签名将从文件头中查找魔数，在检测到 47 49 46 38 数据时弹出"检测到 GIF 文件"的提示。同时，我们还可以根据文件最后一串数据（也被称为尾部）来标识已到达文件的末尾。在本章后面讨论深度文件恢复的概念时，我们将更深入地研究这种方法。建议读者掌握手动和自动文件识别的技术，以便在收集数据时使用它们解决问题。

7.1.3 Windows 注册表

Windows 注册表本质上是一个数据库，其中包含了大量对调查有价值的信息。几乎所有在 Windows 操作系统中执行的操作都会记录在注册表中。Windows 注册表具有分层数据库的结构。我们可以在 %SYSTEMROOT%\system32\config 中找到注册表的配置单元（hive）或者节（section），通过在运行（Run）对话框中使用 **regedit** 命令编辑或者查看 Windows 注册表，打开后的注册表如图 7-8 所示。

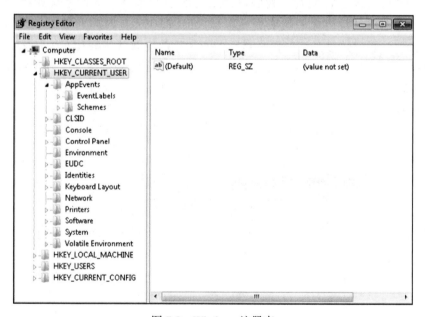

图 7-8　Windows 注册表

⊖ file carving 的中文翻译一直存在争议，大多数人按照其字面意思将其翻译成"文件雕复"或者"文件雕刻"，也有人将其翻译为"文件挖掘"。file carving 是指根据文件头和文件尾的魔数特征，在十六进制数据中将文件恢复出来，与根据文件系统进行文件恢复相比，更深入一个层次，因此这里将 file carving 翻译为"深度文件恢复"。——译者注

从图 7-8 中我们可以看到注册表配置单元由五个分层文件夹组成，分层文件夹都以 HKEY 开头，HKEY 是"键的句柄"（Handle to a Key）的缩写。在这五个配置单元中，只有两个包含实际数据，它们分别是 HKEY_USERS（或者 HKU）和 HKEY_LOCAL_MACHINE（或者 HKLM），它们是我们需要花费大部分时间调查的文件夹。而其他三个文件夹则是指向上述两个配置单元的分支的快捷方式。

以下是有关配置单元目录的一些关键信息：

- HKEY_CLASSES_ROOT（或者 HKCR）包含用于确保在 Windows 资源管理器中打开文件时正确启动程序的信息，这个配置单元是 HKEY_LOCAL_MACHINE\Software 的一个子键。
- HKEY_LOCAL_MACHINE 包含关于计算机的特定信息，而不是任何一个用户的特定信息。
- HKEY_USERS 配置单元包含活动用户加载的配置文件的信息。
- HKEY_CURRENT_USER 是当前登录到计算机的用户的配置根目录，包含诸如在控制面板中的用户的文件夹、主题、颜色和设置等信息。
- HKEY_CURRENT_CONFIG 存储系统启动时计算机正在使用的硬件配置文件的信息。

如何通过注册表进行调查？我们可以把注册表看作一个文件系统或者数据库。例如，在注册表中记录特定文件的最后一次写入（LastWrite）时间和最后一次修改（Last-Modification）时间的信息，这些信息对于调查文件的更改非常有用，但是注册表数据无法确定更改了文件的哪些内容，我们只知道文档在特定时间被更改了。Windows 注册表中还包含自启动程序位置之类的内容。恶意软件可以借助自启动的位置在受攻击的系统上保持持久运行。例如，恶意软件可能隐藏在 HKEY_CURRENT_USER\Software\Microsoft\Windows\CurrentVersion\Run 位置，如图 7-9 所示，这些信息有助于识别与在 Windows 系统上自动运行软件相关的任何内容。

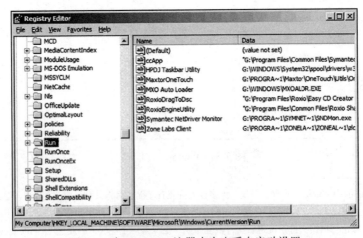

图 7-9　在 Windows 注册表中查看自启动设置

我们还可以在注册表中找到用户的活动信息，比如最近运行的程序列表等。最近使用（Most Recently Used，MRU）列表包含许多以英文字母表示的值。MRU维护着最近使用了哪些值的列表。

与USB可移动存储设备相关的信息也包含在Windows注册表中。插入USB可移动存储设备时，设备ID将会写入注册表，这些信息有助于识别计算机上是否使用了特定设备。当我们调查系统使用USB设备的情况（例如导致恶意程序爆发的设备）时，这些信息将会很有价值。我们可以在以下位置查找USB相关数据：

- 位于SYSTEM配置单元的USBSTOR（SYSTEM\CurrentControlSet\Enum\USBSTOR）
- MountedDevices键（SYSTEM\MountedDevices）
- 位于用户的NTUSER.dat配置单元的MountPoints2键（NTUSER.dat\Software\Microsoft\Windows\CurrentVersion\Explorer\MountPoints2）
- 位于SYSTEM配置单元的USB键（SYSTEM\CurrentControlSet\Enum\USB）
- setupapi日志（对于Windows Vista/7/8操作系统，存储在C:\Windows\INAsetupapi.dev.log中，对于Windows XP操作系统，存储在C:\Windows\setupapi.log中）

图7-10展示了在MountedDevices键下找到的可移动USB设备，这是五个可以提取此类数据的位置之一。

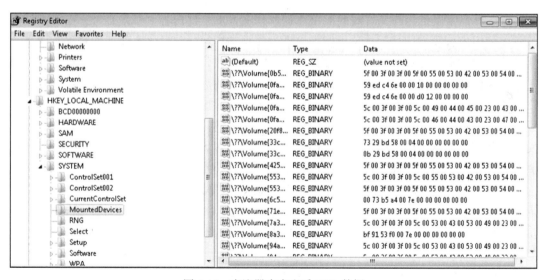

图7-10　在注册表中查看USB数据

使用Windows操作系统的计算机曾经连接过的所有无线网络的SSID都会记录到Windows注册表里，如果计算机使用者经常旅行，那么这个列表会很大。

综上所述，注册表中包含大量信息，我们要考虑收集的信息包括系统配置、系统上的设备、用户名、个人设置、浏览器首选项、Web浏览记录、打开的文件、执行的程序和密码等。访问网址 https://forensicswiki.xyz/wiki/index.php?title=Windows_Registry 可以了解收集 Windows 注册表数据的更多信息。

7.1.4 被删除的文件

在 Windows 操作系统上删除文件时，不同的文件系统，删除文件的过程有所不同。在 FAT 文件系统中目录条目相当于是个索引，其中包含目录的起始簇号。当在 FAT 文件系统中删除目录时，目录条目的第一个字符将会被修改为十六进制的 0xE5，但是在删除文件时，目录条目的信息则不会丢失，因此可以借助它来定位已删除的文件，而文件的其他 FAT 条目则会被清除。在 NTFS 文件系统中删除文件时，该文件在主文件表项上的 IN_USE 标志会被清除，父目录条目会被删除，目录也会被重新排序，数据簇被标记为未分配。与 FAT 文件系统不同，在 NTFS 文件系统中删除文件时，文件名很可能会丢失。然而，由于主文件表项没有被销毁，文件数据仍然可以被恢复。需要注意的是，在创建新的主文件表项之前，NTFS 会重用主文件表项，这意味着可恢复的被删除文件是最近删除的文件。因此，在运行数据恢复程序时，FAT 文件系统可能会比 NTFS 文件系统恢复出更多的数据。在调查 Windows 文件系统时，请记住在报告中标记文件系统类型，以便帮助解释可以恢复文件的原因。

对于可以恢复的内容，有时我们可以提取到文件的全部内容，但是有时只能检索到文件的部分内容，我们的目标是尽可能多地恢复文件的内容，包括含有如文件删除时间等真实情况的元数据。在许多操作系统中，只是将文件所在位置的记录删除，标识该空间可用于存储新的数据，但是不会用新数据直接替换被删除的数据，文件系统也不会清理被删除文件的数据空间。只有通过取证级的专门程序才能清除系统中的数据，因此在被删除文件的数据空间还未存储新数据之前是可以恢复原始数据的。操作系统使用新数据填充已删除文件的数据空间所需的时间受到多种因素的影响，对于大多数机械硬盘来说，不会很快填充已删除文件的数据空间，这个时间取决于硬盘上可用空间的大小。硬盘上的可用空间越多，恢复已删除数据的可能性就越大；可用空间越少，恢复已删除数据的可能性就会越小。而固态硬盘不同于机械硬盘，固态硬盘会利用像 TRIM 这样的程序自动格式化和删除数据，虽然可以提高硬盘的效率，但是同时也会销毁已删除的数据。随着操作系统对固态硬盘读写方式的不断改进，从这些设备中恢复数据会变得越来越困难。

我们可以使用 Foremost 这个工具来恢复数据，在命令行中键入 **foremost** 命令，指定需要恢复的文件类型、需要搜索文件的文件夹位置，以及恢复数据的输出路径。如图 7-11 所示，使用 Foremost 工具恢复位于 /dev/sdb1 的 USB 驱动器中的所有类型的文件，并将恢复的文件输出到 /root/Desktop/recover/ 路径下。

```
foremost -t all -v -i /dev/sdb1 -o /root/Desktop/recover/
```

图 7-11 Foremost 数据恢复命令

Foremost 会将所有恢复的文件按照文件类型分别保存到不同的文件夹中，以便于使用者查找数据。在上面的例子中，USB 驱动器中有大量的数据被删除，但是依然能够将其恢复，我们可以进入 JPG 文件夹查看恢复的所有 JPG 格式的文件。如果没有恢复到相关类型的文件，那么这个文件类型的文件夹会是空的。图 7-12 展示了运行 Foremost 工具恢复 USB 驱动器中被删除的数据后，在恢复文件夹中生成的一些文件夹。

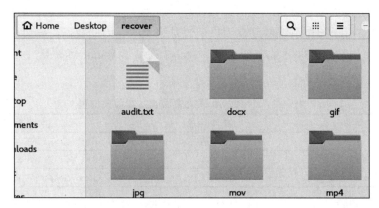

图 7-12　Foremost 工具生成的恢复文件夹

还有许多其他的数据恢复工具，比如 Total Recall、Digital Rescue 和 EaseUS 等。此外，很多电子数据调查取证工具中也包含数据恢复的功能，尽管很多工具是收费的，但是它们的功能与 Foremost 等免费软件的功能并无差别，因此我们可以选择那些可用的免费软件来恢复数据。我们还喜欢免费的开源工具，主要是因为在学习电子数据调查取证的初期，我们需要认识不同的软件，还要选择使用软件的许多不同类型的实用程序，并熟悉它们的功能。但是，如果没有供应商、技术支持服务或者认证培训（这些通常都与商业软件的功能相关），有些人使用这些软件时可能会感觉不舒服。无论选择哪种工具，我们都应当验证工具的功能，比如有些工具可能没有查看嵌入式设备的功能，而 Foremost 工具具有此功能。

在 Windows 中重命名文件的行为类似于删除和重新创建文件，重命名文件时将会删除记录被重命名文件的旧目录项并创建新的目录项，目录项中两个文件的起始簇偏移量相同。用户移动或者重命名文件的情况可以证明用户知道文件存在。这些信息有助于证明用户更改未经授权目录的快捷方式、用户出于隐藏目的重命名不适当的内容、恶意软件在执行时更改文件类型等。通常，我们可以在文件的元数据中找到显示创建或者删除文件的数据。Exiftool 是一款能够显示文件被移动的元数据的好工具。

7.1.5　Windows 回收站

在 Windows 操作系统中，Windows 回收站可以视作删除工具。它具有类似垃圾桶的功能，把垃圾放在垃圾桶中，直到清空垃圾桶时，垃圾才会被移走。从技术角度来看，回收站的工作方式是将删除的文件移动到一个特殊目录内，只有当用户清空回收站时，文件才会被删除。

回收站的实际位置取决于 Windows 和文件系统的版本。在使用 FAT 文件系统的 Windows 95 和 Windows 98 操作系统中，回收站文件夹路径和名称为 C:\Recycled；在使用 NTFS 文件系统的 Windows XP 和 Windows 2000 操作系统中，回收站文件夹路径和名称为 C:\Recycler；而在较新的 Windows 操作系统中，回收站文件夹路径和名称为 C:\$Recycle.Bin，这些文件夹对于操作系统的终端用户来说是隐藏的，因此我们需要启用隐藏文件夹的查看功能或者使用特殊软件才能看到它们。表 7-2 列举了 Windows 系统中回收站文件夹的默认安装位置。

表 7-2　Windows 系统中回收站文件夹位置

操作系统	文件系统	回收站文件夹位置
Windows 95/98/ME	FAT/FAT32	C:\RECYCLED\INFO2
Windows XP/NT/2000	NTFS	C:\RECYCLER\%SID%\INFO2
Windows Vista/7/8/10	NTFS	C:\$Recycle.Bin\%SID%\

把文件拖入回收站时，系统将会从文件夹中删除该文件的相应目录项条目，在回收站目录中创建新的目录项条目，并更新回收站中名为 INFO 和 INFO2 的两个隐藏文件。INFO 文件中包含删除时间等关键信息。INFO 文件中的文件删除信息可以表明文件是被故意删除的，这对于证明删除文件的意图很重要。INFO 文件条目中包含回收站中每个文件的原始路径、文件删除日期和时间、文件在回收站中的新路径以及回收站的索引。INFO 中的信息可用于建立删除文件的顺序。我们可以使用解析器软件或 EnCase 的 EnPack 脚本来解析 INFO 和 INFO2 文件。

移入 Windows 回收站的文件将会被重新命名，对于 Windows Vista 和更早的版本，文件将被重命名为 D<drive letter of the file><#>.<original file extension>。例如，如果从 C: 驱动器中删除了一个名为 Something.jpg 的文件，它将会被重命名为 DC1.jpg。INFO2 文件则以二进制格式存储文件的原始路径和文件名称。

在 Windows Vista 或者更高版本的 Windows 操作系统中，回收站对移入的文件会有不同的处理方式。移入回收站的文件会按照 $R<six random characters>.<original file extension> 的格式将文件重命名为一个带有 6 个随机字符的文件名，同时一并生成一个格式为 $I<six random characters>.<original file extension> 的管理文件，两个文件中的 6 位随机字符完全一致。例如，将 Something.jpg 移入回收站后，在回收站中会生成 $RHKI3TE.jpg 和名为 $IHKI3TE.jpg 的管理文件。回收站会为每个用户创建独立的子文件夹，操作系统中不同用户移入回收站的文件会放在回收站内不同的子文件夹内，这些子文件夹会根据活动用户的安全标识符（Security Identifier，SID）进行命名，这相当于每个用户都拥有自己的私人回收站，从而防止其他用户污染特定用户回收站内的数据，而且每个逻辑分区都有自己的回收站。例如，如果 Windows Vista 或更高版本的 Windows 操作系统中有 3 个分区和 4 个不同的用户，那么就会有 12 个独立的回收站，每个用户在每个分区上都有自己的回收站。

下面是一个 Windows XP 回收站文件结构的示例：

```
C:\RECYCLER\
S-1-5-41-1005634523-673425550-734234876-500\
DC1.jpg
INFO2
S-1-5-41-1005634523-673425550-734234876-1003\
DC7.txt
INFO2
```

下面是一个 Windows 7 回收站文件结构的示例：

```
C:\$Recycle.Bin\
S-1-5-41-1005634523-673425550-734234876-1007\
$RHKI3TE.jpg
$IHKI3TE.jpg
S-1-5-41-1005634523-673425550-734234876-1007\
$R9KEAMF.txt
$I9KEAMF.txt
```

在这里我们讲解第一个示例：S-1-5-41-1005634523-673425550-734234876-500，第一个字母 S 表示这是一个安全标识符，1 表示这是此文件夹的第一个修订级别，5 表示权限标识符，41-1005634523-673425550-734234876 表示域或者本地计算机的标识符，最后的 500 表示相对 ID。相对 ID500 代表着系统管理员，任何未创建的组或者用户的相对 ID 为 1000 或者更大的数字。

在 Windows Vista 或更高版本的操作系统中，文件移入回收站后会产生 $R 文件和 $I 文件，$R 文件是已删除文件的副本，$I 文件中包含已删除文件的原始名称、已删除文件的大小、移入回收站的日期和时间以及已删除文件的完整路径等信息数据，但是这些数据不容易阅读和理解。我们需要通过十六进制解释器来解码 $I 文件。查看解码的 $I 文件时，第一组 8 个字节由 $I 文件头和 7 组 00 组成，第二组 8 个字节是以十六进制格式存储的文件大小，第三组 8 个字节是以标准 Windows 格式存储的文件日期和时间，最后的字节表示文件删除前的大小和完整路径。你需要一个十六进制解释器来理解这些数据。

在调查使用 NTFS 文件系统的 Windows 操作系统时，调查分析 $I30 文件是一种更加便捷的调查回收站文件的途径。$I30 文件中包含已删除文件完整的原始文件名称、父目录、文件大小、创建时间、上次修改时间和访问时间等信息。与 INFO 文件一样，我们也可以使用解析软件或者 EnCase 的 EnPack 脚本来解析这些文件。通过十六进制查看器查看 $I30 文件的情况如图 7-13 所示。

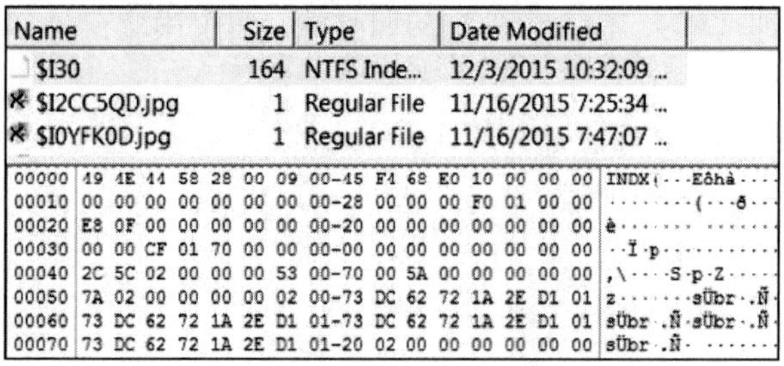

图 7-13　$130 文件

7.1.6　快捷方式

下面我们来讨论 Windows 操作系统中包含有用内容的另一种文件——快捷方式文件。Windows 的快捷方式文件扩展名为 .lnk，可以提供有关桌面配置的信息，通常位于桌面和最近使用的目录中。即使用户删除了快捷方式文件，桌面快捷方式的存在也可以证明用户知道与快捷方式相关联文件的存在，并且用户处理过这些文件。例如，在有关儿童色情或者非法软件的案件中，通过用户创建的快捷方式可以排除文件是"意外"下载的说法，此外，元数据还可以显示访问快捷方式的时间。

查看快捷方式文件信息的工具有 Lnkanalyser、Windows 文件分析器（Windows File Analyzer）、LECmd、LinkParser 和 LNK Parser，这些工具都是免费的。许多其他企业级取证工具中也内置了可以查看快捷方式文件信息的功能。LinkParser 工具的界面如图 7-14 所示。

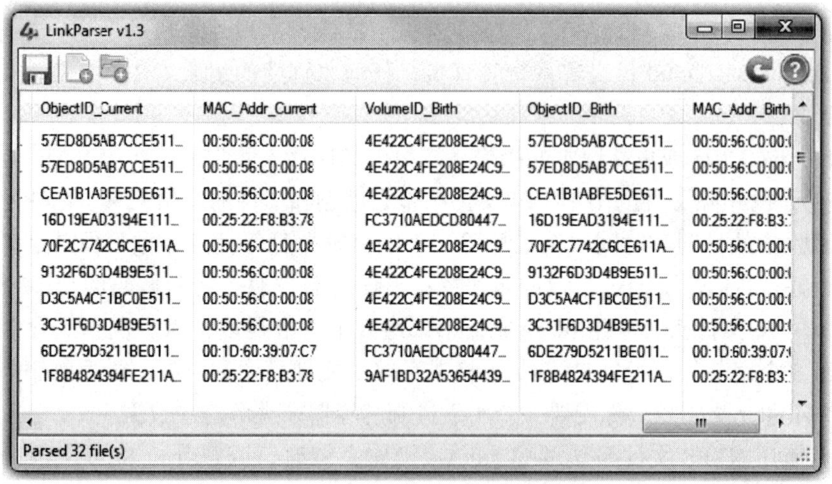

图 7-14　LinkParser 工具的界面

7.1.7　打印缓冲池

打印缓冲文件（print spool file）是一种容易被我们忽视的文件类型。创建打印作业时，操作系统将创建两个具有相同名称但是扩展名不同的文件，文件的扩展名分别是 .spl 和 .shd，.shd 文件又称为 shadow 文件，包含正在打印的文件的信息。.spl 文件包含呈现要打印的文件内容所需的信息，新创建的文件名称由 5 位数字组成，例如 65784.spl 和 65784.shd。.shd 的作用类似于快捷方式文件，表示有意访问或者打印的文件内容。我们可以从 .shd 文件中查看已打印的内容，并可以显示已特意选择的要打印的内容。打印缓冲文件保存在 C:\Windows\System32\Spool\Printers 中。图 7-15 展示了一些打印缓冲文件。

当有人设置打印机时，可以选择 RAW 或者 EMF（Microsoft Enhanced Metafile，Microsoft 增强型图元文件）模式。如果选择了 RAW 模式，那么会直接将图形转储到打印机。如果选择了 EMF 模式，图形将转换为 EMF 图片格式，每个被打印的页面都将成为嵌入到另一个文件中的单个 EMF 文件。RAW 不是默认的模式，因此很有可能将打印机设置成 EMF 模式。

每个 EMF 文件都有一个独特的头部，根据操作系统的类型不同而有区别。我们识别到

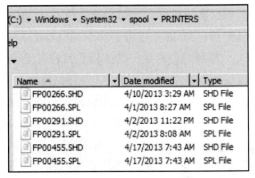

图 7-15　Printer Spool 文件

EMF 缓冲文件后，可以使用 EMF 文件的头部数据来确定是什么版本的操作系统发送了此打印作业。这些信息有助于使用字符串搜索操作系统中与调查有关的打印作业，并证明有人发送了某些内容的打印作业。我们可以在线搜索调查所需的 Windows 相关版本的 EMF 值。

有很多可以用来查看 .spl 文件的工具。SplViewer 是一个简单而有效的免费工具，可以从 http://splviewer.sourceforge.net/ 下载这个软件，EnCase 等其他工具也可以用来查看 .spl 文件。使用 SplViewer 打开 .spl 文件的界面如图 7-16 所示。

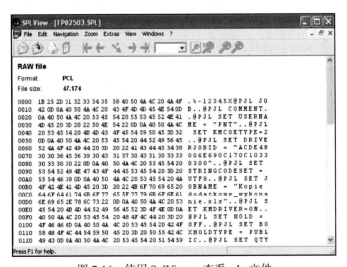

图 7-16　使用 SplViewer 查看 .slp 文件

7.1.8 松弛空间和损坏的簇

松弛空间是指当操作系统不需要分配所有空间时，可以在硬盘上找到的剩余存储空间。可以把松弛空间视作浪费的空间。如本章前部分和第 6 章所述，不同的文件系统格式会产生不同的松弛空间，这是在当前操作系统中 NTFS 文件系统比 FAT 文件系统更常见的主要原因之一。在 FAT 文件系统中，松弛空间是由文件的逻辑大小和物理大小之间的差异构成的。逻辑大小以字节为单位，是由文件的实际字节数决定的。物理大小则是由分配给文件的扇区数决定的。如果一个文件是 1280 字节，它将需要 4 个 512 字节的扇区，文件系统将分配给它 2048 个字节，2048 和 1280 之间相差的 768 字节就是松弛空间。

需要注意的是，即使操作系统不会将松弛空间识别为可用空间，但是应用程序仍然可以使用此空间。利用松弛空间来隐藏组件是恶意软件的常见策略。当文件隐藏在松弛空间中时，只有专用软件才能识别文件的隐藏位置。WinHex 是一个可以用来收集和调查松弛空间的工具，与大多数电子数据调查取证工具一样，可以在窗口中显示与任何文件相关联的字节。在文件之间用 00 表示的空间就是松弛空间，文件后面的 00 通常表示空白。如图 7-17 所示，使用 WinHex 可以标识出文件的松弛空间。这个例子中突出显示了一些 00，它们是文件之间浪费的空间，也就是松弛空间。

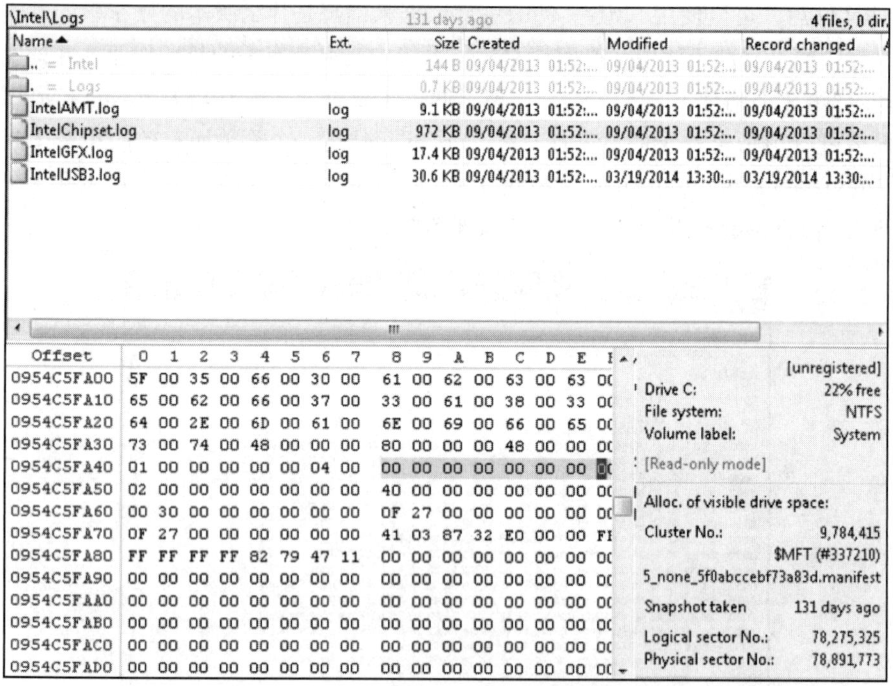

图 7-17 在 WinHex 中突出显示的松弛空间

WinHex 可以收集所有的松弛空间并将其保存到指定的文件夹中。通过这种方式，我们可以快速扫描松弛空间中是否存在任何可疑的数据。WinHex 中的松弛空间选项如图 7-18 所示。使用此选项时，首先选择"松弛空间"（Slack Space），然后根据软件提示选择一个用来保存包含所有合并松弛空间的文件夹的位置。单击"保存"（Save）后，WinHex 将会显示保存松弛空间数据的文件夹及文件夹中的数据内容。大多数电子数据调查取证工具都有类似的功能。

从概念上来说，文件系统中还有损坏的簇、未分配空间等与松弛空间类似的概念，操作系统也无法识别损坏的簇和未分配空间中的数据。损坏的簇中的数据可能是由意外或者故意损坏造成的，我们需要确定数据是否被故意损坏。比如，用户或者应用程序可能打算销毁犯罪证据，或者在未被监视的文件系统部分隐藏恶意软件之类的东西。未分配空间也存在着同样的风险，数据空间既可能会意外变为未分配空间，也会被用户刻意修改为空闲空间或者未分配空间。

图 7-18 WinHex 中的松弛空间选项

深度文件恢复是手动查找可能存在于文件系统中无法识别空间中特定数据位置的技术，比如我们可能需要在没有文件系统帮助的情况下访问硬盘驱动器的某些部分，以查看受损文件和未分配空间。首先我们需要标识文件头的位置，以便确定文件的起始位置。本章前面的部分介绍了识别未知文件的概念。对于图片，我们可以查找指定图片文件类型（如 JPG 或者 GIF）的魔数。如图 7-19 所示，我们通过文件的魔数搜索 JPG 文件。

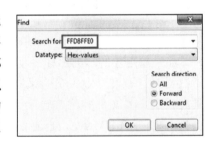

图 7-19 JPG 魔数搜索

我们还需要标识文件尾，对于 JPG 文件，文件尾十六进制字符是 FF D9，如图 7-20 所示。通过定位文件头和文件尾，我们可以将文件头和文件尾之间的空间视为 JPG 文件的数据，这样就可以从原始数据中恢复和提取到 JPG 图片文件了。

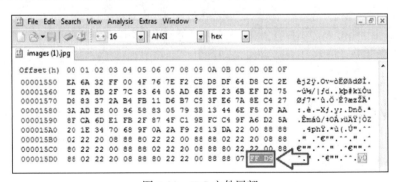

图 7-20 JPG 文件尾部

我们选中从文件头到文件尾之间的所有数据，这就是一个 JPG 文件的全部数据。然后将选中的数据粘贴到新文件中，将文件保存成扩展名为 .jpg 的文件，这样操作系统就能以正确的格式查看这个 JPG 文件了。如图 7-21 所示，将原始文件中的 JPG 数据粘贴到一个新文件中，选择"另存为"（Save As），将文件保存为自己定义的 .jpg 格式的文件。文件保存后，操作系统会将其识别为原始形式的 JPG 图片。

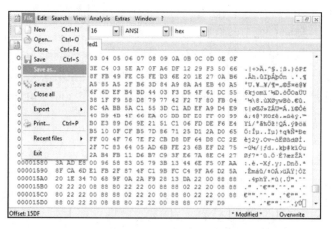

图 7-21　JPG 文件重构

如果像刚才所示的那样手动进行深度文件恢复的话，这个过程会非常耗时。大多数电子数据调查取证专业人员一般会利用软件来自动化完成此过程。大多数文件恢复软件都具有识别丢失文件并将其转换为正确格式的功能。PhotoRec 是一个开源的深度文件恢复工具，我们可以从 www.cgsecurity.org/ 下载这个工具。运行这个工具后，首先选择需要恢复数据的磁盘分区，选择不同的设置，可以恢复不同的文件内容。选择 PhotoRec 的恢复（Recover）选项后，如图 7-22 所示，系统会列举出一些能够恢复的文件类型。

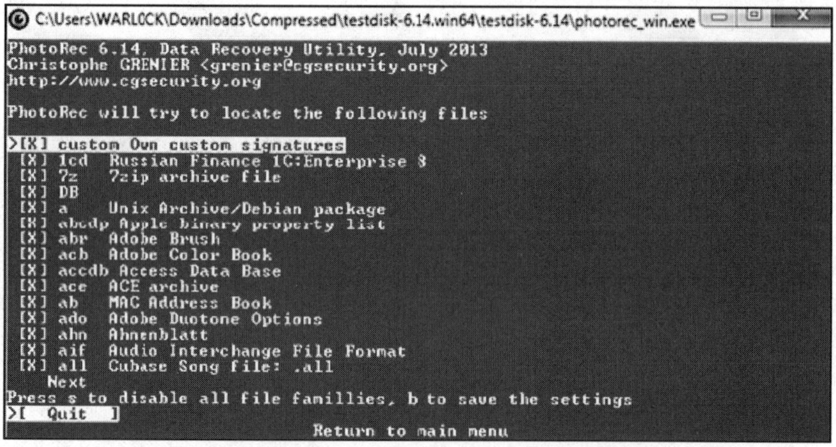

图 7-22　PhotoRec 恢复（Recovery）选项

我们可以搜索并恢复一种指定的文件类型，就像之前例子中恢复 JPG 格式的文件一样。如图 7-23 所示，PhotoRec 的恢复（Recovery）选项中只选中 JPG 文件，工具会在后台像之前手动深度恢复 JPG 文件那样自动执行识别 JPG 文件的步骤。

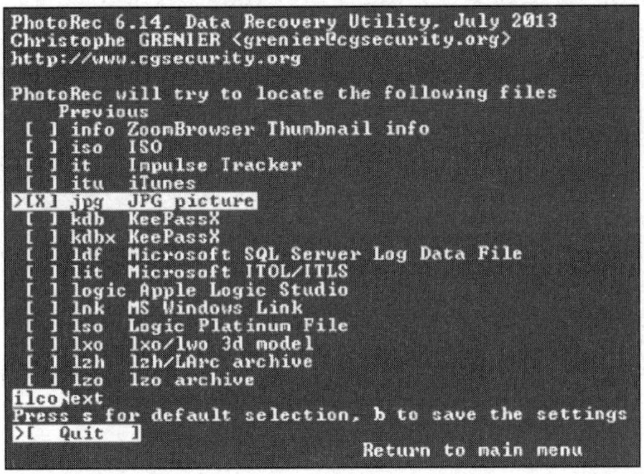

图 7-23　PhotoRec 只选中 JPG 文件

最后，我们指定被恢复数据的保存位置，PhotoRec 将在指定的磁盘分区上运行。PhotoRec 恢复所需的时间会因驱动器大小和要查找的内容多少不同而有所差异，恢复完成后会提示找到了什么文件，并将其保存在指定的恢复文件夹中。

7.1.9　交换数据流

交换数据流（Alternate Data Stream，ADS）是 Windows 的 FAT 文件系统中不可用的数据资源之一，它是与 NTFS 一起产生的，旨在兼容苹果 Mac 操作系统中使用的旧的分层文件系统（Hierarchical File System，HFS）。在电子数据调查取证中交换数据流有什么作用呢？交换数据流可以将恶意文件或者其他消息隐藏在正常文件的文件记录中。例如，我们虽然看到一个名为 random.txt 的文件，但是让 Windows 操作系统读取 random.txt 的元数据中可能会包含 malware.exe 文件。这个策略可以用来隐藏系统中的恶意文件。

交换数据流是如何运作的？我们可以在使用 NTFS 文件系统的 Windows 操作系统上执行以下操作来进行测试：

1. 键入以下命令创建一个名为 normal-file.txt 的文本文件（如图 7-24 所示）：

```
echo "I am a normal test file" > normal.txt
```

2. 输入以下命令，通过键入文本并使用冒号向 normal-file.txt 的交换数据流中追加其他文本（或者其他类型的数据）：

```
echo "This is a dangerous file" > normal-file.txt:ads.txt
```

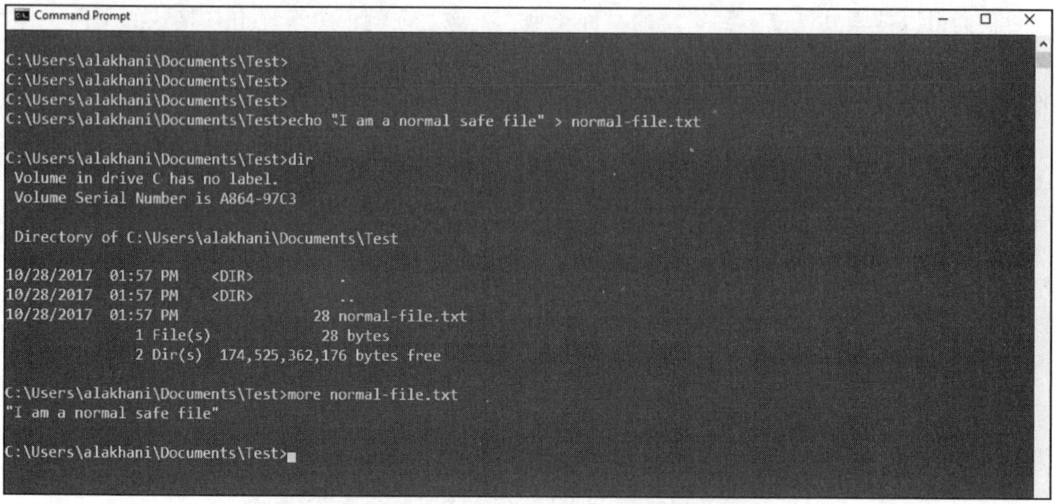

图 7-24 使用 echo 命令创建一个文件

如图 7-25 所示，Windows 在正常情况下可以查看或者读取数据。

如何查看交换数据流中的数据呢？我们必须使用特定的工具来查看此类数据。如图 7-26 所示的 ADS Spy 就是其中一种查看工具，它可以用来扫描系统或者文件夹并查看隐藏的数据流。

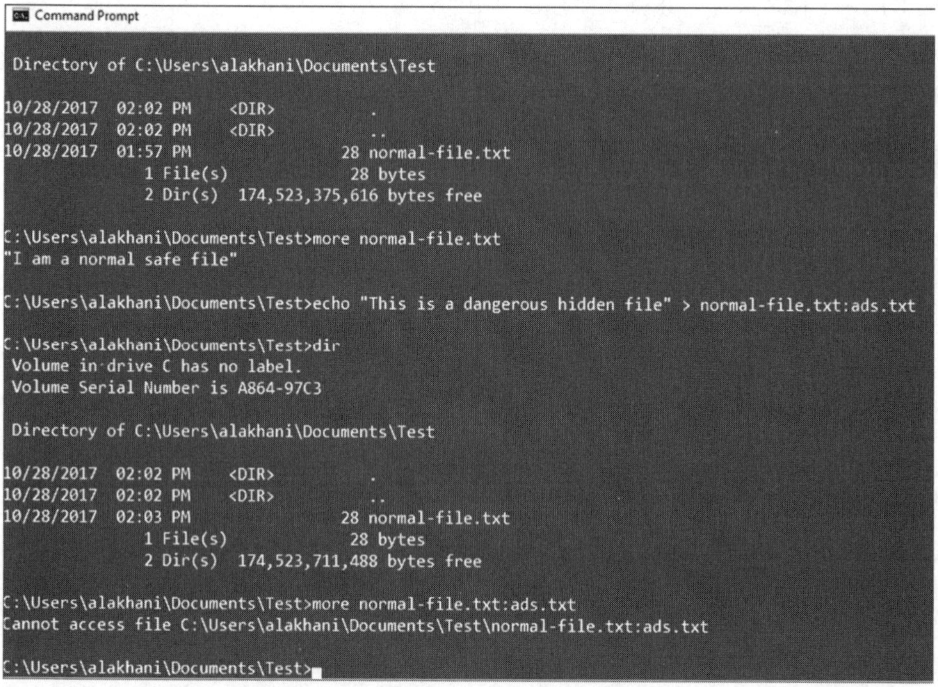

图 7-25 通过命令行界面使用交换数据流

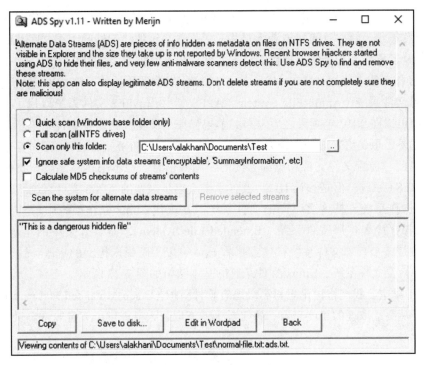

图 7-26 ADS Spy 工具界面

此外，微软也有自己的工具，即 Streams.exe。我们可以在 https://docs.microsoft.com/en-us/sysinternals/downloads/streams 上找到这个工具，这个工具支持在 Windows 命令行环境下查看交换数据流。我们可以使用 Streams.exe 和 Windows PowerShell 查看交换数据流，但是建议使用 ADS Spy 或者其他类似的可视化工具进行查看。

上面我们讨论了 Windows 操作系统中的调查取证，我们在调查取证中遇到的操作系统并不是只有 Windows 操作系统，下面我们讨论 Linux 和 Mac OS X 中的文件系统的区别。我们已经了解了文件系统的基础知识，因此我们将讨论的重点放在与 Windows 使用的文件系统的不同之处。

7.2 Mac OS X

第 9 版之前每一个版本的 Macintosh 操作系统都基于 1984 年推出的原始操作系统。1995 年，苹果传统的操作系统出现了一些问题，迫使其开始开发下一代操作系统。但是代号为 Copland 的大规模开发工作最终失败了，Copland 的一些功能被整合到了第 8 版的 Macintosh 操作系统中。苹果公司曾经考虑购买 BeOS 作为一个替代操作系统，但是在 1997 年回归的史蒂夫·乔布斯（Steve Jobs）收购了 NeXT Computer 公司后，苹果公司重新设计出了 NeXTSTEP 操作系统。NeXTSTEP 操作系统是当今 Mac OS、iOS、Watch OS 和

tvOS 操作系统的核心基础。它是根据卡内基梅隆大学 Mach 内核和 BSD 源代码开发的基于 UNIX 的操作系统，许多计算机专业人员将苹果操作系统的稳定性归因于这些基础。

Mac OS X 操作系统传统上使用 HFS+ 文件系统。事实上，自 1998 年以来，HFS+ 已在所有 Mac 操作系统中使用，HFS+ 代码基于 1985 年发明的原始的 HFS 文件系统。苹果最近推出了苹果文件系统（Apple File System，APFS），并用 APFS 文件系统取代了 HFS+ 文件系统，我们可以在 2017 年夏天之后发布的苹果操作系统上找到这种文件系统。改变文件系统背后的主要思想是更好地利用固态驱动器并且支持本机加密。通过 APFS，苹果还引入了文件系统快照、稀疏文件支持和更细粒度的时间戳信息。在本书撰写之际，我们遇到更多的可能是 HFS+ 系统，但是预计 HFS+ 文件系统会逐步被新的 APFS 文件系统所淘汰。

Linux 操作系统支持许多不同的文件系统。在现代 Linux 操作系统中最常见的是 ext4 文件系统，ext 代表扩展文件系统（Extended File System），命名方案中的 4 是指第 4 版。ext4 被认为是一个日志文件系统，这意味着 ext4 可以跟踪尚未提交的更改，这个功能有助于从崩溃中恢复文件系统。Linux 文件系统的基本结构如图 7-27 所示。

在第 11 章中，我们将讨论思科高级恶意软件防护（Cisco Advanced Malware Protection）解决方案。从终端取证的角度来看，该工具为调查取证人员提供了大量非常宝贵的数据。

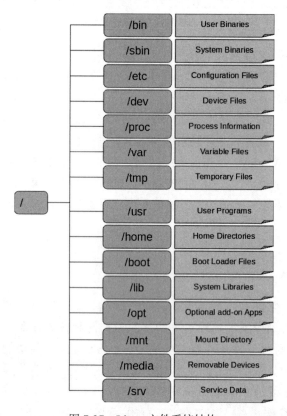

图 7-27　Linux 文件系统结构

Mac OS X 痕迹

接下来，我们讨论在调查 Mac OS X 操作系统时应该查找哪些数据痕迹。我们可以访问一些特定的位置来查找感兴趣的数据。下面是一些我们应该注意的常见的数据位置，在这些地方不仅可以找到有用的数据，而且是一个很好的调查的起点。

> **注意** 某些文件的位置可能已有所不同，主要是与 Mac OS X 的版本有关。

- Mac OS X 系统版本信息存储在 /System/Library/CoreServices/SystemVersion.plist。
- 通过查看位于 /var/db/.AppleSetupDone 文件的最后修改日期来确定操作系统的安装时间。
- 蓝牙连接历史记录保存在 /Library/Preferences/com.apple.Bluetooth.plist。
- 记录用户系统首选项信息的 plist 文件位于 /Users/<username>/Library/Preferences/*。
- 文件共享数据信息记录在 /Library/Preferences/SystemConfiguration/com.apple.smb.server.plist。
- 最近打开过的应用程序、文档和服务信息记录在 /Users/Username/Library/Preferences/com.apple.recentitems.plist。
- 最近打开的项目所指向的每个应用程序的信息记录在 /Users/Username/Library/Preferences/*LSSharedFileList.plist。
- 苹果电子邮件存储在根位置的 /Library/Mail。
- 苹果电子邮件信箱保存在 ~/Library/Mail/。
- 当前的苹果电子邮件的配置信息记录在 /Library/Preferences/com.apple.mail.plist。
- 苹果电子邮件信箱中的邮件保存在 /Library/Mail/<User Mailbox location>/Messages。
- Chrome 浏览器的历史记录保存在 /Users/<username>/Library/Application Support/Google/Chrome/Default/History。
- Safari 浏览器的历史记录保存在 /Users/<username>/Library/Safari/History.db。
- 最近一次浏览会话记录在 /Users/<username>/Library/Safari/LastSession.plist。
- 浏览器 cookies 记录在 /Users/<username>/Library/Cookies/Cookies.plist。
- 浏览过的网站缓存记录在 /Users/<username>/Library/ /Caches/com.apple.Safari/Cache.db。
- 访问最多的网站的 Safari 日志记录保存在 /Users/<username>/Library/Safari/TopSites.plist。
- Firefox 浏览器数据位于 /Users/<username>/Library/Application Support/Firefox/。
- Firefox 浏览器的 cookies 位于 /Users/<username>/Library/Application Support/Firefox/Profiles/<profilename>/Cookies.sqlite。
- 使用 Firefox 浏览器访问的网站信息记录在 /Users/<username>/Library/Application Support/Firefox/profiles/<profilename>/Places.sqlite。

- 当计算机处于睡眠模式时，转储的内存数据保存在 /var/vm/sleepimage。
- 系统交换文件位于 /var/vm/swapfile*。
- 所有系统更新和已安装应用程序的列表记录在 /Library/Receipts/InstallHistory.plist。
- 系统访问过的所有无线网络信息记录在 /Library/Preferences/SystemConfiguration/com.apple.airport.preferences.plist。
- 最后一个登录系统的用户信息记录在 /Library/Preferences/com.apple.loginwindow.plist。
- 时间机器（Time machine）备份信息记录在 /Library/Preferences/com.apple.TimeMachine.plist。
- iOS 设备备份位于 /Users/Username/Library/Application Support/MobileSync/Backup/*。

在这些位置发现的许多痕迹都是 .plist 文件。这意味着我们需要了解 .plist 文件是什么以及如何分析它。.plist 文件可以是纯文本 XML 也可以是二进制文件。在 Mac OS X 操作系统中，常常使用二进制的 .plist 文件。在 Mac OS X 操作系统上，查看 .plist 文件的最简单方法是选择该文件并按空格键，文件将在快速查看（Quick Look）窗口中打开，快速查看 .plist 文件如图 7-28 所示。我们还可以使用 XCode 软件包中的开发人员工具来查看这些文件。

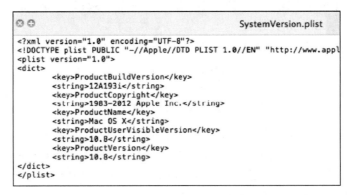

图 7-28　快速查看 .plist 文件

我们还可以访问该设备，并通过运行一些命令来提取有助于调查的数据，比如 top、atop（apt-get this）、htop（apt-get this）、ps、Ps –a | grep<search for something>、Pstree 和 Pgrep 等。

不管对何种操作系统进行调查取证，我们都应该收集的常见的证物就是系统的日志，下面让我们进一步了解分析系统日志的重要性。

7.3　日志分析

调查任何事件时，通常首先要查看系统的日志。每个系统都有日志，某些系统默认情况下可能会启用比其他系统更多的日志。有些日志非常详细，而有些日志中有关事件的详细信息却很有限。系统管理员开启了比默认设置更多的日志记录，并且将日志记录配置为包含更多详细信息，能够为我们的调查提供更多的希望。同时，我们还需要确保每个日志中都含有时间戳信息，如果没有时间戳信息，那么日志文件将会因为无法确定事件的实际发生时间而变得一文不值。时间戳信息对于重现事件发生过程中在系统上所做的操作至关重要。

自 Windows 2000 以来，Windows 操作系统的主要事件日志文件类别包括应用程序日志、系统日志和安全日志。Windows 服务器操作系统根据其执行的服务可能还会有其他事件日志种类，例如，托管电子邮件的 Windows 服务器可能会有电子邮件服务具体的日志以及三种标准的操作系统的事件日志。Windows Vista 以后版本的操作系统的应用程序日志、系统日志和安全日志保存在 %SystemRoot%\System32\Winevt\logs，Windows Vista 使用 Windows XML 事件日志（Windows XML Event Log，EVTX）格式，这种日志格式取代了 Windows XP 操作系统中使用的 EVT 日志格式。以下总结了每个 Windows 事件日志种类所包含的内容：

- **系统事件日志（System Event Log）**：此日志保存在 System.evtx 文件中。日志文件的内容是各种 Windows 系统组件记录的事件信息，我们在这里可以找到与启动错误或者驱动程序问题有关的日志信息。
- **安全事件日志（Security Event Log）**：此日志保存在 Security.evtx 文件中。日志文件内容是与登录尝试以及文件和资源访问相关的事件信息，例如，打开、创建和删除文件的内容会记录到安全事件日志中。
- **应用程序事件日志（Application Event Log）**：此日志保存在 Application.evtx 文件中。日志文件内容都与特定的应用和程序相关，例如，程序可能会将其日志发送到此文件中。

有许多工具可以用于分析 Windows 事件日志，Windows 事件日志查看器（Windows Event Log Viewer，extx_view）就是一个不错的日志查看工具。这个基于 GUI 的工具可以解析 Windows XP 以后任何版本的 Windows 操作系统的事件日志。我们可以从 https://tzworks.net/ 下载免费的 Windows 事件日志查看器。Windows 事件日志查看器工具界面如图 7-29 所示。

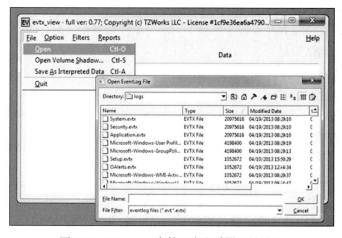

图 7-29　Windows 事件日志查看器工具界面

微软公司还提供了另外一个免费的日志查看器，即日志解析套件（Log Parser Studio）。日志解析套件支持 XML 格式和 CSV 格式的日志文件，包括 Windows 事件日志和注册表等数据的通用查询访问。日志解析套件工具界面如图 7-30 所示。如果使用的 Windows 系统上没有该工具，可以从微软公司官方网站 Microsoft.com 上下载。

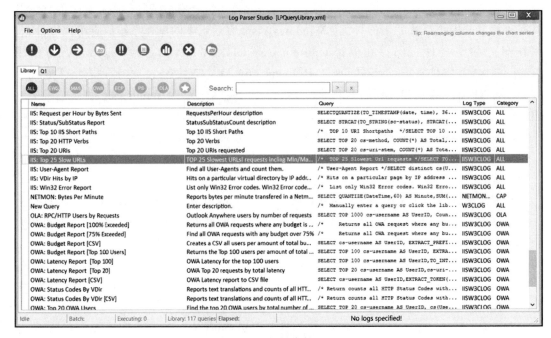

图 7-30　日志解析套件工具界面

在系统日志中查找的内容因事件的不同而有所差异，通常我们会尝试识别如来自异常国家/地区的连接、端口扫描或者多次系统登录失败等异常或者恶意的行为。在查看主机日志时，我们可能会发现以下常见的异常迹象，这个列表不是绝对的，只是提供一些用来参考的例子，有了调查经验后，你就会更善于识别与事件调查相关的行为。

- 异常的出站网络流量
- 特权用户账户的异常活动
- 不合常规的地理位置
- 未知登录名
- 来自同一文件的大量请求
- 端口应用程序流量不匹配
- 可疑的注册表或者系统文件的更改
- 未识别的打开连接

Mac OS X 操作系统日志格式和位置与 Linux 操作系统中的日志相似。与 Windows 操作系统类似，Mac OS X 也有 3 种日志，即苹果系统日志（Apple System log）、审计日志（Audit

log）和安装日志（Installation log），可以在以下位置找到这 3 种日志：
- 苹果系统日志保存在 /var/log/asl/*。
- 审计日志保存在 /var/audit/*。
- 安装日志保存在 /var/log/install.log。

控制台应用程序（Console application）是在 Mac OS X 操作系统上查看 Mac 日志的一个很好的工具。我们可以在"应用程序 / 实用程序"（Applications/Utilities）下找到这个工具。使用 Mac OS X 控制台应用程序查看日志文件的界面如图 7-31 所示。

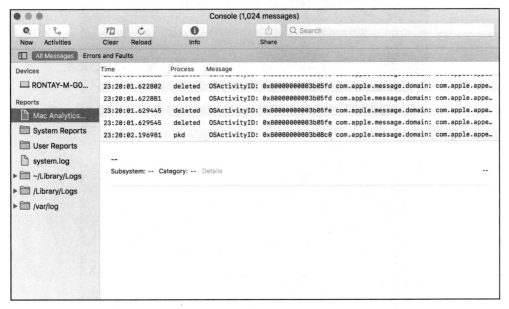

图 7-31 Mac 控制台应用程序

Linux 日志文件与 Mac OS X 中的日志文件类似。大多数 Linux 日志文件位于 /var/log 目录中，有些应用程序会将其日志存储在其他位置，但是常规情况下可以在该目录中找到 Linux 日志。

我们可以在 Linux 操作系统的 /var/log/wtmp 的日志文件中找到对调查取证有帮助的信息。wtmp 是一个二进制文件，这个文件中记录了包含时间和 IP 地址的登录到 Linux 系统的用户的信息。我们可以在 Linux 的终端中使用 last 命令查看这个文件，例如，执行 **last -f /var/log/wtmp** 命令，输出结果如图 7-32 所示。我们可能会发现在 /var/log 目录中还包含 btmp 或者 utmp 文件，这些文件包含与错误登录有关的信息以及已登录用户的当前状态的信息。

在 Linux 系统上还可以找到另一个有助于调查取证的日志文件，这个文件就是 var/log/auth.log。这个日志文件包含 Linux 系统的 SSH 连接信息以及与使用 sudo 命令相关的日志信息。Linux 操作系统上的每个用户配置文件目录中都有一个 ~/.bash_history 历史记录文件，这个文件包含用户进入终端操作系统或者使用 bash 命令行键入的每一条命令。这个文件的唯一缺点是不包含任何时间戳信息。此文件的内容信息如图 7-33 所示。

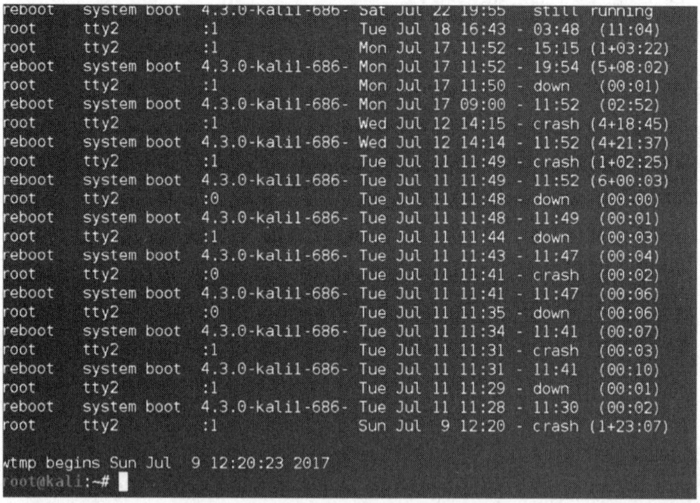

```
reboot   system boot  4.3.0-kali1-686- Sat Jul 22 19:55   still running
root     tty2         :1               Tue Jul 18 16:43 - 03:48  (11:04)
root     tty2         :1               Mon Jul 17 11:52 - 15:15 (1+03:22)
reboot   system boot  4.3.0-kali1-686- Mon Jul 17 11:52 - 19:54 (5+08:02)
root     tty2         :1               Mon Jul 17 11:50 - down   (00:01)
reboot   system boot  4.3.0-kali1-686- Mon Jul 17 09:00 - 11:52  (02:52)
root     tty2         :1               Wed Jul 12 14:15 - crash (4+18:45)
reboot   system boot  4.3.0-kali1-686- Wed Jul 12 14:14 - 11:52 (4+21:37)
root     tty2         :1               Tue Jul 11 11:49 - crash (1+02:25)
reboot   system boot  4.3.0-kali1-686- Tue Jul 11 11:49 - 11:52 (6+00:03)
root     tty2         :0               Tue Jul 11 11:48 - down   (00:00)
reboot   system boot  4.3.0-kali1-686- Tue Jul 11 11:48 - 11:49  (00:01)
root     tty2         :1               Tue Jul 11 11:44 - down   (00:03)
reboot   system boot  4.3.0-kali1-686- Tue Jul 11 11:43 - 11:47  (00:04)
root     tty2         :0               Tue Jul 11 11:41 - crash  (00:02)
reboot   system boot  4.3.0-kali1-686- Tue Jul 11 11:41 - 11:47  (00:06)
root     tty2         :0               Tue Jul 11 11:35 - down   (00:06)
reboot   system boot  4.3.0-kali1-686- Tue Jul 11 11:34 - 11:41  (00:07)
root     tty2         :1               Tue Jul 11 11:31 - crash  (00:03)
reboot   system boot  4.3.0-kali1-686- Tue Jul 11 11:31 - 11:41  (00:10)
root     tty2         :1               Tue Jul 11 11:29 - down   (00:01)
reboot   system boot  4.3.0-kali1-686- Tue Jul 11 11:28 - 11:30  (00:02)
root     tty2         :1               Sun Jul  9 12:20 - crash (1+23:07)

wtmp begins Sun Jul  9 12:20:23 2017
root@kali:~#
```

图 7-32　wtmp 日志文件的内容

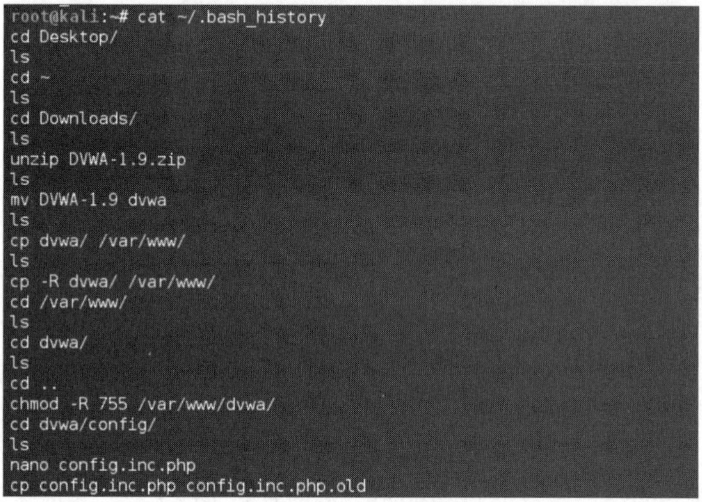

```
root@kali:~# cat ~/.bash_history
cd Desktop/
ls
cd ~
ls
cd Downloads/
ls
unzip DVWA-1.9.zip
ls
mv DVWA-1.9 dvwa
ls
cp dvwa/ /var/www/
ls
cp -R dvwa/ /var/www/
cd /var/www/
ls
cd dvwa/
ls
cd ..
chmod -R 755 /var/www/dvwa/
cd dvwa/config/
ls
nano config.inc.php
cp config.inc.php config.inc.php.old
```

图 7-33　bash 历史记录内容

从应急响应的角度来看，我们需要关注位于 etc/cron* 和 /var/spool/cron* 的文件。入侵者可能会使用 cron 计划任务来维护恶意程序在被入侵 Linux 系统上的持久性。要查看 Linux 系统上用户的 Web 浏览历史记录，我们可以访问 ~/.mozilla/firefox 和 ~/.config/chromium 上的日志，这些日志文件中包含链接历史记录、cookies 和网页表单中收集的数据。Linux 操作系统中的 /etc 目录包含已安装的系统和服务的大部分配置信息。例如，我们可以在 /etc/ssh/ssh_config 下找到 SSH 的配置信息。注意，在 Windows 系统中，这些信息通常存储在注册表中。

在大多数 Linux 操作系统中，用户配置文件存储在 /home/$USER 中。此目录包括用户的文档以及用户具体的配置信息。对 /etc/timezone 里提到的文件（在 /usr/share/zoneinfo/ 目录下）运行 cat 命令，可以获取到正在调查的系统的配置时间和时区信息。这些信息对于建立一个涉及被调查系统的准确时间线非常重要。

当 USB 驱动器等设备连接到 Linux 操作系统上时，会在 /var/log/syslog 中记录相关信息。一些 Linux 操作系统会在 /etc/os-release 中记录操作系统的发布版本信息。例如，某些版本的 RedHat 操作系统会有一个名为 /etc/redhat-release 的文件。获取操作系统的发布版本信息是调查取证工作的首要事项之一，根据这些信息我们才能进一步明确到哪里收集额外的痕迹。

上面介绍了在 Linux 操作系统中查找有助于调查取证的日志数据的常见位置，这些位置中有许多与 Mac OS X 操作系统相似。除了本节提供的数据之外，可能还有其他有助于调查取证的数据。作为一名调查取证人员，我们的工作是尽可能多地收集数据，而无须顾忌这些数据对调查取证是否有用。对于日志数据，我们最好将能够识别的任何日志都进行收集。

接下来，将要介绍一种我们即将遇到的不同类型的终端设备。正如我们在本章开头所说的那样，更多通常不具备因特网功能的设备正在接入因特网，形成了一个新的终端设备类别，即物联网。

7.4 物联网取证

物联网技术在企业网络上引入了许多新型的终端设备，这些设备中的大多数来自不属于生产安全设备领域的制造商。这些制造商的主要研究方向是加强物联网设备功能的应用开发。许多物联网公司对网络可能还很陌生，他们更倾向于专注生产产品，而不是学习如何处理数据漏洞。正因为如此，攻击者知道这些物联网设备制造商缺乏安全方面的研发，导致包括用于管理物联网设备的不安全的应用程序等许多物联网产品容易受到隐藏在网络盲点中的对手的攻击。因此，将物联网设备视作目标信息的潜在资源以及攻击者用来破坏网络的场所是非常有必要的。

许多物联网设备可以根据用户与设备的交互方式反映用户的行为。例如，蓝牙或者支持网络的门锁可以显示谁访问了特定的房间；具有视频监控功能的门铃可以记录他人靠近门的情况；联网的恒温器检测到用户的手机不在家附近时会切换到经济模式，据此可以反映有人离开了住所。结合这些物联网设备的证据，可以证明有人进出房间，但是关键是能够访问这些设备中的数据。

虽然物联网设备出自众多不同的制造商，并提供许多不同的功能，但是大多数物联网设备都使用了类似的架构。我们发现许多物联网设备都使用了某种版本的 Linux 操作系统，这意味着我们可能需要通过与普通 Linux 系统类似的方式分析这些物联网设备。被入侵的物联网设备可能仍然包含与 Linux 终端设备相同的数据踪迹。不过，需要注意以下几点：

- 大多数物联网设备采用嵌入式或者家电式的结构。

- 大多数物联网设备使用基于闪存的存储设备。
- 物联网设备的操作系统不一定都能被访问。
- 许多物联网设备都建立在专用硬件上,我们可能需要联系制造商来获取所需信息。
- 某些物联网设备会将数据存储在云端。
- 分析物联网设备之间的相互影响是收集数据的必要条件。
- 在物联网设备上收集的大量证据来自网络流量分析。

检查外部特性是评估物联网设备的第一步。其目的是找出访问物联网设备存储数据最简单的方法,比如查找接口选项(如以太网端口、SD卡插槽和USB连接)。如果幸运的话,物联网设备提供了一个可移动存储驱动器的功能,可以像标准的非易失性硬盘驱动器一样进行克隆和调查。如果可以接入计算机,那么接入计算机并直接访问被计算机视为外部硬盘驱动器的存储驱动器中的内容。如果获得授权并能够进入物联网设备,那么可能需要对类似的端口和数据驱动器执行内部检查。通常,我们可以通过卸下几个螺丝钉来访问物联网设备的内部组件。

直接接入物联网设备或者通过VPN或应用程序远程连接物联网设备后,我们可以访问操作系统中的Linux Shell。这时我们可以运行许多基于Linux的数据挖掘命令来获取物联网设备中使用的数据。例如以下命令,这些命令只是我们应该考虑执行的众多命令中的一部分:

- 使用last、w和who命令获取有关已登录用户和过去登录的信息。
- 在主目录、根目录或者/dev中运行ls命令获取文件列表。
- 使用ps命令显示正在运行的所有进程的列表。
- 使用lsof命令列出所有打开的文件句柄,这是一个识别可能的后门或者监听之类的程序的很好方法。
- 多次迭代运行find命令,查找在可疑的时间范围内修改的目录等内容。

在调查物联网设备时,我们应当记下列出的所有FCC ID。美国联邦通信委员会(Federal Communications Commission,FCC)是管理各种发射无线电通信设备的常设机构,主要是帮助调度、分配有限可用的无线电频谱,如果设备发射相同的无线频率,它们可能会相互干扰。我们可以在网站https://fccid.io上查找FCC ID。如图7-34为门铃的FCC ID。

向下滚动页面,如图7-35所示,可以看到门铃操作系统的频率,这些数据有助于了解可以监视哪些无线信道,识别并从该设备收集数据。我们可以使用类似的方法,列出任何物联网设备的FCC ID。

许多基于物联网的设备都绑定了移动应用程序组件,由于许多物联网设备没有内置用户界面,移动应用程序组件通常用于设备的管理和使用。以物联网门锁为例,示例锁和用于管理设备的应用程序如图7-36所示,这个应用程序可用于远程锁定和解锁门锁,这种类型命令的日志存储在手机上,在某些情况下,它们也可能存储在云存储中。作为一名调查人员,我们需要访问移动设备上这些类型的日志以及云端后台中存储这些数据的账户。如果可以在应用程序或者云端访问有用的数据,那么可能不需要实际从设备中提取数据。

FCC ID 2AEUPBHALP011

2AEUP-BHALP011, 2AEUP BHALP011, 2AEUPBHALP011, 2AEUPBHALPO11, 2AEUPBHALPOII
Bot Home Automation, Inc. Wi-Fi enabled Video Doorbell BHALP011
FCC ID > Bot Home Automation, Inc. > BHALP011

An FCC ID is the product ID assigned by the FCC to identify wireless products in the market. The FCC chooses 3 or 5 character "Grantee" codes to identify the business that created the product. For example, the grantee code for **FCC ID: 2AEUPBHALP011** is 2AEUP. The remaining characters of the FCC ID, **BHALP011**, are often associated with the product model, but they can be random. These letters are chosen by the applicant. In addition to the application, the FCC also publishes *internal images, external images, user manuals, and test results* for wireless devices. They can be under the "exhibits" tab below.

Purchase on Amazon: Wi-Fi enabled Video Doorbell

Application: Wi-Fi enabled Video Doorbell

Equipment Class: DTS - Digital Transmission System

View FCC ID on FCC.gov: 2AEUPBHALP011

Registered By: Bot Home Automation, Inc. - 2AEUP (United States)
you@youremail.com   Subscribe

图 7-34 门铃的 FCC ID 信息

Operating Frequencies

Device operates within approved frequencies overlapping with the following cellular bands: LTE 255,Unlicensed NII-3 DOWN | LTE 46,TD Unlicensed DOWN |

Frequency Range	Power Output	Rule Parts	Grant Notes	App #
2.402-2.48 GHz	5.9 mW	15C	CC	1.2
2.402-2.48 GHz	7 mW	15C	CC	2.1
2.412-2.462 GHz	83 mW	15C	CC	1.1
5.18-5.24 GHz	39.4 mW	15E	38, CC	3.1
5.745-5.825 GHz	32 mW	15E	38, CC	3.2

图 7-35 操作系统的频率

图 7-36 蓝牙锁

综上所述，我们需要以下从不同地方收集的物联网设备的数据。图 7-37 是以下要点的示意图。

- 从连接到物联网设备的任何智能设备或者应用程序中收集的数据。

- 直接从物联网设备硬件中收集的数据。
- 从物联网设备连接到的网络中收集的数据。
- 从与物联网设备或智能设备通信的任何基于云的数据存储中收集的数据。

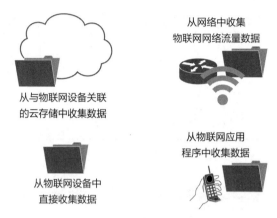

图 7-37　IoT 数据收集要点

7.5　小结

在本章中,我们为网络工程师提供了终端设备调查取证的一般过程。本章的目的是提供一些从调查期间可能遇到的各种终端设备中收集数据的要点。我们首先研究了 Windows 操作系统中的不同数据,接下来讨论了 Mac OS X 和 Linux 操作系统的调查取证,重点讨论了与 Windows 操作系统的区别之处,最后讨论了物联网设备的调查取证。下一步我们将讨论终端设备之间通信流量的调查取证,即网络取证。

参考文献

http://www.thegeekstuff.com/2010/09/linux-file-system-structure/?utm_source=tuicool

http://flylib.com/books/2/97/1/html/2/images/04fig07.jpg

https://tzworks.net/prototype_page.php?proto_id=4

http://forensicswiki.org/wiki/Mac_OS_X_10.9_-_Artifacts_Location

http://4n6xplorer.com/forensics/once-upon-a-time-in-recycle-bin/

https://articles.forensicfocus.com/2014/04/14/windows-forensics-and-security/

https://en.wikipedia.org/wiki/List_of_file_signatures

http://resources.infosecinstitute.com/file-carving/

第 8 章

网 络 取 证

希望是一个人在被打败之前所做的最后一件事。

——亨利·罗林斯（Henry Rollins）

通过上一章，我们对终端设备调查取证有了一个很好的了解，现在我们来看看终端设备之间通信的调查取证。在本章中我们将重点研究本地网络以及它们如何与因特网交互，这包括网络协议、监控网络的安全工具、各种基于网络的攻击以及它们留下的痕迹。但是我们不会对数据威胁源造成的外部威胁和一些基本的 DNS 查询进行调查，因为它们超出了电子数据调查取证的范围。在大多数实际情况下，管理人员只想知道哪些外部源是恶意的，这样他们就可以将它们列入黑名单，并将全部时间花在影响其内部网络的威胁上。然而，当执法部门试图根据攻击来源起诉远程攻击者时，问题就会很快变得极其棘手。

网络本身就是一个庞大的课题，我们应该花时间自己掌握它。对网络上的信息了解得越多，我们就越有可能识别出正在寻找的数据。安全解决方案可以帮助将信息自动整合为易于理解的格式，但是网络取证需要的内容会超越安全解决方案输出的数据。经验最丰富的调查人员和应急响应人员在调查时虽然也会利用工具，但是他们的专业知识是了解如何使用工具、这些工具能够捕获哪些数据，以及如何重现整个事件，以便能够解释整个攻击生命周期，并推荐降低未来事件风险的方法。

作为一名网络取证调查人员，我们将从熟悉的关键网络概念的基本概述开始本章，讨论的第一个主题是了解网络协议的基本知识。

8.1 网络协议

首先网络是有局限性的，比如计算机可以使用的端口只有 0 到 65 535。记住与这么多端口相关联的服务并不重要，但是我们应当对最常见的端口有一个大致的了解，以便可以知道哪些服务在这些端口上运行。作为取证调查人员，应该能够识别特定端口代表的特定类型的流量。对于任何负责网络安全的人来说，这都是常识，所以一定要掌握这一点。为了减少需要记住的端口范围，在全部端口中有 1024 个是众所周知的端口号，通常它们是为常用的应用程序保留的。在 1024 个端口中，我们应当知道前 25 到 50 个端口以及相关的应用程序。按照标准做法，这些应用程序不必在公共关联端口上运行，假设我们已知服务与特定端口之间的关联关系，我们就可以节约调查网络的时间。

使用网络端口的协议属于传输层协议，如传输控制协议（Transmission Control Protocol，TCP）或者用户数据报协议（User Datagram Protocol，UDP）。TCP 通过直接通信保证可靠性，UDP 则以包的形式发送数据，不直接与目的方连接。这就意味着 UDP 依赖于发送者和接收者之间的设备来传递数据包，而不能提供传递的保证，UDP 的操作方式与邮局的邮件包裹类似，而 TCP 就像把一个包裹亲手传递给一个朋友。说到端口，我们需要知道会有 65 535 个 TCP 端口和 65 535 个 UDP 端口。在使用 TCP 或者 UDP 时，发送方和接收方将自己绑定到 TCP 或者 UDP 的相应端口。一旦应用程序将自身绑定到端口，在连接完成之前，该端口将不能被任何其他应用程序使用。例如，当 FTP 服务器将自身绑定到端口 20 和 21 时，端口 80 上的标准用户流量不会受到影响。看到这个例子，我们了解到端口 20 和 21 属于 FTP 服务和 TCP 协议，因为它需要可靠的通信，当它们绑定到 FTP 服务器时，这些端口不会被其他服务占用。

以下是知名 TCP 端口和相关协议的常规参考列表。作为取证调查人员，我们需要识别端口和相关应用程序。例如，如果看到来自端口 25 的流量，我们可以猜测它与邮件相关。要查看完整列表，请查阅 IANA 端口登记表，网址为 www.iana.org/assignments/service-names-port-numbers/service-names-port-numbers.xhtml。

21：文件传输协议（File Transfer Protocol，FTP）
22：安全外壳（SSH）
23：Telnet 远程登录服务
25：简单邮件传输协议（Simple Mail Transfer Protocol，SMTP）
53：域名系统（Domain Name System，DNS）服务
80：万维网（World Wide Web）的超文本传输协议（Hypertext Transfer Protocol，HTTP）
110：邮局协议（Post Office Protocol，POP3）
119：网络新闻传输协议（Network News Transfer Protocol，NNTP）
123：网络时间协议（Network Time Protocol，NTP）
143：因特网信息访问协议（Internet Message Access Protocol，IMAP）
161：简单网络管理协议（Simple Network Management Protocol，SNMP）
194：因特网中继聊天（Internet Relay Chat，IRC）
443：HTTP 安全（HTTP Secure，HTTPS）

下面，我们将了解一下我们可能会遇到的安全工具，看看这些常见的网络安全工具以及它们能够提供的事件可视化展示。安全工具能够在经过配置后为安全防护生成日志，在调查网络事件时，我们首先要查看这些日志。

8.2 安全工具

尽管每个网络都是不同的，但是大多数都有一套来自领先供应商的通用安全解决方案，或者是自主开发的开源选项。我们应当熟悉这些安全技术在操作级别上的工作方式、能够捕获的威胁类型、可以提供的报告类型以及在网络攻击方面所处的位置。

在开始讨论安全技术之前，我们应当知道安全技术可以是物理的，它们可以是物理设备；也可以是虚拟的，它们可以是软件或者虚拟设备；还可以是云，它们是从因特网上启用的服务。选择不同安全技术的原因有很多。例如，典型的物理设备可以提供高性能的包处理能力，并且可以串联在网络中。这意味着流量可以直接经过设备，由设备实时判断哪些数据流量可以通过，哪些数据流量不能通过。但是物理设备并非只能串联接入网络，使用并联方式接入网络时，设备是被动监控网络流量的，也就是说设备监控的是网络流量的副本。被动监控通信流量或者不直接通过设备传递通信流量的优点是，它不会像以串联方式将新的安全工具接入通信线路那样必须中断网络通信，而是减少了部署期间网络通信的中断。当以被动的方式部署安全工具时，数据流量会从 SPAN 口或者网络 TAP 输出，安全设备只需从这些出口捕获数据流量的副本。串联部署受限于设备的性能，串联的安全设备会产生降低网络速度的瓶颈。

图 8-1 比较了串联部署和被动部署两种安全解决方案。如果要求安全工具直接控制通信流量，丢弃不符合规则的通信流量，那么必须将其串联部署到该通信流量线路上。被动系统不能在不触发另一个工具的情况下对实时流量数据进行操作，因为进入被动系统的流量只是真实流量的副本。一般情况下，以被动方式部署入侵检测系统（Intrusion Detection System，IDS），以串联方式部署入侵防御系统（Intrusion Prevention System，IPS）。但也有例外，比如以串联方式部署入侵检测系统，入侵检测系统调用 TCP 重置来删除连接，但是串联部署方式通常用于主动安全措施。

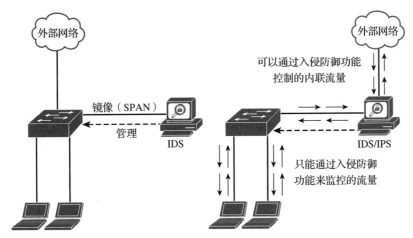

图 8-1 被动部署（左）与串联部署（右）的比较

在虚拟环境中实现安全具有一定的挑战性。通常，网络中进出网络的流量大约占80%。而数据中心则不同，它们的流量情况恰恰相反。在数据中心内的服务器之间的流量大约占80%，而剩余的20%流量则是进入和离开数据中心的内容。我们发现大多数管理人员往往会忽略了这一点，只在数据中心边界部署安全设备，对影响数据中心内部系统的威胁却视而不见。在行业示意图中，南北（上下）[⊖]走向代表着网络的进出流量，而东西（左右）[⊖]走向则代表了网络内部的通信流量。

要在虚拟环境中实现可视化，需要一种利用流量的方法。首先将承载各种服务（如SQL、邮件等）的虚拟服务器视为物理服务器中的容器。容器提供了一种在单个操作系统实例上运行多个工作负载的虚拟化操作系统的方法。这种方法越来越流行，它可以减少为每个程序构建完整的VM的需求。例如，如果要运行5个虚拟系统，那么需要构建5个完整的虚拟环境，这需要物理服务器提供更多的存储和处理能力。还有另外一种方法就是运行5个docker容器，这些容器位于同一个系统上，不会增加所需的空间。

利用位于物理和虚拟环境之间的虚拟安全技术，可以在虚拟环境中查看这些不同系统之间的通信。虚拟安全技术在物理层面上是将安全设备的虚拟连接绑定到包含所有虚拟服务器的物理服务器上的物理网卡。虚拟安全技术在虚拟层面上是将虚拟安全设备上的虚拟连接绑定到虚拟服务器，并通过路由将通信流量流经这个安全解决方案，与物理环境中的操作方式类似。如图8-2所示，托管有三个虚拟服务器的物理服务器，网间通信流量通过连接到物理和虚拟环境的虚拟防火墙通行。内部虚拟服务器之间或者虚拟网络内部的流量则通过虚拟防火墙路由转发，以便防火墙能够监视内部流量。

最后一个需要了解的安全解决方案部署选项是云技术，它实际上是将部分或者所有功能外包给网络远程方。在本书中，我们不着重研究云环境，只需了解几个概念。首先，对于云，我们面临的挑战与虚拟网络类似，我们需要找到一种利用云来查看流量的方法。许多技术可以通过使用安装在云中的虚拟服务器或者终端客户机将其功能扩展到云环境中，将结果导出并反馈到可视化界面上。另一种方法是利用允许导出和监视特定流量的API，亚马逊和微软都扩展了他们的API服务，以便于安全解决方案提供商使用。像思科Cloudlock这样的云访问安全代理（Cloud Access Security Broker，CASB）产品就可以访问亚马逊云和微软云产品中的数据。

最近，软件定义技术的变化已经取代或者补充了现有的物理、虚拟或者云技术。其中的一个例子是日益流行的软件定义网络（Software-Defined Networking，SDN）。SDN可以把软件定义网络想象成拥有不绑定到专有固件的交换机和路由器，硬件与供应商的专有功能无关，这样实现负载均衡、可伸缩性和对协议的支持会变得简单。软件定义技术也开始出现在数据中心，这意味着虚拟环境中的软件可以在任何硬件上运行，可以增加灵活性，这有时被称为软件定义计算（Software-Defined Computing，SDC）。了解这些较新的网络对

⊖ 原文为"North-South"，表现在网络拓扑图中时则为上下方向，表示网间通信流量。——译者注

⊖ 原文为"East-West"，表现在网络拓扑图中时则为左右方向，表示网内通信流量。——译者注

象的细节超出了本书的范围，但是需要注意的是我们可能会遇到这种技术，并且用于调查的网络流量可能会使用物理、虚拟或云技术的标准策略。

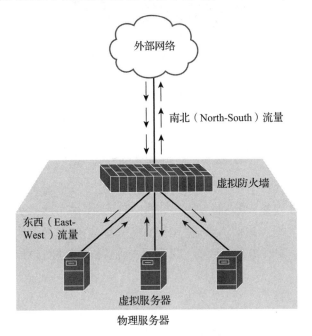

图 8-2　虚拟网络示意图

最后一个需要了解的网络入门概念是如何对网络进行分段。通常，分段是基于信任级别的，这意味着我们会信任网络内部的东西，而不是信任网络外部的东西。如果外部的东西需要不断地访问内部的东西，那么可以使用 DMZ，它在内部和外部之间提供了一个信任级别的区域。这种信任常常使用计分的方式。例如，我们可以对网络外部的任何内容使用零信任，对 DMZ 上的任何内容使用 50% 信任，对网络内部的任何内容使用 100% 信任。随着细分的成熟，信任值可以根据网络细分的敏感度和价值来确定，例如数据中心网络可以是 100% 信任，而其他内部网络可以是 90% 信任，虽然它们比数据中心安全性低，但是它们比 DMZ 更加安全。

分段通常是在物理或者逻辑上通过虚拟局域网（Virtual LAN，VLAN）、访问控制列表（Access Control List，ACL）或者安全组标签（Secure Group Tag，SGT）来完成网络划分的。强烈建议了解我们正在调查的环境，以便可以确定何时识别不属于本网段的设备，例如可以访问网络中某些内容的外部 IP 地址。了解系统如何被授予访问权限，以便识别何时违反此类策略也很重要。如果这些概念对你来说是新概念，那么请花些时间了解网络的分段。我们可能会发现包含敏感数据的区域，例如实现大量分段的数据中心以及网络中不受信任的区域（如与网络的其他部分完全隔离的来宾网络）。调查网络时应当熟悉分段的不同级别如图 8-3 所示。

图 8-3 分段的不同级别

我们了解了网络和安全的基础知识,下面让我们来了解一些常见的安全工具以及可以从中提取的取证数据类型。我们不必成为配置和管理这些工具的专家,只要可以正确获取调查所需的信息即可。我们知道的越多,获取调查所需信息就越容易。

8.2.1 防火墙

防火墙是几乎每个调查对象都会使用的一种安全工具。防火墙有多种类型,从主机到网络,从物理到虚拟。有关系统穿越防火墙安全区域或者检查点的详细信息是我们调查防火墙时需要找到的关键取证数据。例如,位于网络内部边界的防火墙可能能够提供如远程访问的来源、所利用的端口和服务等有关事件的有用信息。我们将在本章后面更详细地讨论这个问题。

防火墙可以检测到攻击,较新的防火墙还可以额外对流量进行验证,例如通过验证流量状态是否正确来捕获试图入侵安全区域的攻击者,但是通常需要将其他安全功能与传统防火墙提供的功能配合来完成检测。在当今的下一代防火墙中,与防火墙组合在一起最常见的功能将是入侵检测系统或者入侵防御系统以及可视化应用程序和控件。接下来让我们看看这两个概念。

8.2.2 入侵检测和防御系统

入侵检测系统或者入侵防御系统是另一种内置于其他产品中或者作为独立安全工具的常见安全工具。这项技术的核心是通过入侵检测系统/入侵防御系统来检测恶意行为,通常通过查找已知的恶意行为特征和已知攻击的签名来实现。行为检测可以查找诸如在受信任的环境中进行端口扫描等非常规操作的通信流量。攻击签名可以识别针对已知漏洞的特定攻击尝试。大多数入侵检测系统/入侵防御系统都非常重视攻击签名,必须不断更新最新的攻击签名,以有效应对当今的威胁。

入侵检测系统/入侵防御系统的取证价值应该非常明确：这些解决方案可以识别潜在的恶意活动，并可能在日志信息中记录事件的细节。我们将在本章后面详细介绍。

8.2.3 内容过滤器

另一种安全工具是内容过滤器（Content Filter），大多数机构都会将其作为边界安全包中的专用解决方案或者功能。基本级别的内容过滤器能够通过过滤内容来控制用户可以访问哪些类型的数据。例如，我们正在调查的机构可能不希望员工在工作中接触成人、赌博或者其他非商业类型的数据。更高级的内容过滤器包括第二类以安全为重点的功能，而不是基于策略的功能。安全类别倾向于利用安全信誉来寻找和识别恶意远程攻击来源，而不是根据网站分类的方式进行过滤。

内容过滤通常部署在代理或者应用层防火墙中。在这里我们有必要了解清楚这两种解决方案之间的区别。一般来说，代理只针对因特网绑定的流量，而应用层防火墙则处理所有端口和协议的流量。代理能够提供流量缓存，例如存储本地访问过的网站和图片，以后用户再次访问这些数据资源时，不必重新下载相关内容，以此来加快访问速度。而应用层防火墙不能缓存流量。代理通常会使用网页缓存通信协议（Web Cache Communication Protocol，WCCP）定向通过代理的通信流量，或者将主机系统配置为发送 Web 通信流量的代理。而应用层防火墙是串联或者被动部署的。在不同的供应商之间，这些差异可能会发生变化，所以最好仔细研究正在访问的设备，以便更好地了解它的功能。

内容过滤器中的日志内容可能会根据其功能而有所不同。对于涉及员工工作时间上网行为相关的法律问题，内容过滤器的日志内容非常具有调查取证的价值。像防火墙一样，内容过滤器日志可以提供网络内外系统所使用的操作系统和端口的详细信息，有些内容过滤器还包括数据防泄露功能，当在线查看特定内容时会触发这些功能。

8.2.4 网络访问控制

在本章前面我们阐述了网络分段的概念。在过去，通常是使用架构策略和防火墙等工具，并利用交换机中如安全端口或者绑定 MAC 的简单功能，手动部署和实施网络分段的。而现在，许多机构正在使用网络访问控制（Network Access Control，NAC）技术自动化控制访问过程。我们会在第 11 章中更加详细地介绍网络访问控制技术。我们需要知道，自动化的网络访问控制技术可能会在网络访问控制技术和网络环境之间使用某种形式的 802.1x 或者 SNMP 进行通信。

网络访问控制解决方案或者与集成网络访问控制技术的其他技术都可以为调查取证提供访问控制方面有价值的证据。访问控制解决方案可以提供哪些设备和人员连接到网络、连接到网络的哪个部分以及连接的时间、状态等关键数据。如图 8-4 所示，思科 ISE 可以提供设备连接时的快速视图、连接的设备类型、设备的 MAC 和 IP 地址，以及所使用的已设置访问类型的配置文件。当我们试图了解所有与网络调查有关的设备时，这些信息是非常有价值的。

Time	Details	Identity	Endpoint ID	Endpoint Profile	Authorization Policy	IP Address
		Identity	Endpoint ID	Endpoint Profile	Authorization Policy	IP Addres
Aug 08, 2017 04:06:57.886 PM		00:11:BB:EA:E9:12	00:11:BB:EA:E9:12	Cisco-Device	Default >> Standard Rule 3	10.0.1.21
Aug 08, 2017 04:06:57.878 PM		00:11:BB:C2:E4:56	00:11:BB:C2:E4:56	Cisco-Device	Default >> Standard Rule 3	10.0.1.21
Aug 08, 2017 04:06:57.878 PM		00:11:BB:C2:E4:56	00:11:BB:C2:E4:56	Cisco-Device	Default >> Standard Rule 3	10.0.1.21
Aug 08, 2017 04:05:58.510 PM		manbrabe	E8:E5:D6:70:DE:…	Samsung-Device	Default >> Standard Rule 3	10.0.1.20
Aug 08, 2017 04:05:58.505 PM		katmcnam	A4:B8:05:56:F3:C3	Apple-Device	Default >> Standard Rule 3	10.0.1.20
Aug 08, 2017 04:05:58.505 PM		katmcnam	A4:B8:05:56:F3:C3	Apple-Device	Default >> Standard Rule 3	10.0.1.20
Aug 08, 2017 04:05:03.081 PM		guest6378	50:8F:B7:9B:FB:42			10.0.1.11
Aug 08, 2017 04:04:58.699 PM		00:11:BB:11:4C:07	00:11:BB:11:4C:07	Cisco-Device	Default >> Standard Rule 3	10.0.1.18
Aug 08, 2017 04:04:58.661 PM		aarodrig	A8:20:66:43:3A:8C	Apple-Device	Default >> Standard Rule 3	10.0.1.18
Aug 08, 2017 04:04:58.661 PM		aarodrig	A8:20:66:43:3A:8C	Apple-Device	Default >> Standard Rule 3	10.0.1.18
Aug 08, 2017 04:04:58.557 PM		guest5224	FF:6A:BA:8D:99:…		Default >> Guests	10.0.1.16
Aug 08, 2017 04:04:58.550 PM		contractor087	CC:07:E4:C3:79:…	Unknown	Default >> Standard Rule 3	10.0.1.16
Aug 08, 2017 04:04:58.550 PM		contractor087	CC:07:E4:C3:79:…	Unknown	Default >> Standard Rule 3	10.0.1.16
Aug 08, 2017 04:04:58.424 PM		adio	A8:20:66:58:65:D6	Apple-Device	Default >> Standard Rule 3	10.0.1.17

图 8-4 在思科 ISE 中显示网络中的设备

大多数网络访问控制技术都包含详细的信息，显示每个系统是如何访问网络的，这些信息有助于了解每个可疑的设备正在利用哪些资源。网络访问控制技术中可以得到的设备详细信息如图 8-5 所示。大多数网络访问控制技术可以从设备访问配置中提取这些详细信息，通过网络访问控制技术获取的设备详细信息与在终端设备上使用各种命令获取的设备详细信息类似。

将网络访问控制技术与其他安全解决方案集成在一起也会带来很大的价值。最主要的是它能够以背景信息的形式出现，其他识别恶意用户的安全工具会以 IP 地址来显示设备信息，而网络访问控制技术可以使用设备的背景信息来代替这些 IP 地址，例如与设备相关的用户和设备类型信息。图 8-6 显示了思科 Stealthwatch（一种网络流工具）从思科 ISE 引入用户设备的背景信息，因此 Stealthwatch 中的主机 IP 地址会被显示为"用户 Vicki 拥有的 Windows 7 工作站"。如果这个组织使用了类似于活动目录（Active Directory）的功能，那么我们可能还会看到有关该用户的所有详细信息，例如用户的电子邮件、电话号码以及与用户的目录账户相关联的其他业务相关详细信息。这种数据共享可以帮助调查人员在任何集成网络访问控制技术的安全技术中找到的任何 IP 地址，并从中快速收集大量的数据。

网络访问控制技术也可以作为一个执行者，可以将网络访问控制技术配置为当其他技术发现威胁时，能通过网络访问控制技术从网络中删除受到威胁的设备，直到管理员对威胁进行评估为止。这可以帮助调查人员将需要调查的系统放入隔离网络中，降低威胁爆发的风险，并且有助于将调查的重点放在与网络其他部分分离的特定系统上。这种集成在安全信息和事件管理器（Security Information and Event Manager，SIEM）技术中非常流行，可以在忽略制造商的情况下把任何被确定为有风险的东西进行自动修复。

Authentication Details

Source Timestamp	2017-08-07 21:42:58.176
Received Timestamp	2017-08-07 21:42:58.177
Policy Server	web
Event	5200 Authentication succeeded
Username	00:11:BB:EA:E9:12
User Type	Host
Endpoint Id	00:11:BB:EA:E9:12
Calling Station Id	00-11-BB-EA-E9-12
Endpoint Profile	Cisco-Device
IPv4 Address	10.0.1.80
Authentication Identity Store	Internal Endpoints
Identity Group	Profiled
Authentication Method	mab
Authentication Protocol	Lookup
Service Type	Call Check
Network Device	aod-switch
Device Type	All Device Types#Switches
Location	All Locations#dCloud
NAS IPv4 Address	198.18.134.139
NAS Port Id	GigabitEthernet5/38
NAS Port Type	Ethernet
Authorization Profile	BYOD
Security Group	BYOD
Response Time	96 milliseconds

图 8-5　思科 ISE 中的设备细节

图 8-6 思科 Stealthwatch 从思科网络访问控制技术中引入的背景信息

8.2.5 数据包捕获

作为一名调查人员，我们会将大部分时间用在寻找已经发生的事件上，而不是在调查事件时识别发生的攻击。取证往往是一门反应性很强的艺术，所以我们工作的一部分就是把事件组合在一起来解释发生了什么事情。从过去捕捉事件并将事件重放的强大工具可以帮助我们模拟并查看一个真实事件的发生过程，我们可以捕获与事件相关联的网络通信流量，并根据警报时间重新回放网络通信流量。捕获网络数据包可以提供许多安全日志和其他基于事件的技术所无法提供的详细信息。例如，入侵防御系统可能会告诉我们攻击发生的时间和攻击方与被攻击方，但是我们无法看到与事件相关的每个细节。查看事件对我们的调查和确保触发入侵防御系统的事件是真实事件而不是假警报有很大作用。我们可以在网络的不同部分部署数据包捕获工具，或者利用具有数据包捕获功能的现有工具接入网络来捕获数据包。

> **注意** 网络流和数据包捕获都是记录网络流量并进行流量回放的方法。维护数据包捕获的成本通常较高，但是数据包捕获能够提供更多详细信息。基于法律和规范的要求，一些机构需要数据包级别的详细信息，这包括数据存储的最短时限。在选择最适合的方法时，需要考虑合规性和成本等因素。

许多取证调查人员询问是否有这一事件的详细记录时，他们的意思是指数据包捕获，这是观察事件发生过程的最佳方法。这一级别的详细信息可以帮助调查人员了解事件的每个环节，识别传输的数据类型和登录凭据，并且可以执行许多其他操作。我们将在本章后面介绍使用 Wireshark 工具捕获数据包的示例。捕获网络中的数据包意味着我们能够看到除加密内容之外的有关事件的所有详细信息和任何内容。加密的通信流量必须进行解密，否则我们无法读取它的真实内容。

8.2.6 网络流

在监控内部网络的威胁方面，越来越流行使用基于网络流（NetFlow）的监控技术。许多工具支持网络流，但是许多网络收集器只关注网络趋势。网络收集器有助于识别网络峰值和中断以及其他与网络相关的问题，然而这对提高网络安全性没有多大帮助。思科的 Stealthwatch 和 Plixer 的 Scrunizer 等解决方案中包含了安全分析功能，它们可以利用网络流来建立网络基线并识别恶意活动。市场上有大量的流式工具，它们可以监视不同类型的数据。在这里需要注意，对流的分析也会因收集流类型的不同而存在细节上的差异。例如，sFlow 使用对数据包或者应用程序层的操作和基于时间的采样计数器进行随机采样，而网络流是一种真正的流技术，它使用来自产生它的硬件的缓存流条目。我们应当能够识别收集流的解决方案类型的差异，以及查看基于流的技术时可以收集的流类型的变化。同时，我们还需要熟悉流的一个选项，即 IP 数据流信息导出（IP Flow Information Export，IPFIX）协议，它是 IETF 基于第 9 版网络流标准提出的。

网络流工具的取证价值是能够快速调查已启用流的整个网络。任何启用了流的路由器、交换机、无线接入点、虚拟服务器等本质上都是安全检查点。网络流本质上属于网络记录，它不会报告实际事件，但是会报告有关事件的详细信息，这些信息可以帮助调查人员在接触网络或者任何相关设备时识别和了解事件。如前所述，找到的详细信息随所收集流的类型而变化。网络流的最新和最详细的版本是第 9 版，其中包含了大量关于事件的详细信息，包括所涉及的系统、协议、时间等网络信息。我们可以访问 www.cisco.com/en/US/technologies/tk648/tk362/technologies_white_paper09186a00800a3db9.html 查看网络流第 9 版数据的详细信息。

使用基于流的技术时，我们应当注意一些问题。尽管有些数据记录的内容非常详细，但是有些调查可能需要数据记录以外的具体细节。此时则需要使用数据包捕获技术，因为网络流不包含事件有关的所有详细信息。此外，许多流解决方案还具有诸如重复数据清理和记录缝合等数据修改功能。这些功能能够帮助分析人员通过删除重复数据并自动将单个流记录拼凑成单个记录来查看大量记录，但是这种功能的缺点是可能会损坏原始的数据记录。因此，我们建议如果可能的话应当禁用具有破坏数据记录的功能的数据记录版本。由于每个网络路径都有自己的记录，因此每个事件可能包括数百个单独的流记录。如果没有这些类型的功能，我们调查的工作量会非常大。例如，如果想要查找 Joey 的笔记本访问某个网站的情况，它可能有许多单独的记录，表示本地与远程资源往返的流量，而使用记录缝合后，系统将显示 Joey 访问的特定远程资源。这就是为什么我们强烈建议利用具有相关性功能而且不会修改数据的集中式资源调查大量流数据。

8.2.7 沙盒

沙盒（Sandbox）是分离和运行不受信任程序的安全环境。例如，如果安全解决方案将某个程序打上了可疑的标识，那么可以将这个可疑程序隔离到沙盒中，并在受控的环境中对其进行监视，以确保这个程序在返回到网络之前不会影响网络及系统的安全。一般情况下，这种方法是有效的，但是一些恶意软件具有沙盒探测和绕过功能。例如，假设沙盒在将应用程序返回真实环境之前只会监视一段时间，那么具有识别虚拟网络进程或者延迟启动攻击功能的恶意软件就可能绕过沙盒的检测。在思科 ThreatGrid 沙盒中运行勒索软件的视频记录如图 8-7 所示。

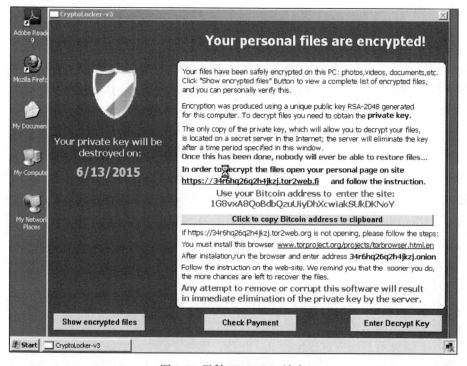

图 8-7 思科 ThreatGrid 沙盒

沙盒的结果可以帮助调查取证人员更好地理解和识别威胁行为，以帮助在网络的其他部分跟踪这些威胁行为。例如，沙盒可以显示使用的特定端口或者协议以及恶意软件访问的目标，调查人员可以利用这些数据来识别以类似方式实施的其他版本的威胁。通过沙盒分析恶意软件可以提取到信息的详细程度如图 8-8 所示。这些详细信息包括文件的哈希值、使用的进程、注册表活动等。沙盒报告中所提供的信息详细程度因沙盒供应商不同而存在差异。

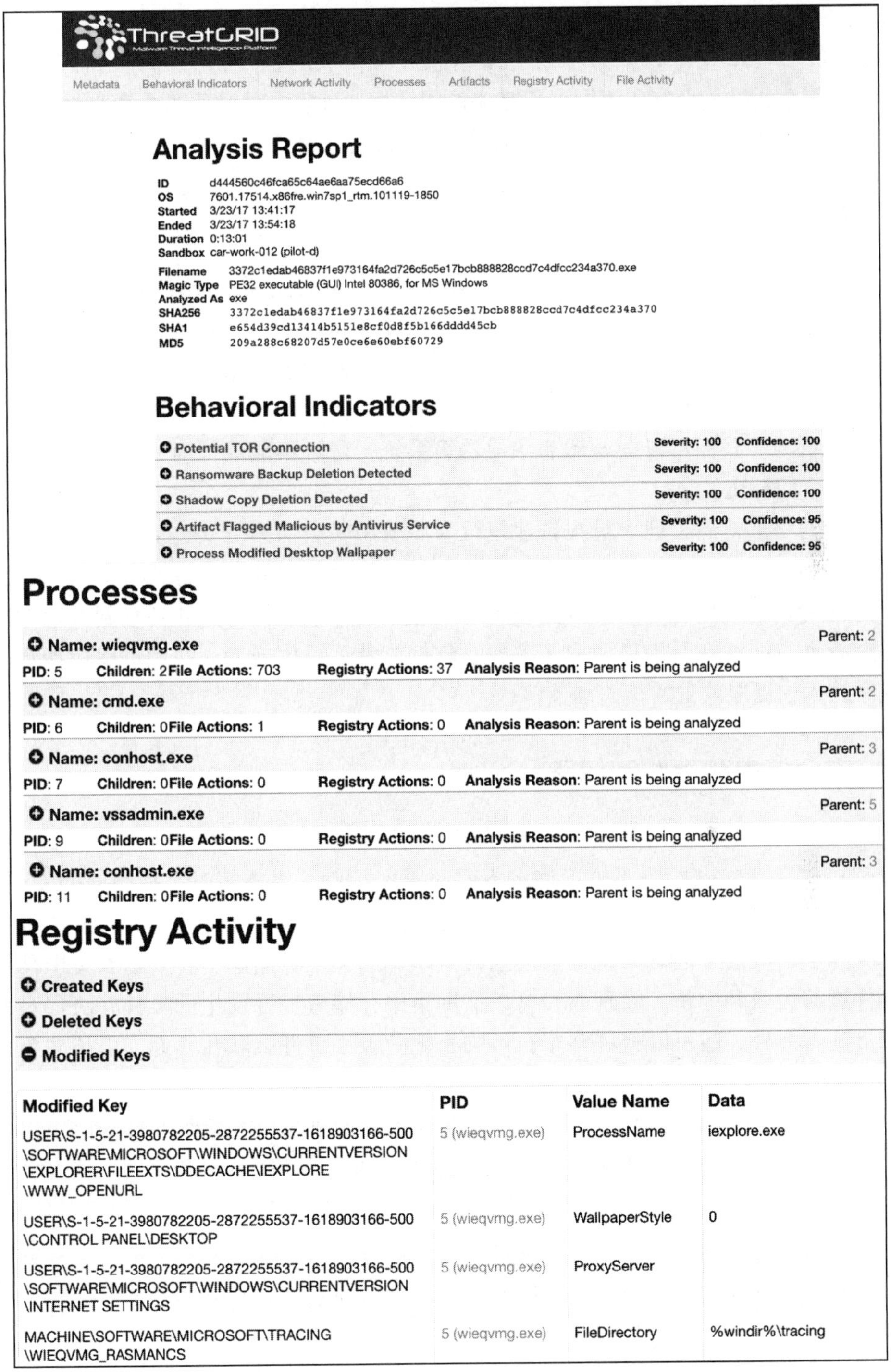

图 8-8　思科 ThreatGrid 分析报告的细节

我们在第 3 章中介绍了如何使用 Cuckoo 软件构建开源的沙盒。我们建议在实验室中通过 Cuckoo 对程序进行测试来了解更多信息。所获取的程序信息的详细程度会与思科 ThreatGrid 等企业级技术有所不同，但是应该能够据此确定文件是否为恶意文件，以及在市面上可用的大量沙盒技术中被测试程序的核心功能的运行情况。

8.2.8 蜜罐

蜜罐（Honeypot）是一种旨在吸引攻击者或者恶意软件的系统或环境，其工作原理是这样的：当攻击者搜寻攻击目标网络时，它会将所发现的最脆弱的系统作为攻击的目标，而防御者可以在网络中放置一些极易受攻击的系统，并监视这些系统与其他系统的交互。如果另一个系统试图攻击蜜罐，攻击将会在攻击者不知情的情况下触发警报，并通知防御者已发生违规行为。我们可以把蜜罐想象成诱饵系统，蜜罐不能取代对内部安全的需求，而是对现有安全的补充。

蜜罐受到攻击并向管理人员报告违规行为后就需要启动网络安全事件的调查取证。与沙盒类似，调查人员可以使用蜜罐来了解攻击者是如何利用系统的，或者识别出恶意软件使用了哪些端口和应用程序。许多蜜罐采取了一旦受到攻击就将威胁转移到沙盒中的工作机制，调查人员能够在受控环境中了解恶意软件或者远程攻击者。我们可以像沙盒技术那样从蜜罐技术中提取攻击的相关细节信息。

8.2.9 安全信息和事件管理器

现代大多数网络会利用多种安全工具来降低遭受攻击和破坏的风险。许多安全工具都具有管理接口，有些机构需要监视许多不同的管理接口，以便实时掌握当前的安全状态，而且许多安全工具只能看到攻击的一部分，这会限制安全人员理解该事件对整个机构产生的影响。为了解决这个问题，机构会建立安全事件的集中存储库，将发送到集中存储库的所有事件进行关联和分析。管理人员可以借助集中存储库查看发生的事件并决定对哪些事件采取措施。此外，还可以将许多来自不同系统的较小事件关联在一起，以预测更大规模的攻击，帮助管理人员对应急响应策略做出更好的决策。

许多与网络相关事件的取证调查都是从分析安全信息和事件管理器（Security Information and Event Manager，SIEM）开始的，安全信息和事件管理器能够对整个网络安全事件进行集中展示。分析人员可以通过安全信息和事件管理器在不同的解决方案之间映射攻击信息，以便进一步调查向安全信息和事件管理器发送警报的每个系统上的攻击细节。安全信息和事件管理器还可以提供关联功能，帮助分析人员将不同工具所获取的数据组合在一起。例如，每个不同的工具可能都有一段从更大的攻击中获取的通信流量，只有通过安全信息和事件管理器这样的工具才能将这些通信流量放在一起并进行识别。而如果没有合适的安全工具将这些数据关联到一起，那么当分析人员仅看到事件的一小部分时，就可能将其忽略。

> **注意** 并非所有的安全信息和事件管理器都是平等建设的。通常，安全信息和事件管理器经常会被建设为安全信息管理器（Security Information Manager，SIM）或者安全事件管理器（Security Event Manager，SEM）。以安全信息管理器为中心的解决方案能够快速挖掘大量数据，帮助分析人员获得有关事件的特定预期的详细信息。以安全事件管理器为中心的解决方案则用于收集大量的安全日志，这有助于分析人员确定哪些事件是最关键的。在这里建议先确定哪些需求是最重要的，并对安全信息和事件管理器的一些选项进行测试，确认它们是否能够为我们所需的安全需求提供有价值的数据。

8.2.10 威胁分析与提要

许多安全解决方案会利用某种形式的威胁情报、分析或者提要。默认情况下，安全解决方案只能看到它们正在监视的环境中的内容。为了提高效率，可以将来自其他网络的威胁数据推送到一个设备中，以便随时应对安全解决方案所保护的网络可能受到的威胁影响。例如，将有关攻击银行的威胁情报中的攻击签名添加到监视银行网络的安全工具中，以便根据其他银行受到网络攻击的情况，为未来可能出现类似的攻击做好准备。

就威胁情报的证据价值而言，调查人员很可能不能直接从威胁情报中获得多少有价值的证据。威胁情报的价值在于增强其他安全技术的能力，使其他安全技术能够提供更好的事件日志，并更好地调整其功能选项和参数以识别潜在的威胁。我们应当知道威胁情报是一个选项，可以向使用签名和调整功能较弱的安全技术而无法捕获威胁的客户推荐威胁情报。

8.2.11 安全工具总结

上面介绍了我们在取证调查中可能会遇到的安全工具和安全技术。也许你并不能完全了解它们，但是我们建议花一些时间熟悉市面上主流的安全工具，因为在调查网络时，我们很可能会遇到这些安全解决方案。

接下来，我们将讨论安全日志，这些日志通常可以在安全产品中找到。

8.3 安全日志

当我们调查被安全工具标识为安全事件的详细信息时，我们可能会从安全工具生成的日志开始。日志被设计用于在触发事件时记录详细信息，因此将日志作为网络调查的起点是有必要的。尽管现有安全解决方案中的某些日志可能包含正在调查的事件的证据，但是这并非意味着安全解决方案监视和触发日志的环境之外不存在证据。证据可以作为展开更深入调查的支点。例如，在网络入侵防御日志中发现了针对某个系统的攻击，我们可以使用这些日志进一步调查被攻击日志记录中与之相关联的 IP 地址和其他系统，以更好地了解攻击活动。

在这里我们需要注意一个关键点：安全解决方案中日志记录功能的设置直接决定了安全解决方案是否会触发日志，以及触发事件时输出到日志的详细信息类型。我们可以将日志优化分解为以下四种常规做法：

- 高严重性 / 低细节级别
  - 日志信息数量少，涉及事件的详细信息少
  - 结果：所需存储空间少，覆盖范围有限，涉及事件的详细信息少
- 低严重性 / 低细节级别
  - 日志信息数量多，但涉及事件的详细信息少
  - 结果：需要中等存储空间，覆盖范围广，涉及事件的详细信息少
- 低严重性 / 高细节级别
  - 日志信息数量多，涉及事件的详细信息多
  - 结果：需要大量存储，但覆盖范围广，涉及事件的详细信息多
- 高严重性 / 高细节级别
  - 日志信息数量少，但涉及事件的详细信息多
  - 结果：需要中等存储空间，覆盖范围有限，涉及事件的详细信息多

选择适合环境的日志优化方案是日志记录的一个常见问题。这里没有绝对正确的答案，每种方法都各有利弊。高严重性意味着只有触发可识别的事件时才记录日志。这种方法所产生的日志数量较少，日志所需的存储成本较低，而且可以很好地帮助管理人员只关注关键事件，但是它可能会导致错过同样关键而又隐蔽的事件。高细节适合用于详细描述事件，这意味着在日志中需要记录更多的内容，日志所需的存储成本较高。如果将不太敏感的事件调整为高细节，那么会产生更多的日志，创建的日志越多，存储需求就越高，需要监视的数据也会越多。

为了满足存储需求，安全工具中会有本地存储和脱机存储两种日志选项。本地存储是将日志数据存储在解决方案中，安全工具可以快速调用日志数据。而脱机存储是将日志压缩并转移到外部存储系统中，脱机存储中的日志通常需要解压缩并重新加载到安全工具中后才能被安全工具调用。例如，在调查中需要查看超过安全信息和事件管理器本地存储时间周期的由安全信息和事件管理器创建的视图时，管理人员通常根据事件的时间线，并经过相应程序来调用该时间段的日志，该时间段的日志会保存在外部存储系统上。根据我们的经验，通常安全工具在将日志导出到外部存储系统之前，其本地日志能够保存 30 天到 90 天。在研究安全信息和事件管理器之类的工具时，我们要了解日志的存储选项，以便能够从安全工具的本地存储之外获取调查所涉及的日志数据。

日志通常采用某种形式的 syslog 格式。syslog 消息中的要素有：与事件相关的设备严重性级别、时间戳、主机或者 IP 地址等字段、设备的来源以及某种形式的消息。事件

的顺序和字段命名取决于 syslog 格式的详细信息。例如，ArcSight 在使用 CEF 格式时会用"suser"命名源用户列，而使用 LEEF 格式时则会用"usrName"命名源用户列。重要的是确保安全解决方案支持使用的日志格式，避免自定义内容，便于收集设备读取。当需要自定义时，通常会在收集器接收日志之前，使用某些软件将其格式更改为可以接收的版本，或者将收集设备调整为使用可以读取未知系统日志格式的自定义解析器。构建自定义解析器会很复杂，成本也较高，因此建议尽可能使用流行的日志记录标准。以下是 CEF 和 LEEF 两种格式及其输出示例：

- **CEF 格式**：CEF:Version | Device Vendor | Device Product | Device Version | Signature ID | Name | Severity | Extension

```
Jan 23 11:17:53 dsmhost CEF:0|Trend Micro|Deep Security Manager|<DSM
version>|600|Administrator Signed In|4|suser=Master...
```

- **LEEF 2.0 格式**：LEEF:2.0 | Vendor | Product | Version | EventID |（Delimiter character,optional if the delimiter character is tab）| Extension

```
LEEF:2.0|Trend Micro|Deep Security Manager|<DSA version>|192|cat=System
name=Alert Ended desc=Alert: CPU Warning Threshold Exceeded\nSubject:
10.201.114.164\nSeverity: Warning sev=3 src=10.201.114.164 usrName=System
msg=Alert: CPUWarning Threshold Exceeded\nSubject: 10.201.114.164\
nSeverity:Warning TrendMicroDsTenant=Primary
```

有许多选项可用于集中和查看系统日志。我们可以使用 syslog 查看器，如 Kiwi syslog 查看器或者前面讨论过的众多安全信息和事件管理器平台之一。syslog 数据的价值是帮助我们找到一个或者多个调查的起点。报警信息中包含可以进一步调查的 IP 范围；攻击类型可以跨日志进行关联，从而让我们了解所发生的活动类型；时间戳有助于将攻击活动置于时间轴中，帮助我们将调查范围缩小到接近首次发现攻击活动时的事件。syslog 数据的缺点是：如果安全日志系统没有发现攻击活动，那么这些安全日志数据的失误是由设置了错误的触发条件而造成的；如果存在大量的误报和漏报，那么可能会导致数据过载；如果安全信息和事件管理器之类的关联引擎没有正确地对所看到的事件进行优先排序，那么可能会误导调查的方向。在调查日志时，我们必须要记住，安全日志数据基于生成日志的工具的有效性，只代表被监控空间的活动，而且日志数据只是最佳猜测，所报告的内容可能存在错误。我们最好追踪日志中的所有发现，并进一步分析，以证明所识别的内容确实发生了。

在调查中如果要手动分析日志，那么我们需要一种对大量的数据进行搜索和筛选的方法。在大多数 Linux 发行版中，经常会使用 **grep** 命令和正则表达式进行搜索，键入 **grep**，然后用引号标记需要搜索的内容，例如要搜索用户"muniz"，我们可以使用 **grep**"**muniz**"然后再跟上要搜索的文件名称的命令进行搜索。

示例命令：grep "muniz" /var/log/auth.log

示例结果:Accepted password for muniz from 10.2.2.5 port 4525 ssh2

标准 grep 搜索方法的挑战是构造正则表达式,通过正则表达式可以得到我们想要的结果。例如,假设我们正在搜索一个特定的端口,我们可以将该数字放在 grep 搜索命令的引号中,那么任何包含相同数字的内容都会被搜索出来,例如 URL、时间戳等。我们需要练习使用正则表达式,以便使用此方法准确地获取所需的结果。

grep 命令还可以查看搜索命中关键词前后的相关内容。例如,如果要查看登录失败用户及前后的详细信息,那么可以使用 grep 环绕搜索来完成。A 标志表示后一行,B 标志表示前一行。下面是搜索登录失败用户详细信息的示例,假设我们需要登录失败用户名之前的时间戳和之后的数据信息:

示例命令:grep -B 3 -A 2 'Invalid user' /var/log/auth.log

示例结果:May 15 11:14:11 ip-10.1.2.2 sshd[12345]: Invalid user? admin from 22.15.32.106

还有许多其他 grep 命令正则表达式选项,如果计划手动调查日志,那么应当了解这些选项。在谷歌搜索上可以找到几十个推荐的 grep 命令,能够帮助我们掌握 grep 正则表达式的用法。

除了 grep 之外,我们还应当了解其他一些用于文本解析和分析的 Linux 命令。第一个命令是 cut 命令,cut 命令可以用于分析使用分隔符的日志中的字段。分隔符可以是逗号和等号之类的字符,用于分隔字段或者突出显示键值对,这对从日志中制定列表非常有帮助。假设要从上个月大型日志中显示所有登录过的用户名,提取日志中第六个等号后面的值,我们可以使用下面的 cut 命令快速实现:

示例样本:muniz(su:auth):authentication failure: logname=muniz uid1000 euid=0 tty=/dev/pts/0 ruser=muniz rhost= user=root

示例命令:grep "authentication failure" /var/log/auth.log | cut -d '=' -f 6

示例结果:root

第二个命令是 awk 命令,awk 命令可以过滤掉所有不相关的内容。例如,我们可能打算从身份验证日志中查看所有失败的登录尝试。awk 命令还可以使用正则表达式,可以使用 awk /sshd. *invalid user/ 命令与 sshd 无效用户行进行匹配,然后再使用默认的空格分隔符打印第九个字段,示例的具体操作命令如下:

示例命令:awk '/sshd.*invalid user/ (print $9)' /var/log/auth.log

示例结果:root

使用企业日志管理或者安全信息和事件管理器工具,可以简化这种类型的数据挖掘。这些工具可能无法读取特殊的日志格式,这时就需要手动进行处理。我们还可以使用脚本程序开发类似于自定义解析器的数据清洗工具,将其他外部日志格式修改为日志解析器可以正确识别的格式。但是,开发自定义解析器可能非常麻烦,而且可能需要工具制造商提供指定的服务。

8.4 网络基线

除了使用签名和日志之外，监视网络安全事件的另一种方法就是网络基线（Network Baselines）。基线是通过测量流量性能和确定什么是正常的流量来进行工作的，当一些异常的事情发生时，它往往会脱颖而出。多年来，这种方法一直被用来检测诸如系统故障或者流量阻塞等异常的网络性能。一些安全供应商最近在使用一种针对异常行为应用安全检测规则的策略，帮助管理人员识别试图隐藏或者绕过传统签名的威胁检测。例如，通过未经授权的设备进行网络扫描或者与包含敏感数据的系统建立异常加密隧道。在本章的后面，我们将进一步讨论这个问题，看看如何识别像信标（Beaconing）这样的破坏行为。

建立基线需要访问网络，我们可以通过放置专用网络分流设备或者利用现有网络设备的流量来建立基线。如本章前面所述，利用现有网络设备中的网络流是构建网络基线的一种流行方法。此外，诸如安全信息和事件管理器、入侵防御系统、入侵检测系统等许多其他安全技术，都包含基线功能，以便帮助改进威胁检测。这些设备倾向于在跨解决方案内联或者跨端口时对通信流量进行基线化。

作为一名调查人员，我们需要确定是否已经建立了基线。当我们使用基线与基于异常行为触发的安全事件进行比较时，基线有助于衡量安全事件的性质。例如，如果在一些系统上识别出恶意软件，那么通过查看这些感染恶意软件的系统与其他正常系统的网络行为之间的差异，可以帮助我们根据这些差异筛选其他受到破坏的系统。图 8-9 展示了通过标记异常流量偏差、开发签名和行为匹配，在网络内追踪恶意软件，并突出显示具有类似感染行为的系统。

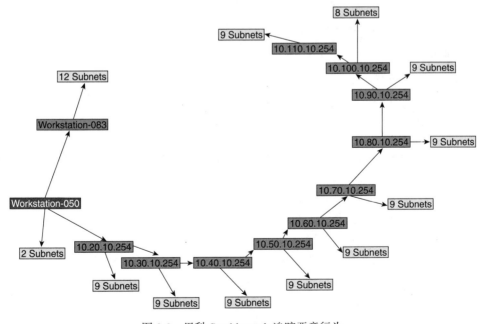

图 8-9　思科 Stealthwatch 追踪恶意行为

我们可以将特定的不希望的行为自动或者手动开发为规则，当检测到关联行为时会触发警报。例如，来自特定网络部分的未经授权的隧道、协议或者其他可疑的行为可能会触发警报，这能够帮助调查人员缩小机构潜在风险的查找范围。如图 8-10 所示，在思科 Stealthwatch 中被称为主机锁（Host Lock）的示例。我们也可以在其他基于网络流的安全技术中设置这样的规则。

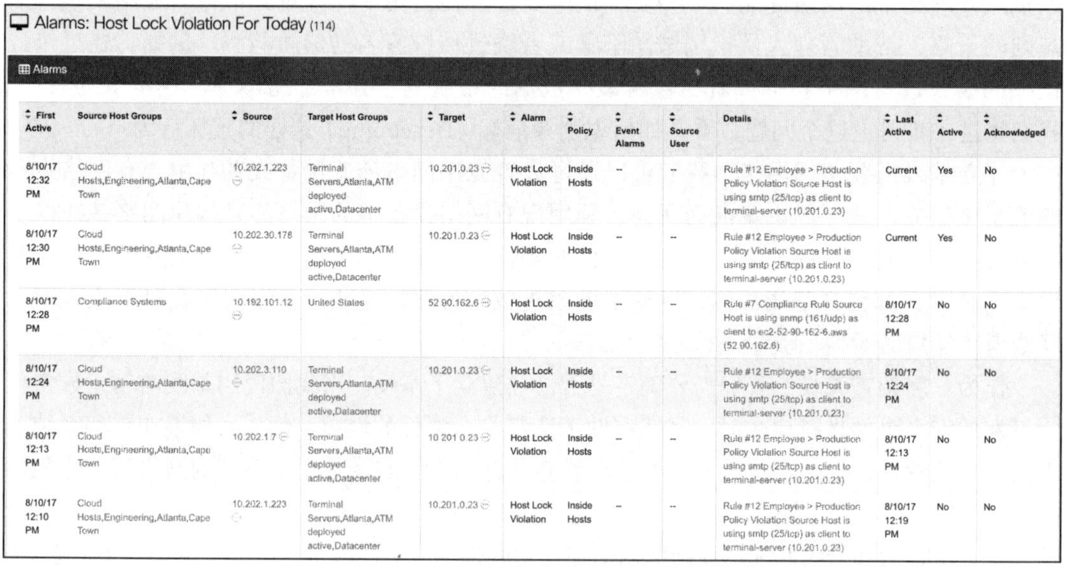
Alarms: Host Lock Violation For Today (114)

Alarms

First Active	Source Host Groups	Source	Target Host Groups	Target	Alarm	Policy	Event Alarms	Source User	Details	Last Active	Active	Acknowledged
8/10/17 12:32 PM	Cloud Hosts,Engineering,Atlanta,Cape Town	10.202.1.223	Terminal Servers,Atlanta,ATM deployed active,Datacenter	10.201.0.23	Host Lock Violation	Inside Hosts	--	--	Rule #12 Employee > Production Policy Violation Source Host is using smtp (25/tcp) as client to terminal-server (10.201.0.23)	Current	Yes	No
8/10/17 12:30 PM	Cloud Hosts,Engineering,Atlanta,Cape Town	10.202.30.178	Terminal Servers,Atlanta,ATM deployed active,Datacenter	10.201.0.23	Host Lock Violation	Inside Hosts	--	--	Rule #12 Employee > Production Policy Violation Source Host is using smtp (25/tcp) as client to terminal-server (10.201.0.23)	Current	Yes	No
8/10/17 12:28 PM	Compliance Systems	10.192.101.12	United States	52.90.162.6	Host Lock Violation	Inside Hosts	--	--	Rule #7 Compliance Rule Source Host is using snmp (161/udp) as client to ec2-52-90-162-6.aws (52.90.162.6)	8/10/17 12:28 PM	No	No
8/10/17 12:24 PM	Cloud Hosts,Engineering,Atlanta,Cape Town	10.202.3.110	Terminal Servers,Atlanta,ATM deployed active,Datacenter	10.201.0.23	Host Lock Violation	Inside Hosts	--	--	Rule #12 Employee > Production Policy Violation Source Host is using smtp (25/tcp) as client to terminal-server (10.201.0.23)	8/10/17 12:24 PM	No	No
8/10/17 12:13 PM	Cloud Hosts,Engineering,Atlanta,Cape Town	10.202.1.7	Terminal Servers,Atlanta,ATM deployed active,Datacenter	10.201.0.23	Host Lock Violation	Inside Hosts	--	--	Rule #12 Employee > Production Policy Violation Source Host is using smtp (25/tcp) as client to terminal-server (10.201.0.23)	8/10/17 12:13 PM	No	No
8/10/17 12:10 PM	Cloud Hosts,Engineering,Atlanta,Cape Town	10.202.1.223	Terminal Servers,Atlanta,ATM deployed active,Datacenter	10.201.0.23	Host Lock Violation	Inside Hosts	--	--	Rule #12 Employee > Production Policy Violation Source Host is using smtp (25/tcp) as client to terminal-server (10.201.0.23)	8/10/17 12:19 PM	No	No

图 8-10 思科 Stealthwatch 主机锁示例

上面我已经对调查过程中可能遇到的安全技术有了基本的了解，下面我们来讨论威胁征兆，这不仅有助于我们了解安全工具正在寻找的威胁特征，而且还可以在工具不可用时帮助我们手动寻找威胁。

8.5 威胁征兆

很多事情都可能构成威胁。有时威胁行为不属于正常行为，但有时威胁行为可能隐藏在正常通信流量中。我们无法涵盖遇到的每一个可能的特征或者异常行为，但是我们可以通过了解网络中最常见的威胁行为，学习寻找威胁活动的方法。虽然可以使用安全工具来处理大部分的搜索工作，但是我们将演示手动寻找威胁活动的示例。在这里需要重点关注如何理解特定的流量以及为什么特定的流量会被认为是威胁活动。通过手动寻找威胁活动，我们可以理解来自生成事件日志系统的数据，组合通过不同工具发现的线索，并根据证据对威胁活动进行追踪。在不知道寻找目标的情况下，我们不太可能盲目地监视原始网络流量。手动寻找威胁的工作往往会受到渗透测试的影响。

下面我们来看看第一种常见的恶意活动——侦察。如果在网络中发现有可能表示攻击即将到来的恶意活动时，洛克希德·马丁公司的网络杀戮链模型表明，这种行为是攻击之前的侦察，我们应当对此进行调查。

8.5.1 侦察

攻击者或者破坏性应用程序经常会实施扫描。攻击者可能在首次访问未知网络时不知道自己所处网络环境的情况。为了找到其他能够侵入的系统、转移到网络的其他部分或者搜集需要窃取的数据，攻击者有可能会利用其他系统或者监听有用的网络流量，进一步了解系统的网络，以便采取下一步行动。

我们可以通过查找扫描行为来检测侦察活动，例如异常的点对点通信，但是它也可以被识别为一个系统试图学习网络而产生的大量流量的峰值。检测侦察活动的另一种方法是对连接访问异常端口进行实时报警，这说明攻击者正在寻找通信中可以被利用的易受攻击的途径。这种攻击方法被称为端口扫描，攻击者利用端口扫描可以评估系统开放的其他网络端口的情况。

端口扫描是最常见的侦察行为之一。有不同类型的端口扫描活动，范围包括隐蔽性的和攻击性的。我们应该熟悉使用 NMAP 和 Wireshark 进行一些基本的端口扫描。建议通过 Kali Linux 系统启动 Wireshark，在系统中监视 FIN、XMAS、SYN 等各种常见的 NMAP 扫描，以便更好地理解它们在捕获的数据包和日志中留下的痕迹。我们可以通过查看 https://nmap.org/ 的 NMAP 主页以及在线资源获取使用 NMAP 的快速参考指南。对特定系统运行标准端口扫描和 XMAS 扫描如图 8-11 所示。请确保能够识别此行为的迹象，例如在这两种端口扫描类型之间更改的重复资源请求和突出显示的标志。

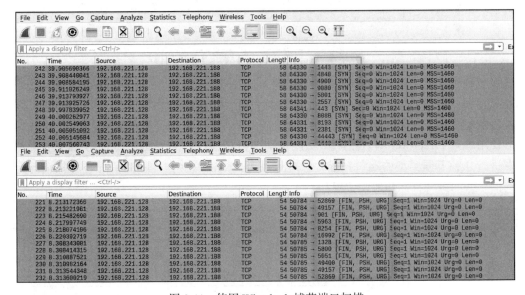

图 8-11　使用 Wireshark 捕获端口扫描

我们不需要记住每次扫描的样子，但是我们需要熟悉端口扫描的特征，以便可以从其他通信流量中将其提取出来。我们很可能需要挖掘大量的数据包来寻找恶意行为，这时我们可以使用具有过滤选项的 Wireshark 等工具。例如，我们可以使用 Wireshark 过滤器 **tcp.flags.syn && tcp.flags.ack==0** 直接识别一批带有 SYN 标志的数据包。我们还可以使用其他筛选器捕获端口扫描行为，例如使用 **ip.src==192.168.1.20&& tcp.flags.reset && tcp.flags.ack** 查找特定 IP 地址未开放的端口。端口扫描的目的是通过终端设备实施攻击行为，攻击者可以通过终端设备寻找新的目标或者方法来进行通信，这些目标或者方法可能隐藏在大量的网络通信流量中。建议充分了解我们所使用的工具中的筛选选项，并研究捕获的流量，以便掌握如何筛选端口扫描活动。

大多数管理员不会整天手动查看捕获的数据包，而是查找网络中可能存在的数百种类型的扫描行为。通常，安全解决方案可以检测到在未经授权的区域内发生的大多数形式的网络侦察活动。入侵检测系统或者入侵防御系统的监控是一种用于通过各种安全签名或者规则进行内部对等通信的常见工具。例如，Snort IDS 软件中可用的检测规则如图 8-12 所示，这个示例使用了一种可以用来检测大多数 NMAP 扫描的预解析器的 Snort 规则。要使用此规则，我们需要选中 Snort.config 文件中的端口扫描规则，因为它在默认情况下处于非激活状态，这个规则是 **Preprocessor sfportscan: proto {all} sense_level{high} logfile {LOCATION}**，在这里我们需要根据 Snort 环境调整括号字段。由 Snort 生成的日志如图 8-12 所示，该日志是根据已识别的 Xmas 扫描活动生成的。

```
[**] [1:1228:7] SCAN nmap XMAS [**]
[Classification: Attempted Information Leak] [Priority: 2]
07/10-12:37:11.935107 192.168.221.128:59404 -> 192.168.221.188:60020
TCP TTL:39 TOS:0x0 ID:17256 IpLen:20 DgmLen:40
**U*P**F Seq: 0x2A8D2BC  Ack: 0x0  Win: 0x400  TcpLen: 20  UrgPtr: 0x0
[Xref => http://www.whitehats.com/info/IDS30]

[**] [1:1228:7] SCAN nmap XMAS [**]
[Classification: Attempted Information Leak] [Priority: 2]
07/10-12:37:11.937480 192.168.221.128:59404 -> 192.168.221.188:20222
TCP TTL:38 TOS:0x0 ID:36658 IpLen:20 DgmLen:40
**U*P**F Seq: 0x2A8D2BC  Ack: 0x0  Win: 0x400  TcpLen: 20  UrgPtr: 0x0
[Xref => http://www.whitehats.com/info/IDS30]
```

图 8-12　Snort 检测端口扫描活动

使用思科 Firepower 的入侵防御功能识别端口扫描行为的界面如图 8-13 所示。本例中正在进行几种不同类型的端口扫描，管理人员可以单击这些扫描检测情况查看扫描行为的详细信息，如源、目标和地理位置。

Message	Priority	Classification	Count
PROTOCOL-ICMP Unusual PING detected (1:29456:2)	medium	Information Leak	4,565
PROTOCOL-ICMP PING (1:384:8)	low	Misc Activity	4,699
PROTOCOL-ICMP Destination Unreachable Port Unreachable (1:402:15)	low	Misc Activity	481
PROTOCOL-ICMP Destination Unreachable Protocol Unreachable (1:404:14)	low	Misc Activity	12

图 8-13　思科 Firepower 检测端口扫描

检测扫描行为的安全工具能够记录这些事件并将其导出到诸如安全信息和事件管理器等集中管理器内。作为一名调查人员，我们的工作是识别侦察行为，并将其与威胁参与者联系起来，以此作为一种了解网络威胁范围的方法。在某些情况下，防病毒软件可能无法捕获恶意文件，因此，识别受感染系统的最佳方法是将任何已知的受感染系统映射到它可以访问并已被扫描的网络。我们可能还需要使用沙盒来验证恶意文件，并监视该文件的信标和侦察行为，以了解其传播策略。我们一定要熟悉网络侦察的表现形式，这是我们需要调查的内容之一。

8.5.2 漏洞利用

攻击者通常利用漏洞来获取对系统和网络的访问权限。利用漏洞实施攻击包括从利用潜在的漏洞进入系统到通过注入恶意代码获得运行有过期软件的系统的 root 访问权限的任何行为。这意味着漏洞利用是针对薄弱点的行动，而不是攻击的结果。攻击的结果可能是设置后门、窃取数据等，这些都是成功利用了该系统或网络的漏洞而实施的。

为了能够正确地识别漏洞利用活动，我们着重了解漏洞利用的行为。例如，网络流和蜜罐等漏洞检测技术并不是为了寻找漏洞而设计的。寻找并防止漏洞利用的技术包括防病毒、入侵防御和通过签名及攻击行为触发器等其他针对攻击行为的技术。图 8-14 展示了通过 Kali Linux 系统中的 Armitage 利用 struts 漏洞攻击 Apache 服务器。这个攻击的结果是向攻击者提供受害者系统的 root 访问权限。当攻击者通过发出 whoami 命令验证其访问权限级别时，在终端窗口中将显示为 root 权限。

我们在调查中会遇到各种形式的漏洞利用，大多数情况下可以通过工具来识别漏洞利用行为，我们通过读取安全日志可以了解到底发生了什么。我们的目标是确定哪些漏洞易受攻击，研究与该漏洞相关的风险，并找出攻击的结果。这些信息可以帮助我们确定下一步的工作方向，比如我们可以搜索具有类似漏洞的其他系统或者其他显示类似攻击行为的日志，也可以使用漏洞检测策略调查可能受此攻击影响的系统。

大多数工具都是通过触发攻击签名来向我们提供漏洞利用攻击详细信息的，在像防病毒和 IPS 这样的工具中我们可以查看到攻击的日志。图 8-15 展示的思科 Firepower IPS 日志记录了图 8-14 中对 Apache 服务器进行 struts 漏洞攻击的信息。

此类日志通常会映射出目标系统、攻击源、关联端口等信息。Snort IDS/IPS 等基本检测工具可以在各种独立的事件日志中提供这些数据，而企业工具则可以关联攻击行为并且提供进一步研究事件的方法。例如，思科 Firepower 允许我们访问事件中的各种数据点并提供更多详细信息，这样我们就不必手动查看多个独立的日志信息。如果我们正在调查此事件，我们可以单击目标系统的源 IP 地址，以了解有关此系统的详细信息，包括潜在的漏洞。如图 8-16 所示，单击日志的 IP 地址时可以获取系统的详细信息。许多企业安全工具，从安全信息和事件管理器到入侵检测平台，都提供了这些功能，这可以帮助调查人员快速了解所发生的事情，并能够提供与事件相关系统的详细信息。

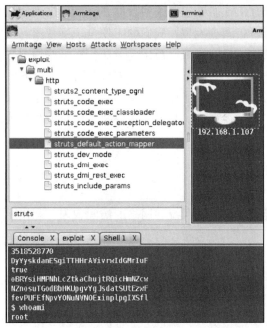

图 8-14　通过 Armitage 利用 struts 漏洞攻击 Apache 服务器

Priority	Impact	Inline Result	Source IP	Destination IP	Source Port / ICMP Type	Destination Port / ICMP Code
high	2		198.18.133.6	198.19.20.5	46845 / tcp	80 (http) / tcp
high	2	↓	198.18.133.6	198.19.20.5	45687 / tcp	80 (http) / tcp

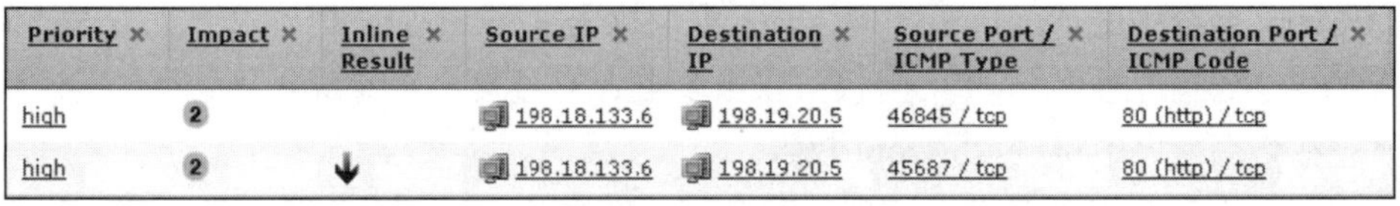

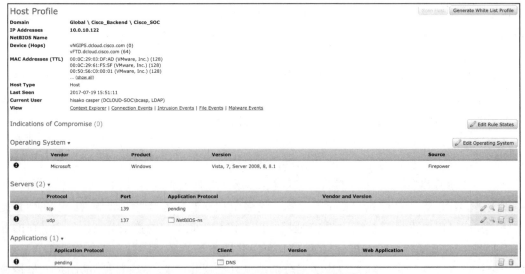

图 8-15　思科 Firepower 显示漏洞利用检测情况

图 8-16　思科 Firepower 显示主机详细信息

Web 上的各种资源可以获取已识别的攻击和漏洞的详细信息。业界倾向于使用通用漏洞披露（Common Vulnerabilities and Exposures，CVE）编码来标记安全签名，以便不同的工具供应商在讨论同一攻击时可以使用一种共同语言。这不仅对管理人员了解事件发生时的情况很重要，而且对提供数据关联和共享威胁提要数据的工具来说也很重要。例如，我们可能听说了某个威胁，并且担心容易受到这种类型威胁的攻击，那么我们可以使用 CVE 来检测威胁，在安全产品中搜索特定威胁的 CVE 编号，查看是否已启用了针对此威胁的检测。如果在可用规则中看到此 CVE 编号，我们还可以向供应商咨询如何修复漏洞并获得保护。

> **注意** 有些供应商不愿透露某些 CVE 的检测细节，除非有已知的漏洞修复程序，并且供应商认为特定的修复程序已经提供给客户安装使用了足够长的时间。思科在需要时会将某些检测功能隐藏在具有通用名称的规则中，不会让攻击者了解那些没有补丁的高风险漏洞。建议与供应商详细讨论有关 CVE 的问题，看看他们是否为了保护易受攻击的产品而隐藏了这些细节。

攻击签名会指出攻击的限制条件，以便我们能够了解攻击成功所需的系统、服务、软件和协议的类型。这一点非常重要，因为发起攻击并不总是意味着能够攻击成功。调查人员经常发现许多针对系统的攻击失败的情况，这说明有人试图利用漏洞攻击这些系统，但是最终没有造成任何破坏。这也有助于我们缩小对调查的关注范围，如果发现了一个与已知 CVE 相关的威胁，那么我们可以专注于服务等必要的事情，以显著提高该攻击的可见性。

我们可能需要记录攻击的企图，以帮助客户了解我们认为攻击成功与否的原因，这需要我们解释尝试的攻击类型和成功的可能性。例如，许多网络管理人员不得不面对的被业界称为"心脏出血"（Heartbleed）的漏洞，这个漏洞利用了 OpenSSL 中的缺陷，这是 OpenSSL 库中的编程错误。我们可以在因特网上搜索 CVE 或者使用 https://nvd.nist.gov/vuln/ 上的国家漏洞数据库来查找有关此类攻击的详细信息。我们可以搜索"心脏出血"漏洞的 CVE，这个漏洞的编码是 CVE-2014-0160。图 8-17 展示了"心脏出血"漏洞的 CVE 详细信息。

在"心脏出血"漏洞例子中，系统必须使用 OpenSSL，否则攻击将不起作用。系统还必须连接到因特网上，因为内部人员不会利用此漏洞发起攻击。这会把所有无法访问因特网或者未使用 OpenSSL 的系统排除在"心脏出血"漏洞的潜在受害者之外，通过这种类型的过滤简化了对已知 CVE 的调查。我们必须亲自向许多没有使用此类服务的客户介绍这种特定攻击，以保证他们不会受到这一特定威胁的影响。

另一个近期的例子是 WannaCry 勒索软件攻击，它利用了服务器消息块（Server Message Block，SMB）协议漏洞，这个漏洞被称为永恒之蓝（ExternalBlue）。再次指出，识别漏洞利用攻击的第一步是要知道 WannaCry 想要成功使用永恒之蓝漏洞，就需要 SMB。不运行 SMB 或者已经修补漏洞的系统不会被利用。尽管这听起来很简单，但是确定漏洞被利用所需的关键元素非常重要，这可以将所有不可能被利用的系统排除在调查范围之外，我们只需评估剩下系统的潜在危害。在调查漏洞利用的攻击情况时，我们需要遵循的调查过程包括审查攻击签名、研究相关的 CVE，并根据攻击的特征来调整我们的调查。

图 8-17　NVD 网站提供的"心脏出血"漏洞的详细信息

8.5.3　恶意行为

有时，在没有安全检测或者现有检测系统不知道攻击策略的系统上可能会发生诸如漏洞利用攻击等恶意行为。零日攻击就是一个典型的例子，这种类型的攻击利用了世界上尚未发现的漏洞，因此没有人为它编写攻击签名。为了查清现实世界中的威胁，我们正在调查的机构中，与零日攻击相比，由于没有进行正确调整而漏报已知攻击的安全产品和没有启用正确攻击签名的安全产品所带来的威胁更加常见。在这两种情况中，下一道防线是使用安全工具来识别一般的恶意行为。

下面是一些常见行为的示例，我们应当监视现有基于攻击签名的威胁检测技术失败的行为。许多内部网络监视工具应当考虑启用这些漏洞检测策略：

- 注意来自保留 IP 地址的任何连接尝试，因为这些 IP 地址不应该被使用。可以开发一个检测规则来检查 IP 报头中的源地址字段。
- 使用非法 TCP 标志组合标记的任何数据包。可以开发一个检测规则，将 TCP 报头中设置的标志与已知有效的或者无效的标志组合进行比较。我们在前面的侦察部分讲述了这方面的例子。
- 注意查询有效负载中包含的任何类型的 DNS 缓冲区溢出尝试。可以开发一个检测规则来解析 DNS 字段并验证每个字段的长度。
- 标记 POP3 服务器上因多次发出相同命令而导致的任何拒绝服务攻击。可以开发一个检测签名来追踪发出命令的次数,并在该次数超过阈值时发出警报。
- 在不首先登录的情况下,通过监视服务器的文件和目录操作命令来标记对 FTP 服务器的文件访问攻击。可以开发一个检测规则来监视 FTP 流量,并在成功登录和正确验证用户权限之前操作某些命令时发出警报。
- 注意带宽消耗的峰值。当超过带宽阈值时,可以触发设置的检测规则。

编写检测规则需要考虑众多攻击事件,这就是为什么大多数专业人员将编写检测规则的工作交给拥有大型团队的公司,这些团队可以随时掌握不断变化的攻击用例。在调查入侵防御系统等安全工具中发现的恶意行为时,这些类型的日志可能没有关联的 CVE,因为它们是一般恶意行为,而不是特定的已知攻击。

> **注意** 美国国家标准与技术研究院(NIST)在 http://nvlpubs.nist.gov/nistpubs/Legacy/SP/nistspecialpublication800-94.pdf 上发布了 IPS 部署和用例指南,其目的就是为了帮助我们更好地了解与攻击和恶意行为有关的入侵检测和入侵防御技术。

我们可以不查看事件日志,而是通过手动方法来调查恶意行为。例如,假设我们正在调查一个用户的系统,该用户点击了一个恶意的 Web 链接,并被远程攻击工具包利用。第一个阶段的调查对象可能是在内容过滤器、应用程序层防火墙、入侵防御系统或位于用户和因特网之间的其他工具中的 Web 利用和 Web 攻击。如果我们正在查看捕获的此用户流量数据包,那么我们可以查找异常的行为,如图 8-18 所示,当看到 "302moved" 事件时,意味着用户被重定向到了某个地方。通常,攻击者会将受害者重定向到一个漏洞利用工具包,该工具包被设计用来扫描它可以利用的特定漏洞。我们可以深入调查重定向并检查源代码的 "信用评分",确定是否已知该网站存在恶意行为。思科保护伞调查(Cisco Umbrella Investigate)解决方案是查找此类数据的一个很好的工具。

我们可以继续追踪 TCP 流,在目标系统上查找运行的脚本之类的内容,以及可能标识发生异常活动的其他内容。如图 8-19 所示,突出显示了发送到受害者系统的 iframe 攻击。

这种行为会导致攻击者获得系统的访问权限,被攻击的系统在回连远程攻击者或者其他用例时会被安装恶意软件,感染恶意软件的系统将会向远程攻击者发出信标。深入了解这些细节的价值在于,这样做不仅可以帮助我们准确地看到发生了什么,而且还可以更好地了解利用漏洞的工作原理,以便我们为入侵防御系统这样的安全工具开发一个检测规则,以预防未来的危害。

说到后安全和信标,让我们调查回连行为。

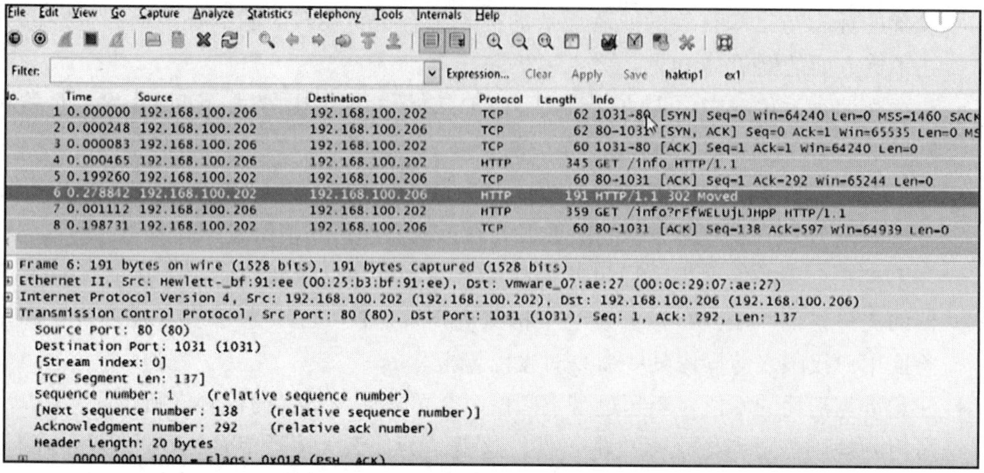

图 8-18　通过 Wireshark 显示重定向行为

图 8-19　通过 Wireshark 显示 iframe 攻击

8.5.4　信标

信标这个术语有时会与诸如命令与控制、呼出（phoning out）等其他攻击行为或者其他攻击术语混合在一起使用。信标的基本概念是尝试与网络外部的资源进行通信。信标的结果可能是下载要在网络中使用的攻击代码、向外部攻击者提供内部访问或者向僵尸网络管理器发出主机已准备好接受远程控制的信号。攻击者可以通过 HTTP、HTTPS 或者 DNS 发送传出网络的信标，还可以通过控制 Windows 命名管道上点对点信标的有效负载来限制主机使其退出网络。信标攻击比较灵活，支持异步或者完全交互式通信。异步通信速度非常慢，但是很难被检测发现。受感染的系统回连攻击者，下载额外的指令，然后进入休眠状态，因此没有持续的通信活动。图 8-20 展示了安全专家或者攻击者如何使用信标工具与受害者进行远程交互。

```
Beacon 172.16.20.157@2368  X
beacon> pwd
[+] Tasked beacon to print working directory
[+] host called home, sent: 8 bytes
[+] Current directory is C:\Users\whatta.hogg\Desktop
beacon> getuid
[+] Tasked beacon to get userid
[+] host called home, sent: 8 bytes
[+] You are GLITTER\whatta.hogg
beacon> sleep 30 20
[+] Tasked beacon to sleep for 30s (20% jitter)
[+] host called home, sent: 16 bytes
[GRANITE] whatta.hogg/2368                    last: 23s
beacon>
```

图 8-20　信标控制台菜单示例

研究表明，约90%破坏网络的恶意软件会发出信标，所以我们很可能会从绕过我们周边的威胁中看到这种行为。我们发现很多感染发出信标的恶意软件都隐藏在垃圾软件（junkware）中，垃圾软件是一款诱骗用户进行安装的软件，而它实际上是恶意软件的前端。图 8-21 展示了一个假冒的防病毒程序，这个程序不仅可以通过关闭安全设置来危害安装它的系统，而且还能向攻击者发出信号，告知攻击方已经破坏了新的系统。我们处理过这样一个情况，我们团队的一个国际分支使用未经授权的代理软件来观看被封锁转播的足球比赛，那个代理软件是僵尸网络的前端，我们的调查小组接到通知称办公室里每个人的网速都变慢了。

图 8-21　垃圾软件

作为一名调查人员，我们应该了解如何识别信标行为。许多安全工具使用的一种常见方法是利用包含已知恶意源的威胁情报。具有此功能的安全工具可以监视与已知恶意源的通信，并在发现任何匹配的连接时触发报警。大多数威胁源将恶意源分类为不同的类别，如果看到与僵尸网络的连接，那么很可能知道受害者系统上安装的恶意代码的类型。如图 8-22 所示，在思科 Stealthwatch 中突出显示了两个与已知命令和控制源通信的系统。

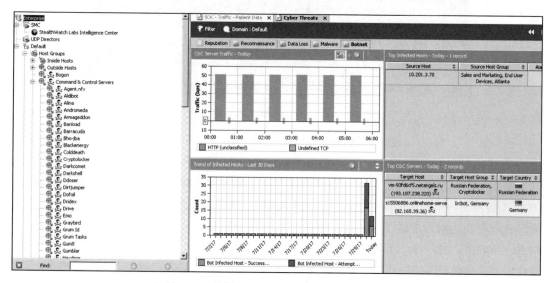

图 8-22　思科 Stealthwatch 中显示 CnC 活动

另一种检测策略是查看出站通信。这里我们需要考虑到恶意软件可能会使用非常规的端口或者协议，例如通常不会发送到因特网的流量。如果幸运的话，我们将很容易检测到出站通信模式，如图 8-23 所示，LogRhythm 的安全信息和事件管理器识别出了网络上非常嘈杂的 Powershell Empire 信标行为。

信标行为通常比较隐蔽，例如在恶意程序处于睡眠状态时，恶意程序会在很长一段时间内使用较小流量的数据包。如果我们在一段时间内测量此通信流量，它可以表示为心跳行为，如图 8-23 所示，但是为了避免被检测发现，心跳之间的时间间隔会延长很多。例如，如图 8-24 所示，在 443 端口上，每 30 分钟有一个指向同一个信标源的信标，这意味着该信标会隐藏在正常的网络流量中。

在具有各种类型流量的大型网络中，追踪隐蔽的信标行为是一项挑战。我们可以使用基于时间和方差设定过滤器的方法追踪信标行为。监视捕获数据包和网络流工具非常有助于回放流量，并能够帮助我们将过滤器的偏离情况设置归零。例如，我们可以将 TCP SYN 连接限制为 100 000 个，并将所有间隔大于 60 秒的信标作为 3～5 天的流量捕获的目标。我们可以继续调整过滤器，直到检测到可疑目标。如果在多个系统中发现了类似的行为，那么这些主机可能是感染了同一种恶意软件。追踪信标的例子如图 8-25 所示，在本例中，我们可以看到恶意软件会有轮换端口和使用不同 IP 地址等慢速信标行为的特征。恶意软件不仅破坏心跳规律，还试图更改所使用的端口。通过过滤的方法，可以突出显示最关心的系统，查看相关的流量，进一步证明有信标存在的结论。

手动分析信标的过程具有很大的挑战性，但是在调查过程中发现可能存在恶意软件时，通过手动方法分析信标具有一定的实用意义。我们建议在确定潜在受害目标的最小和最大连接数后，要么利用诸如企业级数据包捕获或者网络流等工具来自动分析流量，过滤信标行为，要么捕获流量并使用时间和方差过滤来识别表现出信标行为的系统。我们还可以查看连接到特定外部主机系统的数量，以便找到少数用户访问的恶意源网站，排除像 Facebook 这样经常访问的正常网站。最后我们使用方差或者心跳之间的间隔进行过滤，可以捕获处于休眠状态的恶意软件执行的周期性信标。我们还可以过滤掉诸如用于电子邮件的 25 端口等不需要考虑的端口。在调查过程中，我们找到信标行为之前，可以使用恶意软件检测或者域名信誉技术捕获信标源。当其他安全工具检测不到威胁时，了解如何检测信标是很重要的。

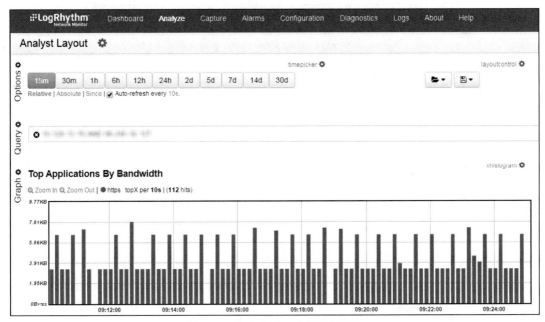

图 8-23　LogRhythm 中显示的信标

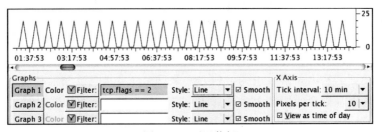

图 8-24　延迟信标

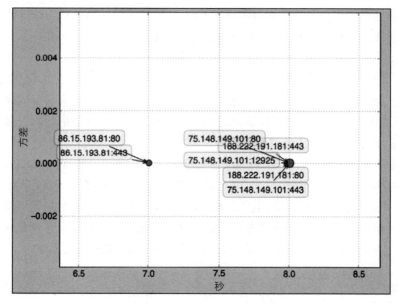

图 8-25　过滤带有信标的主机

8.5.5　暴力破解

攻击者无法利用系统漏洞时，他们可能会试图进行暴力破解攻击进入系统。暴力破解的工作原理是使用多个密码进行尝试，以期匹配到正确的访问凭据。传统的暴力破解使用字典攻击，也就是使用字典中的大量随机单词进行暴力破解。暴力破解攻击的另一个特色是可以使用彩虹表进行攻击，彩虹表是字典中单词的哈希值列表，攻击者可能会获取到密码的最终哈希，将密码的最终哈希与包含哈希结果的彩虹表进行比较。当找到哈希值相同的匹配项时，攻击者就可以知道与哈希值相对应的单词，并将该单词作为受害者的密码来使用。

> **注意**　暴力破解攻击需要消耗大量时间和运算能力。根据目标调整字典或者彩虹表能够显著提高破解效果，这是最有效的暴力攻击方法。例如，攻击者知道一个目标是喜欢足球的男性，而不是喜欢计算机科学或者射击的女性，那么攻击者可以根据这类语言调整字典中的单词。像 Cewl 这样的社交媒体词汇收集工具非常适合开发自定义词汇列表。

暴力破解攻击也会为调查取证留下我们可以搜索的特征。最明显的特征就是同一 IP 地址使用不同的用户名或同一个用户名使用多个密码进行多次登录尝试。在网络安全实践中，防御针对身份验证的暴力破解攻击的最佳方法是只允许少量尝试登录和使用连接超时，但是并非所有管理人员都会使用这个最佳方法，这样会为暴力破解攻击打开大门。在图 8-26 中，Wireshark 展示了对同一用户使用多个密码进行暴力破解攻击。

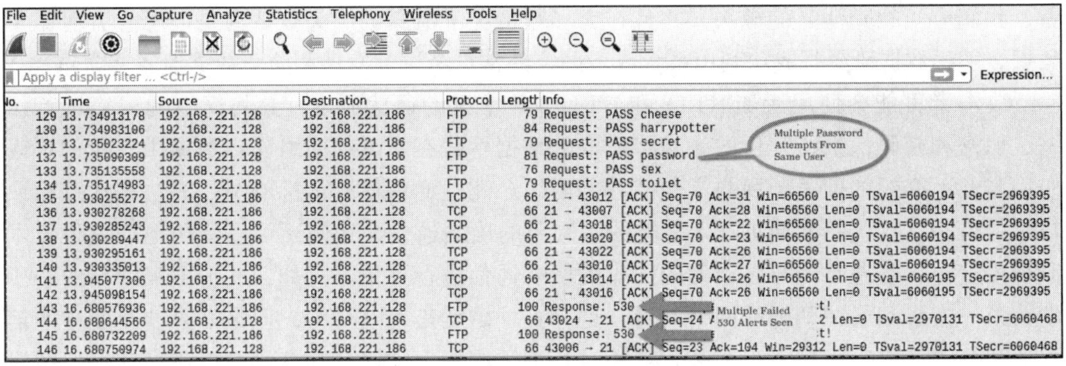

```
No.  Time            Source           Destination      Protocol Length Info
129  13.734913178    192.168.221.128  192.168.221.186  FTP      79  Request: PASS cheese
130  13.734983106    192.168.221.128  192.168.221.186  FTP      84  Request: PASS harrypotter
131  13.735023224    192.168.221.128  192.168.221.186  FTP      79  Request: PASS secret
132  13.735090309    192.168.221.128  192.168.221.186  FTP      81  Request: PASS password
133  13.735135558    192.168.221.128  192.168.221.186  FTP      76  Request: PASS sex
134  13.735174983    192.168.221.128  192.168.221.186  FTP      79  Request: PASS toilet
135  13.930255272    192.168.221.186  192.168.221.128  TCP      66  21 → 43012 [ACK] Seq=70 Ack=31 Win=66560 Len=0 TSval=6060194 TSecr=2969395
136  13.930278268    192.168.221.186  192.168.221.128  TCP      66  21 → 43007 [ACK] Seq=70 Ack=22 Win=66560 Len=0 TSval=6060194 TSecr=2969395
137  13.930285243    192.168.221.186  192.168.221.128  TCP      66  21 → 43018 [ACK] Seq=70 Ack=22 Win=66560 Len=0 TSval=6060194 TSecr=2969395
138  13.930289447    192.168.221.186  192.168.221.128  TCP      66  21 → 43029 [ACK] Seq=70 Ack=23 Win=66560 Len=0 TSval=6060194 TSecr=2969395
139  13.930295161    192.168.221.186  192.168.221.128  TCP      66  21 → 43022 [ACK] Seq=70 Ack=26 Win=66560 Len=0 TSval=6060194 TSecr=2969395
140  13.930335013    192.168.221.186  192.168.221.128  TCP      66  21 → 43010 [ACK] Seq=70 Ack=27 Win=66560 Len=0 TSval=6060195 TSecr=2969395
141  13.945077306    192.168.221.186  192.168.221.128  TCP      66  21 → 43014 [ACK] Seq=70 Ack=26 Win=66560 Len=0 TSval=6060195 TSecr=2969395
142  13.945098154    192.168.221.186  192.168.221.128  TCP      66  21 → 43016 [ACK] Seq=70 Ack=26 Win=66560 Len=0 TSval=6060195 TSecr=2969395
143  16.680576936    192.168.221.186  192.168.221.128  FTP     100  Response: 530
144  16.680644566    192.168.221.128  192.168.221.186  TCP      66  43024 → 21 [ACK] Seq=24 Ack=2 Len=0 TSval=2970131 TSecr=6060468
145  16.680732209    192.168.221.186  192.168.221.128  FTP     100  Response: 530
146  16.680750974    192.168.221.128  192.168.221.186  TCP      66  43006 → 21 [ACK] Seq=23 Ack=104 Win=29312 Len=0 TSval=2970131 TSecr=6060468
```

图 8-26 Wireshark 展示暴力破解攻击的示例

在图 8-26 中，我们需要注意在这次攻击中看到的错误消息。在右侧，我们能看到 530 状态码，这表示登录失败，而登录成功会出现 230 状态码。作为一名调查人员，在调查暴力破解攻击行为时，我们应当识别失败和成功的登录行为，这样我们可以确定攻击者对系统进行了多少次尝试，将此趋势与其他系统账户进行比较，最重要的是查看攻击者是否有登录成功的攻击行为，登录成功表明攻击者获得了对系统的访问权限。

收集暴力破解攻击的详细信息对于我们向客户提供防御未来暴力破解攻击的建议非常重要。我们可以建议客户在超时之前限制已批准的登录尝试，并在工具中添加针对此类行为的监视和报警。图 8-27 展示了在多次出现 530 状态码或者登录失败时触发 Snort 规则报警的日志，在图 8-26 中被攻击的 FTP 服务器上可以看到登录尝试。这个规则属于基础规则，日志结果中仅包含所涉及的系统、发生时间和显示"FTP 错误登录！"（FTP Bad Login!）的简单文本。防御暴力破解攻击的最佳办法是开发更复杂的检测规则，这在企业检测解决方案中很常见。

```
[**] [1:10001:0] FTP Bad Login! [**]
[Priority: 0]
07/10-12:24:10.659046 192.168.221.188:21 -> 192.168.221.128:41604
TCP TTL:128 TOS:0x0 ID:5359 IpLen:20 DgmLen:86 DF
***AP*** Seq: 0x8B28A78D  Ack: 0xAFFAED16  Win: 0x104  TcpLen: 32
TCP Options (3) => NOP NOP TS: 6317519 3611232

[**] [1:10001:0] FTP Bad Login! [**]
[Priority: 0]
07/10-12:24:10.659196 192.168.221.188:21 -> 192.168.221.128:41610
TCP TTL:128 TOS:0x0 ID:5360 IpLen:20 DgmLen:86 DF
***AP*** Seq: 0x915C02D8  Ack: 0xDB8D2EE3  Win: 0x104  TcpLen: 32
TCP Options (3) => NOP NOP TS: 6317519 3611232
```

图 8-27 Snort 检测到暴力破解攻击

8.5.6 泄露

让许多管理人员夜不能寐的最大恐惧之一是敏感数据会在不知情的情况下被泄露。这种行为有的是显而易见的，也有的是隐藏在加密的通信通道中的。通常，从调查的角度来看，我们应当找到泄露的源头，并且在大多数情况下泄露的源头被认为是向恶意方泄露了数据。敏感数据泄露是成功利用系统或者网络的常见结果，发现和防止数据泄露非常重要。

攻击者可能会使用诸如 HTTP 和 HTTPS 等常见的通信通道，并将窃取的内容进行压缩、加密和密码保护，其目的就是将窃取的数据隐藏在常见的网络噪声数据中。我们可以使用与前面介绍的通过监视与未经授权的网络源建立通信检测信标的类似方法来追踪窃取数据的行为，这包括与诸如 Tor 之类的暗网源的出站通信。我们还可以使用地理定位技术监视攻击源，将通常不与之通信的国家的所有通信进行标记。例如，北卡罗来纳州的一所学校第一次看到通往朝鲜的网络流量，这并不一定就是恶意行为，但是如果涉及建立通信隧道和数据导出等问题时，那么就需要对其进行调查。监控异常流量可以用来捕捉包括泄露行为在内的各种内部威胁。这也是许多供应商在识别和防止勒索软件感染时提供的建议之一，因为恶意软件通常需要向远程源返回信息以启动异步握手。

识别泄露行为的另一种方法是评估与已建立的基线之间的偏差，也就是通过寻找新的和不寻常的流量来发现泄露行为，例如来自寻常用户的大的、散乱的爆发式流量。按照用户类型进行分组并将这些类别作为基线可以提高这种方法发现泄露行为的有效性，这需要将普通用户调节为比使用 TFTP 等技术并共享大量文件的更有经验的技术组更加敏感。例如，从人力资源部的某人处查找 SSH 通信流量比从网络管理员处查找 SSH 通信流量更加重要，因为当把技术性较差的用户组和人力资源部的人员接触的数据内容类型相关联时，这种行为更有可能是一种风险。

我们可以使用建立阈值的方法发现泄露行为，只要发现特定的行为，无论是否与任何攻击行为有关联，都会触发报警。这些特定行为包括发现超过特定数量的数据、数据在非工作时间流出、数据跨越特定分段（例如主机将数据从数据中心拉到仅与打印机关联的网络中）等。我们可以使用网络流、安全工具（如应用层防火墙）或者其他安全监视技术建立这些基线。在图 8-28 中，思科 Stealthwatch 指定了数据从异常用户类别中离开网络时触发报警的阈值，例如当财务部门的一名员工首次导出超过 1GB 的数据时进行报警。在本例中，我们可以看到来自用户的所有流量，有些流量已被标识为潜在的数据泄露。从这个角度来看，显然有一些事情值得我们去关注。

如果发现异常的出站通信流量，那么就需要进行调查了。通常情况下，我们首先可以使用 traceroute 命令来标识可疑源的路径。我们还可以使用域名信息分组器（Domain Information Grouper，也称为 dig 命令）查询 DNS 信息，运行 dig 命令查询 www.cisco.com 的 DNS 信息的情况如图 8-29 所示。

dig 命令可以帮助我们找到域名的权威 DNS 服务器，但是我们可能希望查看该域名上还有哪些主机，例如，maliciouswebsite.com 域名中可能有如 sharepoint.maliciouswebsite.com、mail.maliciouswebsite.com 等各种其他主机，或者有可以帮助我们了解有关源数据流向的内容。如果允许跨区域传输，我们可以在 Kali Linux 中使用 Fierce 工具拉取所有的 DNS 条目。这个工具非常强大，Fierce 工具的命令格式为 fierce.pl -dns <target>。例如，如图 8-30 所示，我们可以使用 fierce.pl -dns thesecurityblogger.com 命令，从 www.thesecurityblogger.com 中获取所有的 DNS 条目。

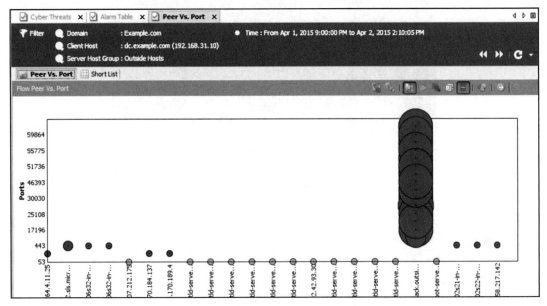

图 8-28　思科 Stealthwatch 标记潜在的数据泄露

```
File  Edit  View  Search  Terminal  Help
root@kali:~# dig www.cisco.com

; <<>> DiG 9.9.5-12.1-Debian <<>> www.cisco.com
;; global options: +cmd
;; Got answer:
;; ->>HEADER<<- opcode: QUERY, status: NOERROR, id: 59678
;; flags: qr rd ra; QUERY: 1, ANSWER: 2, AUTHORITY: 6, ADDITIONAL: 7

;; OPT PSEUDOSECTION:
; EDNS: version: 0, flags:; MBZ: 0005 , udp: 4096
;; QUESTION SECTION:
;www.cisco.com.              IN      A

;; ANSWER SECTION:
www.cisco.com.          5    IN      CNAME   origin-www.cisco.com.
origin-www.cisco.com.   5    IN      A       173.37.145.84

;; AUTHORITY SECTION:
origin-www.cisco.com.   5    IN      NS      alln01-ag09-dcz03n-gss1.cisco.com.
origin-www.cisco.com.   5    IN      NS      rcdn9-14p-dcz05n-gss1.cisco.com.
origin-www.cisco.com.   5    IN      NS      mtv5-ap10-dcz06n-gss1.cisco.com.
origin-www.cisco.com.   5    IN      NS      aer01-r4c25-dcz01n-gss1.cisco.com.
origin-www.cisco.com.   5    IN      NS      rtp5-dmz-gss1.cisco.com.
origin-www.cisco.com.   5    IN      NS      sngdc01-ab07-dcz01n-gss1.cisco.com.

;; ADDITIONAL SECTION:
```

图 8-29　使用 dig 命令查询 www.cisco.com 的 DNS 信息示例

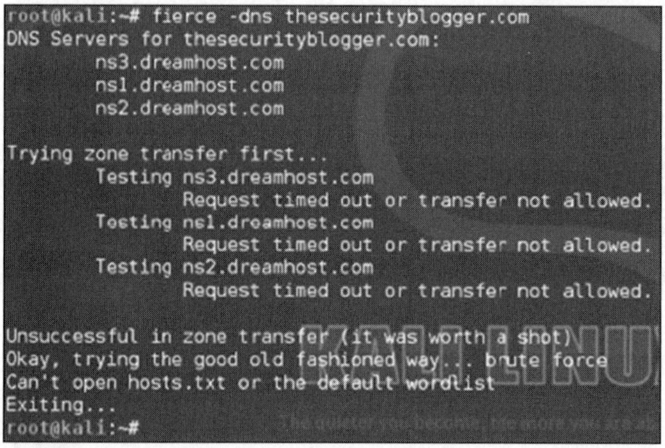

图 8-30 使用 Fierce 工具查询 www.thesecurityblogger.com 的 DNS 信息的示例

另一种企业级解决方案是收集有关攻击源深层 DNS 信息的思科保护伞调查（Cisco Umbrella Investigate）技术，我们将在第 11 章中更加详细地介绍这一技术。

最后，数据还可能通过诸如使用 USB 便携式驱动器、电子邮件等其他方式泄露。我们将在第 10 章中介绍电子邮件和主机网络日志，提供有关其他数据泄露方式的更多详细信息。使用特定的信任级别标记文件并监视文件的移动来控制敏感数据的泄露是数据防泄露技术的另一种方法。这些防泄露细节来自数据防泄露技术的管理平台。

在对数据泄露进行调查取证时，我们可以使用包含已知恶意源的信誉或者威胁源查找与异常外部源的通信；或者使用地理定位技术或者监视器处理异常端口及协议；我们还可以通过建立正常流量基线的方法，寻找可能发现数据泄露的偏差。最后，我们也可以利用某种形式的数据防泄露技术监视敏感数据，并在发现敏感数据被删除时通知客户。企业级的技术有助于我们调查数据泄露事件，但是我们也可以通过捕获流量来筛选数据泄露行为。

8.5.7 其他指标

在开展网络调查取证时，我们可能会遇到许多安全事件的潜在迹象。根据对攻击者所做的研究，有些安全事件需要非常特定的环境。例如，恶意软件通过评估周围环境中的虚拟容器特性来绕过沙盒。有时在诸如高度安全网络之类的环境中不允许使用 DHCP 等大多数网络上通用的协议，那么在此环境中出现的任何 DHCP 迹象都可以成为潜在威胁的指示器。在许多情况下，基线、安全日志和经验都可以帮助我们集中精力进一步调查潜在的目标。

以下是我们在网络调查时应当注意的其他一些常见的威胁迹象：
- 用于消耗目标系统流量的拒绝服务攻击。
- 不期望发生的活动，如比特币挖矿或者与暗网的通信。

- 在网络内部或者离开网络时未经授权或者进行了异常加密。
- TTL 值增加代表遭到了中间人劫持等网络攻击。
- 网络性能复杂化。
- 通过与基线比较发现的一般异常行为。
- 未经授权或者异常的用户行为（按照如销售、工程师和人力资源等用户类型设置不同的权限组，以帮助确定哪些用户应当访问哪种类型的数据）。
- 临时或者永久的环境变化，如新系统、用户或者网络流量等。
- 像无线接入点这样的流氓设备，像树莓派这样的移动系统等。

学习网络调查取证和发现威胁需要经验的积累，获得这种经验的最佳方法是参加"夺旗"（capture-the-flag，CTF）比赛，这种比赛中的环境与现实世界的安全事件类似。作为攻击者，我们可以学习如何使用攻击目标的工具，包括预测对方正在使用的防御措施。作为防守者，我们可以练习侦察和调查技能。以下是一些可以练习 CTF 技能的资源：

- http://pwnable.kr/
- https://microcorruption.com/login
- https://ctflearn.com/
- http://reversing.kr/
- http://hax.tor.hu/welcome/
- https://w3challs.com/
- https://ringzer0team.com/
- https://www.hellboundhackers.org/
- http://overthewire.org/wargames/
- https://www.hackthissite.org/
- https://www.vulnhub.com/
- http://ctf.komodosec.com

8.6 小结

本章是网络取证的基础，我们在这里只是讨论了作为一名取证调查人员应该知道的基本知识，本章中的许多主题都有针对它们的专门书籍。在本章中我们首先通过常用的端口和协议简要介绍了网络的概念，然后回顾了流行的安全技术以及它们所能提供证据价值的类型，我们研究了安全日志和网络基线两种数据源，最后我们回顾了如何根据潜在威胁的早期指标和攻击后的行为对典型的攻击行为进行调查。

我们可以通过学习和认证考试继续学习网络和安全的相关知识。掌握的知识越多，就越有成功调查安全事件的把握。在下一章中，我们将重点放在移动设备和 Web 资源的调查上。

参考文献

https://en.wikipedia.org/wiki/Reserved_IP_addresses

http://searchsecurity.techtarget.com/definition/firewall

https://www.symantec.com/connect/articles/network-intrusion-detection-signatures-part-one

https://help.deepsecurity.trendmicro.com/Events-Alerts/syslog-parsing.html

https://www.iana.org/assignments/service-names-port-numbers/service-names-port-numbers.xhtml

https://stackoverflow.com/questions/16047306/how-is-docker-different-from-a-normal-virtual-machine

https://www.cisco.com/en/US/technologies/tk648/tk362/technologies_white_paper09186a00800a3db9.html

https://www.loggly.com/ultimate-guide/analyzing-linux-logs/

第 9 章

手机取证

因特网就像电话一样。没有它是荒谬的。

——凯文·米特尼克

2016 年，苹果收到了美国联邦调查局（FBI）分支机构加利福尼亚州圣贝纳迪诺的请求，以协助从锁定的 iPhone 中获取信息。FBI 认为一部手机包含了对于涉及国家安全问题的调查至关重要的信息。这种情况质疑了在执行最佳安全技术与针对此类 FBI 情况的法律例外应采用哪种类型的旁路和变通方法之间取得平衡。这种说法甚至引起了主流媒体的报道，例如约翰·奥利弗在《上周今夜秀》上的报道。根据约翰·奥利弗的故事，按照他的消息来源，FBI 最终还是获取了这个 iPhone 的数据。

2016 年的 FBI 案件给公众上了关于移动设备调查的一些课。第一课是，政府官员有意愿要求技术制造商解锁其技术或在政府认为必要时提供后门。有时公司会遵守此类要求，而有时制造商则不予配合，促使政府机构使用任何可用的手段绕过设备安全性。随着移动设备安全性的提高，执法机构正越来越多地努力寻找调查手机的方法，即使它们具有完全的法律授权。这对于保护隐私是件好事，但正在使移动取证领域变得充满挑战。

从 iPhone 的示例来看，针对该苹果设备设计的安全性使得当时很难使用传统的方式对移动设备进行取证调查。由于操作系统内置了安全软件，因此无法使用已知方法破解、突破或检查手机。FBI 试图迫使苹果开发弱化的加密标准，并将弱化的加密设计嵌入到该设备上的新操作系统中。然后，FBI 将使用具有弱加密功能的新操作系统来突破手机并检查内容。有时，苹果会遵守此类法律命令，但这个案例里，苹果拒绝以任何方式更改其操作系统。最终，经过长期的努力，圣贝纳迪诺 FBI 分局雇用了第三方公司来对抗内置安全措施，从而访问该设备。没有通过苹果的帮助来完成此绕过操作。

9.1 移动设备

如今，手机和便携式计算设备（例如平板电脑、平板手机和其他系统）是世界许多地方的主要计算设备。较新的移动硬件设备包含高级的硬件和软件加密技术，这使得绕过用户启用的锁屏非常困难，即使有可能的话。如今，许多移动设备还采用了针对多个设备和云同步的策略。数据可以在多个硬件设备之间存储和访问或存储在云中。这些数据可能非常易失。用户从一个位置删除证据可能会影响多个设备。这也意味着调查人员正在检查一台设备时可能破坏多个设备之间的数据。这些只是调查移动设备时可能会遇到的几个挑战。

如今，移动设备制造商将安全性作为其最大的卖点之一。当发现缺陷或技术方式被用作对系统或设备进行取证调查时，设备制造商会立即更新其硬件和操作系统，以使得这些漏洞技术不再可用。一周前有效的技术今天可能无效。这使得移动取证在电子数据取证领域特别特殊。

调查挑战

有时不可能阻止移动设备状态的改变。在第 6 章中，我们介绍了这一点的重要性。诸如在移动设备上自动发生的更改会阻止你建立未被修改状态。如果你需要向其他专家、法庭、陪审团或其他方提供证据，收集和展示原始收集的关键数据的任务可能无法重复。这意味着在法庭上对基于具有意外变化的原始证物的任何证据都可能导致争论。只要将设备连接到因特网，就可能发生这些变化。移动设备可以在不需要交互的情况下开始更新，或者修改数据。即使设备完全关闭，也可能仍会使用某些后台进程进行更新。随着主要制造商逐步淘汰可拆卸电池，很难完全关闭设备来防止更改。

在调查移动设备时，有许多障碍需要克服，这使得该领域的取证非常有挑战性，而且对于可以正确完成取证的人有很大的利益。在本章中，我们将讨论手机取证，研究如何对移动设备进行基本调查，并提供资源以继续进行手机取证的研究。请记住，移动取证是数字取证的专门领域。许多组织将其视为独立的实践，进行专门的研究和认证。规则和方法以及移动设备的安全保护方法都在不断变化。在撰写本书时，我们最近看到了最新的苹果 iOS 和谷歌 Android 操作系统的发布，其中包括许多新的安全功能和补丁。因此，我们将讨论经过特殊验证的产生数据的技术，而不是操作系统某个版本的可以产生更好的数据但是可能会快速过时的技术。让我们从一个高层次的视角来查看 iOS 操作系统。

9.2 iOS 架构

iOS 操作系统代理苹果硬件组件与设备上加载的第三方应用程序之间的所有通信。苹果限制应用程序直接与硬件甚至操作系统的某些部分进行通信。所有应用程序都必须使用公认的 API 和方法进行通信。苹果向开发人员提供 API。一些开发人员通过对设备越狱来绕过苹果的编程限制，但是对于普通用户和开发人员而言，iOS 设备上的应用程序被视为使用沙盒与从其他应用程序隔离。这从攻击和防御角度都提出了挑战。例如，大多数安全应用程序需要访问其他应用程序以评估它们的威胁。苹果的应用隔离设计禁止大多数安全技术正常运行，这就是 iOS 上没有像防病毒软件这样的软件的原因。

iOS 越狱是去除苹果强制要求的设备软件限制的过程。越狱发生在 iOS（iPhone、iPad、iPod Touch 设备）和 tvOS（Apple TV）设备上。在大多数情况下，越狱给应用程序和用户 root 权限对设备进行访问，从而允许他们安装 AppStore 无法提供的应用程序、扩展、实用程序和主题。越狱行为会使 iOS 面临巨大风险。一些风险包括收不到最新的安全补丁、暴露你的账户数据以及公开你的默认 root 密码，因为你可能会使用流行的越狱工具来达成目标。流行的越狱工具可能使用默认的 root 登录，许多攻击软件应用程序在扫描网络中已越狱的 iOS 设备时会自动尝试访问这些默认登录。

iOS 应用程序使用其框架的以下主要组件进行设计：

- **Cocoa Touch 层**：该层包含用于构建 iOS 应用程序的关键框架。框架包括应用程序的外观，应用程序基础结构以及对诸如多任务、基于触摸的输入和推送通知等技术的支持。
- **媒体层**：此层包含应用程序的图形、视频和音频。
- **核心服务层**：该层包含针对应用程序的基本系统服务，例如 Core Foundation 和 Foundation 框架。这些框架定义了所有应用程序使用的基本类型。
- **核心操作系统层**：该层包含大多数其他技术所基于的底层特性。

此外，iOS 设备包括自己的安全层，该安全层由几个子框架组成，这些子框架由诸如 TouchID（生物统计学）、应用程序安全性、磁盘分区和加密之类的组件组成。你可以在苹果开发人员页面 https://developer.apple.com/ 上了解有关 iOS 组件的更多信息。

在正常情况下，打开 iOS 设备后，它将经历安全启动顺序。这包括以下步骤：

1. 用户打开设备。
2. 设备启动 secure boot ROM。这是 iOS 内存中的只读安全区域，其中包含基本启动代码。它不能被修改并且包含苹果的证书。如果无法加载 secure boot ROM，通常情况下，设备无法启动。
3. 低级引导程序（LLB）启动。LLB 框架加载 iOS 内核和 iBoot 进程。
4. iBoot 启动。此阶段验证并加载其余的 iOS 内核和所有用户应用程序。

知道 iOS 设备如何启动或 iOS 应用程序层的详细信息并不重要。但是，你了解得越多，就越有可能发现漏洞或其他手段来访问该设备上的数据。如果你打算利用可绕过安全性的工具（包括使用各种形式的越狱工具），了解有关 iOS 设计的详细信息也很重要。要知道大多数绕过工具会滥用 iOS 软件启动顺序或软件设计中的缺陷。这意味着，发起攻击的风险以及我们先前介绍的越狱相关的风险，总是有可能破坏目标设备上的数据。了解绕过所利用的缺陷与正常引导之间的关系可以帮助你更好地确定使用该绕过策略以避免对数据造成负面影响的风险。

本章最明显的遗漏之一是 iOS 取证。原因是，现代 iOS 设备（从 iOS 10.3 开始）在没有对高级实验室和技术进行大量投资的情况下，很难（即使不是不可能）进行取证。即使你可以投资实验室，许多工具也仅适用于执法部门或政府实体。如今，iOS 取证上许多最受欢迎的书籍和资源都围绕着 iOS 数据保护工具、越狱设备以及其他早已过时且在现代 iOS 设备或操作系统上不再可用的其他技术。此外，这些技术不能追溯。换句话说，较旧版本的操作系统无法安装在较新的设备上。因此，我们专注于以实用的方式提供的 iOS 取证的最常用方法。

苹果公司大量利用云和外部应用程序功能来管理和备份其 iOS 设备。让我们更详细地了解它的工作原理。

9.3 iTunes 取证

如果你是对 iOS 设备感兴趣的公司取证调查员，该怎么办？在 iOS 设备上执行取证的最简单方法是检查已与该设备同步的计算机。不幸的是，如今许多用户正在与 iCloud 或其他云服务同步，使用 iTunes 同步已经过时。但是，如果确实遇到了用户已将 iOS 设备与 iTunes 同步的情况，则该系统将保存你可能无法从任何其他来源获得的大量信息。

与 iOS 设备同步的 PC 称为主机。它们通常会自动同步，这意味着即使使用复杂的 PIN，也会被它们绕过。数据同步通常不加密，这对你的调查来说是个好消息。许多自动化工具可以分析已同步设备的备份，从而为你提供有关该设备的详细信息。对于 iOS 设备，iTunes 使用苹果自己的专有同步协议将数据从任何 iOS 设备复制到 iTunes。可以使用 USB 或 Wi-Fi 将 iOS 设备与计算机同步。

检查 iTunes 取证时，首先需要禁用自动同步。自动同步功能不错，但是你不希望意外覆盖任何数据。要禁用 iTunes 中的自动同步，请转到"偏好设置""设备"，然后选择停止同步的选项，如图 9-1 所示。

图 9-1 iTunes 禁止同步

一些例如 AnyTrans 和 iPhone Backup Extractor 的工具可以帮助提取 iOS 数据。从字面上看，数百种工具可以读取 iPhone 备份。我们首选的工具是 iPhone Backup Extractor，因为它是免费且有效的。只要确保你有一台 MAC OS X 计算机即可，因为它只能在该平台上运行㊀。在研究 iOS 取证工具时，你会发现许多工具仅提供 Mac OS X 选项。你可以从 http://supercrazyawesome.com 下载 iPhone Backup Extractor，或者可以从 www.iphonebackupextractor.com 获得包含支持的商业版本。你可以在不支付许可费用的情况下安装商业版本，它将以受限的方式工作。解锁所有功能的成本约为 70 美元，这是一项非常低成本的投资。iPhone Backup Extractor 还使你能够检查和分析 iCloud 账户中的 iPhone 备份。但是，你必须知道 iPhone 的用户名和密码才能使用。也可以根据强制性法院命令从苹果公司重置这些账户。图 9-2 展示了 iPhone Backup Extractor 界面的示例。

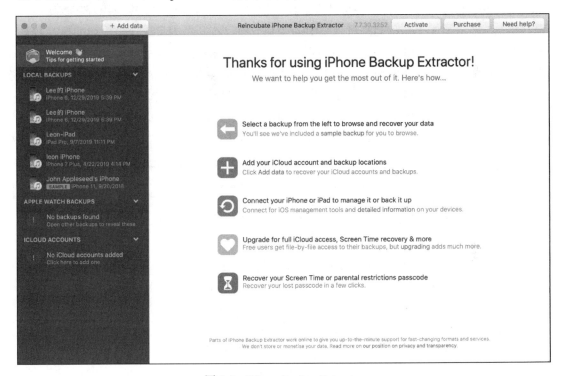

图 9-2　iPhone Backup Extractor

你可以使用的另一个工具是 iPhone Backup Browser。该免费工具可以在 Windows 系统上使用。你可以在 http://code.google.com/p/iphonebackupbrowser/ 上找到该软件。为了正确安装它，你必须安装 Microsoft .NET Framework 4 和 Visual C ++ 2010。为了获得最佳效果，我们建议在 Windows 7 工作站上运行此工具。iPhone Backup Browser 需要 iOS 备份位于默

㊀ iPhone Backup Extractor 现在有 Windows 版本了，可以从 https://www.iphonebackupextractor.com/zh/ 下载。——译者注

认位置,否则可能无法工作。

你的兴趣可能与 iTunes 无关,而是关注与 iTunes 连接并由 iTunes 管理的 iOS 设备。请看下面 iOS 快照的主题。

9.4 iOS 快照

到目前为止,我们已经介绍了 iPhone Backup Browser 和 iTunes 备份,你可以使用它们来检查 iOS 设备的文件系统。检查文件系统的最常见方式是查看快照。这是 iOS 多任务处理的工作方式:当应用程序切换或推入后台时,操作系统会拍摄屏幕快照。快照保存在设备上,位于 /private/var/mobile/Library/Caches/Snapshots 文件夹中,你可以使用 iPhone Backup Extractor 之类的软件在备份档案中找到它们。用过和活动的每个应用程序都保存快照。图 9-3 展示了保存在我们测试系统中的几个快照。有几个因素决定了快照的保存数量和保存时间。其中包括用户切换回应用程序的时间、关闭应用程序的时间以及用户使用的 iOS 的特定版本。要记住的最重要一点是,在现代 iOS 系统上,获取快照非常困难。这是由于缺乏可用于访问 iOS 设备的文件系统和 Shell 的越狱技术。此外,较新的 iOS 系统默认使用磁盘加密,这使得检查快照变得困难。但是,如果你发现在检查一台具有可读文件系统的越狱过的手机,则 iOS 快照技术会非常有效。

```
iPhone:/private/var/mobile/Library/Caches/Snapshots root# pwd
/private/var/mobile/Library/Caches/Snapshots
iPhone:/private/var/mobile/Library/Caches/Snapshots root# ls
com.apple.AppStore    com.apple.Preferences    com.apple.mobilesafari
com.apple.MobileSMS   com.apple.mobilemail
iPhone:/private/var/mobile/Library/Caches/Snapshots root#
```

图 9-3   iOS 快照位置

图 9-4 展示了使用 iPhone Backup Extractor 恢复的所有快照。现在,你可以检查每个快照,因为它们是标准的可移植网络图形(PNG)文件。只需使用默认查看器打开文件。

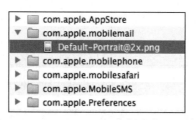

图 9-4   从 iPhone Backup Extractor 提取的 iOS 快照文件夹

图 9-5 展示了打开的 iOS 邮件应用程序的最后一个屏幕。你可以查看邮件应用程序的最后状态。在本例中,用户输入了密码(可以是他选择的任何文字,甚至包括拼错的单词)。他甚至可能没有打算发送电子邮件,而只是将其用作便笺。你会惊讶地发现人们经常从电子邮件或存储的文档中复制和粘贴复杂密码,以避免手动键入它们。如果该用户使用"备

忘录"应用程序，则相同的策略将起作用。这意味着我们正在调查的 iOS 快照可能包含来自任何应用程序（包括本机和第三方应用程序）的快照。

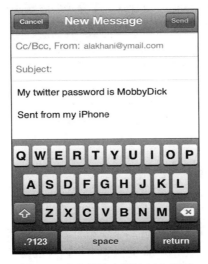

图 9-5　来自邮件应用的 iOS 快照

当你拥有 iOS 设备的备份时，还可以检查文本和 iMessages。图 9-6 展示了一个从 iOS 快照查看此类数据的示例。

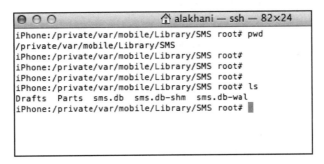

图 9-6　iOS 短消息数据库位置

文本和 iMessage 位于 /private/var/mobile/Library/SMS 文件夹。文件 sms.db 是一个 SQL Lite 数据库，其中包含文本消息、iMessage 和消息的时间戳。它还显示有关已发送、接收和删除消息的信息。再说一遍，你需要从 iPhone 备份中获取此文件，你可以从之前同步过设备的 iTunes 备份文件恢复，或者如果你有密码，也可以从 iCloud 账户获取。

打开 SQL Lite 非常简单。你可以使用 Firefox 扩展 SQL Lite Manager，还有数百种其他方法打开 SQL Lite。图 9-7 包含 SMS SQL Lite 数据库的部分输出，显示了原始号码和消息。在新的 iOS 设备上，这包括更多信息，例如本地时间、运营商时间以及许多其他元数据。

1342114237	+1 (314) 566-0...	Because Tuesday night we could do dinner with Joey ...
1342114257	3145660682	Booked with Southwest, flying to BEU
1342114293	+1 (314) 566-0...	Ok then just let me know where you want to stay
1342114353	3145660682	Did u see my email to Tim Knight? Waiting to hear ba...
1342114385	+1 (314) 566-0...	He replied back
1342114403	+1 (314) 566-0...	He said the PTG office and and gave a hotel recomme...
1342125410	7606417113	Come check out Good shive low live at the prophet b...
1342125441	7606417113	Come check out Good shive low live at the prophet b...
1342125457	7606417113	sponsored by google!!! I hope to see you there. Cheer...
1342129258	8327387350	I Love you Janu sorry I had to go but I want to hear m...

图 9-7　SMS 数据库

9.5　如何给 iPhone 越狱

今天，大多数越狱技术都行不通或无法提供像样的取证证据。无论如何，你可能会遇到较旧的 iPhone，因此在本章中包括越狱过程是有意义的。另外，最新的 iOS 设备可能会使用新的越狱方法，这可能会使用一种类似于本章内容的方法来突破移动设备。即使发生这种情况，苹果公司可能也会迅速对其进行修补。我们也不愿对设备越狱，因为这是一个极具风险的过程。对于初学者，它可能会损坏你正在调查的手机。相对来说，从越狱的手机中获得的证据在法庭环境中是否可以作为可接受的证据还是未经检验的。越狱技术经常变化，因此在尝试越狱之前进行研究非常重要。

iPhone Dev 团队开发的 RedSn0w 是一种非常流行的越狱工具。实际上，自 iPhone 5 发行以来，就很难使用 RedSn0w 了。如果确实要在较旧的 iPhone 上运行并且需要越狱或绕过四位数的 PIN，我们建议你使用 RedSn0w。如果你拥有更新的 iPhone（运行 iOS 9.0–9.0.2 的 iPhone 6s），则盘古团队已针对该型号和代码版本发布了公开越狱程序。要使用此越狱功能，你必须对手机具有物理访问权限，并且知道设备锁定密码。由于这些限制，越狱的取证价值很低。

使用盘古越狱的基本说明如下：

步骤 1. 下载 Pangu 9 软件。由于该软件的性质，我们不在此处提供链接，但是你可以使用自己喜欢的搜索引擎找到它。

步骤 2. 禁用"查找我的 iPhone""Touch ID"和"密码"之类的服务。如果手机具有密码，则需要该密码来禁用这些服务。

步骤 3. 启动 Pangu 9 应用程序。在 Mac 上，只需运行该应用程序。如果使用 Windows，请确保右击越狱应用程序并以管理员身份运行它。

步骤 4. 运行 Pangu 后，将要调查的移动设备插入计算机。检测到你的设备后，只需按 Start 即可启动。

步骤 5. 切换飞行模式。屏幕上的说明将指导你完成其余的安装过程。

步骤 6. 重新启动。重新启动设备时，你可以访问 Cydia 越狱软件库。

不幸的是，任何更加新的设备或更加新的 iOS 均不适用于此特定的越狱。私有市场对越狱的需求很高。在撰写本书时，Zerodium 等公司正在为在现代设备和操作系统上成功进行 iOS 越狱悬赏 50 万美元。这意味着你可以以适当的价格获得绕过或越狱的功能，类似于本章开头示例中的操作。请注意有关影响你的证据的风险，以及法院是否会接受使用此程序获取数据生成的证据的风险。

正如我们前面提到的，本书的重点是提供可应用于任何版本的 iOS 的策略，而不是目前可能已修补的特定漏洞。随着 iOS 继续发布新更新以及安全研究人员针对这些版本进行渗透测试，你可能会发现一种新的绕过或越狱方法。我们强烈建议你在将要调查的任何设备上研究当前可用的漏洞利用。你可能会很幸运地发现一种新的可用策略，例如本章中介绍的两种越狱。如果可用，请注意苹果公司可能会迅速将其关闭。另外，你可能会发现许多漏洞仅适用于旧版 iOS。由于苹果将尽一切努力推动用户使用最新的软件，因此你要调查的手机极有可能使用最新的代码。除非你获得访问设备的密码，否则这将使 iTunes 备份和快照策略成为访问 iPhone 的更可能的方法。

9.6 Android

许多人并不知道谷歌于 2005 年收购了 Android Inc.。Andy Rubin 于 2003 年创立了 Android。Andy 成为手机先锋之一，并留在谷歌领导谷歌智能手机革命。2007 年，开放手机联盟成立，旨在为手机创建开放标准。Android 是在 Apache 许可下分发的开源操作系统。这意味着任何人都可以使用和运行操作系统。这比调查 iOS 设备时所提供的灵活性要大得多。

Android 操作系统由四个栈组成，其中包括：
- 应用程序
- 应用程序框架
- 库（包括 Android 核心功能运行时库和 Dalvik 虚拟机）
- Linux 内核

每层支持操作系统的某些特定功能。重要的是要记住，大多数为 Android 编写的应用程序是用 Java 编写的，而在 iOS 设备中，这些应用程序是用 Objective-C 编写的。Java 应用程序在操作系统内的 Dalvik 虚拟机中运行。每个 Android 应用程序都在其自己的 Dalvik 虚拟机实例中运行。从理论上讲，执行隔离会增加平台的安全性。但是，应用程序供应商使用特定平台支持的二进制语言编写的应用程序可以绕过 Dalvik 虚拟机。应用程序供应商这样做的原因可能是为了直接访问硬件来使得应用程序响应更快或者运行更快速，或者访问特定移动平台的硬件功能。过去，Dalvik 虚拟机中发现的漏洞已经抵消了操作系统中的某些安全功能。Android 正在改善安全功能，以减少这种攻击向量。

要在 Android 设备上执行取证，你首先需要通过 USB 将 Android 设备连接到计算机。在许多情况下，你需要在 Android 设备上打开 USB Mass Storage。通常在手机的"设置"区域中找到此选项。你还应该打开媒体设备（MTP）。此设置确保可以访问所有文件系统。图 9-8 展示了如何启用这些设置。

图 9-8　Android 大容量存储设置

检查现代 Android 系统几乎就像检查便携式计算机和台式机之类的终端一样。我们已经在本书中围绕硬盘取证讨论了大多数技术，例如第 6 章中的保存和第 8 章中的文件调查，这些都可以在 Android 系统上工作。一个例外是从 Android 版本 6 开始，默认情况下，版本 6 和更高版本对文件系统进行加密。这意味着你需要解密数据才能成功读取它。没有通用的技术可以解密数据。最常见的技术包括将加密的磁盘连接到 Android 仿真器，以及尝试对主屏幕的密码或锁定屏幕进行暴力破解。但是，某些设备制造商（例如三星）拥有其他安全技术，这使得绕过设备上的安全性、加密和保护措施变得更加困难。

Android 取证的下一步是在可能的情况下获得对设备的完全 root 访问权限。每个设备和每个操作系统的 root 方法都不相同。一些设备具有一个简单的一键 root 的应用程序，而其他设备则需要许多步骤。对于 root 一个 Android 设备，没有一种神奇的方法可以给你一个一刀切的解释。在大多数情况下，在线搜索特定型号和操作系统会得到清晰的说明。我们 root 一个 Android 设备最喜欢的方法是使用 KingoRoot 应用程序。此第三方应用程序是免费的，可与几乎所有（但不是每一个）设备一起使用。你只需安装该应用程序，然后单击按钮即可启动。图 9-9 展示了使用 KingoRoot 应用程序的示例。

设备 root 后并启用 mass storage 后，你只需创建内部存储驱动器的镜像，然后使用你喜欢的取证工具（例如 FTK Imager）检查它们。使用 FTK Imager 调查镜像的步骤如下：

步骤 1. 启动 FTK Imager。

步骤 2. 导航到所需的镜像文件，点击 Create Disk Image。

步骤 3. 如果你加载了一个物理 Android 硬盘镜像，选择 Physical Drive。

步骤 4. 选择 UBS 大容量存储设备。

你应该对 Android 设备中的 SD 卡和内部存储驱动器都执行此操作。对驱动器进行镜像后，可以使用 FTK Imager 来查看其内容。如果文件系统未加密，则可以轻松查看各种类型的数据。图片的默认存储位置通常在"Phone/DCIM"下。默认情况下，SMS 数据库通常位于 /data/data/com.android.providers.telephony/databases/mmssms.db。每个 Android 的安装略有不同，因此你可能需要根据设备调整这些位置。

关于 SMS，你需要先编辑 SMS 数据库，然后才能完全轻松地读取它。在 SQL Lite 编辑器中打开数据库可能会给你带来大量的信息和垃圾。要正确读取 SMS 数据库，请首先在编辑器中打开数据库，然后找到存在哪些相关表。大多数 SMS 数据库包括以下相关表：

图 9-9　一种 Root 程序

- Threads
- SMS
- _ID

为确保这些表存在，你可以使用文本编辑器或 SQL Lite 管理器打开数据库并搜索它们。除非你使用的是加密文件系统或使用其他协议发送消息的某些非标准版本的 Android，否则你应该能够看到这些文件。下一步是在你喜欢的 SQL Lite 数据库管理器中查询数据库。你可以构造如下查询：

```
SELECT  datetime(date/1000, 'unixepoch','localtime')
  ,datetime(date_sent/1000, 'unixepoch','localtime') ,person,body
FROM sms
WHERE thread_id = 310
ORDER BY date
```

此示例查询返回你的 SMS 管理器中的所有 SMS、文本和其他类型的数据消息。以下是包含此类数据的输出示例：

```
+-------------------------------------------------------------------------+
| date              | date_sent          | person | body                  |
```

```
+------------------------+------------------------+--------+----------------------------------+
| 2017-10-20 13:48:18    | 2017-10-20 13:48:16    |   54   | Hello Joey! When are you         |
|                        |                        |        | going to be done with Ch 7?      |
| 2017-10-20 16:34:03    | 2017-01-01 02:00:00    |        | Dam, thanks ! for texting        |
|                        |                        |        | but quit bothering me jet        |
| 2017-10-20 16:40:02    | 2017-10-20 16:40:01    |   54   | Jet? When you are a Jet,         |
|                        |                        |        | you're a jet? West Side??        |
| I hate you!            | Aamir! I really hate you. I hope you know! |
+------------------------+------------------------+--------+----------------------------------+
```

从此示例中，你可以看到输出可能不容易阅读。通过充分的实践，你将能够解密这些类型的消息。在某些版本的数据库中，你还可以看到已删除的消息以及源和目标号码。请注意，Android 设备上的时间戳仅限于设备上的本地时间。这与 iOS 设备不同，iOS 设备保留并显示本地设备时间以及运营商时间。

在大多数情况下，使用移动设备时，你可能会遇到安全 PIN。绕过此类 PIN 使你可以访问设备上的数据。让我们来看看如何实现这一目标。

9.7　绕过 PIN

研究发现，大多数人使用简单的密码或根本不使用。许多正式研究表明，通用密码分别为 1234、0000、2580、1111 和 5555。在我们的大多数取证调查中，无论研究专家声称什么，我们都认为该陈述是不正确的。在我们最近的许多调查中，密码通常被设置为困难的字母 + 数字，简单的猜测无法绕过。我们认为，密码代码行为发生这种变化的原因是，默认情况下，大多数现代的 iOS 和 Android 安装会提示用户设置复杂的密码。这是强制执行以保持设备安全的良好行为，但它使我们作为取证调查员寻求绕过安全性的工作更具挑战性。

新型移动设备开始利用不同的技术来解锁设备，例如指纹或面部识别。在本书的前面，我们提到了执法人员强迫嫌疑人将拇指放在锁定的移动设备上，以期滥用该技术的情况。这种行为可能会违反法律，具体取决于该活动发生在哪个国家 / 地区，因此请注意，这些技术的便利性有时会被滥用。如果你担心使用这些攻击性策略将 PIN 解锁，请启用多因素身份验证，以便在需要时可以隐瞒自己的密码。请注意，这不是法律建议。

在最近的新闻中，苹果公司发布的有关新一代 iPhone 面部识别的公告可能会给试图强行解锁被拘留者手机的警官带来类似的担忧。想象一下，一名警官试图解锁一部手机，只要将手机放在一个带了手铐的人面前。在撰写本书时，任何 iPhone 都没有此功能，但是我们可以确定，当苹果发布面部识别功能时，这种情况很可能会出现。如果你担心有人强迫你解锁手机，我们的想法是避免使用此功能。同样，这不是法律建议。

你很有可能不会物理上强迫犯罪嫌疑人解锁手机。你更可能尝试使用的方法是通过某种形式暴力破解密码或 PIN。

如何暴力破解锁屏密码

我们的下一个主题是你可能会在收到锁定的移动设备后尝试使用的方法。在大多数情况下，你不能简单地在锁定屏幕上开始输入密码猜测。大多数现代移动操作系统会对重复猜测做出反应。结果是，你要么必须在输入新的密码后等待，使得暴力破解攻击无法达成，或者经过多次不正确的尝试后擦除数据。你可以尝试上一节中列出的常用 PIN，并祈祷自己能幸运使用，但我们发现它们很少起作用。

对于某些屏幕键盘已锁定的手机，你可以利用其中的一种技巧。通常，带有屏幕键盘的移动设备在插入外部键盘时，不会启用数据锁定或其他安全功能。插入键盘连续尝试输入密码也不是理想的选择。这种方法至少消除了安全延迟或数据被删除的威胁。通过消除这些安全威胁，你可以尝试使暴力任务自动化。图 9-10 展示了我们用来完成任务的 Rubber Ducky 工具。

图 9-10　Hak5 Rubber Ducky

你可以在以下网址找到由 Hak5 开发的 Rubber Ducky：https://hakshop.com/products/usb-rubber-ducky-deluxe。此 USB 设备是键盘 / 按键注入设备，可以以每分钟 1000 词的速度发送预编程的按键有效载荷。你可以创建脚本来部署反弹 shell 或二进制文件，甚至强制输入 PIN 码。设备本身被大多数 Android 手机看作人机接口设备（HID）或键盘。在大多数情况下，你需要一个 USB 到 micro 的 USB 适配器才能在手机上使用。

你可以在 USB Rubber Ducky 上加载一个简单的脚本以循环输入密码。当我们在一部具有正式操作系统的最新 Android 手机上对此进行测试时，该操作系统在尝试 5 次后是一个 30 秒超时。但是，对于插入的键盘仍然不会擦除设备。我们发现使用屏幕键盘仍然存在擦除功能，因此功能仍然有效。四位数的 PIN 码默认设置为 5 次尝试，然后锁定 30 秒，这将导致 PIN 码在 16.6 小时内被破解。五位 PIN 大约需要 166 个小时。在某些情况下，此时间范围可能并不理想，但至少它确实有效。

9.8 使用商业工具取证

Cellebrite 出售协助取证调查人员的手机工具和实用程序。一般除非产品是开源的,否则我们不认可该产品,但是 Cellebrite 似乎是移动取证的行业标准。用于手机取证的 Cellebrite UFED 平台已得到公司、执法机构和军事组织的使用和信任。该平台包括自动化的脚本功能,可帮助你检查移动设备。图 9-11 展示了其中一种型号。

要记住的一件事是,该工具不是免费的,也不便宜。如果你的业务或工作需要定期调查移动设备,那么它可能会非常有价值。我们也不建议你在未经授权或建议的培训的情况下购买该工具。请记住,移动设备可能包含有关所有者的极其敏感的数据。破坏设备或关联数据可能会给你带来麻烦,因此要谨慎使用诸如此类的行业工具。

Cellebrite 工具通过使用从手机到 UFED 设备的专用数据电缆来工作。许多取证调查人员都有一袋数据电缆,可用于对 UFED 设备进行检查。图 9-12 展示了连接到 Cellebrite 工具的移动设备。

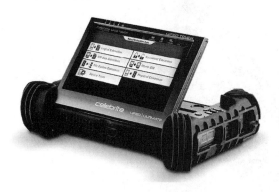

图 9-11　Cellebrite UFED

图 9-12　UFED Mobile

UFED 分析来自所连接手机的数据。它使用 Windows 配套应用程序将信息显示和记录到 PC。可以恢复的典型信息类型包括文本消息、图片、语音邮件、电话日志和已安装的应用程序。在许多情况下,恢复的数据还包括以前删除的数据。通常该工具本身不会从第三方应用程序、加密的数据中恢复密码,或者从 WhatsApp 或 Telegram 等应用程序以及其他非本机应用程序中恢复文本消息。

UFED 设备可以通过多种方式解锁设备。如果存在已知漏洞或绕过方式(通常在较旧的设备中),则它们可能能够利用该方法来解锁设备。此外,它们可以使用一个带物理相机的数据线,以便你可以手动尝试对设备进行暴力破解。此方法假定设备是安全的,可以使用之前介绍的暴力破解方法。换句话说,在连续不断的错误猜测之后,不会擦除设备。此外,仅当分配了数字 PIN 作为锁定密码时,此方法才有效。现代移动设备开始强制使用密码使得这些策略已经过时。

UFED 是当今最流行的取证工具包之一,但是在最新的移动设备技术方面存在挑战。

我们发现 UFED 无法绕过高级的 Android 和 iOS 加密功能。使用此工具可以非常轻松地检查运行 iOS 9.2 和 Android 版本 5 和 6 的旧设备。挑战在于新的默认加密和安全标准使该工具的有效性大大降低。这些工具会不断更新，因此请务必检查诸如 Cellebrite 之类的供应商，以了解你要调查的设备是否有可用的最新版本。

另一个要提到的商业工具是 Elcomsoft Forensics Toolkit。在撰写本书时，其零售价约为 3000 美元。这是列表价，你可以与销售代表交谈，以了解可用的选项和折扣。Elcomsoft Forensics Toolkit 对 iOS 9.2 和 Android 5 版本的支持非常好。它允许用户恢复和检查各种不同的数据点。在撰写本书时发现的一个警告是，使用复杂的字母数字密码或较新的操作系统的设备会使该工具的有效性降低。同样，请确保访问 Elcomsoft 网站，以确定是否有工具可用于你需要访问的任何版本的移动设备。这些技术将继续发布新的绕过功能。

Elcomsoft 和 Cellebrite 在取证方面都有悠久而卓越的历史。当你阅读本书时，其中一些信息可能已经过时了。即使你在本书出版很长时间之后阅读，我们也对推荐这些工具充满信心。从智能手机革命的初期开始，这两家公司就一直采用新的和自定义技术来检查设备。如果你有企业移动设备取证工具包的预算，我们强烈建议查看这两个工具之一。

9.9 通话记录和短信欺骗

许多取证调查人员都依靠通话记录或 SMS 消息来确定呼入电话或文本/数据消息的来源。不幸的是，由于欺骗（spoofing）的威胁，这种做法可能是证明呼入者或消息身份的一种较差的方法。通话记录和短信欺骗实质上是用其他号码代替发起号码。重要的是要指出，spoofing 有合法用途。

例如，公司可能希望将所有呼出的内部电话定向为特定的号码。这样，任何回电的客户都始终可以访问公司的主电话线路，而不是从公司呼出的某个独立的线路。通常，在美国和许多其他国家/地区，意图欺骗或造成伤害的 spoofing 行为通常被视为非法。美国相关法律是 2009 年《真实电话主叫身份法案》（the Truth in Caller ID Act），里面包括了某些法律目的的例外。

在撰写本书时，一些呼叫者 ID spoofing 服务提供者为想要以合法方式使用呼叫者和 SMS spoofing 的用户提供合法服务。一些最受欢迎的服务提供商包括 Spoof Card、Trap Call 和 Spoof Tel。注意这些服务很重要，因为总是有潜在的恶意行为者修改了通话记录。这也可能影响电话公司持有的记录，这意味着它也可能记录了错误的呼叫者 ID。这就是为什么作为调查员，你永远不应假设短信或呼叫者 ID 可以绝对证明来源是 ID 所显示的身份。

为了克服 spoofing 的威胁，你可能需要将通话两端的记录与呼叫和计费日志进行核对，以确定呼叫是否真的来自这些日志记录中显示的呼叫者 ID。仅有短信或呼叫的一侧信息可以怀疑始发呼叫者的身份。如果你打算在法院使用这些类型的记录，请注意这一点。

9.10 语音邮件绕过

几年前,一些名人的个人信息被盗。后来发现这些名人中很多是被收听他们语音邮件的信息黑客窃取了个人信息。默认情况下,许多手机语音邮件系统不受密码保护。只要简单拨打你的手机号码,当显示来自你自己的手机号码拨打时,手机就允许访问你的语音邮箱。呼叫 ID spoofing 使攻击者可以使用他们正在呼叫的手机号码拨打该手机,攻击会自动允许攻击者访问手机的语音邮件。尽管现在大多数电话都具有访问其语音信箱的密码,但是你仍然能发现在某些情况下这个技巧仍然可行。

图 9-13 展示了 spoofing card 服务的示例。假设你想进入自己的语音信箱以测试此技巧。你将拨打自己的手机号码,而呼叫者 ID 将是你自己的手机号码。这将使你进入该账户的语音邮件。

看起来这好像是在一本网络取证的书中包含的奇怪的信息,我们不希望你使用它。但是,如果此技巧在调查期间确实起作用,则可以帮助你绕过手机的安全设置,以访问账户的已保存的和旧的语音邮件。我们已经成功使用了几次,因此我们考虑将其包含在本章中。

图 9-13 Spoof Card App

9.11 如何找到预付费手机

许多动作、间谍和黑帮电影都展示了犯罪分子使用预付费手机(burner phone)隐藏身份来逃避执法。预付费手机通常是以现金预付的手机(或 SIM 卡)。有时,我们处于需要识别预付费手机后面的个人身份的情况。电话号码背后的人是谁?我们如何找到这些信息?

犯罪分子常常使用新的移动 SIM 卡,但经常使用同一部电话来隐藏其身份。当他们使用设备时,随着时间的推移,他们倾向于为手机加载不同的应用程序。如果罪犯正在使用社交媒体应用程序,则你通常可以将预付费手机的电话号码(未知人员的电话号码)添加到你自己的电话中。接下来,为该人创建假联系人(如果需要的话,叫他 John Doe)。现在,你可以将联系人上传到社交媒体应用程序中。你实际上不需要与 John Doe 成为朋友或联系他,但是,如果社交媒体平台上存在他的电话号码,你很可能会发现他的身份。你会惊讶于此技巧多么容易起作用。在其他用例中,你可能会找到一个号码,但对使用该号码的人却不太了解。这通常发生在社交媒体交流上。查找号码以查看相关的社交应用程序可能会揭示使用这个电话号码的人的行为的有趣细节。

下面是此调查策略的快速摘要:

步骤 1. 获取你要识别的人的电话号码。

步骤 2. 在你的电话中创建该电话号码的联系人。

步骤 3. 将你的联系人上传到社交媒体应用程序,例如 Snapchat、LinkedIn、Instagram、Facebook、Twitter、WhatsApp 以及你可以想到的其他应用程序。

步骤 4. 查看未知的预付费手机联系人是否有相关的个人资料。

你可以尝试的最后一种方法是使用电话号码重设或恢复密码。实际上,请勿尝试找回密码,否则此人会收到通知。只需在许多社交媒体应用程序中输入电话号码,即可显示该人的个人资料,并希望能够得到一个名字。要知道当你执行密码重置时,社交媒体网站没有提供返回数据的标准。你可以在多个网站上尝试这种策略,并结合提供的"面包屑"使你更加了解用户。例如,你可能会获得关联账户的邮政编码、用户名、名字等。

一种使这种策略自动化的方法是使用诸如 Pipl、Namechk 和 Lullar 之类的服务。这些网站只要提供电子邮件或电话号码即可获得类似的数据。图 9-14 展示了针对我们其中一位的电子邮件地址进行的 Pipl 搜索。可以对在社交媒体网站和电话号码上找到的用户名进行类似的搜索。提取这些数据是免费的,但是你只需支付少量费用即可获取更多数据。私家侦探、执法人员、法警和其他持证专业人员可能可以从 IDI、TLOxp 和 LexisNexis 等公司获得其他商业工具的访问权限。访问这些类型的工具在很大程度上取决于州法律以及该工具的使用方式。

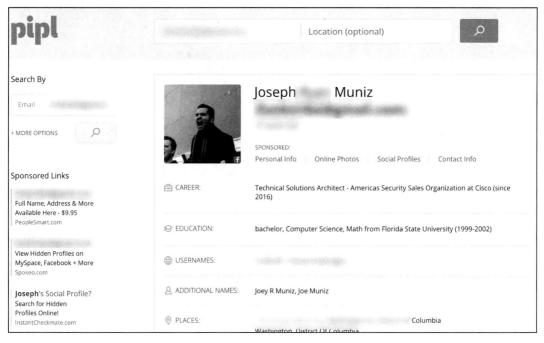

图 9-14　Pipl 搜索

9.12 SIM 卡克隆

在继续之前，你应该意识到，在某些国家/地区克隆 SIM 卡是违法的。我们不赞同此活动，但我们认为这是一个重要的话题。以下描述仅供参考。我们的目标是帮助你了解流程的运作方式，从虚拟的场景里分离出真实的东西。

首先，务必记住有很多 SIM 卡标准。你可能已经知道 SIM 卡有不同的大小。你可能不知道的是，无论多大的 SIM 卡都内置不同的加密标准。SIM 卡是基于三种算法制造的：COMP128v1、COMP128v2 和 COMP128v3。在撰写本书时，COMP128v1 是唯一可以克隆的 SIM 卡标准。今天使用的大多数 SIM 卡都是 COMP128v1。苹果公司为大多数设备提供了较新的 SIM 卡，或者使用了更高加密标准的电子 SIM 卡。换句话说，请不要试图克隆苹果设备的 SIM 卡。

要克隆，你首先需要获得一个空白的 SIM 卡。它可以在手机商店或 eBay 上以大约 50 美元的价格购得。你还需要获取 SIM 卡读/写器。eBay 上有很多不同的读写器。我们看到的一种叫作 DIGIFLEX USB SIM Card Reader Writer Copy Cloner Backup GSM CDMA。图 9-15 展示了此工具。

接下来，你需要获取适当的软件来复制和还原 SIM 卡。MagicSIM 是一种流行的工具，在有关备份和还原 SIM 卡的主题的各种论坛中都有讨论。你还可以购买与 MagicSIM 相同的商业软件套件，有时具有更多功能。我们看到的 SIM 克隆软件的价格从 30 美元到 1000 美元不等。

根据你的手机提供商和现有的 SIM 卡，可能会提示输入 SIM 卡解锁码。在许多情况下，你可以致电移动运营商，并告知运营商你正在

图 9-15 DIGIFLEX USB SIM Card Reader Writer

尝试在国外电话中使用 SIM 卡，并被提示输入解锁码。移动提供商通常会提供解锁码。克隆 SIM 卡时，还有一些显而易见的基本步骤需要完成，但我们故意将其遗漏，因为我们不想鼓励任何人做非法的事情。

现在，让我们将某些事实与小说分开。克隆 SIM 卡实际上需要多长时间？通常在 10 到 30 分钟之间。专业工具，看起来更像电影中所见的那样，使你可以插入 SIM 卡并自动执行复制和克隆过程。你可能需要为其中之一支付好多钱，并且使用它们可能是非法的。

9.13 小结

本章介绍了手机取证的基础知识。iTunes 备份中包含的信息可能是你调查最新的 iOS

设备时唯一的证据来源。许多 iOS 设备将相关证据存储在 iCloud 中，有时可以通过有效的法院命令获得这些证据。iOS 备份中存储的信息包括照片、视频、联系人、电子邮件、通话记录、用户账户和密码、应用程序、设备设置以及其他应用程序数据。旧版本的 iOS 存在许多越狱和绕过方法，但是当前版本的 iOS 软件包含了加密和补丁程序使得许多先前的技术都已过时。

接下来，我们研究了用于 root Android 设备并创建磁盘镜像的技术。请记住，可以使用先前章节中介绍的检查磁盘镜像的相同方法来检查 Android 磁盘镜像。技术包括使用诸如 FTK Imager 之类的取证工具。与 iOS 不同，许多设备上的 Android 磁盘未加密，因此你可以检查应用程序、数据、短信和照片。

现在的移动取证很难。调查人员常常依赖于用户没有好好利用其移动设备上可用的安全功能。当用户启用安全性功能时，绕过会变得非常困难。如果设备有备份或未锁定，则可以收集证据。你可能能够暴力破解锁定设备或利用漏洞绕过锁定（如果其中之一存在）。手机取证是一个快速变化的研究领域，每周都会发布新技术。重要的是，当需要进行检查时，需要为要调查的特定型号的移动设备检查新的工具和技术，因为可能有可用的新技术出现或旧的技术已无法使用。希望本章提到的技术可以帮助你入门。

参考文献

https://developer.apple.com/

第 10 章

邮件和社交媒体

我们得到的是沟通失败。

——《铁窗喋血》

10.1 瓶中信

你是否知道电子邮件比因特网甚至 ARPAnet 都早得多◯？你会发现它是从最简单的开始发展而来的，比最常见的因特网技术更早，这会令你感到震惊吗？最早的电子邮件系统是在麻省理工学院使用的 MAILBOX，以及 SNDMSG。

以下是电子邮件系统工作原理的概述：用户通过电子邮件客户端（称为邮件用户代理，MUA）编写电子邮件。如今公众使用的很多邮件客户端通过 Web 接口使用，例如 Gmail、Outlook、Yahoo！Mail 以及很多其他的客户端。在企业界，我们看到主要使用邮件客户端如 Microsoft Outlook、Mac Mail、Mozilla Thunderbird、IBM's Lotus Notes 以及其他一些客户端。来自 Kavi Help Center 网站的图 10-1 说明了电子邮件的工作原理，以及将电子邮件从发送者发送到接收者所采取的各种步骤。

当电子邮件被发送时，它会被发送到邮件传输代理（MTA）。图 10-1 中的步骤 A、B 和 C 说明了此过程。邮件传输代理实质上是电子邮件服务器，例如 Microsoft Exchange 或 Sendmail。在某些情况下，电子邮件安全网关产品也可以是邮件传输代理。MTA 将邮件路由到本地邮箱，或者如果不存在本地邮箱，则将邮件转发到因特网。图 10-1 的步骤 D 中说明了此过程。如果检测到威胁，MTA 可能会处理电子邮件，或者它可能会设置不同类型的优先级来阻止立即发送电子邮件。如果发生这种情况，电子邮件将被放入电子邮件队列。电子邮件队列本质上是 MTA 上的物理存储，电子邮件在这里被临时存储直到被处理。

◯ 原文有误。ARPAnet 是因特网的前身，原文为"Did you know email is much older than ARPAnet or even the Internet?"——译者注

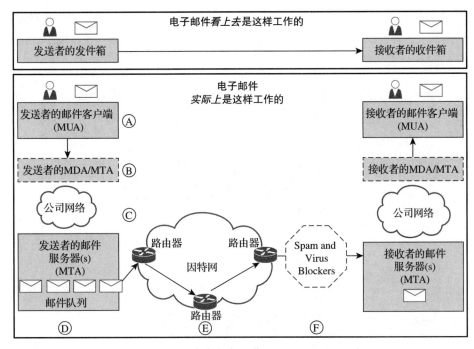

图 10-1　电子邮件如何工作（Kavi Help Center）

如果本地邮箱不存在，则 MTA 将查询域名系统（DNS），以根据收件人的顶级域（TLD）确定将电子邮件发送到何处。电子邮件服务器用来将邮件发送到其他电子邮件服务器的协议称为简单邮件传输协议（SMTP）。SMTP 是通过 IP 网络将电子邮件从一个 MTA 传输到另一个 MTA 的方式。图 10-1 的步骤 E 中说明了此过程。

DNS 系统查询收件人的域，以查看是否存在邮件交换（MX）记录。发件人的 MTA 询问 DNS 系统收件人域内的哪台服务器将接受该电子邮件。DNS 系统会回复并提供收件人的域 MX 服务器。MX 服务器的 DNS 记录与 IP 地址相对应。然后，发件人的电子邮件服务器通过 IP 路由将电子邮件路由到收件人的 MX/MTA。

让我们简化一下。我在 mail.drchaos.com 上的电子邮件服务器希望将电子邮件发送到在 mail.yourserver.com 上你的电子邮件服务器。它询问 DNS 如何将电子邮件发送到 yourserver.com 域。DNS 用 MX 记录 mail.yourserver.com 和该服务器的 IP 地址答复我的电子邮件服务器的查询。

由于电子邮件是当前使用的最古老的技术之一，因此你可以推测，该应用程序的基本未内置任何安全性。默认情况下，电子邮件未加密且易于伪造。在检查电子邮件时，我们需要查看完整的电子邮件首部。

10.2　邮件首部

每个电子邮件客户端都有不同的显示电子邮件首部的方式。如图 10-2 所示，在 Mac

Mail 上,点击"显示""邮件""所有首部"来显示电子邮件首部。在所有电子邮件客户端(包括基于 Web 的客户端)中都可以查看完整的首部。在你的电子邮件客户端中,访问电子邮件首部的过程可能与此处显示的略有不同。

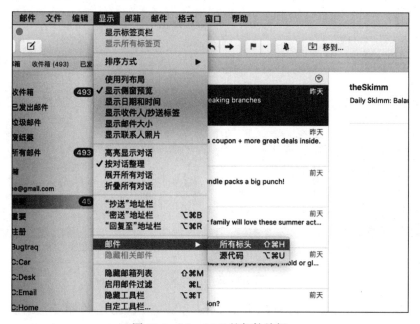

图 10-2 Mac Mail 的邮件首部

现在,让我们检查一下来自潜在垃圾邮件的电子邮件首部。这是检查邮件的最常用方法。这也是不可靠的,因为首部的许多部分都可能被错误地创建或篡改。下面的样本电子邮件从 myspamhouse@aol.com 发送到我的电子邮件账户 Dr.Chaos@drchaos.com。让我们检查一下首部:

```
From myspamhouse@aol.com  Mon Jun 25 16:54:12 2017
Return-Path: myspamhouse@aol.com
Received: from trademeca.co.kr (unknown [211.219.20.86])
        by mail. drchaos.com (Postfix) with SMTP id 2304964253A
        for ; Mon, 25 Jun 2017 16:54:10 -0500 (EST)
Received: from smtp0422.mail.yahoo.com (80.237.200.67)
        by trademeca.co.kr (211.219.20.86) with [sendmail V2.1]
        for  from ;
        Thu, 25 Jun 2017 15:55:00 +0900
Date: Thu, 25 Jun 2017 11:34:52 GMT
From: "Hey Doc!" myspamhouse@aol.com
Subject: Hey doctor! You Chaos?
```

此外，第二个电子邮件地址通过未知（unknown）错误显示这个邮件地址不在服务器上。看起来第二个电子邮件地址可能是假冒地址。批量邮件服务通常在多个开放的 SMTP 中继服务器上通过僵尸网络使用欺骗性电子邮件以隐藏其身份。

以下是有关此电子邮件的一些详细信息。首先，一个 AOL 电子邮件用户或邮件服务器不太可能使用 Yahoo 电子邮件服务器作为 SMTP 网关。这根本没有道理。大型公司和因特网服务提供商 AOL 不太可能使用 Yahoo 的 SMTP 服务器在自己的平台上为自己的用户发送电子邮件。如果那不是很明显，请不要担心。只要有足够的时间来练习查看电子邮件首部和 SPAM 来源，这对你来说将成为第二天性。

接下来，让我们实际使用 Whois 查找、ping，甚至是简单的 DNS 解析来查看邮件服务器。如图 10-3 所示，我们无法解析域，更不用说 ping 它了。这意味着 DNS 名称是伪造的。

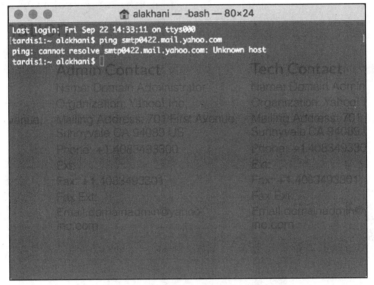

图 10-3　解析 SMTP 服务器

列出的服务器 IP 地址是 80.237.200.67。图 10-4 展示了 iplocation.com 网站，其中显示了 IP 地址位于德国。

Yahoo 可能在德国拥有电子邮件 SMTP 服务器，但是我们期望 IP 地址应该位于该公司所在的加利福尼亚州。这不是一成不变的规则，这意味着 SMTP 服务器不必位于公司的本部，但是当你开始分析更多电子邮件时，将学到寻找服务器的位置，特别是来自已知域名的邮件。整个 SMTP 服务器很可能是欺骗和伪造的。垃圾邮件发送者经常伪造 received 行。让我们根据首部详细信息检查收到了什么以及它做了什么。

想象一下通过邮局寄一封信。你的信件在到达最终目的地之前由多个邮局处理。每个邮局确认收到了这封信，然后将其转发到下一站，直到到达目的地。从本质上讲，这就是电子邮件中 received 行告诉你的内容。received 行包含邮件服务器的名称和 IP 地址。最上面的行是最后的路由。如果你想开始追踪电子邮件的旅程，请从第一行开始，然后一直往下走。恶意电子邮件发件人试图将伪造的 received 行插入电子邮件。每个电子邮件服务器始终将其 received 行放在顶部。这意味着伪造的首部只能位于整个转发节点链的底部。

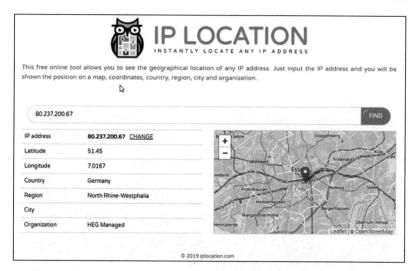

图 10-4　IP 地址位于德国

让我们重新审视电子邮件链中的 received 行：

```
Received: from smtp0422.mail.yahoo.com (80.237.200.67) by trademeca.co.kr
(211.219.20.86) with [sendmail V2.1]
```

此首部告诉我们 smtp0422.mail.yahoo.com（80.237.200.67）收到了来自 211.219.20.86 的电子邮件。如图 10-5 所示，对 IP 地址的查找表明该 IP 地址在韩国。

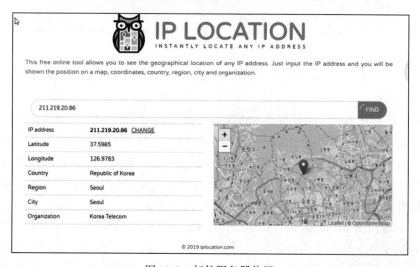

图 10-5　邮件服务器位置

我们不知道这是否是伪造的电子邮件首部，但看起来比较可疑。检查此电子邮件首部是否为伪造的最佳方法是找出电子邮件服务器 211.219.20.86 是否具有发送电子邮件的功能。如果是，则它很可能需要在 TCP 端口 25（SMTP）上进行通信。我们可以简单地连接或扫描 TCP 端口 25，但是我们不希望在自己的计算机上这样做。主要原因是我们不希望远程服务器记录我们的 IP 地址。服务器也可能是恶意的，等待我们尝试连接到它，向我们发送攻击。它甚至可能是一个等待我们连接的蜜罐。相反，我们转到网站 https://mxtoolbox.com/ 检查它是否可以连接到 211.219.20.86。我们使用 MX Toolbox 作为代理，以查看它是否可以通过 SMTP 连接到服务器。图 10-6 展示了 MX Toolbox 的结果。基本上，服务器不响应 SMTP 请求。

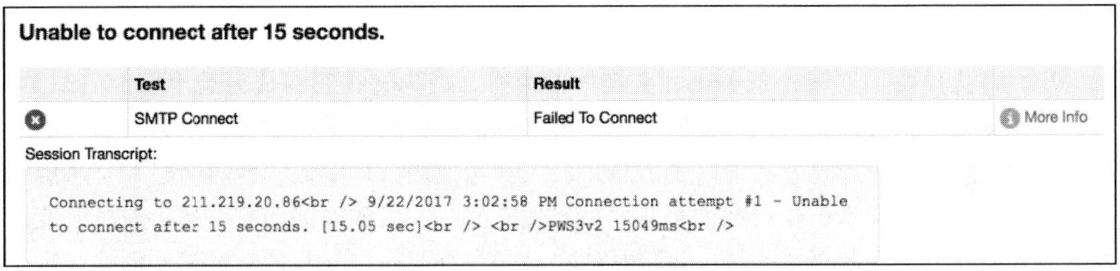

```
Unable to connect after 15 seconds.

         Test                              Result
  ✗      SMTP Connect                      Failed To Connect              ⓘ More Info
Session Transcript:

Connecting to 211.219.20.86<br /> 9/22/2017 3:02:58 PM Connection attempt #1 - Unable
to connect after 15 seconds. [15.05 sec]<br /> <br />PWS3v2 15049ms<br />
```

图 10-6　SMTP 连接

这里，我们的追踪似乎结束了。但是，跟踪电子邮件的步骤与我们已经描述的基本相同。如果 received 行中有多行，则可以确保接收到的 IP 地址与处理的行匹配。当你发现不匹配时，可以表明电子邮件是伪造的。一些更高级的电子邮件网关会自动执行这些类型的分析。当这些解决方案发现奇怪的东西时，它们会将其归类为垃圾邮件。

作为网络工程师，我们被要求调查公司网络中电子邮件的有效性。在一个令人难忘的案例中，一名员工被指控向另一名员工发送骚扰电子邮件。当我查看电子邮件首部时，我期望从内部电子邮件服务器中找到一个简单的链路。相反，我从邮件首部找到了多个显示来自基于 Web 的邮件客户端的和一个 VPN 服务的多个 received 行。事实证明，这名员工是无辜的，电子邮件是来自外部伪造的。我们怀疑此案涉及一个嫉妒的前夫，他是该员工以前的朋友，被指控发送了电子邮件。

我们介绍的电子邮件示例展示了我们调查电子邮件的方法。你可能会在调查期间遇到电子邮件，并被要求确认电子邮件的来源。我们建议你进入电子邮件垃圾邮件文件夹并练习这些调查技术。将我们使用的因特网资源添加为书签，它们是 http://iplocation.com 和 https://mxtoolbox.com/。练习调查垃圾邮件和受信任的电子邮件，通过邮件首部查看它们之间的区别。这个练习将帮助你掌握这些概念。

假冒邮件最简单的方法之一就是使用大量邮件服务器。有数百个邮件服务器可用，而 Google 的快速搜索可以揭示如何做到这一点。另一种常见的方法是找到一个开放的 SMTP 服务器。攻击者通常通过端口 25 上指定 Telnet 从 TOR 或者 VPN 客户端 Telnet 到 SMTP

中继。他们可以手动输入 SMTP 命令，例如 MAIL FROM:emailaddress@domain 以及 RCPT TO:recipient@domain.com。如果使用此方法，某些 SMTP 服务器的行为会有所不同，某些网关防火墙也可能会特别提醒安全管理员。最后，我们看到研究人员和垃圾邮件发送者使用一种工具 SimpleEmailSpoofer，它是一个开源项目，可以使某人轻松发送假冒电子邮件。

我们从青少年那里听说，只有他们的父母会给他们发送电子邮件。如今，许多人使用社交媒体进行交流。社交媒体甚至正在取代某些人的时事新闻来源。出于这些原因，我们将社交媒体作为下一个主题。

10.3 社交媒体

我们曾犹豫要不要写一章关于社交媒体的内容，因为它很容易成为滥用行为的来源。我们还怀疑社交工程取证对网络工程师的价值。我们认为这一章很重要，因为诸如电子邮件之类的通信技术正在迅速过时。随着新一代人开始使用技术交流，他们期望即时通信和即时响应。年轻的同事们告诉我的哥哥，每当他需要一天多的时间回复一条短信时，他们都会感到沮丧。对我的哥哥来说，短信是他在时间允许时可以回复的一种邮件形式。对于他的年轻同事们来说，这是实时交流，他们希望能立即得到回应。不响应表示无视发件人，被视为粗鲁。相同的概念可以应用到许多新的即时视频技术中，这些技术迫使接收者无论正在做什么都被拉入视频会议。我曾经在旅行时凌晨 3 点接到呼入的视频，但是我不想给我的睡衣做广告。我们生活在一个崭新的世界中，我们的通讯方式正在迅速变化。在本章的其余部分中，我们着重于通过社交媒体和因特网平台调查人们、他们的习惯和背景。

> **警告** 在继续讨论此主题之前，我们希望添加一个非常重要的警告。在使用本章其余部分概述的技术时，请确保你具有进行此类调查的许可或授权。不要调查你没有被要求研究的人员。在某些地区，这可能被视为犯罪。即使通过社交媒体调查某人不是犯罪，也可能被认为是不道德的。本章中使用的许多示例都是将我们自己作为对象的研究。这并不意味着你应该也使用我们作为对象。为安全起见，你可以研究自己，但我们不授权将涉及的内容视为合法或可以执行。现在我们已经发布了免责声明，玩得开心。

10.4 人员搜索

首先，我们再次声明，如果你无权执行本节中的技术，则它们可能被视为非法或不道德的。另外，请勿使用我们的搜索示例。它们仅作为示例提供。如果你需要练习的目标，请尝试使用自己的姓名和个人信息。

人员搜索是对个人进行背景调查时常用的术语。重要的是要记住，人员搜索门户网站依赖公共信息。这通常包括公共法院记录、逮捕记录、财产税记录、婚姻记录以及其他信息片段。请记住，你在因特网上所做的许多事情都已记录下来，因此它们继续存在于因特网上，可以将它们看作你的数字足迹。一个没有争议的过去的相对无辜的人，当你查看他的历史时，可能会拥有非常无聊的背景。这些检查完全基于公共记录，因此，如果公共记录中未包含某些内容，则可能不会显示出来，这意味着你无法假设所看到的内容准确地代表了所研究的人。一些国家、州和城市的隐私法不同，因此你在某人身上可以找到的信息可能取决于该人的居住地。

通常，请确保你知道某人最大的特征，包括该人居住的国家 / 地区、城市和州。同样，任何个人信息，例如电话号码、工作经历或任何其他详细信息，都可以帮助你找到该人的数据并验证你是否找到了所需的人。

Zabasearch 是开始免费公开搜索的好地方。它提供了一个公共记录的绝佳平台。我搜索了自己的名字，如图 10-7 所示。由于并非所有记录都是精确的，它建议了一个与我的名字不同的名字。它的确找到了我的一位前同事的一个旧住址，名字相似。不幸的是，地址已经过时了。请注意，其中一些工具与我们在第 9 章中专门讨论的方法不同。在特定情况下，你可以使用任何一种方法。但是，我们希望确保向你展示尽可能多的工具。此外，网络犯罪调查人员通常会使用这些工具，尤其是在进行社交媒体调查时。

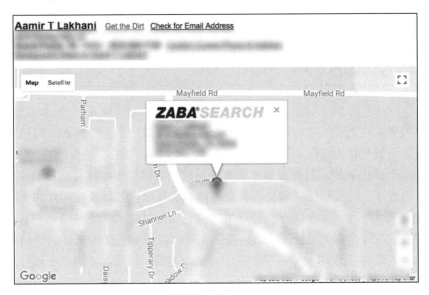

图 10-7　Zabasearch

要记住的一件事是，生活中没有什么是免费的。这些人使用的大多数搜索网站都提供基本的搜索功能，然后提供价格在 40～70 美元之间的报告。请记住，通过查看州、国家或县的记录，你可能可以免费进行大部分此类搜索。

Zabasearch 等网站提供了大量公共信息，但还有更多专业网站可用。现在，我们继续一些更高级的技术和网站以进行信息搜索。

这些网站中的大多数都提供来自公共记录的相同类型的信息。如果你在这些网站之一上找到你的信息，则可以选择不让它们收集和显示你的个人数据。但是，使自己解脱的努力可能是徒劳和令人沮丧的。你的请求可能需要一些时间来处理，因此在请求清除后的许多个月内你的信息仍可见。它也可能突然出现。当你从事产生新记录的活动时，它们会被收集，并且你的信息会再次显示在人员搜索网站上。请记住，选择退出仅仅会在当次阻止该网站显示你的信息。它实际上并不会删除公共记录的原始来源，或从数十个其他网站中删除你的信息。

某些网站未收集有关某人的所有公共信息。一个提供公共记录合并的高级网站是 BeenVerified。其主页如图 10-8 所示。通常，我们发现合并 Zabasearch 和 BeenVerified 就能够从所有公共来源获取信息。请记住，网站会要求你为报告付费，费用从 10 美元到 50 美元不等。

图 10-8　BeenVerified

Google 是网站的搜索引擎，Pipl 的工作方式与此类似。你会转到 Pipl 网站并搜索一个人的名字。你可能会认为它像 Zabasearch 和其他一百个搜索引擎一样工作。是的，这种想法在某种程度上是正确的，但是当你更紧密地比较两者时，相似性很快就结束了。Pipl 功能强大的原因在于，你可以搜索和关联社交媒体、常规用户名以及搜索查询中的位置有关的信息。Pipl 在因特网上搜索任何公开可用的信息。可以收集社交网络账户、LinkedIn 个人资料、博客、新闻文章、地址簿、政府公共记录以及可能与某人绑定的任何其他材料来创建该人的个人资料。图 10-9 是对我们其中一人的搜索。仅通过使用电子邮件地址即可获得许多详细信息。

再举一个例子，假设我在一些网站（例如论坛、亚马逊评论或某些社交媒体网站）上使用了用户名 OneNicePerson。你可能想知道该用户名属于谁，因此可以轻松检查该用户名以开始调查。图 10-10 显示了使用用户名和一些关键字的 Pipl 搜索。

找到一条记录时，有时可以将其链接到姓名、地址，然后执行扩展的背景检查。通常，搜索人员是一个过程，这意味着你可以插入其他方法并继续进行搜索直至达到目标来获取信息。我们已经使用这种方法将各种用户名（例如社交媒体用户名）链接到 eBay 账户。为什么这项技术有价值？想象一下，你想知道公司的员工何时在 eBay 上出售一些物品。这些物品可能是包含敏感信息的手机或硬盘驱动器。在 Google 上搜索演讲"DEFCON Now You See Me, Now You Don't"，以了解有关此研究的更多信息。

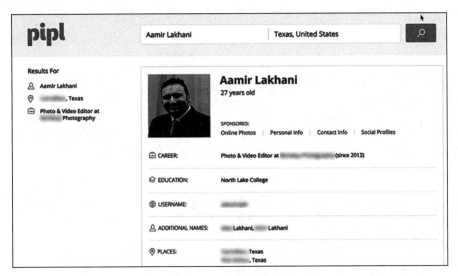

图 10-9　Pipl 搜索示例

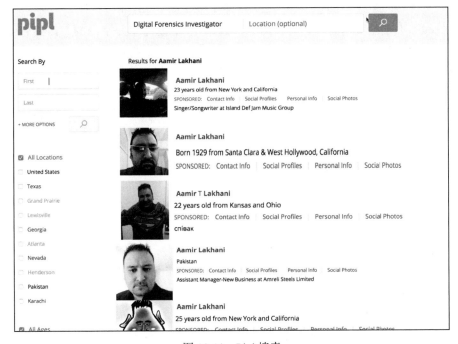

图 10-10　Pipl 搜索

Geofeedia是实时搜索和分析社交媒体地理位置的工具。它主要用于帮助组织了解其用户和客户的位置，或者他们可能想在哪里闲逛、购物、生活以及进行其他与地理相关的活动。但是，Geofeedia以及类似工具可用于查找人员的地理位置，并帮助取证调查员识别该人员。该技术可以包含使用Twitter、Instagram、Snapchat、Facebook等社交媒体上的信息。图10-11展示了Geofeedia界面。用户可以选择特定的地理区域并搜索特定区域中的所有社交媒体帖子。

图 10-11　Geofeedia 搜索

Geofeedia不是免费工具。主页如图10-12所示。它基本上是空白的，需要有效的登录名才能使用该服务。幸运的是，该网页上有销售联系人。如果你的工作是寻找人员，它不是一个糟糕的服务，值得使用。

图 10-12　Geofeedia 主页

10.5　谷歌搜索

你是否曾经想知道因特网上某个人的照片是否真的是那个人？某些人张贴照片，声称照片是自己的照片，但专职诈骗者和攻击者经常撒谎。图片通常传达信任的概念，但是仔细检查其有效性始终是一个好主意。为此，只需转到 http://google.images.com 并单击相机图标，如图 10-13 所示。你可以上传有问题的图片，然后查看图片。

图 10-13　谷歌图片搜索

上传图片后，你可以查看图片在因特网上哪儿被使用。为了验证目的，你要查看的是特定图片是否与相同的身份相关联。如果你看到带有相同名称的图片的结果具有多个名称、位置或职业，则该图片很可能是假的或被盗的。图 10-14 展示了你可能希望看到的结果。除第三个结果是"Saleem Lakhani"外，所有结果都说是"Aamir Lakhani"。不用担心，没有人偷了我的头像照片。当你单击个人资料时，这只是一个在个人资料上标记了我的堂兄。

图 10-14　谷歌图片搜索结果

我最近参与的一个挑战就是使用这种策略的另一个例子。我的一个朋友给我发送了图 10-15 中的图片。

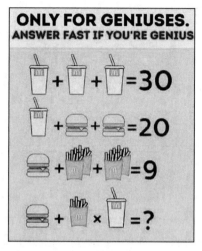

图 10-15　测试

他向我们的聊天组提出挑战要求解决这个问题。几秒钟之内，我的网络工程取证技能就能从 Google 图片搜索中得出正确答案，使我成为聊天组的英雄。图 10-16 展示了我的图像搜索查询的结果。

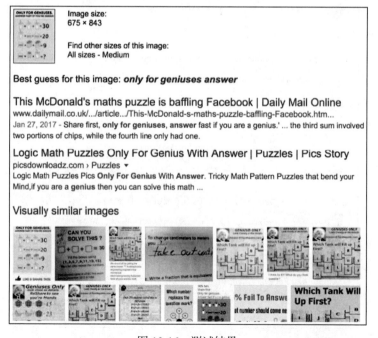

图 10-16　测试结果

如果你怀疑某人使用的是假名，那么 Google Image 搜索也是一个不错的起点。并非每个人都在因特网上使用自己的真实姓名。人们有别名和昵称，有时他们只是伪造信息。尽管你要寻找的人可能是现实生活中的 Aamir Lakhani，但他在因特网上可能是 Dr. Chaos。如果你没有他们的真实姓名，有时很难找到他们。本章前面提到的背景检查工具都需要使用姓名。这个问题的答案是什么？你如何研究使用虚假信息的人？

关于人员研究的一件好事是，人通常是习惯的造物。人们创建用户名时，最有可能在多个社交媒体和许多其他网站上使用它。如果一个人在 Instagram 上被称为 Dr. Chaos，则很有可能在 Facebook 和许多其他网站上也被称为 Dr. Chaos。

你的希望是研究所有账户，以查看是否可以找到有关所研究人员的感兴趣数据。这就是 KnowEm 网站的强大功能。KnowEm 允许你搜索 500 多个不同的网站，以查看是否使用了某个用户名。从技术上来说，KnowEm 是一种品牌和媒体管理服务，但是你绝对可以利用其功能。图 10-17 显示了 KnowEm 主页。与前面提到的 Pipl 不同，KnowEm 严格限制使用社交媒体的公共资料用户名。

图 10-17　KnowEm

关于使用此资源的一则警告。人们很容易迷失在众所周知的 KnowEm 和类似工具的"兔子洞"中。我们强烈建议你尽可能地集中搜索目标。

10.6　Facebook 搜索

Facebook 是世界上最大、最古老的社交媒体网络。Facebook 有很多信息可能对取证调查人员有用。首先，让我们谈谈 Facebook 搜索。你已经知道可以搜索姓名和电子邮件地址。但是，这仅仅是开始。你也可以搜索简单的短语。在图 10-18 中，我们搜索短语"pictures inside Giants stadium"。

注意　请务必注意，许多搜索都要求你登录到 Facebook。但是，没有理由不能从测试账户进行搜索。这些搜索技术是与 Facebook Open GraphSearch 有关的特定技术，我们将在本节中介绍这些技术。但是，有数小时的教程和课程专门用于 Facebook Open GraphSearch，你可以根据需要进行学习。

图 10-18　Facebook 搜索

图 10-18 展示了巨人体育场内图像的一些结果。你也可以很有创意地寻找喜欢某一个页面或在某个位置签到的人，或者可以执行许多其他类似的搜索。如果你愿意，Facebook 甚至可以成为你新的约会和婚介网站。我假设大多数人已经在这种方式下使用它了，但是如果你还没这样做，图 10-19 展示了 Facebook 搜索的能力。

将 Facebook 视为一个大型数据库。该数据库中的所有内容都是可搜索的，并且具有与其关联的 ID。让我再说一次：Facebook 上的所有内容都有一个与之关联的 ID，可用于某种搜索查询。当我们说所有内容时，其中包括个人资料图片、姓名、职称、城市、爱好、签到日期和其他信息。

Facebook 功能最强大的标识符之一是 Facebook 个人资料标识符，称为 Facebook 个人资料 ID。请考虑以下情形。你想查找其他人在其中标记了某个人的所有图片。当人们的个人资料图片没有显示他们的身份并且你想查看他们的外表时，这种类型的搜索可能会很有用。

首先，你需要找到要调查的人的 Facebook 个人资料 ID。获取个人资料 ID 的最简单方法是查看此人的封面照片。封面照片是公开的，你不需要是某人的朋友才能查看封面照片。然后检查公开封面照片的 URL。图 10-20 展示了公开封面照片地址栏中的 URL。

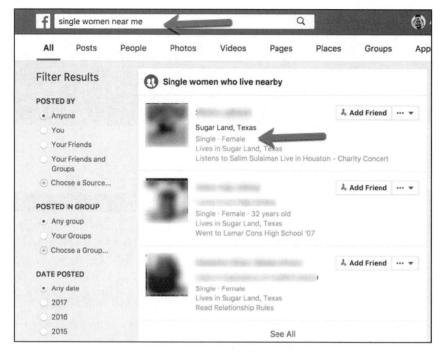

图 10-19　使用 Facebook 作为约会网站

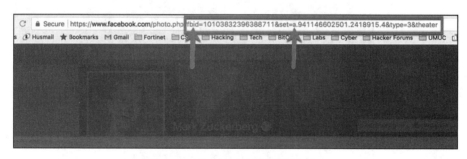

图 10-20　Facebook 封面图片的 URL

此图中突出了两件事。首先要指出的是，字母 a 之后有很多数字，后面跟其他字符。这实际上是图片所属的相册。我们指出 fbid 是因为这是 URL 的开头。Facebook 个人资料 ID 位于图 10-20 中突出显示的框中。检查一张照片无法知道 ID 的位置，因此你需要滚动查看几张图像并找出哪些数字没有变化。图 10-21 展示了另一个公开封面照片 URL。

接下来，让我们做最后的分析。图 10-22 展示了另一个 URL，但是你可以看到数字 4 不变。这很可能是属于用户的 Facebook 个人资料 ID。

请记住,Facebook 有数十亿用户。Facebook 个人资料 ID 极有可能是一个非常大的数字。ID 为 4 的 Facebook 个人资料极有可能是非常非常早期的 Facebook 用户。你可以仅通过访问 www.facebook.com/USERID，或换句话说，只需键入 www.facebook.com/4 来查看是否获得了正确的 Facebook 个人资料 ID。

图 10-21　Facebook 封面图片的 URL 2

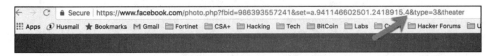

图 10-22　Facebook 封面图片的 URL 3

包含 Facebook 个人资料 ID 的 URL 将替换为用户名。图 10-23 展示了在 URL 字段中输入 FacebookID 时的完整 Facebook 个人资料。

现在你可以知道这是谁了，因此也知道该示例的 FacebookID 为何如此之小。

图 10-23　Facebook ID URL

现在，你可以使用此 ID 创建手动查询。例如，使用查询"photos-of"，该查询的 URL 格式如图 10-24 所示。该查询使你可以搜索带有个人标签的图片。

现在你知道查找 Facebook ID 的过程了，我们将向你展示一种更简单的方法。这个概念在我们撰写本书时就已经存在，但是随着安全性的改变，它可能也会改变。与滚动浏览封面照片相比，这种找到 Facebook 个人资料 ID 的方法容易得多。如图 10-25 所示的网站 https://lookup-id.com/，你可以简单地将用户的 Facebook URL 设置为 www.facebook.com/username 的格式来找到 Facebook ID。

图 10-26 显示，我们可以通过使用此网站成功找到 Mark 的 ID。

Facebook 查询始终遵循 www.facebook.com/search/str（facebook + search +string）的格式。通常，Facebook 个人资料 ID 跟随字符串，例如 www.facebook/search/str/4（facebook + search+ string_Facebook ID）。然后，你可以使用不同搜索查询来跟着它，例如"photos-of"（以显示所有标记马克·扎克伯格的图片）或"photos-uploaded"（以显示马克·扎克伯格上

传的所有图片），如图 10-27 所示。

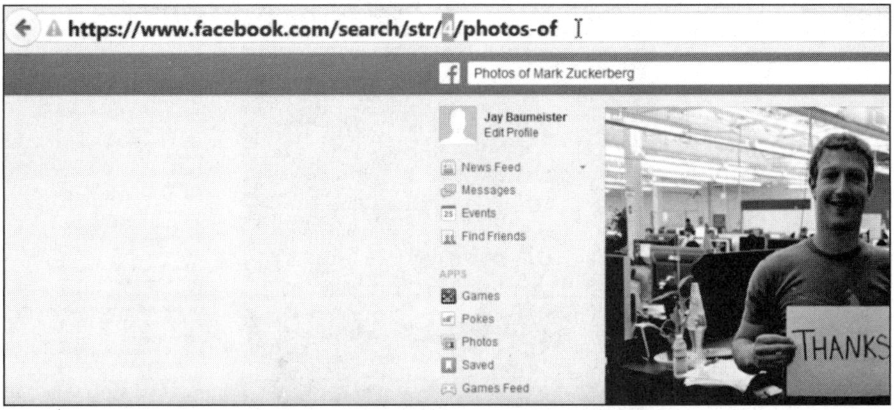

图 10-24　使用 Facebook ID 搜索查询

图 10-25　Lookup-ID.com

图 10-26　Lookup-ID 的结果

图 10-27　上传照片查询

你可以自己运行许多不同的查询。这里有一些例子：

来自某人工作的信息：

www.facebook.com/search/str/4/employers/stories-at/

该查询将调出所有提及与你调查的人提及同一雇主的公开帖子。个人资料确实要求该人列出雇主。如果是，则此搜索查询将显示所有相关帖子。我们在调查一个保险案件时，该人声称由于事故而无法走路。他非常小心，从不张贴自己的照片或在照片中被标记。但是，我们能够找到此人的同事。运行查询后，我们找到该无法走路的人的照片和视频，显示在公司烧烤活动中，他打了一场非常好的篮球比赛。

现在，这是我们最喜欢的搜索查询之一。当我们尝试跟踪某人时尤其如此。想想你被标记在了地理位置信息的每个地方。当你使用 Facebook 签到时，将创建一个地理位置记录。因此，你可以使用以下搜索：

位置：

www.facebook.com/search/4/places-visited/

此查询通常用于查找失踪人员或罪犯。许多人是习惯的动物。如果他们去某个地方，他们很可能会再次访问同一地方或其他类似地方。我们使用此查询成功帮助抓获了犯罪分子。我们看到他在过去两年中每隔一周的星期二都去了同一家酒吧。他最终回到了那个酒吧，守在那里的警察逮捕了他。

通常不被视为社交媒体网站的另一个来源是 Pastebin。我们认为 Pastebin 是因特网的剪贴板。攻击者已经使用该网站进行通信很多年了。在 Pastebin 上查找信用卡号、密码和其他有价值的信息并不罕见。图 10-28 展示了 Pastebin 主页。搜索时，请确保在搜索字段中输入。否则，你只是创建了一个所有人可以看到的因特网上的便笺。

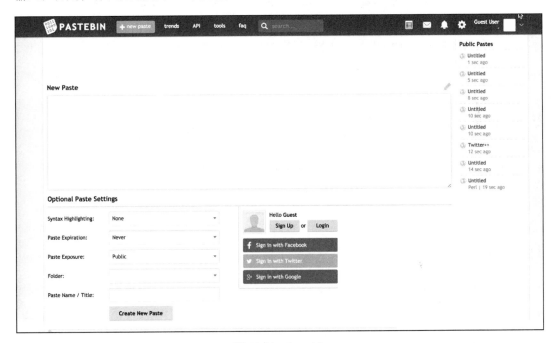

图 10-28　Pastebin

你可以将任何类型的便笺粘贴到 Pastebin 上。从取证的角度来看，Pastebin 可以提供有价值的情报。大多数情报都是通用的，但是搜索名称、用户名和公司信息可能会产生一些有价值的数据。在最近有关数据泄露的调查中，我们在 Pastebin 上搜索了一家公司的名称。我们能够快速找到攻击者从泄露的密码网站粘贴的许多员工的用户名和密码。我们不知道发生数据泄露时密码是否在 Pastebin 上泄露了，但是就像你想象的那样，在 Pastebin 上的信息没有帮助。图 10-29 展示了简单密码查询的结果。

如果需要，使用简单的搜索引擎查询，Pastebin 查询可以变得非常复杂。Pastebin 的真正力量在于 API 基础架构。你可以选择将数据自动收集到威胁情报平台中。尽管该网站可以免费使用，但使用 API 需要在该网站上作为服务出售的高级订阅。

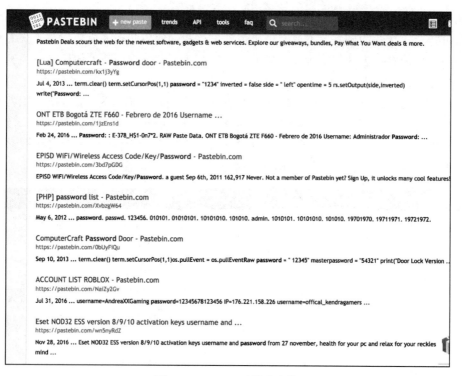

图 10-29　Pastebin 搜索查询

10.7　小结

我们从电子邮件服务器取证开始本章。电子邮件本质上是不安全的，并且电子邮件首部容易伪造。我们描述了一些确定电子邮件有效性的技巧。电子邮件似乎不值得研究，但是在企业内部环境中，由于内部人员威胁或潜在的恶意员工，攻击者在尝试清除日志和活动痕迹时通常会忽略此向量。电子邮件标题中的 received 行提供了一种检查伪造和欺骗地址可能性的技术。

社交媒体取证对于调查人员来说非常受欢迎。它使调查人员可以收集人员情报。人们的背景调查通常依赖于公共记录。你可能只需花费很少的时间就可以自己找到这些记录。但是，可以通过使用这些背景检查服务来完成大部分繁重的工作。在本章中，你还了解了使用 Facebook 的 ID 收集情报的功能。你可以使用 Facebook ID 通过检查签到信息来找出某人最常去的地方。你可以确定他们的兴趣和爱好，使用共同的朋友、雇主和其他感兴趣的内容来扩大调查范围收集情报。

我们刚刚开始接触社交媒体调查，这可能远远超出了本书的范围。专业调查人员将社交媒体信息与 DNS 信息、IP 泄露、移动电话调查技术和许多其他泄露个人信息的技术相关联。希望本章能成为你对社交媒体研究兴趣的入门。

参考文献

Peter, I. (2004). The History of Email. Retrieved September 18, 2017, from http://www.nethistory.info/History%20of%20the%20Internet/email.html

P, Rajkumar. (2016, April 18). How Many Emails Are Sent in the World Every Day? Retrieved September 18, 2017, from https://www.quora.com/How-many-emails-are-sent-in-the-world-every-day

Kavi Help Center. (n.d.). Retrieved September 22, 2017, from https://www.oasis-open.org/khelp/kmlm/user_help/html/how_email_works.html

Ismail Haniyeh Quotes. (n.d.). Retrieved September 22, 2017, from https://www.brainyquote.com/authors/ismail_haniyeh

第 11 章

思科取证能力

任何需要说明书的产品都是残缺的。

——埃隆·马斯克

本书的重点是为普通的网络工程师提供现成的如开源应用程序的工具。本章将介绍思科支持的开源工具的使用和思科企业安全目录中工具的功能,包括生成日志的技术、在应急响应情况下可以利用的解决方案,以及访问如路由器、交换机等常规思科产品数据的方法。在这里我们只强调每种产品的安全功能,不详细介绍产品的详细信息,你可以在思科网站上找到产品的详细信息。

我们首先介绍思科的历史,以及思科安全产品如何适应各种类型的架构。

11.1 思科安全架构

思科公司的基础技术是网络。思科公司的常规路由器、交换机已经在网络中广泛使用。随着业务的增长,思科公司业务已经扩展到了包括安全在内的不同市场,如今思科公司被视为安全领域市场的领导者。当前思科的安全产品可以有针对性地解决不同阶段的网络攻击,思科称之为攻击前、攻击期间和攻击后(Before, During, and After,BDA)策略,这是洛克希德·马丁公司最初开发的网络杀戮链模型的概括版本。思科收购 Sourcefire 公司后继承了 BDA 策略,并继续关注威胁焦点信息,威胁焦点信息可以分解为图 11-1 所示的概念。

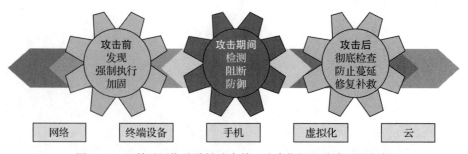

图 11-1 思科对网络杀戮链攻击前、攻击期间和攻击后的概括

- **攻击前**：将通信限制在可信方，以降低攻击发生前的风险。例如，如果攻击者构建一个伪装成银行的 Web 服务器来远程攻击受害者，受害者是否能够确定真实银行与此潜在的恶意网站之间的区别？通过阻止恶意网站，可以防止攻击者对受害者进行攻击。这个例子展示了信誉安全的概念，通过给网站进行信誉或者信用评分，当来自网站源的流量被视为安全或者恶意时，就会对评分进行调整。后面我们会更详细地讨论这个问题。

  另一个攻击前技术的例子是访问控制，有时称为网络访问控制（Network Access Control，NAC）。网络访问控制技术旨在防止向任何随意接入网络的系统提供完全的网络访问。网络访问控制的思想是攻击者必须通过已批准的系统才能访问网络，否则无法进入系统和发起攻击。

  必须指出的是，攻击前技术通常不是百分之百有效的，但是它能够使攻击者更难实施攻击。如果我们回顾一下 Web 服务器的示例，攻击者可能会侵入如学校主页等可信的网站，并从那里发起攻击。然而，我们将需要花费更多的工夫，从而降低攻击者通过攻击示例中的学校进而攻击另一个目标的可能性。还需要指出的是，安全操作实践的目标是在攻击前的阶段预防任何威胁。其主要原因是通过攻击发生之前阻止攻击者的攻击尝试，防止攻击者利用漏洞进行攻击的机会。攻击者可能有一个未知的漏洞，即 0day 漏洞，在没有建立一个可供传递的通道前攻击者无法实施漏洞攻击。

  技术示例：防火墙、VPN、访问控制、内容过滤器

- **攻击期间**：检测和预防攻击行为，主要是利用攻击和行为签名或者寻找已知威胁的技术来实现的。由于可以使用的特征签名数量和网络环境中存在潜在漏洞平均数量的限制，这些技术并非百分之百有效。最佳实践是不断优化这些技术，以便对网络中存在的漏洞进行保护。对安全技术进行持续优化非常重要，因为供应商无法在不知道客户易受攻击位置的情况下自动提供此数据。通常，将本地漏洞配置到安全产品中是一个手动操作的过程，这个过程被称为优化安全解决方案，但是思科等一些供应商提供了漏洞数据扫描功能，可以自动调整检测功能。我们可以在检测过程中看到机器学习和行为分析技术等其他能够增强检测能力的功能，这些通常是攻击后技术的一个重点。

  技术示例：防病毒、反恶意软件、入侵检测、入侵防御、电子邮件/Web 安全检测解决方案

- **攻击后**：处理攻击后的安全。这意味着攻击绕过了攻击前和攻击期间安全技术，这通常属于在应急响应计划期间需要处理的内容。攻击后处理技术对于验证其他阶段的正常工作至关重要。如果没有攻击后处理技术，我们几乎不可能知道是哪些绕过了现有的攻击前的技术和攻击期间的技术。取证通常会涉及大量的攻击后技术。

  技术示例：网络流、蜜罐、基于行为的技术/基线、文件分析

例如，我们可以使用 BDA 策略来应对利用漏洞传送勒索软件的工具包。例如，攻击者发送电子邮件的目的是让受害者点击电子邮件中的链接，并将受害者计算机的信息发送到攻击服务器。攻击服务器识别出受害者计算机上的漏洞后将勒索软件推送到受害者计算机系统中，然后启动勒索软件并加密文件。图 11-2 展示了通过漏洞利用工具包传送勒索软件的基本架构。

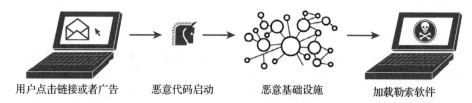

图 11-2　通过漏洞利用工具包传送勒索软件

BDA 策略的工作原理如下：攻击前阶段在用户单击恶意链接时阻止电子邮件或者用户访问网站的请求。攻击期间阶段标识恶意网站试图利用的漏洞，并阻止漏洞的利用和勒索软件的传送。攻击后阶段识别安装在受害者系统上正试图加密硬盘驱动器的恶意软件，并阻止恶意软件的运行。利用安全技术解决此类攻击的示例如图 11-3 所示。

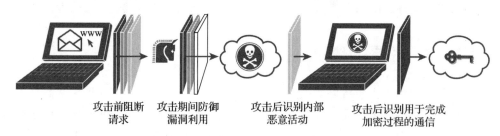

图 11-3　防御漏洞利用工具包的安全技术

防御者的目标是在 BDA 策略中尽早阻止进攻。例如，如果攻击后技术捕获到威胁，那么重点是增强攻击期间和攻击前阶段以阻止此攻击。在本示例中，需要更新入侵防御系统中的攻击签名和行为特征，以识别遗漏的攻击。电子邮件和 Web 安全解决方案需要将恶意 Web 源添加到黑名单中，以防止今后用户访问该恶意源或者从相关域名处接收电子邮件。

在本章中，我们将从 BDA 策略的角度介绍思科的技术。在讨论思科提供的企业解决方案之前，让我们先从开源的安全解决方案讲起。

11.2　思科开源工具

思科公司多年来收购了许多公司，其中一家公司是建立在革命性的开源技术之上的。2001 年，马丁·罗斯奇开发了 Snort 入侵检测和防御软件，目前各种机构都在广泛使用该软件。后来马丁创办了 Sourcefire，多年来它提供了一些开源解决方案和企业解决方案。由 Sourcefire 创建，现在由思科支持的开源项目包括但不限于：

- Snort：免费的 Linux 和 Windows 网络入侵检测系统（NIDS）软件。
  - 取证价值：Snort 是一个可定制的 IDS 和 IPS，在本书前面部分讨论过 Snort 的证据价值的示例。
- ClaimAV：用于检测特洛伊木马、病毒、恶意软件和其他恶意威胁的防病毒引擎。
  - 取证价值：ClaimAV 是主机安全工具，可以防止恶意文件执行并生成有价值的日志数据。如果不想使用付费的杀毒软件，那么可以考虑使用 ClaimAV。
- Razorback：提供多层数据高级处理和客户端威胁事件检测的框架。
  - 取证价值：Razorback 由围绕着功能组（nugget）的调度器（dispatcher）组成。每个功能组执行包括数据收集、检测与分析、输出、情报、关联和防御更新等的离散任务。
- Daemonlogger：专为 NSM 环境设计的快速数据包记录器。
- Moflow 框架：提供漏洞发现和分类工具的框架。
- Joy：用于捕获和分析网络流和内部流（intraflow）数据的工具。

企业技术侧重于将开源社区中可用工具的功能进行简化和增强，这就是为什么人们愿意花钱购买这些工具，而不愿意使用免费和广泛可用的工具来构建和支持安全技术。例如，被开发为企业级应用层防火墙、入侵防御系统和漏洞检测技术的 Firepower。使用开源工具构建这些功能时需要管理多个应用程序、开发数千个攻击签名，并花费数百个专家级工时来管理和交互操作数据。即便如此，开源工具的性能也不可能达到花钱购买的安全技术的性能。我们曾经从事开发类似工具的工作，有一些专家专门研究用户体验质量、图形设计等非常具体的问题，只有更大的机构才能投资研究这些问题，这就是"企业级技术"。

企业产品还提供各种威胁情报和攻击签名反馈，这些反馈利用的数据仅向付费客户可用。当解释开源 IPS 和企业产品之间的区别时，我用汽车引擎和整个汽车做了类比。有人可以把汽车引擎改造成一辆从事繁重工作的汽车，但是这种改造的汽车很可能不会像专业生产和维护汽车的企业出品的汽车那样高效。大多数管理人员忙于维护机构的安全性，他们宁愿花钱购买正确的技术，也不愿意自己构建安全技术。另外，当构建安全技术的人员离开公司后，需要给使用开源工具构建的安全技术增加新的功能或者修补程序时会发生什么呢？

说到企业技术，让我们换个话题，看看思科流行的企业威胁管理平台。我们从这里开始是因为它提供了攻击前、攻击期间和攻击后防御功能的许可。

11.3 思科 Firepower

思科 Firepower 基于 Sourcefire 采集相关的技术。Sourcefire 采集技术提供了包括应用层防火墙、入侵检测/防御和高级恶意软件检测等能力。在收购 Sourcefire 后，思科通过自己的自适应安全（Adaptive Security Appliance，ASA）防火墙和其他技术开发并增强了 Firepower 技术平台。如今，ASA 平台和 Firepower 平台都被视为一种称为思科 Firepower 的解决方案。思科 Firepower 的攻击前功能是应用程序可见性和控制以及 URL 安全源，其中 URL 功能需要购买相关的许可证，而其余功能则全部包含在标准解决方案中。攻击期间功能由入侵检测和防御功能组成。攻击后功能包括网络和终端设备的高级恶意软件防护（Advanced Malware Protection，AMP）。

　　思科 Firepower 的取证价值有哪些呢？Firepower 可以提供有关安全和网络事件的各种详细信息，防火墙的数据覆盖了所有端口和协议，而且不需要额外购买许可证，任何用户都可以访问应用程序防火墙功能。URL 反馈的许可选项可用于控制网站内容，并根据各种排名因素阻止被视为恶意的网站源。这个工具可以帮助开发关于用户在内部网络活动以及他们如何访问因特网的详细报告。图 11-4 展示了一个摘要界面，提供了网络上的设备类型、用户访问的网站以及安装的应用程序等详细信息。其中还包含许多内置报表，所有内容都可以作为报表导出。

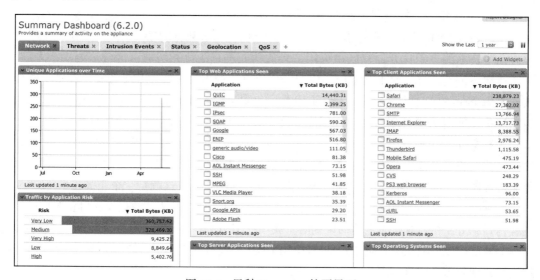

图 11-4　思科 Firepower 摘要界面

　　Firepower IPS 数据基于影响排名系统。如果影响为 0，则表示事件发生在分析过的网络外部，对全面分析的网络中发生的任何事件进行验证是很重要的；影响为 4，表示可接受行为的已知主机；影响为 3，表示可能发生了事件，例如相关端口未打开或者协议未使用；影响为 2，则需要进行调查；影响为 1，表示必须要立即采取行动。影响数据基于诸如协议、IP、端口和服务等各种数据源。思科 Firepower 中影响为 1 的事件如图 11-5 所示，图中示例是利用 Web 应用程序漏洞为远程攻击者提供访问权限的攻击。对于网络攻击的调查来说，了解攻击的细节很重要，例如攻击所涉及的各方和使用的协议。Firepower IPS 数据可以非常详细地提供这些信息。

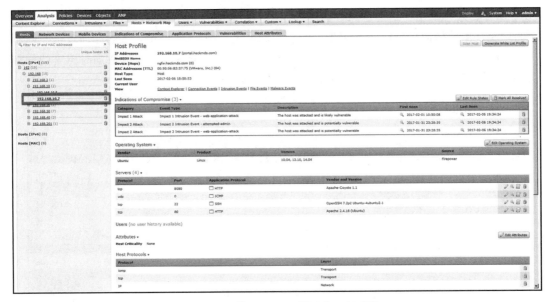

图 11-5 思科 Firepower 影响为 1 的事件

思科 Firepower 的最后一个许可选项是高级恶意软件防护（Advanced Malware Protection，AMP）。思科在电子邮件、Web 和终端设备选项等其他大多数安全技术中也提供了此功能。我们接下来关注的是 AMP 技术。

11.4 思科高级恶意软件防护

Firepower 提供了一部分入侵检测功能，能够像防火墙和入侵防御一样具有发现绕过公共边界和基于攻击签名威胁的解决方案。与查找标记为恶意的已知行为相比，入侵检测侧重于利用行为和反常能力来发现异常和恶意行为。思科高级恶意软件防护专注于文件行为，因为大多数攻击都需要使用文件（例如漏洞攻击、恶意软件、勒索软件、rootkit 等）。例如，PDF 文件应该像 PDF 文档文件一样工作。如果这个文档的行为类似于恶意文件，或者它试图传播到其他系统或者硬盘驱动器的加密部分，那么不管这个文件从攻击签名的角度来看属于什么威胁，思科 AMP 都会标记此行为。恶意文件会被创建和标记哈希值，AMP 能够识别和删除任何通过网络传输的符合恶意文件标记的文件，而且还可以及时回溯文件的传播历程，这也被称为追溯安全。例如，文件在下午 5 点被标记，但是它可能在此之前已经被传播到了网络或者其他系统上。通过始终持续监视所有文件，AMP 能够勾勒出在网络上发现该文件的整个时间过程。这个功能对于恶意软件传播的取证调查至关重要。图 11-6 从 Firepower 角度展示了文件溯源。

思科 AMP 提供了多种选项。其中一个选项是以网络为中心的连接器，可以在文件通过网络时检测它们。思科 AMP 技术还可以监视跨网络的文件。例如，在图 11-7 中，思科

Firepower 已经识别出一个恶意文件,并创建了时间线图,展示该文件首次出现在网络上的时间以及在威胁横向传播时受到感染的所有关联系统。图 11-7 展示了威胁如何攻击左侧所示的系统。通过单击这些系统中的红色爆炸形状的标志,管理员可以获取当时感染的详细信息以及传播图。大多数思科网络安全产品都有 AMP 许可证选项。

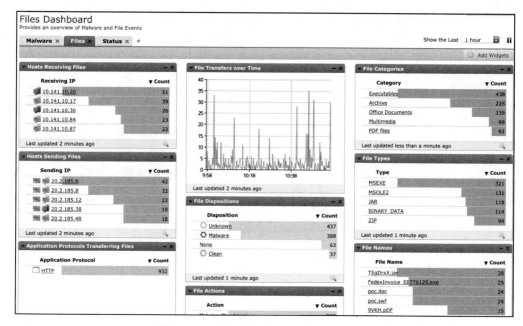

图 11-6　思科 Firepower 的文件溯源界面

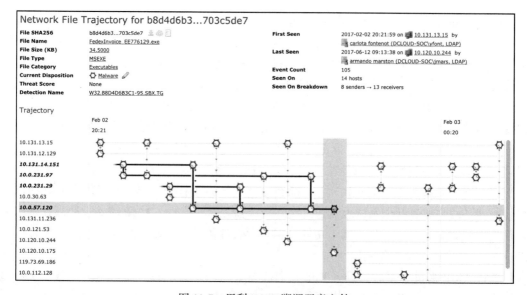

图 11-7　思科 AMP 溯源恶意文件

在本例中，一个名为 FedexInvoice_EE776129.exe 的文件，其散列值为 b8d4d6b3…703c5de7。由于各种原因，文件可能在突出显示的时间点被思科 AMP 识别为恶意文件。首先，联邦快递发票文件不应该是可执行文件，然而许多用户可能不理解这个概念，无论如何都要点击这个文件。AMP 识别出此事件后，使用该文件哈希值检查网络其他部分存在该文件的所有痕迹。通过使用追溯标记，不管文件使用了什么样的名称，思科 AMP 都可以追溯出文件的所有版本，因为哈希值可以用于准确地标识文件（我们在本书前面讨论过这个概念）。通过此功能我们还能够找到获得恶意文件的真正第一人，即 "0 号患者"。

摸清恶意文件进入网络的途径至关重要。有可能是用户点击了错误的东西而导致恶意文件进入网络，因为很明显，这个文件的目的就是欺骗人们相信它是联邦快递的发票。不管它是如何实现的，原因通常归结为利用了某种类型的漏洞。如果该漏洞不安全，将来可能会再次使用此攻击途径来传递其他恶意文件。这就是为什么在没有发现恶意软件是如何安装的情况下就清除被恶意软件感染的系统是一种不好的做法。图 11-8 展示了 "0 号患者" 的详细信息，通过这些信息可以更好地了解感染时发生的情况。思科 Firepower 可以将传送文件的来源列入黑名单，如果在网络上发现该文件的传播行为，那么还可以阻止该文件的传播。在这里，用户 Carlota Fontenot 是使用 Firefox 浏览器从 10.131.13.15 将该文件带入网络的。在调查网络漏洞时，通过这项功能可以节约大量时间，因为大多数付费客户都会问："我们是如何被感染的？"这份报告通过一种简单易懂的方法向我们提供了这些细节。

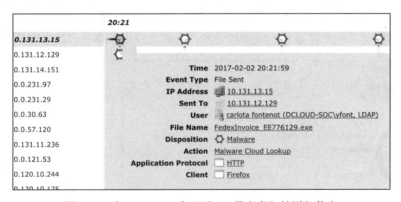

图 11-8　在 Firepower 中显示 "0 号患者" 的详细信息

在运行思科 Firepower 之类平台的网络中使用思科 AMP 会有一些限制。由于 AMP 是从网络上运行的，因此 AMP 无法查看或者访问使用文件的实际主机。在网络解决方案上运行的思科 AMP 只能保护其检测到的内容，换句话说，如果主机离开网络，那么离网主机本质上就不能受到保护了。关于补救措施，思科 AMP 网络版只能影响其可以接触到的内容，它可以阻止文件通过网络，但是不能从受感染的终端设备中删除文件或者检测终端设备防火墙之外的内容。

思科 AMP 终端版通过提供一个轻量级的代理来解决此问题，这个代理可以连续评估安装它的主机上检测到的文件。思科 AMP 终端版还会寻找思科 Firepower 通知的潜在漏洞等其他信息。思科 Firepower 的入侵防御系统可以根据思科 AMP 收集到的终端信息调整检测能力。将网络检测与正在访问网络的主机类型保持同步对于此功能的正常运行至关重要。在图 11-9 中,思科 AMP 终端版标识出了用户 Ning 拥有的网络资产中的漏洞。此示例显示该系统有 5 个可被攻击者用于攻击的关键漏洞。思科 Firepower 可以启用签名以防止攻击者利用这些漏洞,并通知管理员用户 Ning 应当修复此主机的漏洞。

图 11-9　思科 AMP 终端版在主机上发现的漏洞

任何已识别威胁的 CVE 代码都包含在内,可以单击查看关联资产被视为高风险原因的更多详细信息。图 11-10 展示了管理员单击 CVE-2013-5907 时显示的详细信息。这些信息对于我们制作电子数据取证报告、说明攻击者的入侵途径以及建议改进措施非常有用。

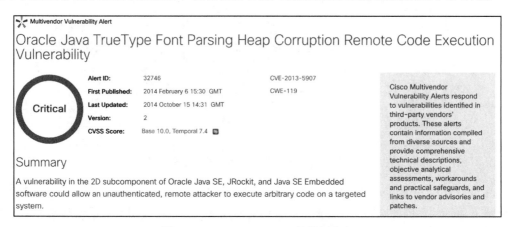

图 11-10　CVE-2013-5907 的详细信息

不管文件在网络上的什么地方,管理员都可以通过思科 AMP 终端版深入查看所有系统上的所有文件,快速识别最大的风险。图 11-11 展示了在公司所有被监控资产上发现的最易受攻击的软件。在本示例中,最大的风险是 Adobe Flash Player。这同样可以为在电子数据取证报告中提出降低风险的建议提供有用的数据。

图 11-11　最易受攻击的软件

对最易受攻击的应用程序也可以进行类似的搜索。图 11-12 展示了该数据的饼状图。

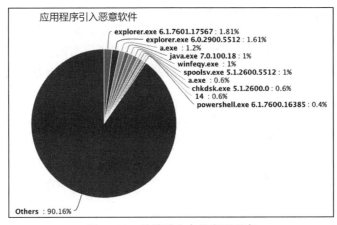

图 11-12　最易受攻击的应用程序

如果思科 AMP 终端版认为某个文件是恶意的,那么就会删除该文件,如图 11-13 所示。AMP 还可以提供详细的报告来解释为什么某些文件被认为是恶意的。通过内置的思科威胁网格(Threat Grid)报告系统可以非常详细地了解这些信息。这些详细信息对于制作电子数据取证报告以及验证客户环境中是否仍存在其他版本的威胁都非常有用。许多应急响应服务团队利用思科高级恶意软件防护来追溯网络上的文件,并快速锁定恶意软件,这些软件通常很难被其他工具检测到。

图 11-13　被思科 AMP 删除的文件的信息

思科威胁网格也有一个独立的产品，用来补充思科 AMP。由于威胁网格可以在不同的思科产品中使用，并且提供了很多有取证价值的信息，我们接下来将重点放在思科威胁网格上。

11.5　思科威胁网格

思科威胁网格是带有高级恶意文件威胁智能识别功能的高级沙盒组合。这个功能对于识别可疑文件非常重要，即使这些文件未被其他技术识别为威胁。通过威胁网格自动监视跨特定平台（如思科 Firepower）的文件，以及手动将所有可疑文件发送到威胁网格解决方案，就可以识别待评估的文件。这个功能的关键价值在于，我们可以了解为什么文件被认定为是恶意的，并使用此技术对潜在的恶意文件进行彻底的测试。这个测试对于任何法律或者取证问题都非常重要，不仅可以识别所有恶意元素，还可以备份我们认为是威胁的内容。图 11-14 展示了标记为恶意文件的示例，这个示例包含威胁的不同哈希值，即使攻击者更改文件名称，我们也能准确定位此威胁。思科威胁网格工具对于威胁源也很有用，因为其他网络也可能会遇到这个威胁。

```
Analysis Report
ID          d444560c46fca65c64ae6aa75ecd66a6
OS          7601.17514.x86fre.win7sp1_rtm.101119-1850
Started     3/23/17 13:41:17
Ended       3/23/17 13:54:18
Duration    0:13:01
Sandbox     car-work-012 (pilot-d)
Filename    3372c1edab46837f1e973164fa2d726c5c5e17bcb888828ccd7c4dfcc234a370.exe
Magic Type  PE32 executable (GUI) Intel 80386, for MS Windows
Analyzed As exe
SHA256      3372c1edab46837f1e973164fa2d726c5c5e17bcb888828ccd7c4dfcc234a370
SHA1        e654d39cd13414b5151e8cf0d8f5b166dddd45cb
MD5         209a288c68207d57e0ce6e60ebf60729
```

图 11-14　识别恶意文件

许多管理员想了解一个文件被认定为恶意文件的关键数据。图 11-15 提供了一个基于行为的指标列表，解释了为什么认定文件具有威胁。这个示例显示了诸如 TOR 通信和数据删除等各种勒索软件行为的触发器，这些细节对于攻击后的取证报告非常有用。

威胁网格报告中还可以提供包括注册表活动、进程详细信息，以及 TCP/IP 数据和 DNS 详细信息等在内的其他有用的详细信息，此类数据的示例如图 11-16 所示。

思科 AMP 还可以提供显示恶意文件在威胁网格沙盒环境中运行的视频，用来说明为什么文件会被标记为恶意文件，并使用文件感染目标端点后的外观视图来标记文件。图 11-17 展示了一个恶意文件对主机进行加密并发出勒索的警告。不管人们的技术知识如何，这都是一个吸引他们注意力的好方法。

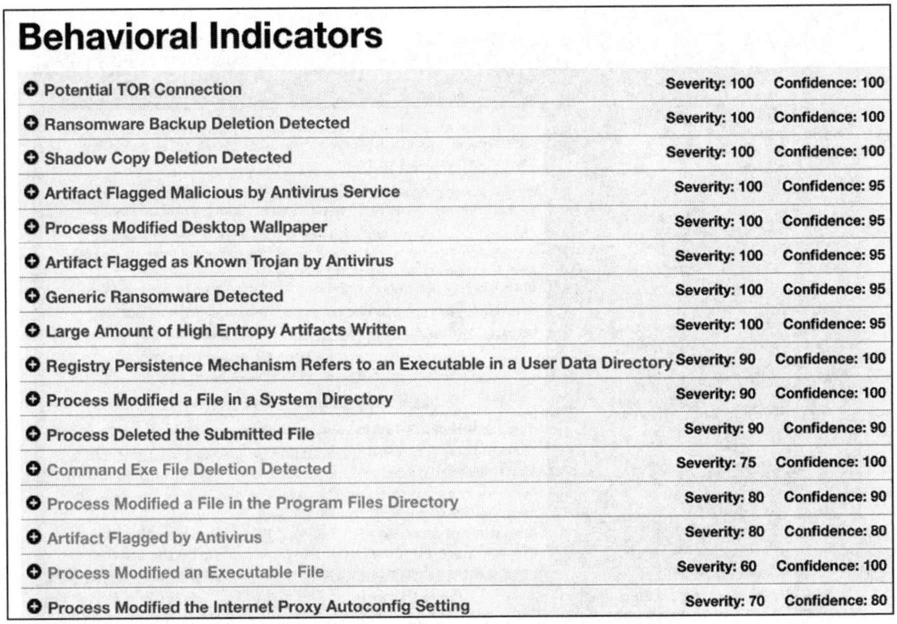

Behavioral Indicators

指标	Severity	Confidence
Potential TOR Connection	100	100
Ransomware Backup Deletion Detected	100	100
Shadow Copy Deletion Detected	100	100
Artifact Flagged Malicious by Antivirus Service	100	95
Process Modified Desktop Wallpaper	100	95
Artifact Flagged as Known Trojan by Antivirus	100	95
Generic Ransomware Detected	100	95
Large Amount of High Entropy Artifacts Written	100	95
Registry Persistence Mechanism Refers to an Executable in a User Data Directory	90	100
Process Modified a File in a System Directory	90	100
Process Deleted the Submitted File	90	90
Command Exe File Deletion Detected	75	100
Process Modified a File in the Program Files Directory	80	90
Artifact Flagged by Antivirus	80	80
Process Modified an Executable File	60	100
Process Modified the Internet Proxy Autoconfig Setting	70	80

图 11-15　解释文件隔离原因的详细信息

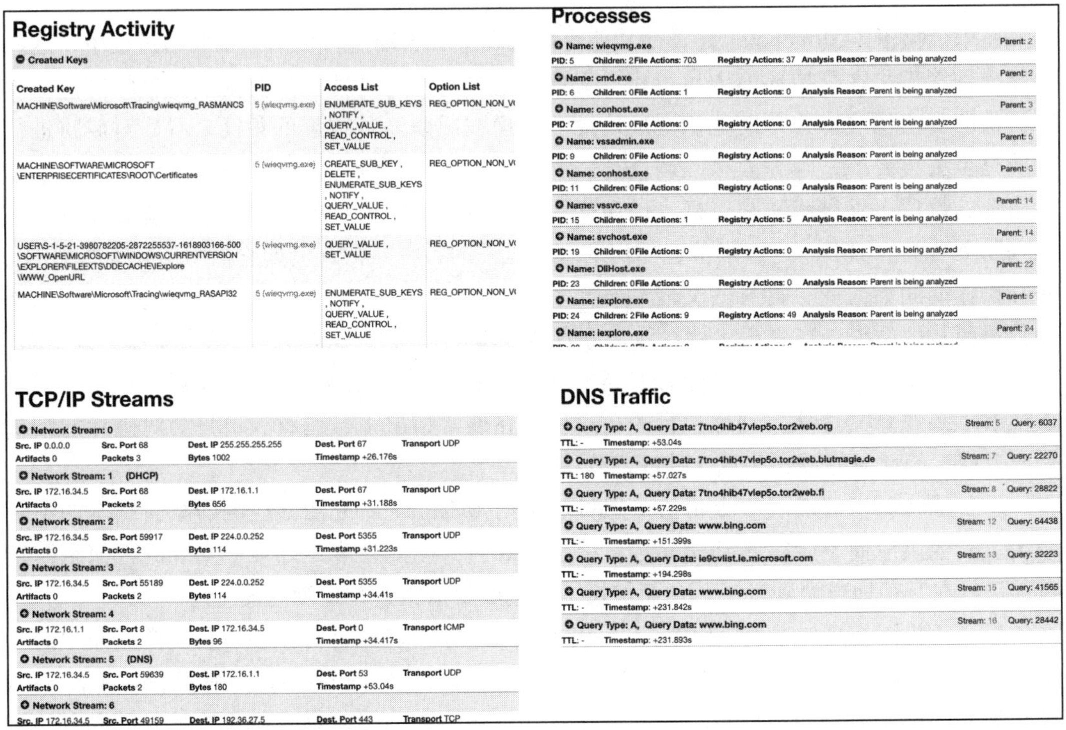

图 11-16　思科威胁网格报告数据示例

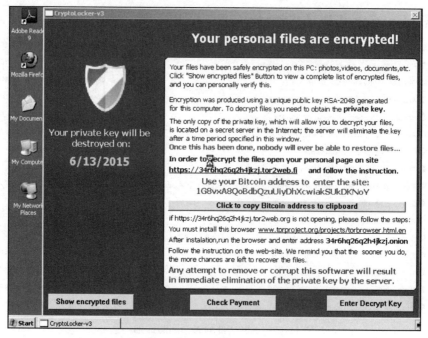

图 11-17 思科威胁网格演示恶意文件

使用杂物箱（Glovebox）之类的功能可以自动或者手动进行评估，在评估过程中，这些功能允许管理员在受控环境内执行相关文件并与之交互。这些功能有助于管理员更快地了解文件的真实性质，并帮助他们更准确地响应潜在威胁。从取证的角度来看，对威胁进行响应是至关重要的，因为大多数调查都需要关于所有已识别恶意文件的详细信息。为了总结取证的价值，思科威胁网格极大地简化了评估潜在恶意文件的过程，并且能够提供比人工判断更准确的细节。这些细节包括识别恶意软件的各种特征，例如它试图访问哪些 URL、它在操作期间如何变更自身的文件形态（称为多态性，polymorphism），以及它利用什么漏洞传播到其他系统。当恶意文件在沙盒等容器环境中运行时，这些信息都会自动记录下来。在真实环境中，调查人员很可能看不到恶意文件的所有这些细节，因为在真实环境中调查人员看不到恶意文件从头到尾执行的全过程。在通常情况下，调查人员只会对破坏的结果做出反应，因此只能看到恶意文件的部分特征。

思科威胁网格的最后一个价值是思科塔洛斯（Talos）研究团队检测的威胁样本的绝对数量。其他供应商不会检测到相同数量级别的威胁，因此在客户环境中发现的任何东西很可能已经在其他地方遇到过了，从而加快了通过威胁情报进行检测的速度。

思科威胁网格是如思科 AMP、下一代入侵防御系统和邮件等众多思科安全产品中的一部分，但也可以是一个专门的设备或者云产品。威胁网格的内部设备选项包括 5004 和 5504 两个型号的设备，它们都提供本地恶意软件分析和沙盒功能。对于那些需要将所有文件保存在本地的用户，这个选项会很受欢迎。云威胁网格选项是作为一种订阅提供的，它允许访问 API 和其他威胁情报提要，云威胁网格选项超出了其他思科安全技术中包含的威胁网格功能的标准。撰写本书时，以下思科技术中采用了威胁网格的技术：

- 思科高级恶意软件防护网络版（Cisco Advanced Malware Protection for Networks）
- 思科高级恶意软件防护终端版（Cisco Advanced Malware Protection for Endpoints）
- 思科高级恶意软件防护私有云（Cisco Advanced Malware Protection Private Cloud）
- 带有 Firepower 服务的 NGFW 和 ASA
- 思科下一代入侵防御系统（Cisco Next Generation Intrusion Prevention System，NGIPS）
- 思科 Web（Web Security Appliance，WSA）和电子邮件（Email Security Appliance，ESA）安全解决方案
- 思科 Meraki MX
- 思科保护伞（Cisco Umbrella）

许多非思科供应商也可以通过各种方式使用威胁网格。有关更多信息，请访问 www.cisco.com/c/en/us/products/security/threat-grid/integrations.html。

11.6 思科 Web 安全设备

我们在第 8 章中讨论了 Web 代理和应用层防火墙之间的区别。思科 Firepower 是应用层防火墙，思科 Web 安全设备（Web Security Appliance，WSA）属于 Web 代理。这就是说 WSA 只关注基于因特网的流量。WSA 的优势在于性能、通过 Web 缓存通信协议（Web Cache Communications Protocol，WCCP）利用重定向的部署策略、网站数据缓存以及如数据泄露防护（Data Loss Prevention，DLP）等许多应用防火墙解决方案中不可用的其他功能特性。

通过利用信誉和内容过滤功能，思科 WSA 提供了与思科 Firepower 类似的攻击前安全功能。我们需要弄清楚这两个特性之间的区别，客户想要控制的内容是否一定与安全风险有关。例如，网站 playboy.com 对客户的计算机来说可能是安全的，但对大多数用户来说，不适合在工作时间访问这个网站。基于信誉和其他大数据趋势的安全过滤以威胁为目标。例如，大多数公司都允许访问银行网站，但是管理人员希望防止假冒的银行网站将恶意软件推送到与之相连的系统上。

思科 Web 安全设备在攻击期间和攻击后采取的防御方法略有不同。在攻击期间的检测不像思科 Firepower 提供的入侵检测或者防御系统。相反，Web 安全设备提供了来自 Sophos、Webroot、McAfee 以及思科的防病毒和恶意软件扫描器许可选项。攻击后功能不仅包括思科高级恶意软件防护，还包括基于云的漏洞检测的思科认知威胁分析（Cognitive Threat Analytics，CTA）功能。思科通过收购 CTA，大大提高了对违规事件的反应能力。我们将在下一节详细介绍思科认知威胁分析。

思科 Web 安全设备的取证价值与思科 Firepower 类似，通过 Web 安全设备你可以了解

用户如何与因特网进行交互。但是 Web 安全设备与应用层防火墙不同，Web 安全设备属于代理，只能监测跨平台的流量，却无法监测内部横向流量。而应用层防火墙可以构建内部网络对象并感知不同的内部网段。思科 Firepower 通过发现协议识别内部设备，因此我们可以用其指定网络内部和外部的内容，以及哪些 IP 范围应该属于哪个网段。思科 Web 安全设备的内部可见性有限，但是并没有剥夺其内部可见性的价值，因为许多内部系统需要访问因特网。例如，CTA 声称 90% 的内部威胁是会向外部网络传递数据的，这意味着如果有代理的话，内部威胁最终需要穿过代理的通道。让我们看看这类技术是如何帮助思科 Web 安全设备等工具检测内部威胁的。

11.7 思科认知威胁分析

思科认知威胁分析（Cognitive Threat Analytics，CTA）分析异常网络流量的目的是标记恶意源。与内容过滤器和思科保护伞等边缘防御技术不同，思科认知威胁分析用于寻找如 rootkit、僵尸网络、恶意篡改及其他恶意软件等内部威胁。尽管这些威胁中有许多基于网络内部，但是它们中大多数都通过网络进行指挥和控制通信，思科认知威胁分析可以发现这种行为以及其他威胁，防止如威胁成功破坏网络后造成数据泄露等后果。

要明确思科认知威胁分析解决方案不是一个可以购买的独立产品。认知威胁分析是在如 WSA 或者 Blue Coat ProxySG 等网络安全代理上启用的功能，用来分析流量以收集用户和设备行为。

使用基于云的软件即服务（SaaS）的机器学习和异常检测，认知威胁分析能够标记可疑且需要注意的行为。思科认知威胁分析还可以被其他基于结构化威胁信息表达式（Structured Threat Information eXpression，STIX）和指标信息可信自动化交换（Trusted Automated eXchange of Indicator Information，TAXII）的解决方案所使用。思科认知威胁分析中的基本概念如图 11-18 所示。

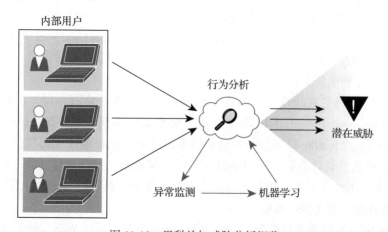

图 11-18　思科认知威胁分析概览

11.8 Meraki

最后一个思科安全平台是几乎能够涵盖攻击前、攻击期间和攻击后全部的 Meraki 安全产品线。Meraki 不同于思科的其他产品，它是将云和物理设备相结合的混合产品。Meraki 安全设备是通过云端进行管理的。简单性是 Meraki 的一个重要特性，这使得 Meraki 在部署、可伸缩性和管理方面变得更加容易。管理员可以购买硬件并在将其进行部署应用之前对其进行完全配置。在安装部署时，本地工作人员只需将其接入网络，思科 Meraki 解决方案将自动下载其所需的所有配置。

Meraki 的能力类似于 Firepower，但是 Meraki 有一些局限性。在较高级别上二者的攻击前功能具有相似性，例如，我们可以使用这两种产品控制用户访问的内容并阻止恶意网站。思科 Firepower 是一个企业级应用层防火墙，它为这些功能提供了更细粒度的控制选项。Meraki 的入侵防御系统是思科 Firepower 提供的一个轻量级版本，我们无法调整或者选择要启用/禁用的特定签名。我们只能选择常规安全设置并启用正确的签名。思科 Meraki 为攻击后阶段提供高级恶意软件防护，与思科 Web 安全设备相似，只检测流经思科 Meraki 设备的内容。如图 11-19 所示，我们可以看到使用 Meraki 启用思科高级恶意软件防护后的配置界面，可用的入侵防御系统安全设置选项比较有限。

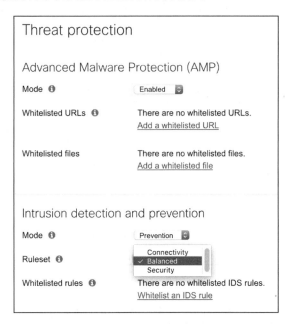

图 11-19　运行中的思科认知威胁分析

注意　我们常见的一个问题是如何选择 Meraki、Web 安全设备以及 Firepower，这三个产品都从较高的层次提供了类似的功能。对于这个问题没有绝对的答案，但是一般建议在安全是首要要求时选择 Firepower。如果目标具有简单性和可扩展性，比如需要跨数百个位置部署安全产品，那么 Meraki 可能是最合适的。如果用户在因特网上的性能至关重要，那么思科 Web 安全设备代理服务器可能是最好选择。

Meraki 的取证价值主要是管理人员可以导出详细信息来备份 Meraki 的所有发现。这些信息对于任何涉及网络的违法犯罪案件都是有用的。这些数据存储在一个安全的云中，由于 Meraki 是云端和物理设备的混合部署，所以一些法律团队可能会质疑证据的保管链。我们的想法是证明我们强制执行了合规的监管链，把证据当作用户的私有云，并保护用户下载的内容。思科有许多记录来保障其云基础设施的安全质量，因此大多数法院应该相信在思科 Meraki 这样的云管理解决方案中找到的证据。思科 Meraki 总结报告界面如图 11-20 所示。

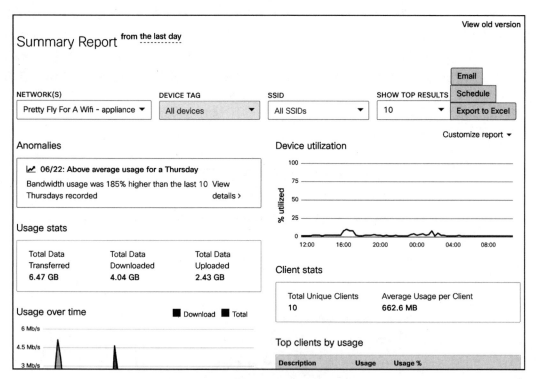

图 11-20　思科 Meraki 总结报告界面

所有这些思科技术的目标都是网络安全，那么电子邮件的安全能否保障呢？这些解决方案能否提供企业级的安全性，以抵御复杂的电子邮件攻击？答案是否定的。像 Web 安全设备、Firepower 和 Meraki 这样的解决方案可以阻断恶意的 Web 源并且阻止攻击，但是电子邮件攻击是非常特殊的通信方法，需要专门的安全技术。下面，让我们仔细了解思科的企业级电子邮件安全设备。

11.9 电子邮件安全设备

电子邮件通信流量和攻击与基于网络的攻击有很大不同。例如，垃圾邮件就是一种电子邮件的问题，尽管邮件接收的内容不包含恶意行为，但是邮件的内容可能是收信人不希望看到的。此外，还可以通过修改电子邮件的格式来绕过检测工具。例如，在邮件中用户不会注意到的地方键入空格，垃圾邮件检测工具会认为该电子邮件不同于一般的垃圾邮件。电子邮件的数据包也可以有不同的表现形式，例如使用 Base64 进行内容传输编码。正是由于上述及众多其他原因，开发一个专门的电子邮件安全解决方案来防御基于电子邮件的威胁是有意义的。

思科电子邮件安全设备（Email Security Appliance，ESA）具有用于保护电子邮件安全的物理、虚拟或者云的产品形态选项。与 Web 安全解决方案一样，电子邮件安全设备也具有 BDA 安全特性。攻击前阶段功能包括信誉和大数据类型安全以及内容控制，能够过滤掉使用脏话之类内容的电子邮件。攻击期间阶段功能类似于思科 Web 安全设备，它们都启用了基于 Sophos、McAfee 和思科的防病毒和反垃圾邮件功能。攻击后阶段功能，再次使用了高级恶意软件防护选项和诸如数据泄露防护等其他安全功能。图 11-21 展示了"安全服务"选项卡选项，提供了思科电子邮件安全设备中可以启用的一些安全功能的界面。

思科电子邮件安全设备的取证价值在于能够了解与进入和离开组织的电子邮件相关的所有详细信息。任何涉及发送机密信息的人、所做的声明和涉及法律事项的许多其他情况都可以通过电子邮件予以证明。在大多数法律事务中，电子邮件被当作陈述记录，电子邮件中所说的任何内容都可能最终在法庭上作为证据使用。在思科电子邮件安全设备中执行此操作时，首先通过如用户、目标和源等筛选选项进行搜索来找到可疑的电子邮件，我们可以导出电子邮件或者电子邮件行为报告，其中包括法律事务所需的详细信息，如日期时间和涉及的相关方等。

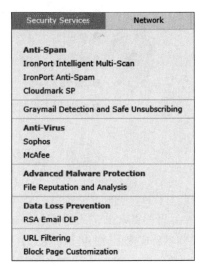

图 11-21　思科 ESA 安全服务选项卡

电子邮件的最后一个安全概念是有多少攻击是通过网络传递的，但是使用电子邮件让用户访问攻击者的恶意网站是其中一种方法。例如，钓鱼攻击电子邮件通常会伪装成快递服务，然后称"单击此处"以获取一些数据，目标是让用户单击该链接并将用户引导到恶意登录页，从而实现基于 Web 的攻击。而电子邮件自身本质上是安全的，因为邮件内容只是文本。思科 ESA 可以使用 Web 安全解决方案，并在允许收到电子邮件的用户单击电子邮件之前评估电子邮件中包含的链接。这是防御电子邮件攻击的最佳办法，因为攻击者需要通过电子邮件和网络资源攻击用户。

11.10 思科身份识别服务引擎

回顾之前讨论过的 BDA 概念，对于成熟的安全运营中心的员工来说，了解他们网络上的人员和内容都是至关重要的，以便于可以在攻击发生之前阻止攻击，并通过中止边界来限制威胁的传播。我们可以通过使用端口安全性、四处寻找或者扫描设备等手动方式来控制访问。然而，这些方法很难持之以恒，而且覆盖面也不能做到绝对覆盖。自动访问控制不仅是行业最佳实践，而且也是许多安全规范标准中要求具备的方法。通常，这种类型的控制是使用 802.1x 协议实现的，但是有些解决方案使用了 SNMP 等其他协议。思科身份识别服务引擎（Identity Services Engine，ISE）遵循使用行业公认的 802.1x 协议，802.1x 协议可以使用 VLAN、ACL、动态 ACL 或者 TrustSec 策略强制实施访问控制。换言之，思科 ISE 中构建的访问控制策略，能够为设备提供特定的网络访问。思科 ISE 解决方案的目的是要知道通过 LAN、VPN 或者无线资源等连接网络以及为其提供正常访问的人和设备。图 11-22 总结了思科 ISE 解决方案的概念。

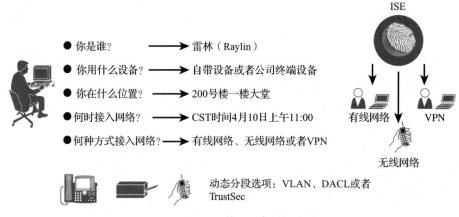

图 11-22　思科 ISE 高级概述

思科 ISE 的主要特点包括搜集（profiling）和态势（posture）。搜集是根据设备使用网络的方式来识别设备的能力。思科 ISE 使用包括 SNMP、DHCP、DHCPSPAN、HTTP、RADIUS 和 DNS 在内的各种探测工具来准确识别设备。思科 ISE 基于配置存储桶，设备最初会落入未知存储桶中。当收集到关联信息时，思科 ISE 通常可以使用 MAC 详细信息确定基本设备类型。例如，识别到一台苹果设备，但是有限的第 2 层网络数据可能不足以确定所看到的苹果设备的类型。随着使用不同的探测工具（如 DHCP 和 DNS）收集了越来越多的数据，思科 ISE 可以继续学习和关联设备的特定特征，将其移动到一个更详细的分类桶。例如，在收集 DHCP 和 DNS 信息后，刚才示例中的 Apple 设备将被归类为 iPhone 或者 iPad。图 11-23 展示了思科 ISE 中可用的主要搜集策略。

态势是指在允许设备访问指定的 ISE 策略之前，确保设备满足特定标准的能力。例如，管理人员可以要求所有使用员工访问权限的人必须安装最新的 Windows 或 Apple 更新，以及最新的特定供应商的防病毒软件。态势还可以用于验证某些设置或者证书是否存在，以便将设备与如公司发行的资产等自定义的内容相匹配。与传统的检查 MAC 地址的方法相比，这是一种更准确、更安全的验证资产的方法，因为 MAC 地址很容易被欺骗。

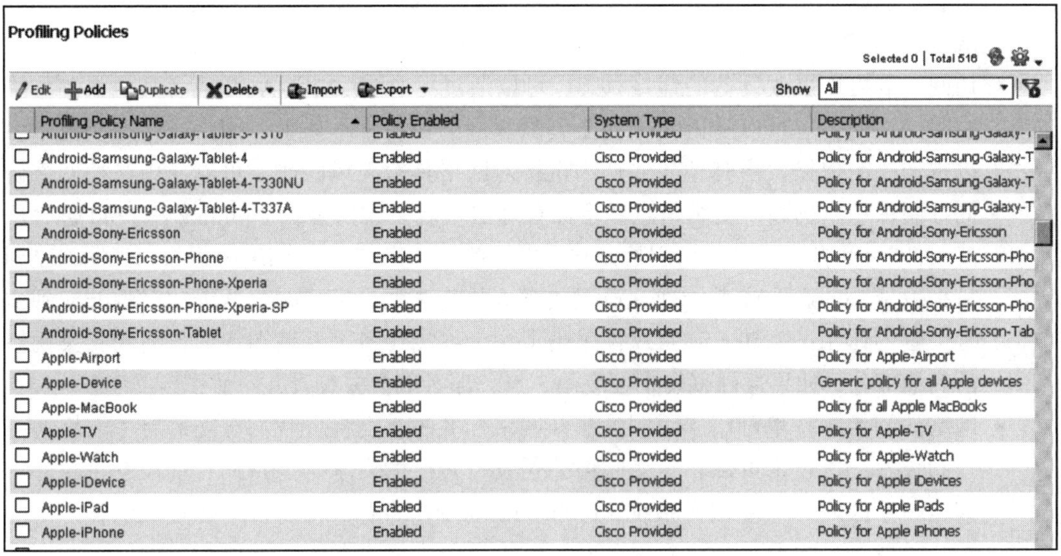

图 11-23 思科身份识别服务引擎的搜集策略

思科 ISE 解决方案的取证价值在于能够准确地收集访问网络特定部分的人员和内容，并可能会知道在访问时安装了什么。这些信息可以导出到另一个数据源或者作为用于法律用途的报告。时间和集成对于这些报告至关重要，思科 ISE 系统应当与经授权的集中式时间服务器正确同步，并且应当验证账户存储系统（如 Active Directory）是否安全，以确保思科 ISE 系统使用的是有效数据。关于态势，需要注意的是，思科 ISE 可以配置为定期根据策略重新验证终端设备，但是一旦授予终端设备访问部分网络的权限后，思科 ISE 就不会持续监视这些资产的态势状态。例如，在使用检查资产是否安装了防病毒软件的策略时，当用户被批准访问网络后，用户可以自己关闭防病毒软件。在理想情况下，思科 ISE 可以定期检查该资产的策略状态并且可以重新启用防病毒软件，但是这具有不确定性，因为思科 ISE 的目的是访问控制，而不是监视内部用户和设备操作。

说到内部监控和电子数据取证的概念，一般来说，所有的访问控制技术的重点都集中在网络的内容上。供应商可以提供一些包括监控网络上所发生事情的功能，例如连续分析设备，但是这通常不是网络访问控制技术的重点。这是与其他技术集成的关键，因为访问控制技术可以有很多可以利用的价值。理解这一点也很重要，因为在系统访问网络后这种时间间隔中发生的任何事情都不会对法律诉讼有帮助。

通过将思科 ISE 等访问控制技术与其他解决方案集成，可以实现很多功能。下面是一些流行的例子：

- 访问控制能够知道是哪个用户和什么设备连接到网络上，这些用户和设备的信息可以称为"背景信息"，即网络上设备的详细信息。这些信息可以导出到其他安全解决方案，可以将看到的任何 IP 地址重命名为网络访问控制技术提供的更详细的背景信息。例如，安全信息和事件管理器能够在发现一个 IP 地址后将其重命名为"用户 jmuniz 的 iPad"。
- 访问控制可以更改设备的连接状态。可以通过更改 VLAN、ACL 或者其他强制方法来限制访问，也可以从网络中完全删除联网的设备。本质上，网络访问控制技术可以视作一个保镖。当其他技术认为设备对网络具有高风险时，可以使用这种网络访问控制保镖。例如，安全信息和事件管理器可能会收到警告"jmuniz 的 iPad 包含恶意软件"，并自动向网络访问控制技术发送信号，将 iPad 从网络中删除。当网络受到易扩散威胁的影响或者管理人员无法对威胁快速做出反应时，这个功能就能起到非常关键的作用。例如，勒索软件感染了一个终端设备，并试图横向传播和感染网络的其他部分，如果这件事发生在凌晨 3 点，那么谁会去查看并对此作出反应？
- 网络访问控制技术可用于强制设备和网络标准的符合性。我们已经部署了网络访问控制技术，该技术可以自定义映射公司发行资产的要求，以帮助自动设置策略。例如，一家医院有一个编排系统（orchestration system），可以自动配置医生和护士的手持设备。当向员工提供新设备时，要求该员工将设备连接到医院的网络，并通过网络访问控制技术推送下发所需的软件和设置，这个过程称为设备入职。这个策略是与网络访问控制和编排软件自定义集成的一部分。

根据访问控制技术的供应商和技术团队的部署及管理技能的不同，访问控制技术还能够提供许多其他有价值的集成。前面的例子是非常常见的例子，并得到了思科等厂商的官方支持。例如，从 Splunk 这样的安全信息和事件管理器到 Tenable 和 Rapid 7 这样的漏洞扫描程序，思科 ISE 2.1 支持与许多其他供应商共享背景信息和自动删除设备的功能。我们建议坚持使用供应商官方支持的集成，并且小心使用自动补救（autoremediation）功能，因为不调整这些设置可能会导致删除对业务起着至关重要作用的设备。例如，企业使用的访问控制技术可能会收到另一种安全技术针对关键资产发出的误报，并指示网络访问控制技术将该关键资产从网络中删除，从而导致意外的服务中断。因此我们建议先从无中断的集成开始，比如共享背景信息，以证明在使用自动补救功能之前进行的集成是成功的。

接下来，我们来看看思科最先进的网络监控安全技术，它利用了现有的基础设施 Stealthwatch。很明显，思科 ISE 使用 802.1x 协议，而 Stealthwatch 使用网络流。大多数现代网络设备都支持 802.1x 和网络流，思科 Stealthwatch 可以将网络变成一个检测点和处置点。我们称之为前后访问控制，而思科认为这是"网络作为传感器，网络作为执行器"。

11.11 思科 Stealthwatch

Stealthwatch 来自思科收购的 Lancope。这项技术构建于记录网络流量的网络流上。许多设备都支持网络流，这在第 8 章中已经介绍过。Stealthwatch 支持所有形式的网络流和 sFlow，目的是将整个网络变成一个巨大的检测网格。这包括物理、虚拟和云技术。物理设备包括路由器、交换机、无线接入点和防火墙。对于虚拟设备，通常是在虚拟网络中部署思科 Stealthwatch 来监视内部设备之间的流量，而位于数据中心边缘的安全解决方案通常无法访问到内部的这些流量。代理甚至可以用来监视云环境，代理将云内的流量转换为网络流后返回到思科 Stealthwatch 解决方案中。当网络流不可用时，Stealthwatch 传感器可以将原始数据转换成网络流并增加如应用层数据之类的附加信息。图 11-24 展示了 Stealthwatch 解决方案产品的细分。

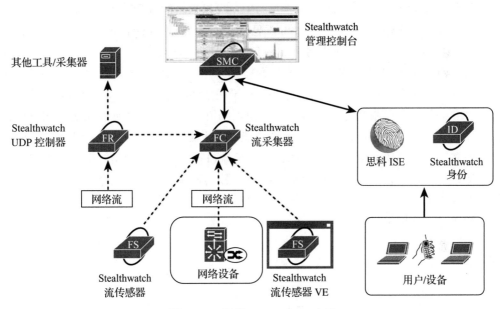

图 11-24 思科 Stealthwatch 产品

- **Stealthwatch 管理中心（SMC）**：SMC 提供解决方案的管理，系统管理员登录到 SMC 来配置和监视网络并生成报告。
- **Stealthwatch 收集器**：Stealthwatch 收集器将流量发送到 Stealthwatch 解决方案进行处理。把路由器、交换机和无线接入点等网络设备配置为将网络流，发送到收集器的 IP 地址上，除非使用如 Stealthwatch UDP 控制器等另外的工具复制流数据来进行集中。
- **Stealthwatch 传感器**：许多设备支持某种形式的网络流，但是在网络流不可用的情况下，可以使用 Stealthwatch 传感器将原始网络流量转换为网络流。Stealthwatch 传感器还提供了附加信息，例如向记录中添加应用层的详细信息，因为本机网络流不包含此级别的详细信息，这是通过使用深度数据包检查（Deep Packet Inspection，

DPI）和行为分析来识别网络上使用的应用程序和协议来实现的，无论它们是纯文本的还是使用高级加密和混淆技术的，这些信息都可以添加到记录中。当不支持网络流时，Stealthwatch 传感器在虚拟环境中非常有用，它提供了具有价值的内部网络流量的可视性，这通常是数据中心管理人员的盲点。

- **Stealthwatch UDP 控制器**：必须在设备上启用网络流，并配置网络流发送的地址。任何新设备需要接收网络流时，都必须重复这个可能很麻烦的过程。思科 Stealthwatch UDP 控制器是网络流的集中存储库，所有设备都需要启用网络流并将接收地址指向 UDP 控制器。UDP 控制器可以配置为将所有网络流转发到任何设备，从而能够增加可以接收网络流的设备的数量，并快速适应需要接收网络流的位置的更改。对于大型网络的工作人员来说，这是保证工作效率的关键工具。

- **Stealthwatch 云**：Stealthwatch 云是另一个可以启用的流行功能——添加云许可证后可以获得对公有云和私有云环境的可见性。可以把 Stealthwatch 云看作进入云端的软件代理，这个软件代理可以将网络流发送到思科 Stealthwatch 收集器。

Stealthwatch 能够提供很多取证价值。管理人员可以识别异常行为，并快速确定从何处开始调查潜在的威胁。Stealthwatch 与许多专注于网络的网络流工具的功能不同。常见的网络流解决方案只关注网络趋势，能够有效地识别峰值和谷值，或者涉及系统过度利用、网络拥塞等情况。而 Stealthwatch 是包含安全功能的网络流技术，它可以将行为算法与网络趋势结合起来，用以查明恶意活动。例如，向进行端口扫描的系统给出一个行为签名，将其识别并标记为未经授权的扫描，这通常用来表示恶意软件或者内部人员正在寻找要攻击的系统。如果一个系统被感染，系统之间的横向活动会被认为是由潜在的蠕虫产生的。受感染的系统通常会从网络中发出信号，而且流量看起来与访问因特网资源的用户不同，这些行为本身就代表了一种威胁，而思科 Stealthwatch 基于通常行为的基线来考虑每台设备。如果设备以前从未扫描过网络或者执行过横向活动，那么就会迅速升级为高优先级威胁。这种异常检测是识别隐藏威胁的关键。图 11-25 展示了思科 Stealthwatch 网络安全界面，用于监视常见的恶意行为，思科 Stealthwatch 不仅有助于确定调查取证期间需要花费时间寻找的目标，还可以帮助加快应急响应处理进程。

基于网络流的技术还可以帮助解决数据泄露问题。传统上，发现数据泄露问题是通过使用如社会保险号等特定的触发器来检测传输中的数据，或者通过标记和加密称为静止数据（data at rest）的数据来实现的，这种方法可能有效，但是非常耗时，实施成本高昂。基线化数据趋势是监视数据转移的方法之一，这个过程涉及确定常规情况下数据的数量和传输方法，以及如频率和时间等其他方面。例如，思科 Stealthwatch 可能会当销售部门某个人在不寻常的时间或者以不寻常的方式发送大于正常值的数据时触发报警，这种策略并非百分之百准确，但是它有助于划定应该调查的事宜，因为这种行为表明可能存在违规行为。将此与触发数据包捕获相结合，就会有一个记录数据异常泄露的非常有效的解决方案。这可能有助于回答这样一个问题：我们的网络中哪些数据被盗了？

图 11-25　思科 Stealthwatch 安全界面

在使用网络流进行取证方面具有一些挑战。首先，网络流只是网络记录，不包括实际关联的数据包。其次，使用网络流需要时间来真正理解和基线化网络。这意味着能够利用的基线数据解决方案必须已经存在，思科 Stealthwatch 可以有效地识别网络上的所有设备，并使用其他测量和触发器来识别威胁。最后，许多网络流解决方案具有修改数据的功能，如消除重复数据和整合（有时称为缝合）记录，以帮助提高性能并简化结果。如果调查结果要在法庭上使用，那么这些修改可能会污染证据。思科 Stealthwatch 可以通过数据包捕获解决方案来应对这些挑战，数据包捕获解决方案可以在触发报警时启动，也可以在具有敏感数据监控需求的网络部分上运行。即使网络流可以单独用于许多用例，但是将数据包捕获的详细信息备份到网络流日志中应该可以作为任何法律问题的合法证据。

最后一个网络流的概念是网络流如何标记本机未知应用程序数据。思科 Stealthwatch 提供了网络流传感器，它不仅可以将原始流量转换为网络流，还可以标记应用层的数据。网络流传感器提供了与数据相关联的更丰富的背景信息视图，例如 IP 地址正在访问哪些网站。图 11-26 展示了思科 Stealthwatch 传感器识别的应用程序数据的高级图表。

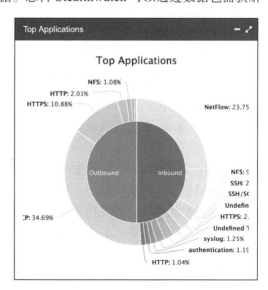

图 11-26　思科 Stealthwatch 识别的应用程序数据

11.12 思科 Tetration

网络流对网络和数据中心非常有用。思科 Tetration 分析平台旨在以比其他工具更深入的实时方式提供对数据中心内运行的包括思科 Stealthwatch 在内的所有内容的可见性。Stealthwatch 基于网络流，而 Tetration 以线路速率（大约每秒 1.5TB）查看每个数据包和每个流。Tetration 使用机器学习和智能算法处理这些数据，在几分钟内强制执行策略，并向数据中心提供可视化结果。我们正在讨论大量的数据和细节，可以映射所有应用程序及其依赖关系。详细信息包括正在讨论的内容、服务名称、启动的时间等。在图 11-27 中，思科 Tetration 映射了应用程序的依赖关系。

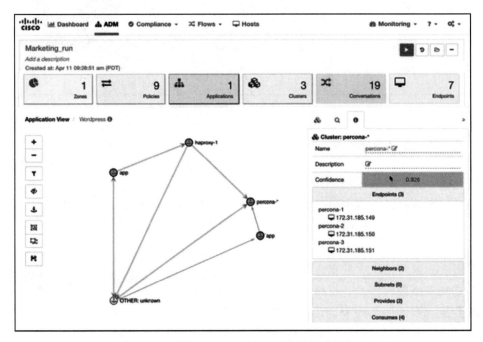

图 11-27　思科 Tetration 映射应用程序的依赖关系

思科 Tetration 解决方案由服务器和软件传感器组成，这些是价格和基础设施方面的主要投入，而思科 Tetration 基于对环境的自动学习，使其部署变得更加容易。如思科 Nexus 9000 交换机等其他工具，可以基于 Tetration 提供环境的可见性。思科 Tetration 解决方案的重点是为那些寻找深度数据中心可视化的人解决如了解迁移应用程序的影响、灾难恢复规划、应用程序优化、异常应用程序使用等挑战。一个主要的安全价值是，对于那些希望实施零信任白名单策略的人来说，如果没有这一级别的自动学习和实施，那么这些策略是极难实施的。例如，实施非常严格的安全策略会有很高的破坏风险。这种引起复杂情况的意外往往会减缓甚至禁止执行安全措施，因为这有可能影响业务正常运营。思科 Tetration 可以对安全植入更改的作用及其在当前环境中的有效性进行逻辑测试。它使用历史数据来准确地提供对所有相关风险的理解，而无须接触正在运行的系统。

思科 Tetration 解决方案的取证价值相当明显，思科 Tetration 中信息的详细程度可以证明涉及的任何人员或者系统与被监控的数据中心之间的交互情况，我们可以很容易地找到与调查取证有关的数据，并向法庭提供非常具体的细节来证明我们的观点。思科 Tetration 能够存储自从思科 Tetration 部署以来的所有流或者网络活动，这个功能能够支持我们返回到事件发生的时间点并回放整个事件，以了解威胁是如何发生的，以及团队和系统如何对威胁作出响应。我们可以使用特定的详细信息显示所接触到的内容、在应急响应期间谁访问了系统，甚至还可以显示较早的相关信息，例如谁可能在导致已识别漏洞的事件之前进行了错误配置。整个数据中心一直被监视到流程级别，我们可以预测到未来的威胁，包括未知的威胁和异常。

11.13 思科保护伞

当系统试图访问网站时，首先需要通过域名服务器（DNS）查找网站。DNS 就像因特网上的电话簿，将网站域名转换成它们的实际位置（IP 地址）。因为这种查找是最先发生的，所以在这一点上防止威胁是比较理想的，这样就降低了在攻击发生之前将系统暴露于攻击者的概率。从本质上讲，基于 DNS 的安全技术就像是抵御远程威胁的第一道防线。这里需要明确一下，基于 DNS 的安全技术并不是为了保护 DNS 记录的真实性，而是对避免基于 DNS 的攻击非常重要。DNS 作为第一道防线，意味着要使用各种形式的威胁情报来确定被请求的网站是否具有潜在的威胁。

思科保护伞（Cisco Umbrella）的核心是云端的安全因特网网关。它作为客户的 DNS 服务提供商进行工作，它可以筛选哪些内容是允许的，哪些是不允许的，基本上就像传统的安全内容过滤器一样工作。你可以创建内容策略，这些内容策略是需要筛选的内容，但不一定是安全风险，例如涉及成人或者赌博等公司禁止员工访问的网站。就像前面"思科 Web 安全应用程序"中所述的例子，Playboy.com 可能对客户的计算机访问来说是安全的，但是对于大多数组织来说，这个网站不适合员工在工作时间访问。图 11-28 展示了思科保护伞一些内容选项的示例。

另一种类型的过滤是安全相关的，过滤的内容涉及安全威胁。与 WSA 概述中涉及的纯信誉概念不同，思科保护伞关注各种域名服务器和与之相关联的信息。思科保护伞会考虑到所有由网站开办者注册的网站、将流量转发到其他网站的常见网站，以及人们通过网站前往何处。这些信息对于捕获大规模攻击（例如用作其他恶意网站的登录网页或者重定向网页的网站）至关重要。图 11-29 展示了一些可以启用的安全类别。

从 DNS 的角度来看，恶意意味着什么？与内容安全相关的其他工具一样，如果网站被标记为具有恶意行为，那么它的信任级别将降低，直到它的信任级别低到打破将其移动到黑名单的阈值。思科保护伞看到的不仅仅是特定的网站数据。思科每天能够检测超过 800

亿个 DNS 请求，这给思科保护伞提供了一个很好的数据样本池。思科保护伞可以将其从网站上看到的请求与世界其他地方看到的进行比较。例如，如果用户访问的网站占据了一个网站的大部分流量，那么用户访问的网站很可能是目标网站或者被用来实施攻击的网站。想象一下，如果一家所谓的网上银行的 95% 的流量与你的机构有关，那么这个网站很可能不是一家银行的网站，因为它应该有来自各地的用户，除非它是你所在机构的私人银行。

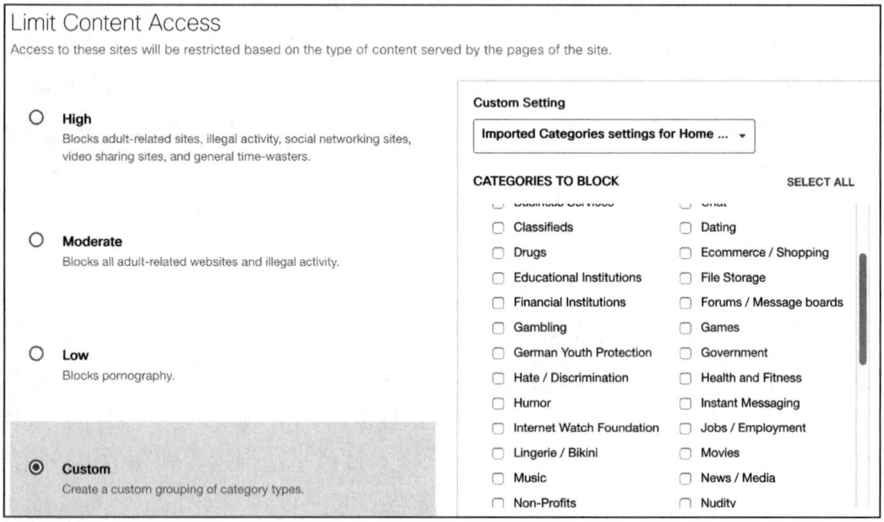

图 11-28　思科保护伞的内容选项

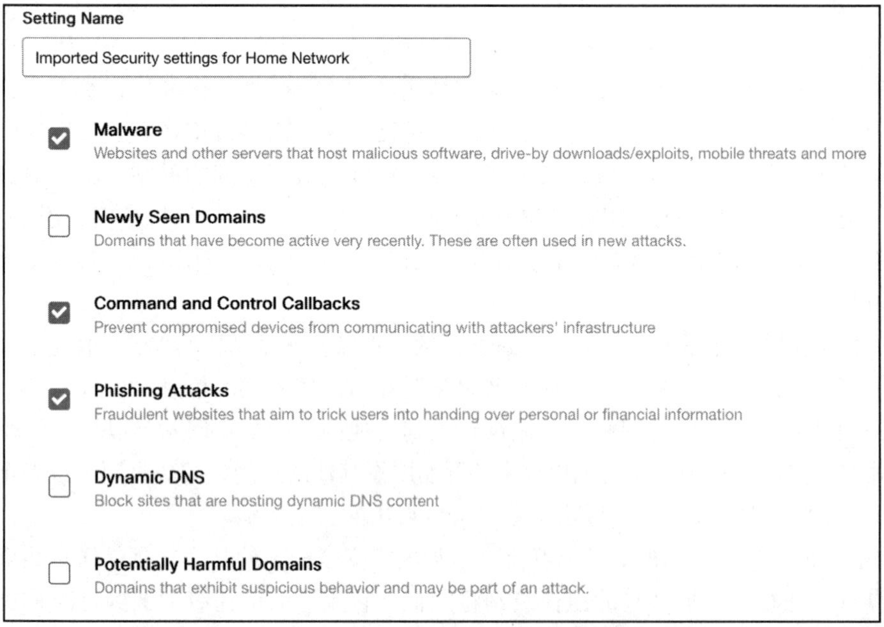

图 11-29　思科保护伞安全选项

域名也可能链接到恶意网站，这些网站提供的详细信息可能会在它发动攻击之前显露出潜在的威胁。思科保护伞考虑到了网站的关联，换句话说，如果一个网站是恶意的，并且总是来自另一个网站，那么与威胁参与者相关联的所有网站都被视为存在潜在威胁。我们可以使用思科保护伞中的思科调查功能更深入地查看这些 DNS 详细信息。思科调查功能本质上是一个 DNS 取证工具。图 11-30 展示了关于 www.thesecurityblogger.com 网站的一些基本细节。

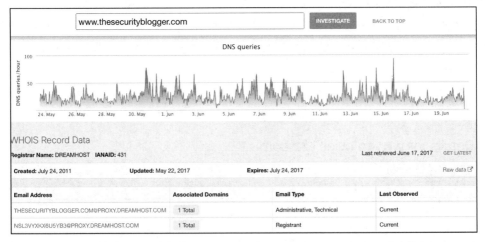

图 11-30　思科调查功能查看 www.thesecurityblogger.com 网站的详细信息

我们可以提取的详细信息包括 WHOIS 记录、时间、安全分数、全球地理访问分布、所有关联的 IP 地址、名称服务器、其他网站上的共同事件以及相关域名。图 11-31 展示了 www.cisco.com 的众多共同事件和相关网站。

图 11-31　思科调查功能查看 www.cisco.com 网站的共同事件和相关网站

注意　在涉及理解网站活动和关联性情况中，取证的价值可能是一个很大的问题。我们参与过一个案例，这个案例是质疑一篇博客文章是否给一家公司造成了数百万美元的品牌损害。通过DNS记录，我们能够显示此事是实际的潜在人类活动，而不是僵尸网络和其他不相关的活动，极大地降低了可索赔损失的真实价值，潜在的损失从几百万美元降到了一千美元以下！

假设搜索一个像www.movies123.com这样的网站，因为据说这个网站为免费电影流媒体做广告。如图11-32所示，我们首先看到的是思科保护伞阻止了一些与其关联的IP地址进行的恶意活动。

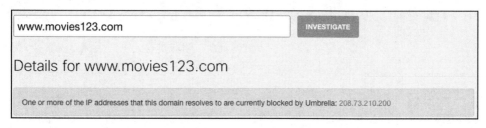

图 11-32　思科调查功能查看 www.movies123.com 网站

如果单击该IP地址查看网站上的详细信息，思科保护伞将显示此恶意网站与各种特洛伊木马程序相关联。思科AMP威胁网格使用本章前面讨论的策略测试了这些特洛伊木马，以验证它们是否是真正的威胁，如图11-33所示。

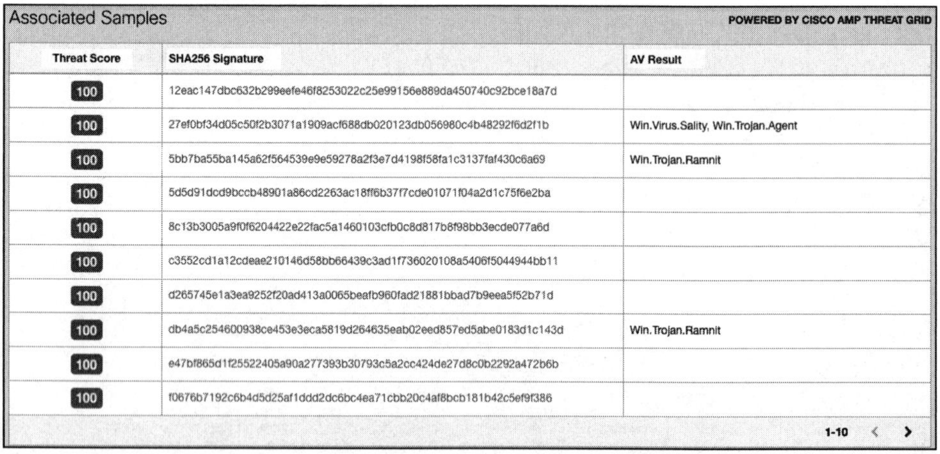

Associated Samples　　POWERED BY CISCO AMP THREAT GRID

Threat Score	SHA256 Signature	AV Result
100	12eac147dbc632b299eefe46f8253022c25e99156e889da450740c92bce18a7d	
100	27ef0bf34d05c50f2b3071a1909acf688db020123db056980c4b48292f6d2f1b	Win.Virus.Sality, Win.Trojan.Agent
100	5bb7ba55ba145a62f564539e9e59278a2f3e7d4198f58fa1c3137faf430c6a69	Win.Trojan.Ramnit
100	5d5d91dcd9bccb48901a86cd2263ac18ff6b37f7cde01071f04a2d1c75f6e2ba	
100	8c13b3005a9f0f6204422e22fac5a1460103cfb0c8d817b8f98bb3ecde077a6d	
100	c3552cd1a12cdeae210146d58bb66439c3ad1f736020108a5406f5044944bb11	
100	d265745e1a3ea9252f20ad413a0065beafb960fad21881bbad7b9eea5f52b71d	
100	db4a5c254600938ce453e3eca5819d264635eab02eed857ed5abe0183d1c143d	Win.Trojan.Ramnit
100	e47bf865d1f25522405a90a277393b30793c5a2cc424de27d8c0b2292a472b6b	
100	f0676b7192c6b4d5d25af1ddd2dc6bc4ea71cbb20c4af8bcb181b42c5ef9f386	

1-10

图 11-33　与 IP 地址 208.73.210.200 相关联的威胁

当向下滚动查看使用此IP地址的已知域名时，可以看到与此恶意软件相关联的数百个网站。图11-34展示了与恶意软件相关联的一部分网站。数百个被识别的网站显示了DNS将恶意网站链接到其他域名的情况，从而提供更细粒度的第一道安全防线。

```
Known domains hosted by 208.73.210.200
mail.qentis.com  app0.com  qentis.com  cocolive.com  imap.qentis.com  lowpricehouse.com  web.qentis.com  www.app0.com  mx.qentis.com  mydeed
smtpauth.qentis.com  www.cocolive.com  paysheet.com  lexberg.com  chinaphoneshop.com  smtp.qentis.com  huc.com  lowpricehouse.com  0hotmail
0l.com  0rz.com  1-teen-sex.com  1044.com  10bodies.com  1212.vn.com  123act.com  13p.com  165.agilecoderapps.com  173kt.com  185.adamyeve.com  19.2988833.com
1daycure.com  1facebook.com  1ff.com  1op.com  1stfinancial.com  22229933.com  2244.com  226.bambulove.com  236.anewexperience.com  2425.com  248.bimantara.com
252.bensonmarcom.com  2dj.com  2dsex.com  3.exchange2010.livemail.co.uk.autoe.com  33556666.com  35wsee.com  3estudio.com  3jd.com  3s.com  404.baoloc.com
4691.com  4889388.com  4amazinggirls.com  4cso.com  4lawschools.com  4michaels2.com  4ntel.com  4seo.com  4x4searchersvideo.com  5.aluminiumrolling.com  51333888.com
51w.com  52xyx.com  54.ado.co.in  56.bestchristmascarols.com  5names.com  66.bandrequest.com  6611889.com  71.amortizationloans.com  7882488.com  7daysinla.com
7ln.com  8855.com  8877.com  89www.com  91.chineseessay.com  95.anchoragealaskanews.com  99997878.com  9ddkwz.polo.hangoutathome.com  9monthsinstyle.com
a1702.g.akamai.net.autoe.com  a1711.b.akamai.net.autoe.com  aaaaa.com  abacoresort.com  aboutceliacdisease.com  aboutmarketingmix.com  aboutwebsite.com  abulon.com
accidentlawyerscolorado.com  accounts.betterhomehealth.com  accountsolutions.com  accuwetaher.com  acehardwareanacortes.com  acesecurityinc.com  achangeofheart.com
achor.com  acnetreatment.exploreoffers.com  acost.com  acousticpassport.com  activelight.com  activepassive.com  actives.com  actvision.com  acuh.com  acxion.com
adam.feelingfiu.com  adammarley.com  adk.onesafehome.com  admin-hr-pc-1.familyhealth.com  admin-pc.baoloc.com  admin.screenactors.com  adon.com
adsdentalhospitals.com.net.in  adsense100kblueprint.com  adserver.lyxellabs.com.net.in  adsl.viettel.vn.com  adult-free-host.com  advancehotel.com  adventuremarinemfg.com
advertisingbanners.com  aerotic.com  aethersystems.com  aexo.com  affiliatepayments.com  afghantrade.com  afi.co.in  africantravelcentre.com  agarz.io
agirl.com  agreenertomorrow.com  ahlaw.com  ahmail.com  aimforbetterhealth.com  aimslab.com  airportsindia.com  airtelbroadband.com  ajdesigns.com  akthomas.com
alamocar.es  alanloreficeandcompany.com  alaskahearthproducts.com  alaskapersonalinjuryattorney.com  alexcplover.com  alexlynne.com  alfuttaimmotors.com  aliaga.com
alias.hotpop.com  aliyagallery.com  alkay.com  all-free-nude-old-granny-mature-women-xxx-porn-pics.com  allegany.com  allentexasnews.com  allorthopaedics.com  allpaidfor.com
allproperties.com  allsearchengines.com  allteenblog.com  alpha.jpunix.com  alphaclub.com  alphaind.com  alphaleaf.com  alphatecmfg.com  alpingastein.com  altairinc.com
amaltery.com  amateurbootcamp.com  amateurpornclips.com  amazinghomes.com  amazoncom.com  ambercoast.com  ambientsoho.com  ameal.com  americashealthchoice.com
amon-anime-fan.devantart.com  amovingtarget.com  amsl.com  anakasexxhd.com  andrex.com  androidromdev.com  anet-chi.com  anewexperience.com
anexample.com  angel.co.in  angelapersson.com  angeloleo.com  angelsworkonearth.com  animal-kid.com  animeak.com  animepuns.com  animot.com  annucieprofill
anonymitychecker.com  ansnursing.com  answerfly.com  anweb.com  aol.comty.com  aolive.com  aoms.com  aorshowroom.com  ap-sonar.sociomantic.com.net.in  apacboxes.com
apachejunctionflowershops.com  apalanj.com  apartheIts.com  apartmentproblems.com  apartmentsintucson.com  apf.co.in  apgas.com  api.flvxz.com  api.oznb.com
api.thumbcreator.com  apl.webtothumb.com  apkmovies.com  apornshop.com  apotek.com  appixie.com  applicious.com  apprehensively.com  apuca.com  arabiahq.com
arabsexy.com  aramak.com  archedass.com  archive.acheapvacationrental.com  areacode978.com  aremena.com  arfa.com  ariashahr.com  arizonaforeclosedhomes.com
```

图 11-34 与 IP 地址 208.73.210.200 相关联的网站

思科保护伞的 API 集成能够将恶意网站数据发送到思科保护伞，并在全球网关处封锁该网站。例如，如果安全信息和事件管理器标记了来自不同安全产品的攻击，那么最好确保这些攻击源均被列入黑名单。思科保护伞不仅可以将其列入网络边界的黑名单，还可以为受 DNS 安全保护的所有用户屏蔽该网站，包括手机、笔记本电脑以及该网络边界的所有分支。这种能力能够极大地简化和加快安全防护的执行。

思科保护伞的取证价值是，可以快速识别受该解决方案保护的任何人访问的所有网站，并在 DNS 记录和相关网络源上查找详细信息。这些功能可以简化网站侦察，开发包含 Web 使用行为的案例，并帮助证明对 Web 资源所采取的操作是正确的。

使用 DNS 作为第一道防线是很有效的，但是云也可能是一个失去可见性和策略执行的地方。越来越多的公司转向使用云服务，这也是思科最近收购 Cloudlock 的原因。接下来，我们来看看 Cloudlock 能够提供什么价值。

11.14 思科 Cloudlock

公司将服务迁移到云端是当前正在发生的一种趋势。服务包括 Dropbox 和 Box 等文件共享服务、Salesforce 等监控服务，以及 Gmail 等电子邮件服务。在许多情况下，当数据离开网络时，数据将会失去可见性和控制。思科 Cloudlock 充当了云访问安全代理（Cloud Access Security Broker，CASB），保护云端的用户、数据和应用程序。例如，如果用户的访问账户被恶意方泄露，那么会发生什么情况？思科 Cloudlock 可以识别到用户的账户已经从全球两个不同的位置登录到云端，这表示可能存在数据泄露。用户的共享数据也是如此，其中一个主要的隐患是，内部用户在云服务中发布了一个不受监控的敏感文档，或者有人离开了公司，但在离职之前下载了销售联系人等敏感数据。移动设备的权限也会是一个挑战，当应用程序请求访问整个移动设备（包括如包含电子邮件等敏感数据的应用程序）时，会发生什么情况？Cloudlock 可以处理这些和其他云安全用例。

思科 Cloudlock 的取证价值在于能够查看有关如何利用受监控的云服务的详细信息。这些信息包括谁访问了具有细粒度细节的内容，非常适合任何需要此类数据的法律事务。例如，如果一个案例涉及信用卡号码泄露，思科 CloudLock 的数据泄露防护可以提供如图 11-35 所示的详细信息。其思想是用户使用 Dropbox 之类的工具共享包含信用卡记录的文档。当如信用卡数据等敏感数据出现在不应该出现的地方时，思科 Cloudlock 可以阻止这种共享并进行标记。

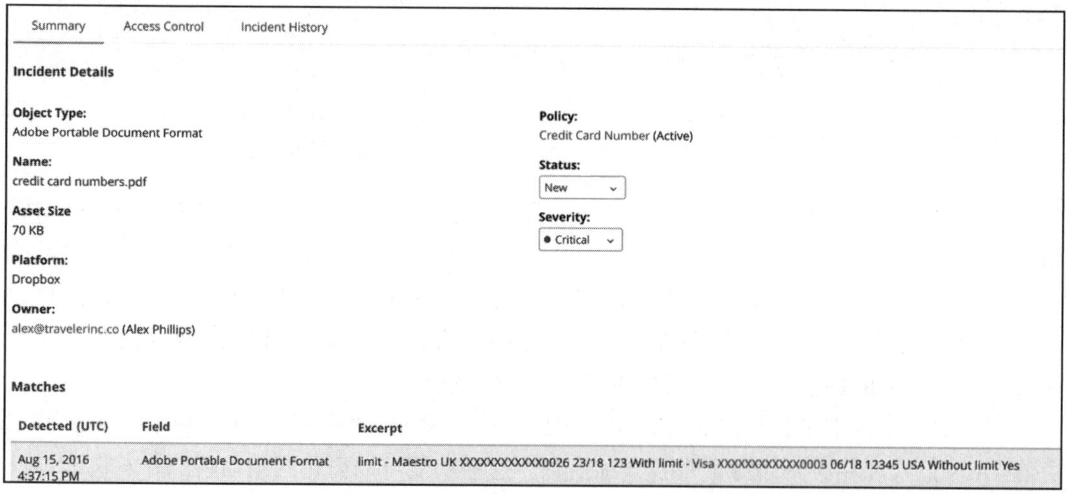

图 11-35　思科 Cloudlock 数据泄露防护

11.15　思科网络技术

最后要考虑的技术是思科的通用网络设备。如路由器、交换机等思科网络设备中有数百个命令可供调查取证使用。我们在第 8 章中讨论了很多这些命令，包括显示运行配置、网络上系统的详细信息、发送的数据类型等。从电子数据取证的角度来看，关键是能够收集到详细信息，用于识别我们试图证明事件相关的内容，这包括通过遵循本书中介绍的过程来证明数据没有受到污染，以及确保硬件或者与时钟服务器相关的硬件是安全的。请参阅第 8 章，了解有关网络技术价值的更多信息。大多数例子都涵盖了思科网络技术中的常规概念。

11.16　小结

在本章中，我们讨论了思科提供的许多安全解决方案和功能。每种产品都有自己相关的说明书，很多都可以在思科的官方网站上找到。因为这是一本思科公司出版的书，所以本章从非常高的层次围绕思科在安全领域所提供的解决方案方面的问题进行了解答。本章中还包括如何将这些技术用于电子数据取证的数据挖掘，但由于篇幅有限，我们只能提供有限的细节。我们强烈建议访问 www.cisco.com/go/security 以了解更多有关这些以及思科提供的其他安全解决方案的信息。

在下一章中，我们将向你介绍一些调查场景，目标是通过这些挑战来测试读者对本书所涵盖主题的理解和掌握。

参考文献

http://www.lockheedmartin.com/us/what-we-do/aerospace-defense/cyber/cyber-kill-chain.html

第 12 章

取证案例场景

我不创造解决方案,我仅仅是处理危机。

——粉先生,《落水狗》

你准备好面对真正的调查了吗?答案取决于许多因素。我们不能保证仅仅通过阅读本书就可以让你成为一名专业的调查人员,但是我们提供了你参与电子数据取证调查所应当知道的核心概念,你需要像学习其他技能一样通过练习来提升调查的能力。我们强烈建议建设在本书前面介绍的实验室,并通过模拟取证场景进行练习。同时你还应当持续相关的学习训练,因为在这个领域,工具和实践是不断变化的。你可能还打算通过参加认证培训和训练营进一步提升你的取证能力,然而不管你接受了多少培训和做了多少准备,现实世界中充满了很多情况,无论你准备了多少,你依然没有经验。我们希望本书为处理这些情况提供了基础,只有经验才能填补剩余的空白。我们推荐你了解网络取证的顶级行业认证,即 Tom 的 IT-Pro 网站:http://www.tomsitpro.com/articles/computer-forensics-certifications,2-650.html。

在本章中,我们将对本书中阐述的概念进行练习。我们提供了一些案例以供研究,并引导读者了解不同的调查取证方法,我们可以使用 Kali Linux 中提供的工具和我们为类似情况推荐的实践来实施调查。除了我们建议的方法和工具之外,读者还可以使用许多其他方法和工具,实现与我们建议的解决方案类似的结果。我们的目标是测试识别潜在策略并提供开源选项的能力,以便可以在实验室环境中以最少的投资测试这些策略。我们想强调的是,在这里我们没有对正确的方法进行限制,但是指出了肯定有错误的方法。记住保全证据的概念、潜在的法律要求以及推荐的寻找证据的位置,并做好应对各种可能会影响调查的情况的准备。如果你不能确定电子数据取证过程中的正确步骤,那么请向专业人士寻求建议,并把这项费用纳入培训经费。

12.1 场景 1:网络通信调查

在第一个场景中,假设你是一家公司负责网络服务和安全的管理员。人力资源(HR)

部门最近接到了一起两名员工之间的骚扰案件,需要收集证据,以便公司能够采取正确的下一步行动。你不知道所发生事情的细节,如果要采取法律诉讼的话,你将会被隔离在事件之外,这样会使你的判断没有偏袒。我们已经向你提供了与本案相关双方的基本信息,你的工作仅限于他们的电子数据通信痕迹,而不是双方本人。

人力资源部希望你调查一些他们认为包含关键证据的具体事项,以证明是否确实发生了违规行为。这些可能含有关键证据的领域包括双方通过电子邮件和网络进行的沟通。你不知道他们正在寻找的具体信息,但你已被指示查看公司任何网络或者安全工具中的日志,并已经获得了用户详细信息,例如他们的终端设备标识信息和活动目录名称,因为它们将出现在所有捕获的经过身份验证的安全记录中。人力资源部希望你收集所有可能对本案有用的资料,并在取证报告中陈述你的发现。

> **注意** 你不能就任何一方是否违反了公司的政策发表意见。这里需要重点指出,如果人力资源部要求你进行调查以证明其中一方有罪时,你应当尽量推诿。因为这将是一个利益冲突,作为一名取证调查员,你的工作应该是展示数据,应当由其他人决定如何使用数据。在你检查完证据之后发表一个意见是绝对可以的,人力资源部可能需要你是一个有意见的专家。发表这种意见可能并不总是适当的,有时这种意见可能引起责任问题。请确保你清楚别人对你的要求,如果可能的话,尽量只陈述事实。

你应当寻找的证据摘要包括以下内容:
- 记录有双方 Web 使用情况的 Web 应用防火墙或者代理的日志
- 显示双方沟通的可用的电子邮件
- 搜集对本案有用的其他数据

12.1.1 预定方案

在你同意参与此项调查之前,必须要确定一些问题。首先,你需要明确与被调查者之间的关系。如果你与被调查者之间存在一定关系,那么可能导致你不得不将调查移交给另外一个团队。如果你觉得与被调查者有任何利益冲突,那么你不应当从事此案件的调查。一般来说,当你认为你已经由于先前的关系而形成了自己的观点时,就会产生利益冲突。你可能会因为在同一栋楼里工作这样简单的事情产生的利益冲突而遭到反对。从技术上讲,这个问题可能不是利益冲突,但是你仍然可能在舆论法庭上败诉。其次,你需要确定是否有权进行调查,你可能会接触到一些包含敏感信息的数据,这些数据可能会给某人带来麻烦。例如,可能会看到带有个人内容和上网习惯的电子邮件。在骚扰案件中很可能会包含与性有关的材料,如果这些数据被公开的话会很尴尬。最后,需要确认授权你访问的内容和证据的保管链要求,同时需要有相应权力的人签署授权你处理证据的文件,这样你就不会为查看敏感数据而负责任。

结案时需要遵循的最佳做法是，当你将收集到的任何数据交给另一方时，需要让接收人签字，这样你就不会因为敏感数据在离开你的控制后遭到泄露而被指控。想象一下，如果公众知道发生了性骚扰，而被指控的人决定起诉泄露这些信息的人，你认为谁会是这场诉讼的首要目标？换句话说，他们会相信是谁泄露了这些信息？如果你是负责收集证据的人，你的名字很可能会在被起诉名单之内。记住，在这种情况下，一定要通过正式授权和记录你与任何证据的关系来保护自己。

其他一些需要考虑的建议是制定一个带有预期时间表的计划，这样你就可以设定完成调查目标所需的预期时间。在执行调查取证工作过程中，你可能会发现工作难度超出预期，此时项目可能需要外包或者以不同的方式处理。调查中的发现可能会产生法律后果，致使你不得不披露在调查过程中发现的某些信息。例如，如果你在美国的一个系统上偶然发现了儿童色情内容，你有法律义务向当局报告这些信息，无论该公司是否愿意对证据保密。你需要找到雇用你的公司的联系人来帮助你处理这种情况，也许这种骚扰是由于与未成年人的互动造成的，如果发生这种情况，你可能不得不求助于外部司法机构。

最后，你需要考虑调查期间与计划执行步骤相关的风险。你需要确定任何中断业务的可能性，以及遇到需要立即采取行动的数据时可能发生的情况。在本案例中，你没有被要求调查任何终端设备，但是，你可能会找到足够的证据来构建充足的理由，以便根据你在网络调查中发现的情况对终端设备进行评估。如果发生这种情况，你需要雇用方联络人授权你是否能够按照证据所指的方向继续调查，联络人可能会认为某些行动是禁止的。

当你被授权继续进行调查时，你可以制定你的行动计划。以下是你在开始调查之前应当考虑提出的问题摘要：

- 你认识被调查的当事人吗？
- 你有合法的官方授权进行调查吗？
- 预期的困难程度。
- 责任方是否已经清楚所有潜在风险，并签署调查授权文件？
- 如果出现问题，你有雇用方联络人的联系方式吗？
- 你适合这份调查工作吗？

12.1.2 网络数据调查策略

在本案例场景中，有一些事情要调查。我们可以从任何地方开始进行调查，让我们看看可以收集来自两名被调查人员拥有的设备以及相关账户的流量数据。这需要查看跨越不同网络的数据，例如网关上的出口流量和所有可用的内部流量。你希望查看的数据源包括防火墙、内容过滤器、访问控制日志、网络分析工具、云监控解决方案、移动设备管理技术和电子邮件技术。由于本案的性质，某些安全技术（如防病毒和入侵防御）可能不包含涉案的数据，你正在从通信与攻击行为中寻找存在骚扰的证据，除非收集到的证据另有所指，否则可以忽略这些不可能涉案的数据。但是这并非意味着没有网络攻击。例如，一方可能声称来自其终端设备的电子邮件是由恶意软件造成的，而不是由其本人发送的，此时你需要证明确实存在恶意软件，或者是当事人故意实施的行为。对于本案例场景，我们可以记录现有的安全产品，但是在发现有必要进行调查之前，可以不提取攻击数据。

当你在制订一个计划时，首先要考虑找到最佳证据的最快和最有效的方法。最佳证据是指无可争辩的、与双方有关的证据。我们建议你首先确定现有的所有集中身份验证系统，这有助于将当事人之间的操作与登录数据关联起来，有助于简化我们寻找调查证据的工作。例如，如果你知道双方的用户名是 Huxley 和 Sarah，那么你可以在可用的电子邮件和网络技术中查找这些账户，以获取当事人所用账户的历史记录。

从网络和安全设备中提取数据时可能需要与网络和安全团队进行沟通，以便获得对信息的访问权限。一定要尽量获取所有数据，而不是仅仅接受由授权人员获取的数据。这些系统的管理人员在获取数据时很可能不会遵照适当的调查和保管链步骤，如果将调查结果用于法律诉讼，那么辩护律师会发现取证过程中存在的漏洞。此外，从不同系统中提取数据的当事人可能认识涉案人员，法庭可能会以此为由将获取的数据作为非法证据予以排除。你最好可以拥有自己的登录账户，并能够记录可以更改配置的账户的操作日志，这样你就可以知道所有能够访问你正在收集的相同数据的人。如果可能，你最好能够导出未被修改的数据。

有时，与你合作的公司不会为你提供这种级别的访问权限。对于保密环境来说，这是一种常见的障碍。这时可以请求具有适当权限级别的人为你提取数据，但是你应当在此人执行操作时对其进行监视，如果你具有适当的访问权限，那么你应当亲自执行提取操作。确保在你的案件管理软件中记录所有信息，包括为你收集调查证据的任何人的联系信息。

在调查与网络相关的日志时，请注意，MAC 地址可能被欺骗，IP 地址可能被更改，这意味着你需要获取多个证据来证明你所提出的推断，包括确认嫌疑人身份的不同方法。例如，获取与用户绑定的社交媒体账户的 Web 日志时，如果与执行如下载文件等其他操作的相同 IP 地址相匹配，那么将会对调查很有帮助，因为下载文件的 IP 地址也已通过身份验证，该 IP 地址上使用了相关人员的社交媒体账户。如果你能列举不同情况下同一 IP 地址上使用其身份的情况，那么就很难断言 IP 地址不是那个人所使用的。

重要的是要记录所有可能存在于你计划获取内容之外的其他通信。例如包括使用基于私有云的电子邮件账户、蜂窝网络和加密流量。我们在第 5 章中解释了在调查云技术时遇到的许多挑战。在这种情况下，你很可能无法访问网络和安全工具捕获的记录之外的任何内容。这是双方之间所有沟通的一个小总结。也许你比较幸运，找到了一些暗示骚扰的证据，但是也很有可能在你计划调查的范围内没有找到相关证据。如果人们知道公司的设备和服务正在受到监控，那么他们在使用这些设备和服务时的行为往往会有所不同。

以下是对本案例场景进行调查时可以采取的步骤摘要：
- 访问集中身份验证系统日志。

- 访问公司控制的电子邮件和电子邮件安全技术。
- 访问数据泄露防护和加密技术（如果可用）。
- 访问检测 Web 的内容过滤器或者应用程序控制器。
- 识别如防火墙和入侵防御系统等网络安全技术，以备以后进行检查。
- 记录所有你认为这是捕获利益方之间沟通全貌的潜在的挑战和差距。

12.1.3 调查

对网络进行调查，筛选仅与当事人和案件相关的信息以获取具体证据，如果发现其他相关方参与其中，或者人力资源部有要求，那么你可能需要筛选更多的信息，但是你此时的目标是尽可能多地收集双方相关的数据。首先确认你已经获取了所有涉案的登录用户名，然后通过现有工具获取所有电子邮件和 Web 访问记录。

图 12-1 展示了一封电子邮件头的示例。注意方框圈定的部分，这是处理邮件的 SMTP 服务器记录的位置。这些记录可以被老练的用户伪造，然而在许多企业环境中，我们发现用户并没有这么老练，电子邮件取证可以添加到正在收集的证据链中。

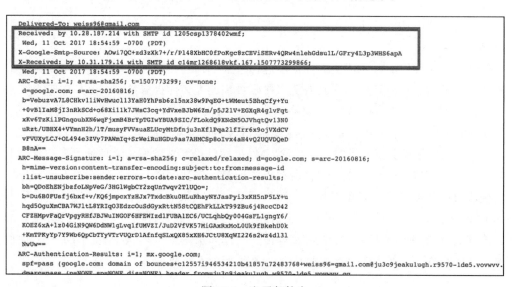

图 12-1 电子邮件头

图 12-1 展示了处理过电子邮件的三个 SMTP 服务器。很可能，第一个电子邮件服务器的内部 IP 地址是 10.31.179.14。如果这是一个本地服务器，那么你应该能够将此电子邮件服务器上的时间与此电子邮件的时间相印证，以便进行其他取证，并确定用户是否登录到该邮件系统。电子邮件服务器本身应该有如用户登录时使用的 IP 地址等其他信息。人们在分析电子邮件时经常忘记电子邮件头中显示的邮件服务器信息是按照时间倒序排列的，最下面的 IP 地址是电子邮件的来源地址。在这个示例中，从第一个电子邮件服务器到第二个

电子邮件服务器的时间差非常小,并且似乎具有相同的时间戳。电子邮件头信息可能有不正确的情况,这在企业环境中并不少见,这就是检查电子邮件服务器登录信息的原因。

图 12-2 展示了从 Microsoft Exchange 电子邮件服务器中获取的日志信息。我们在服务器上使用了名为 get-messagetracking 的 PowerShell 脚本来获取此日志。大多数电子邮件服务器和电子邮件设备都有类似的日志或者功能。附加的日志带有相应的用户名称、用户登录时间、用户登录位置和发送电子邮件的 IP 地址。图 12-2 的示例是一个真实的电子邮件日志,我们将一些细节做了模糊处理以保护用户隐私。

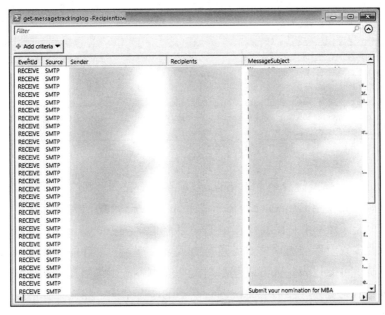

图 12-2 电子邮件传输日志

此外,如果调查对象使用的是内部电子邮件服务器,那么他们所在的机构应该会使用集中管理的数字签名和电子邮件加密。企业数字签名和加密方案只允许被授权的个人解密和读取电子邮件。数字签名还可以验证电子邮件发送者的身份。如果你正在调查使用数字签名的电子邮件系统,那么该电子邮件的发件人会很难否认他发送了该电子邮件。数字签名附加到电子邮件时,为收件人提供了签名,并为发送的电子邮件内容提供安全性保证。数字签名包括姓名、电子邮件地址、证书和公钥,你的数字签名源自你所在公司数字标识。公司数字标识是发件人的唯一数字标记。图 12-3 展示了 Microsoft Outlook 中数字签名验证提示框的示例。

由于要检查的日志数量、要关联的数据以

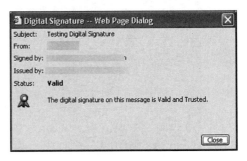

图 12-3 数字签名

及构建事件时间线的挑战，关联用户数据可能很困难。此时需要将用户登录到防火墙的信息与电子邮件数据或者其他类型的Web应用程序数据对应起来。图12-4展示了思科Firepower的用户活动日志。你正在调查的网络上可能有捕获应用程序特定流量的现成的工具。你很可能需要特定流量的详细信息，例如本案例中的社交媒体流量。

User Activity
Table View of Events › Users
No Search Constraints (Edit Search)

Time	Event	Username	Realm	Discovery Application	Authentication Type	IP Address
2017-09-29 18:46:26	User Login	vpasc	DCLOUD-SOC	LDAP	Passive Authentication	10.131.136.21
2017-09-29 18:46:26	User Login	gmatl	DCLOUD-SOC	LDAP	Passive Authentication	172.16.238.22
2017-09-29 18:46:26	User Login	nupto	DCLOUD-SOC	LDAP	Passive Authentication	10.131.103.26
2017-09-29 18:46:26	User Login	fbeau	DCLOUD-SOC	LDAP	Passive Authentication	172.16.228.87
2017-09-29 18:46:26	User Login	fhsie	DCLOUD-SOC	LDAP	Passive Authentication	10.0.1.151
2017-09-29 18:46:26	User Login	sfarr	DCLOUD-SOC	LDAP	Passive Authentication	10.110.68.201
2017-09-29 18:46:26	User Login	gcaro	DCLOUD-SOC	LDAP	Passive Authentication	10.131.10.204
2017-09-29 18:46:25	User Login	gdens	DCLOUD-SOC	LDAP	Passive Authentication	10.112.10.50

图12-4　思科Firepower用户账户活动日志

图12-5展示了如何通过思科Firepower获取调查对象同一账户的社交媒体流量。在这个例子中，我们首先使用Context Explorer来提取Facebook的所有详细信息，然后在需要收集记录的用户上添加一个过滤器。在图12-5所示的示例中我们设定了获取去年所有的记录。市面上的大多数应用防火墙技术的运行方式大致都相同。你的目标是获取所有条目的报告，并突出显示可能代表相关方之间通信的所有内容，这包括社交媒体流量、云电子邮件账户、即时通信流量等。你可能无法调查其中的所有来源，然而在你的报告中包含所有潜在的来源是有意义的，这样你就可以通过追踪已使用但无法访问的云服务来支持自己只看到部分对话的观点。

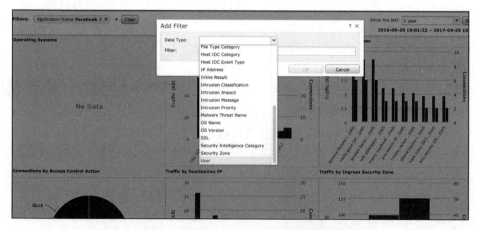

图12-5　思科Firepower社交媒体过滤

如前一个示例所示，内容过滤器或者代理在请求相同数据时具有相似性。图 12-6 展示了 Squid 代理服务器的 Web 数据日志。大多数企业 Web 过滤设备都有类似的日志。

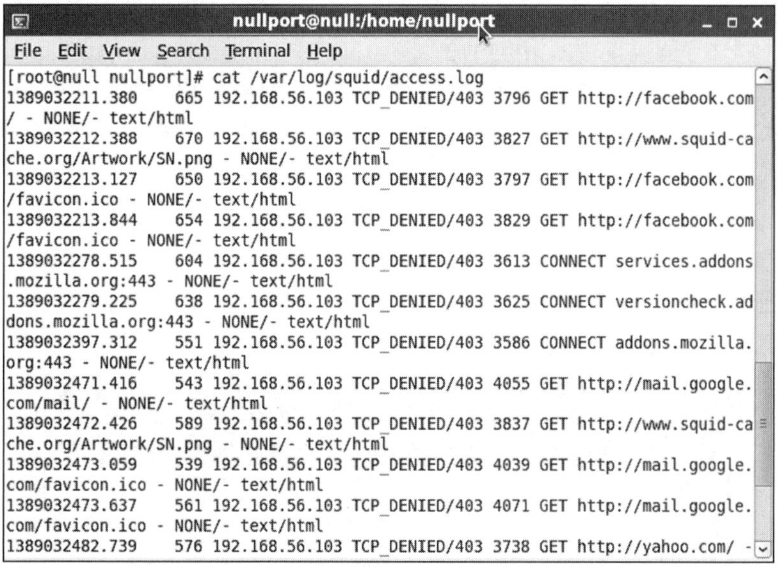

```
nullport@null:/home/nullport
File Edit View Search Terminal Help
[root@null nullport]# cat /var/log/squid/access.log
1389032211.380    665 192.168.56.103 TCP_DENIED/403 3796 GET http://facebook.com
/ - NONE/- text/html
1389032212.388    670 192.168.56.103 TCP_DENIED/403 3827 GET http://www.squid-ca
che.org/Artwork/SN.png - NONE/- text/html
1389032213.127    650 192.168.56.103 TCP_DENIED/403 3797 GET http://facebook.com
/favicon.ico - NONE/- text/html
1389032213.844    654 192.168.56.103 TCP_DENIED/403 3829 GET http://facebook.com
/favicon.ico - NONE/- text/html
1389032278.515    604 192.168.56.103 TCP_DENIED/403 3613 CONNECT services.addons
.mozilla.org:443 - NONE/- text/html
1389032279.225    638 192.168.56.103 TCP_DENIED/403 3625 CONNECT versioncheck.ad
dons.mozilla.org:443 - NONE/- text/html
1389032397.312    551 192.168.56.103 TCP_DENIED/403 3586 CONNECT addons.mozilla.
org:443 - NONE/- text/html
1389032471.416    543 192.168.56.103 TCP_DENIED/403 4055 GET http://mail.google.
com/mail/ - NONE/- text/html
1389032472.426    589 192.168.56.103 TCP_DENIED/403 3837 GET http://www.squid-ca
che.org/Artwork/SN.png - NONE/- text/html
1389032473.059    539 192.168.56.103 TCP_DENIED/403 4039 GET http://mail.google.
com/favicon.ico - NONE/- text/html
1389032473.637    561 192.168.56.103 TCP_DENIED/403 4071 GET http://mail.google.
com/favicon.ico - NONE/- text/html
1389032482.739    576 192.168.56.103 TCP_DENIED/403 3738 GET http://yahoo.com/ -
```

图 12-6　Squid 代理服务器 Web 过滤日志

如今，大多数下一代防火墙设备，如思科 Firepower、飞塔（Fortinet）FortiGate、Checkpoint 和 Palo Alto 解决方案，都有 Web 过滤和应用程序检查引擎，它们提供了易于阅读和理解的信息格式。在许多情况下，即使不使用 Web 过滤功能，也可以启用这些事件的日志记录功能。

如果你没有利益相关方的账户数据会怎么样？记住，在电子数据取证中，我们的目标之一是建立事件的时间线。我们希望尽最大努力填补用户活动的空白，例如何时发生、在哪里发生等。你可以使用现有的技术能够识别并提供与我们之前展示类似用法的 MAC 地址进行调查取证。如 IP 地址等会发生改变的数据对于调查可能不会有用，因为辩方可以提出质疑，无论获取到什么，都可能是在被告使用网络之前或者之后获得相同 IP 地址的另一个用户的上网活动。图 12-7 展示了使用基于 MAC 地址的应用层防火墙进行搜索的示例。

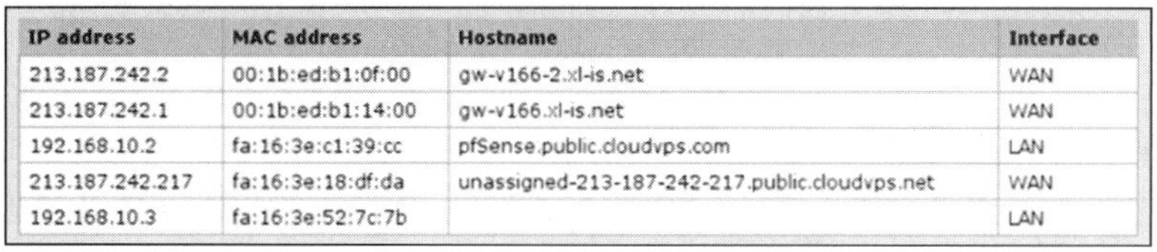

IP address	MAC address	Hostname	Interface
213.187.242.2	00:1b:ed:b1:0f:00	gw-v166-2.xl-is.net	WAN
213.187.242.1	00:1b:ed:b1:14:00	gw-v166.xl-is.net	WAN
192.168.10.2	fa:16:3e:c1:39:cc	pfSense.public.cloudvps.com	LAN
213.187.242.217	fa:16:3e:18:df:da	unassigned-213-187-242-217.public.cloudvps.net	WAN
192.168.10.3	fa:16:3e:52:7c:7b		LAN

图 12-7　使用 MAC 地址搜索

另一个可能找到与调查相关信息的领域是云。通常，网络安全工具会记录对云资源的访问，但是不会记录发送的内容，除非已经启动动态数据包捕获或者当前正在进行流量监控。当前，有几个选项可以用于监视云流量，这些选项必须部署才能获得云流量的可见性。像云访问安全代理工具这样的技术可以提供可见性和一些你可以查询的东西。除此之外，你无法从所在调查中的位置访问 Gmail 等资源。

最后一个需要考虑的方面是认证记录。大多数公司网络都会使用一个集中的身份验证系统，如 TACACS+、Active Directory 或者 Radius 等。图 12-8 展示了 Windows 安全日志，我们可以进入 Windows 事件查看器获得这些日志。在活动目录域控制器上，可以审核这些相同的日志，以查看基于网络的登录。在大多数环境中，只有具有权限的管理员账户才能访问这些日志。请记住，如果你正在调查本地计算机，那么该计算机上的日志可能不可靠。因此，机构建立中央身份验证系统势在必行。如果被调查的机构没有使用集中身份验证系统，那么需要在取证报告中说明此情况。

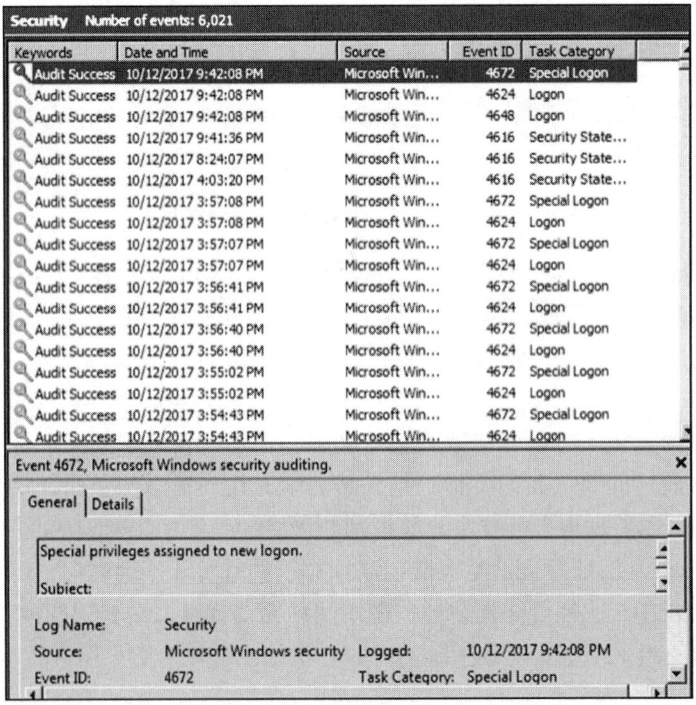

图 12-8 Windows 登录日志

使用当前示例，我们可能已经获取了行为可疑的个人电子邮件、可以显示登录和发送邮件活动的电子邮件服务器的日志、显示因特网行为的防火墙日志以及以日志形式显示的网络登录活动。通过所有这些日志可以开始描述一个包含事件时间线的故事。从本质上来说，你的工作是成为一名网络事件的历史学家，在这个时间线上记录主要的数据点。这就是为什么在取证报告中传递这些信息的方式如此关键。

12.1.4 结束调查

在你收集了所有你认为相关的数据信息之后,就可以在报告中进行总结了。对于这项具体的调查工作,你的调查目标是双方之间的骚扰证据,而不是确定什么是骚扰。因此,你只需集中精力收集通信记录,并指明通信记录的发送方。收集还可以包括各种网络记录,以验证通信是真实的和未经修改的。你可以在案例管理软件中保留大部分的数据验证细节,只在取证报告里面引用调查中发现的情况。通常情况下,阅读取证报告的人只想看到与骚扰直接相关的证据。

你的取证报告可能类似于以下示例。这是一个用于学习的缩略版本。

案例摘要:

2017年5月2日,人力资源部联系我们对公司员工之间的网络和电子邮件通信进行调查。被调查员工为 Huxley Krepelka 和 Sarah Bleyle。调查的理由是公司怀疑二人之间可能发生骚扰。调查团队的目标是收集现有的证据,并提交一份报告,说明获取和验证利益相关方之间的通信信息。我们只负责检查公司拥有的网络和安全设备上的可用数据,没有调查公司网络中发现的终端设备或者公司自有设备之外的通信。

获取和检查准备:

我们的调查小组获得了当事人双方的用户名及其所使用的终端设备系统的信息,检查了活动目录系统(资产编号:AD123345)、内容筛选系统(资产编号:ContentFilter12345)、应用层防火墙(资产编号:applicationPrewall12345)以及电子邮件安全系统和电子邮件系统(资产编号分别为 EmailTool12345 和 EmailTool54321)以获取证据。所有证物都是 Joseph Muniz 在 Aamir Lakhani 的协助下获取的。所有证据都存储在本报告所附带 USB 驱动器(编号为 USB12345)上的案例管理文件中。本报告附录中列举了引用的所有证据。

调查结果:

经过调查,我们团队能够找到利用活动目录系统(资产编号为 AD12345)的所有与调查相关的系统。管理员 Steve Stasiukiewicz 为我们团队提供了本报告"获取和检查准备"部分中列出的所有系统的只读账户,因此我们能够获取有关各方的详细信息。这些详细信息包括利益相关方在公司网络上访问的所有相关电子邮件和社交媒体服务、利益相关方通过公司提供的电子邮件账户发送和接收的电子邮件,以及与利益相关方相关的所有安全事件。我们的调查结果不包括基于云技术或者个人资产的详细信息,但是我们发现了一些与利益相关方相关的云账户。此外,在这次调查中没有收集到如电话记录等其他通信数据。

结论:

根据收集到的证据,我们发现了编号为 8992、2343、1231、2342、5432 和 2342 的证物,它们是相关方之间的通信数据,根据证物编号可以在本报告的附录中找到通信数据的详细信息。我们相信,在我们能够监控的范围之外,可能还会有其他通信,我们只能对报告中恢复的数据进行身份验证。

作者:
- Joseph Muniz,首席调查员,报告作者。
- Aamir Lakhani,第二调查员。

> **注意** 对于本案例场景,我们强烈建议不要对骚扰做出任何结论。你只是被指派收集相关信息,以便人力资源部做出下一步行动的决定,因此取证报告中不应包含提供的信息备份真实性以外的描述。

12.2 场景2:正在使用的终端设备的取证

第二个案例场景是前一个案例场景调查的延续。你提供的证据没有显示出具有任何骚扰的行为。人力资源部在与一名被指控为实施骚扰的人接洽并提出骚扰指控后,通信显示公司敏感数据被删除可能与此有关。人力资源部担心被指控实施骚扰的一方试图删除敏感信息并将其带给竞争对手后逃跑。现在公司指派你调查被指控方提供的由公司配发的笔记本电脑和手机。这些设备是在提出骚扰指控后收集的,人力资源部员工提前两周通知了被指控方。你的工作是恢复所有已删除的数据并搜索与公司敏感数据相关的所有内容。如果找到数据,还需要确定是否有证据表明该数据已从该系统中删除。你需要在一份新的取证报告中陈述你的发现。

以下是你应当寻找的证据摘要:
- 提供被收缴的笔记本电脑和手机上存在敏感数据的证据。
- 找到敏感数据的使用或者转移情况。
- 报告你的调查结果。

12.2.1 预定方案

在此之前,我们谈到了不同的国家对于设备如何受到法律保护以及何时允许进行调查都有具体的法律限制。例如,美国会把一台锁定的计算机视为一个封闭的手提箱,在进行调查之前,需要许可证明。有时,如果资产使用者签署了一份使用公司配发设备而放弃某些合法权利文件,那么他就放弃了这些设备受法律保护的权利。在开始任何调查取证之前,你需要确认是否获得合法授权并允许访问与本案相关的所有设备。在本案例场景中,你已经获得授权,因为设备的用户在领取配发的设备之前就已经同意放弃其隐私权。对于本案例场景,假设你已经正确地验证了这个授权,而不仅仅是听取人力资源部某人的意见。许多人力资源团队没有法律专家,他们没有受到过如隐私法等相关教育,可能他们只是对此进行了口头承诺。在这里我们需要IT或者领导层的资产所有者签字批准,以确保你不会在法律上面临违反隐私法的风险。

你应当清楚人力资源部希望你达到的最终结果。如果涉及法律诉讼，一旦你与被调查系统的所有者具有任何关系，那么你们之间可能会存在利益冲突。你不应当负责对当事方是否违反了法律或者公司政策做出判断，就像场景 1 一样，你的工作应该是搜索敏感信息并报告你发现的信息。这个调查目标的挑战之一是确定什么是敏感数据。最好有一些东西可以参考，比如数据类型、数据的细节，或者可能在哪里。如果没有，你很可能会向人力资源部提供大量没有用的数据。例如，我们关注的是 JPEG 格式的新技术图表，知道了这一点，就可以从搜索和恢复过程中关注 JPEG 数据。

最后，你应当询问调查的时间线以及你对设备的访问级别。例如，人力资源部已经联系了 IT 部门，并向你提供了每台设备的登录信息，这样你就不必破解加密或者破解任何内容。

12.2.2 终端设备调查策略

调查笔记本电脑等终端设备时，首先从系统的当前状态开始。如果系统已经打开电源，那么就不要将其关闭，因为需要保全现有的易失性数据。如果系统已经关闭，那么就不要将其开启，因为从哈希验证的角度这可能会更改其现有状态。在本案例场景中，你已经拿到了设备的登录信息，不必担心破解加密或者访问系统。

对于本案例场景，假设笔记本电脑使用的是 Windows 操作系统。系统的当前状态是关闭的，用户有可能在退还设备之前删除了文件。那么首先你需要克隆笔记本电脑硬盘，然后登录到副本的操作系统中，以便查找 JPEG 及类似的数据。如果 JPEG 被更改为另一种文件类型，那么还需要搜索压缩和加密的文件，用户可能使用压缩或者加密来转换文件，比如在删除之前创建了一个 ZIP 文件。因此，你需要收集其他文件类型并将其分类存储。记住，像 Foremost 这样的工具能够使这项任务变得简单。如果相关文件具有特定名称，那么还需要在正在调查的系统上搜索这些关键词。

对于手机的调查，不同手机类型需要使用不同的调查方法。在本案例场景中，假设你需要调查 Android 和 iPhone 两种类型的手机。Android 手机的调查策略类似于笔记本电脑，这取决于 Android 操作系统的版本。在第 9 章中，我们介绍了最新型号的 Android 手机的加密方式，而较老型号的 Android 手机则没有加密。希望你能在不加密的情况下访问手机内容，并能够像调查笔记本电脑那样对其进行调查。对于 iPhone 手机，由于调查 iOS 设备的挑战，我们可能会改变策略，在安装有 iTunes 的笔记本电脑上寻找 iPhone 的备份。

以下是对本案例场景进行调查时可以采取的步骤摘要：
- 使用硬件克隆设备或者克隆软件克隆笔记本电脑。
- 对克隆的镜像进行哈希验证，以确保镜像符合取证的质量要求。
- 克隆 Android 手机的闪存或者 MMC。
- 对手机的镜像进行哈希验证。
- 在两个备份镜像上搜索数据，并保存所有可识别的 JPEG（和其他图片）文件。

- 搜索其他图片类型和可能包含 JPEG 文件的其他文件格式，如加密或者压缩文档。
- 对所有已经删除的数据执行相同的操作。
- 将所有发现记录在取证报告中。

> **注意** 我们处理这个案例的建议可能有点混乱，因为这个案例需要进行图片搜索处理。为了清楚起见，我们将存储卡或者闪存上的数据备份称为镜像文件，这是正确的术语。我们将图片文件称为 JPEG（一种图片格式）或者图片⊖。

12.2.3 调查

调查移动设备在很大程度上取决于设备的类型以及是否安装了手机设备管理（Mobile Device Management，MDM）程序。由于苹果的加密技术，Android 设备比现在的 iOS 设备更易于获取数据。为了让这个案例场景更有趣，假设我们有一个运行最新版本操作系统的 iPhone 6（最低版本是 iOS 11）手机和一个运行 Android 5.x 版本操作系统的三星手机。这两台设备均为公司所有并配发给 Huxley 和 Sarah 两名员工的。这些设备的用户在使用这些设备之前必须签署一份放弃隐私权的声明，这样你就有权访问你能找到的任何数据。这些设备已经被收集，数据可能已经被删除，在要求用户归还这些设备前，用户有机会删除证据。其中只有一名员工是泄露敏感数据的可疑对象，因此人力资源部希望进行彻底调查，并要求你调查两个人的移动设备。

计划的第一部分是针对设备的当前状态。在这种情况下，很可能两个设备都已被恢复出厂状态或者已删除账户。这意味着你可能需要恢复被删除的数据。如果你能够访问如 SSD 驱动器等移动存储，那么需要在恢复任何数据之前执行正确的操作流程。你还需要尝试恢复可能存储在退还的笔记本电脑上的备份图片，重新安装应用程序以恢复账户，并尝试寻找有用的证据。

12.2.4 可能采取的步骤

你应该执行的第一步是记录两个设备的当前状态。在本案例场景中，设备已关闭并重新恢复到出厂状态。你需要收集相关保管链、型号等所有数据，这些数据应当记录在你的取证日志中。

在第 9 章中，我们讨论了有许多 Android 设备可以通过合适的数据线进行访问，并将其视为外部硬盘驱动器。只要将其 ROOT，你就可以以原始格式克隆硬盘的内容，并尝试恢复任何已删除的内容。调查的目标是获取已删除的数据（图片），你可以使用 Kingo Root

---

⊖ 由于在英文中镜像和图片所使用的单词都是"image"，本书作者认为读者可能会混淆"image"一词在不同语境中的含义，因此在此处约定使用"image file"组合时，"image"的含义是镜像，而单独使用"image"一词时，其含义则为图片。——译者注

等工具来获取 Android 设备的 ROOT 权限。图 12-9 展示了 Kingo Root 一键式 ROOT 应用程序。请记住,你需要通过允许 Android 设备从不受信任的源安装第三方应用程序来加载此应用程序。

图 12-9　安卓 Kingo Root 应用程序

当设备处于 ROOT 状态时,可以使用 Android 开发人员工具包中的 Android 设备桥(Android Device Bridge,ADB)通过 shell 连接到 Android 系统。通过这个途径,可以将来自 Android 设备的驱动器装载到通过 USB 线连接到 Android 手机的调查计算机的本地硬盘上。你现在可以如第 6 章中所述那样,使用如 dd 和 FTK Imager 等常用的磁盘镜像工具来成制作 Android 设备存储系统的镜像。

> **注意**　一些 Android 设备有可移动的存储驱动器,你可以从设备中将其取出并直接插入到取证工作站中进行克隆。有时可能需要如 microSD 转 SD 的适配器。

除了一些细节外,笔记本电脑的处理方式与安卓系统类似。与安卓系统一样,笔记本电脑需要挂载才能进行克隆。你可能需要面对的挑战是硬盘是否加密等安全措施。请记住,加密可以是基于操作系统或者第三方软件应用程序的本机功能。在本案例场景中,你获得了登录凭据,无须执行任何密码破解操作来访问系统。我们在第 6 章中介绍了硬件克隆设备和软件克隆程序,请记得使用哈希校验来验证 Android 和 Windows 克隆的镜像,以确保你有一个符合取证要求的镜像副本。

对于苹果的 iPhone 手机,第 9 章讨论了运行最新固件的 iOS 设备上访问数据的挑战。

由于你可以访问属于 iPhone 所有者的笔记本电脑,所以最好的出发点是验证他是否使用 iTunes 创建了手机的备份。如果找到 iPhone 手机的备份,那么需要记录该备份文件。苹果提供了加密这些备份的选项,因此在恢复过程中你可能会遇到加密备份的挑战。许多用户还会利用云存储来备份 iPhone 手机数据,以此阻止你使用还原备份来恢复数据的策略。如果找到未加密的备份文件,那么你应该认为自己很幸运,可以使用 iPhone 备份查看器(iPhone Backup Viewer)工具检查备份文件。这个工具具有查看备份中的任何图片的能力!如果你很不幸,没有获取到 iPhone 手机的备份文件或者备份是加密的,那么可以使用的数据将非常少。此时无法运行数据备份软件从已重置为出厂默认设置的使用最新 iOS 固件的 iOS 设备上恢复图片。换句话说,如果从笔记本电脑上无法获得 iPhone 手机的备份文件,那么将无法调查此 iPhone 手机。

> **注意** 作为一个提醒,目前只有使用较老 iOS 固件版本的 iPhone 手机能够被越狱并提取镜像,但这随时可能改变。由于苹果对产品更新的严格要求,你不太可能找到使用老固件的设备。我们建议你始终研究当前的 iOS 取证调查趋势,因为它们经常变化。

此时,你应该已经克隆了可以访问内容的镜像。假设你能够成功访问 Android 手机和 Windows 笔记本电脑,但无法恢复 iOS 设备,调查的下一步工作是启用写保护并开始查找 JPEG 和其他可能对本案有用的图片文件。

让我们从拷贝 Android 手机存储器中的数据开始。在很多情况下,Android 设备不会删除文件,通过 FTK Imager 等工具检查磁盘镜像可以浏览许多文件。有些工具在 Android 文件系统恢复数据方面做得非常好。Android 支持包括 exFAT、F2FS、JFFS2 和 YAFFS2 等在内的许多文件系统。你需要一个可以读取这些文件系统并能够从中恢复数据的文件恢复工具。在本案例场景中,可以使用如图 12-10 所示的 PhotoRec 图片专用工具(或者 Photo Recover)从磁盘镜像中恢复图片。

图 12-10　PhotoRec

接下来，让我们看看笔记本电脑的克隆硬盘。在 Windows 操作系统中可以轻松地搜索硬盘和常见格式的图片文件，首先打开"我的电脑"，然后转到"文件资源管理器"的左窗格或者"Windows 资源管理器"中的"计算机"，具体取决于你所使用的 Windows 操作系统的版本。在搜索框中输入搜索命令 kind:=picture 来搜索计算机上所有分区中以 JPEG、PNG、GIF 和 BMP 格式保存的图片。你还可以对如 ZIP 等其他修改过的文件执行相同的搜索。

用户已经交回了设备，大多数人会在归还设备前对其进行重置，我们很可能需要从驱动器中恢复已删除的图片。许多取证软件能够帮助我们恢复已删除的数据，包括我们提到的文件格式。在硬盘的副本上，可以运行 PhotoRec 来查看是否可以恢复已删除的图片。这些工具的优点是可以恢复图片的原始元数据、确定图片的创建日期，有时还可以找到有关图片的更多详细信息。大多数人删除文件时，通常不会删除用于追踪系统中存储图片的 thumbs.db 文件。在每个版本的 Windows 操作系统上，thumbs.db 文件的位置略有不同。在 Windows 7 操作系统上，thumbs.db 位于 \Users\%username%\AppData\Local\Microsoft\Windows\Explorer。thumbs.db 文件的更新和修改，以及从笔记本电脑上恢复的图片，有助于我们建立时间线，以确定图片的时间戳信息和与哪个用户相关。如果你使用 Kali Linux 上的工具，可以使用 Foremost 工具，Foremost 可以在加载后的 Android 或者 Windows 硬盘镜像上自动恢复和组织找到的任何文件。有关如何使用该程序的详细信息，请参阅第 6 章。

12.2.5 结束调查

你最终会获取到你认为可能包含敏感信息的所有数据，并准备好阐述调查的发现。你需要重新编写一份取证报告，总结你做了什么和发现了什么。在本案例场景中可能会生成大量数据，因此你可能会附带一个包含所发现信息的 USB 驱动器。这样，人力资源部可以查看调查发现的内容，并负责确定哪些内容违反了公司政策。你的任务只是向人力资源部提供可以评估的内容，并向他们保证这些证据已经被采取了适当的措施，他们可以使用你收集的证据提起法律诉讼。

下面是你的取证报告示例。

案例摘要：

2016 年 12 月 21 日，人力资源部联系我们对笔记本电脑（资产编号为 45321）和两部手机（资产编号分别为 32462 和 32463）进行调查。调查的原因是公司敏感数据有可能被 Huxley 和 Sarah 删除了，这违反了公司政策，可能会导致法律诉讼。敏感数据被认为是以 JPEG 图片格式存储的，但是在任何正在或者未被调查的设备上都可能被修改存储格式。本报告将总结从笔记本电脑和手机收集的数据。所有在本报告中引用的用于获取所呈现证物的程序均遵循了适当的取证实践。

获取和检查准备：

我们的调查小组于 2017 年 1 月 14 日收到了笔记本电脑和两部手机以及这些设备的登

录凭证。我们得到了 Steve Stasiukiewicz 的授权,我们可以根据 Huxley 和 Sarah 在提供这些设备之前同意放弃隐私权的公司政策来访问这些设备。我们创建了硬盘和电话的 4 份副本,并进行了标记和哈希验证(证物编号分别为 4532 ~ 4544)。我们使用调查工作站(资产编号为 8543)和本报告附录中列出的软件来调查设备上的内容并恢复删除的数据。根据本报告附录中的日志记录,所有设备都存储在我们的证据柜中。

调查结果:

我们成功访问了 Android 手机(证物编号为 5424)和 Windows 笔记本电脑(资产编号为 2421),但是无法从 iPhone 手机(资产编号为 2341)恢复数据。通过检查 Android 手机和笔记本电脑镜像,我们的团队能够从这两个设备收集到 JPEG 和其他格式的图片文件。所有文件都根据文件类型和恢复数据的位置进行存储。每台设备会对应两个主文件夹,其中包含已恢复的证据。每个文件夹还包含一个专门用于保存恢复已删除文件的文件夹。硬盘驱动器(资产编号为 4301)中存储我们的调查结果,这些调查结果可供结案时使用。每个文件夹都有一个包含 JPEG 文件夹的专用文件夹,专用文件夹中存储着我们认为是本次调查目标的文件。

结论:

根据收集到的证据,我们找到了可能包含敏感信息的特定 JPEG 文件。我们初步判断这些图片是公司的技术图表。这些文件是从已删除的文件夹中恢复的,这些文件使用了加密格式,根据 Outlook 发送电子邮件的记录,这些文件通过电子邮件发送到私人电子邮箱中。我们还发现电子邮件的收件方是另一家与本公司具有同业竞争的公司,与此相关的特定文件存储在文件夹(z:/CompanyEvidence/Recovered/342343/)中。

作者:

- Aamir Lakhani,首席调查员,报告作者
- Joseph Muniz,二级调查员

> **注意** 在这份报告中,我们认为已经找到了证据,但是我们的工作不是作出最后的判断,而是可以提出推断并把所有的证物交给人力资源部。如果人力资源部提出了另一个推断,那么我们可以着手调查他们的推断。此时,最好把发现的东西交给人力资源部,在得到开展进一步调查通知前中止我们的调查工作。

12.3 场景 3:恶意软件调查

在本案例场景中,你的工作是为一个大型组织提供 IT 技术支持。你被要求调查你的一名同事使用的计算机系统。用户提交了一张工单,声称系统运行非常缓慢。你已经拿到了笔记本电脑,并着手解决系统运行缓慢的问题。第一步是打开 Windows 任务管理器以调查当前正在运行的任务。在调查任务管理器时,你会发现两个似乎是恶意程序的进程。你可以通过这两个进程追踪到相应的文件,但是不知道这些文件的用途。你可以使用 VirusTotal

和已安装的防病毒应用程序进行检测,但是这两个工具都没有将文件识别为恶意文件。你的工作是使用静态分析技术查明这些文件是什么,并记录它们是否对系统构成威胁。如果发现这些文件存在威胁,那么需要与应急响应团队接洽,以确保这些文件不会出现在网络的其他部分。

> **注意** VirusTotal 会与其他公共存储库共享信息。如果你正在与高级攻击者打交道,那么他可能正在监视这些公共存储库,以确定是否能够检测到他的恶意软件。他可能只向这些存储库发送恶意软件的哈希值和其他特性,而不上传文件,这将更难检测到高级攻击者。如果发生这种情况,你可能无法获得完整的分析。许多恶意软件作者使用自己的系统和软件测试他们的恶意软件。

12.3.1 预定方案

与其他案例场景中一样,你的第一步工作应当是验证你是否有权对有问题的设备及其包含的内容进行更改。你可能需要联系笔记本电脑的所有者,并解释你已经确定了一个有问题的文件,你认为该文件可能会导致系统出现运行缓慢的问题。笔记本电脑的所有者可能会要求你不要研究该文件,也可能会提供该文件的一些背景信息,从而节省你分析该文件的时间。该文件可能是一种垃圾软件的形式,它表面上是一种提供有益功能的软件,而实际上却是一些恶意程序。我们遇到过 Hola!VPN 和 DNS Unlocker 两个例子。我们有一个客户声称网络运行缓慢,进一步调查显示,用户安装了这些程序,这样他们就可以绕过安全措施来观看足球,而安装在这些系统上的软件具有消耗网络资源的其他通信。虽然在主机系统上已经安装防病毒软件,但是没有将这些程序识别为恶意程序。

当你获得调查这些文件的授权时,你可以开始检测。回想一下,在某些情况下,你不需要许可,例如,这台笔记本电脑是由公司配发的,并且用户签署了一份使用这台设备时放弃隐私权的协议。在这种情况下,最好与笔记本电脑所有者保持一个开放的沟通渠道。他可能担心违反公司政策或者丢失系统数据,他不太可能因为你的工作而给你施加任何压力。

12.3.2 恶意文件的调查策略

由于没有任何法律诉讼,本案例场景的策略应该比我们让你经历的其他案例场景简单得多。整个调查工作的目的是确认是否有真正的威胁,这样你就不会因为一些误报而参与应急响应。与往常一样,可能存在隐私问题,但是假设最终用户非常乐意让你了解造成系统运行缓慢的原因的相关文件的更多信息。

策略的第一部分是弄清这些文件是什么。你可以使用一些工具来完成此任务,以确保你弄清楚了文件的正确类型。在确定文件是什么之后,可以在沙盒中运行它们并监视它们的行为。你还可以在这些文件中找到其他文件,你可以通过 VirusTotal 之类的工具检测文件的源头,以查看是否与已知的恶意威胁相匹配。

在许多 IT 组织中,处理受感染计算机的策略是清理系统。如果不首先尝试了解系统是如何被感染的,盲目地清理系统是一种糟糕的做法。例如,如果在网络上发现大多数笔记本电脑上安装的公司发布的系统镜像上存在漏洞,那么最好对其进行修补,以便将来不再感染恶意软件。在确定此文件是什么之后,扫描此系统以查找漏洞,希望能够发现让这些恶意文件得以安装的漏洞。有时漏洞是用户造成的,也就是说,用户决定安装恶意软件,就像在我们的真实示例中发生的安装 Hola!VPN 和 DNS Unlocker 的情况。

12.3.3 调查

此项调查的第一步是检查已知恶意软件的文件。可以使用恶意软件或者病毒扫描工具以及诸如 VirusTotal 之类的因特网文件验证工具来完成这个任务。如果无法识别该文件,接下来应当确认它的真实面目。很多时候,恶意软件会隐藏成其他文件类型。如第 10 章所述,TrIDNET 是一种有效识别真实文件的工具,你可以在 http://mark0.net/soft-trid-e.html 上找到它。图 12-11 展示了 TrIDNET 的界面。

打开该工具时,需要设置从 mark0.net 下载的文件类型定义文件的位置。选择"OK"后,TrIDNET 中应该会加载大约 8861 个文件类型定义。现在单击"Browse"按钮,选择需要验证的文件,使用 TrIDNET 来验证文件是什么类型。在本示例中,TrIDNET 发现这些文件是 WinRAR 自解压归档文件,如图 12-12 所示。

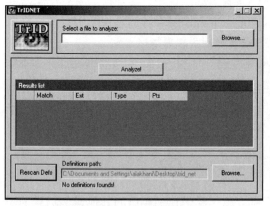 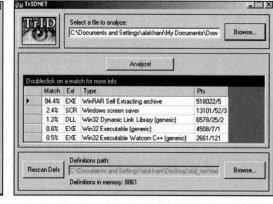

图 12-11　TrIDNET 界面　　　　　　　　图 12-12　运行 TrIDNET

另一种方法是使用名为 PEiD 的工具,你可以在 www.softpedia.com/get/Programming/Packers-Crypters-Protectors/PEiD-updated.shtml 上找到这个工具。PEiD 需要一个名为 userdb.txt 的签名文件才能运行,userdb.txt 文件不随程序提供,因此你需要下载一个 userdb.txt 文件。你可以在 https://github.com/ynadji/peid/blob/master/userdb.txt 下载 userdb.txt 文件。

下载并运行带有签名文件的 PEiD 之后,只需选择需要验证的文件并点击"RUN"。

图 12-13 展示了 PEiD 验证我们找到的文件是否是 RAR 自解压文件。通过使用这两种工具，你可以确认文件的真正类型。PEiD 非常擅长识别打包的恶意软件及其可能使用的打包程序类型。恶意软件的作者基本上都是通过压缩或者封装的方式来隐藏他们的恶意软件。恶意软件在解包之前通常无法完全分析。要对其进行分析，你需要知道它是如何封装的。PEiD 可以帮助确定恶意软件的封装工具。

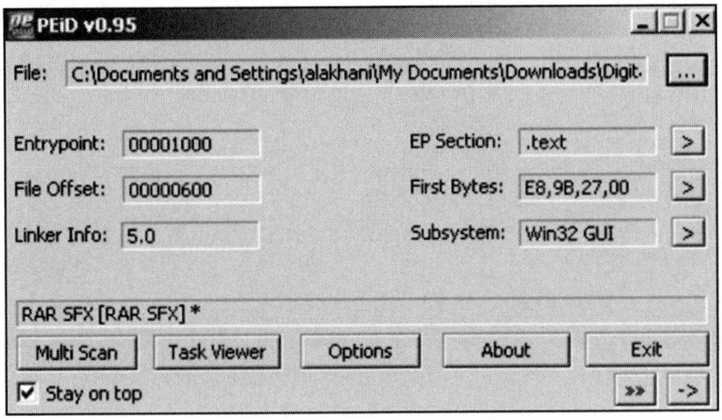

图 12-13 PEiD 验证文件示例

你可能希望了解与此文件有关的更多信息，以证明它是造成操作系统运行缓慢问题的原因。通常，你会在如沙盒等受控环境中执行此任务。在第 3 章中，我们阐述了建立 Cuckoo 沙盒的过程，这个沙盒可以完成这项任务。一些企业级沙盒如思科威胁网格等也可以检测此文件。

将文件加载到所选的沙盒中之后，需要将文件的扩展名更改为 .rar，因为根据前面的步骤，你已经知道文件的扩展名是 .rar。如图 12-14 所示，在 Windows 操作系统中，你可以通过在文件夹选项下执行取消"隐藏已知文件类型的扩展名"复选框来显示并修改文件的扩展名。我们将继续使用 Windows 操作系统作为这个案例场景的沙盒环境，你也可以对沙盒中使用的任何操作系统执行类似的步骤。

将文件扩展名由 .exe 更改为 .rar 后，可以解压缩有问题的文件。你可能需要安装 WinRAR 或者其他类型的压缩工具来解压缩 RAR 文件，这时你会找到可以进行分析的恶意软件的可执行文件。你可以在沙盒中运行该程序并查看它对沙盒的影响。你还可以使用如图 12-15 所示的 PE Studio 这样的工具来分析文件。

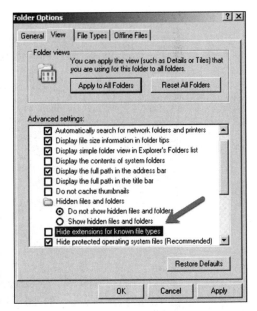

图 12-14 Windows 操作系统隐藏扩展名选项

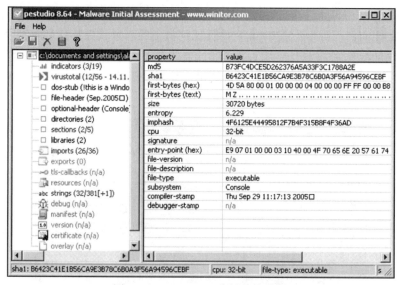

图 12-15　PE Studio 分析文件示例

　　PE Studio 是一个非常流行的免费工具，你可以在 www.winitor.com 上找到这个工具。它拥有如 TrIDNET、PEiD 和其他一些程序所具有的特色功能，而且具有基于 GUI 易于使用的界面，许多研究人员都喜欢使用这个工具。

　　思科威胁网格等自动化沙盒可以创建恶意软件运行的视频，或者生成执行恶意文件后对沙盒系统所做更改的报告。在威胁网格沙盒中运行勒索软件如图 12-16 所示。

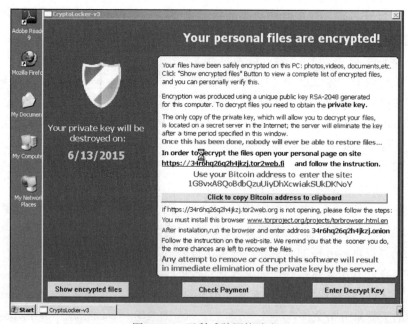

图 12-16　思科威胁网格沙盒

上述任何一个步骤都应提供充足的信息，以便制作一份说明导致操作系统运行缓慢问题的原因，以及为什么已识别的文件被视为恶意文件的报告。此时，你需要提供这些信息，或者对文件执行适当的修改后测试电脑的性能是否得到提高。一些恶意软件会在系统内传播，你可能只是找到了一部分问题。

12.3.4 结束调查

与其他案例场景不同，此项调查不需要取证报告。如果用户违反公司政策使系统受到感染，那么可能不会有任何法律诉讼，以免产生影响。人力资源部或者 IT 管理部门可能会要求你继续追踪你的调查结果，调查用户是如何使用因特网和电子邮件的。

你可能会在应用层防火墙、内容过滤器或者电子邮件安全工具中找到证据，类似于用户下载 DNS Unlocker，证明用户作为他所需要的某些软件的一部分下载了这些文件。如本案例场景开头所述，下一步可能会与应急响应团队接洽，并提供文件的哈希值，以便他们能够制定计划，调查网络中是否有其他感染迹象。

调查结束后的工作之一是扫描此电脑操作系统的漏洞，并在向应急响应团队提交的报告中包含你发现的漏洞。如 Nessus 和 Nexpose 等许多工具都可以对电脑的操作系统进行全面的评估。开源漏洞扫描器 OpenVAS 如图 12-17 所示。你可以删除这些文件并恢复系统，但是许多机构都会在识别出恶意软件后使用重新镜像系统的策略。

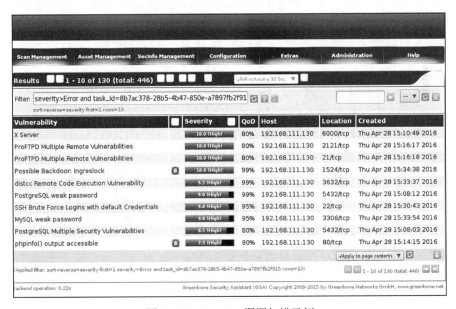

图 12-17　OpenVas 漏洞扫描示例

此外，你可能开始考虑将应急响应工作流合并到你的调查工作中。这些工作流通常是根据你的需要定制的，你可以在 Journey Into Incident Response 博客中找到适当的示例。

12.4 场景 4：易失性数据调查

这是一个涉及滥用公司资源的案例场景。一家大型技术提供商的 IT 支持部门发现，在过去 8 个月中，该公司客户演示实验室的电费大幅增加。经过进一步调查，他们怀疑一名工程师部署了未经授权的软件，这些软件正在消耗大量的运算能力，而公司一直在为此支付费用。IT 团队与你签订了调查服务合同，请你的团队调查演示环境中的一些服务器，以找到电量消耗大幅升高的根源。

> **注意** 在本案例场景中，公司很可能有一个关于谁违反了公司政策和做了什么的推测。可能需要你来验证这个推测，但是公司并没有告诉你他们的推测。有时公司可能不会将他们的推测通知给你，让你在没有任何干扰的情况下证明他们的推测。我们遇到过类似的真实情况，涉案人员已经被认定犯有违法行为，但是该公司并不确定他们到底在做什么，需要获取证据后才能继续采取后续行动。

12.4.1 预定方案

与其他案例场景一样，你必须首先询问是否有权处理此项调查。数据中心中存储了大量的数据，而这些数据有时并不属于存储这些数据的公司。想想有多少客户使用亚马逊云服务中托管的服务器。你需要非常清楚你有权访问哪些系统、是否有任何数据或者虚拟网段是禁止访问的，以及是否有任何你应当知道的法律问题。在本案例场景中，正在调查的服务器是演示环境的一部分，因此可能在法律层面上是安全的，但是你应当验证自己的权限。

第二项需要考虑的事项是你和怀疑对象的关系。你应当尽可能多地了解案件的细节，并确保你与当事人不存在利益关系。这些系统可能连接到因特网并且正在执行公司不知道的操作，你还应当考虑调查这些系统可能对公司业务造成的任何风险，以及当前正在传输的数据类型。

接下来，你应当考虑这个案例的预期结果。如果该公司正在努力为未来的法律诉讼寻找证据，那么将调查移交给当局或者一家在诉讼中具有良好代表性的可信的取证公司可能更有意义。你也许能够完成这项工作，但是你应当知道客户需要什么样的最好的最终结果，或许另一种资源更能有效地实现这一目标。

最后要考虑的是完成这项调查所需的预期工作量。如果你是按时间计费的，那么你需要收取工时费和材料费，或者对整个调查进行总包报价。我们在本书的前面介绍了这些概念，请记住，总包报价意味着你想尽快完成工作，以获得最大的经济利益，而按工时和材料计费则可能会导致你按部就班地工作来获得报酬。

以下是在进行本次调查前应当提出的问题摘要：

- 你认识被调查的当事人吗？

- 你有合法的官方授权进行调查吗？
- 预期的困难程度如何？
- 责任方是否已经认识到所有潜在的风险并签署了授权文件？
- 如果出现问题，你有相关人员的联系方式吗？
- 你适合这项调查工作吗？

12.4.2　易失性数据的调查策略

你应该做的第一件事是了解环境的现状。你希望在发现潜在的犯罪后，执行适当的补救程序。如果执行了任何应急响应步骤，那么需要启动正式的移交过程，并根据案例记录正式开展调查取证。这包括回答以下问题：

- 有没有对犯罪现场进行记录？
- 你有演示实验室已经安装设备的图表或者资产清单吗？
- 你能收集在系统上安装的所有已知软件的列表吗？
- 这些系统的管理员和用户是谁？
- 你能获得适当访问这些系统的登录凭证吗？
- 这些系统对公司有什么风险和影响？
- 克隆这些系统会有什么挑战吗？
- 当前系统在电源、网络连接等方面的状态是什么样的？
- 最近谁在犯罪现场？
- 该区域是否通过视频或者人员进行监控？

如果你认为没有执行应急响应步骤，那么你应当扮演应急响应人员的角色，记录犯罪现场、封锁区域和记录所有内容。请参阅第 5 章和下一个案例场景，以了解作为应急响应人员应当考虑的更多详细信息。

在本案例场景中，服务器保持开机并正常工作，它们尚未断开与因特网的连接，可能有被远程篡改的风险。服务器太大、太重要，无法从公司数据中心设施中移除，因此你必须克隆系统并把这些副本拷贝出来。你需要以易失性数据为目标，这些数据应该能够显示哪些进程正在运行、哪些消耗了最多的电量，以及这些进程的名称，以便可以调查它们的用途和功能。你还需要确定是谁访问了服务器，不仅要找到任何可疑的软件，还要确定是谁安装和访问了可疑的软件。对于这样一个案例，应该很容易找出问题的根源。

12.4.3　调查

调查的第一步是确保第一时间获取所有程序数据并准备克隆服务器。在第 6 章中我们提醒不要使用原始数据。我们已经多次强调了这一点，但是即使在不需要你提供数据或者不需要为你的发现进行辩护的私人调查中，如果你使用了原始数据，那么也会对原始数据造成损害。你的工作是克隆、哈希验证和写保护要调查的镜像。你还需要考虑保持这些服务器连接到因特网的威胁。对于本案例来说，这是一个艰难的决定，因为你想要获取正在离开和进入系统的活动进程和潜在数据。然而，你应该担心远程攻击方可能连接并损坏这些系统上的证据。对于这种情况，没有绝对正确的方法，因此在做出决定之前，最好与资产所有者和公司其他成员进行沟通。如果你确实断开了系统连接，那么在断开连接之前和之后获取一些系统的克隆镜像是有意义的，这样你就可以尝试识别断开因特网连接所产生的变化。

对于本案例场景来说，你很可能不会从公司中移除服务器。如果允许的话，你应当封存它们，但是许多数据中心都包含非常沉重并且昂贵的设备，而且这些设备又承担着很多相关的任务。对于本案例来说，假设你被要求不得移除系统，但是你有权根据需要与系统进行交互。

如果可能的话，你应当将该区域保持为隔离状态。但是如果由于这些系统的业务需求而无法进行隔离，那么可以记录系统当前状态的所有信息。这样可以证明你没有更改系统，只是制作了系统的克隆镜像，找到的证据只是发现的内容，而不是由你的操作造成的。如果假设在最后一个克隆镜像和当前镜像之间可能发生了更改，那么应当需要创建新的克隆。如果旧的镜像和新的镜像之间的服务器保管链存在缺陷，那么利用旧的镜像可以更好地进行解释。这就是为什么我们建议你在克隆可疑的设备时制作多个副本。

在开始寻找证据之前，你需要通过硬件写保护设备来防止意外的数据污染。不使用写保护设备的例外情况是，通过直接在其中一个硬盘驱动器副本上运行软件和命令来提高调查效率，快速查看进程。使用这种方法会改变硬盘的状态，污染证据，但是这样做能够很快找到什么程序正在运行。对于这种情况，你可以使用打手（beater）图片来标识你推断发现的可疑进程，然后按照包括使用写保护设备等适当的取证步骤来证明它。

Volatility 是进行内存取证最流行的工具之一，详见第 6 章。Volatility 是一个独立的可执行文件，可以从 USB 驱动器上运行。除非将其进行特殊配置，否则 Volatility 本身不会将数据写入硬盘驱动器，但是这些步骤能够确保不会发生任何意外的数据传输。Volatility 提供了将内存中的所有数据写入镜像文件的选项，你可以将其保存到运行该工具的 USB 驱动器中。运行工具并保存数据后，可以通过许多工具检查镜像的内容。如图 12-18 所示，你既可以将 Volatility 找到的内容输出到屏幕，也可以输出为要存档和记录的文件。在本案例中，我们将快速显示消耗运算能力最多的进程信息。

Volatility 也不能适合所有的情况。有些操作系统使用其他类型的内存获取工具效果更好。Volatility 本身并不专门用于获取内存，而是用于解析内存。因此，许多取证调查人员使用诸如 Win64dd（或者 Win32dd）或者 MoonSols 的 Dumpit.exe 来获取内存。然而，更复杂、更高级的恶意软件会发现这些工具并将自身隐藏起来，致使很难在内存中检查到恶意软件。尝试使用多种工具以查看是否得到不同结果是不错的检查方法，我们还推荐 Winpmem 和 Memoryze 等其他内存获取工具，后续我们将会介绍这些工具。

```
C:\Users\jomuniz\Desktop\ForesicsTools\Volititle>volatility-2.5.standalone.exe -
f JOMUNIZ-WS01-20170112-222401.raw --profile=Win7SP1x64 pslist
Volatility Foundation Volatility Framework 2.5
Offset(V)          Name                    PID    PPID    Thds    Hnds    Sess    Wo
w64 Start                                  Exit
---------- ---------------------- ------ ------ ------ ------ ------ ---
0xfffffa80024519c0 System                    4      0     121    623             
    0 2017-01-12 22:01:07 UTC+0000
0xfffffa80031e9040 smss.exe                268      4       2     32             
    0 2017-01-12 22:01:07 UTC+0000
0xfffffa8003967060 smss.exe                392    268       0 --------           0
    0 2017-01-12 22:01:09 UTC+0000  2017-01-12 22:01:09 UTC+0000
0xfffffa8003a90b10 csrss.exe               476    392      10    994             0
    0 2017-01-12 22:01:09 UTC+0000
0xfffffa80025289c0 smss.exe                504    268       0 --------           1
    0 2017-01-12 22:01:09 UTC+0000  2017-01-12 22:01:09 UTC+0000
0xfffffa80024e3b10 wininit.exe             512    392       3     81             0
    0 2017-01-12 22:01:09 UTC+0000
0xfffffa8003b32b10 csrss.exe               520    504       8    370             1
    0 2017-01-12 22:01:09 UTC+0000
0xfffffa8003b5eb10 winlogon.exe            560    504       3    115             1
    0 2017-01-12 22:01:09 UTC+0000
0xfffffa8003b85060 services.exe            604    512      10    296             0
```

图 12-18　Volatility pslist 命令结果示例

另一个可以用来查看克隆服务器镜像中进程的工具是 FireEye Redline。在使用 FireEye Redline 时，你必须确保能够从网络共享或者其他驱动器中运行此工具，如果你没有这些运行途径，那么可能需要将工具安装到正在调查的机器上，或者安装在被破坏的副本上。FireEye Redline 工具能够获取所有活动的内存，并将其保存为类似于 Volatility 的镜像文件。保存的镜像文件可以在 FireEye 自己的调查和取证工具套件中读取，结果还可以导出到其他可以读取磁盘镜像文件的工具中。

FireEye 的 Memoryze 工具可以用来分析内存镜像，并找到恶意行为的可能证据。我们喜欢使用 Memoryze 的一个原因是它可以检查 Mac OS X 计算机上的内存，该工具可以从 www.fireeye.com/services/freeware/memoryze.html 下载。

Volatility 和 Redline 只是提取易失性数据众多工具中的一部分。如果你正在使用一款流行的电子数据取证软件，比如 FTK，它提供了在不需要外部工具的情况下提取易失性数据的能力。收集完文件后，检查文件内容可能会非常耗时。如图 12-19 所示，我们需要导出的内容包括每个程序、进程或者应用程序消耗的内存容量。你还想要以其他数据点为目标，例如显示哪个用户使用什么终端命令进行了配置、查看访问了哪些具有 Web GUI 应用程序的浏览器历史记录，以及确定一直在使用这些系统的用户信息。第 6 章介绍了获取这些细节的步骤。

```
Offset(V)            Name          PID    PPID    Thds    Hnds    Sess    Wow64 Start
------------------ ------------   -----  -----   -----   -----   -----   ----- -----

0xfffffa8006ce46f0 System            4      0     164    1071   ------       0 2017-11-

0xfffffa800aa9a590 smss.exe        368      4       3      36   ------       0 2017-11-

0xfffffa800b3a3b30 smss.exe        440    368       0 --------       0       0 2017-11-

0xfffffa800b315b30 csrss.exe       504    440       9     642       0       0 2017-11-

0xfffffa800b818b30 wininit.exe     576    440       3      86       0       0 2017-11-
```

图 12-19　Volatility 解析结果

Volatility 数据能够显示所有正在运行的应用程序、这些系统上存在的活动用户的类型、工作时间等。将这些数据与类似的系统进行比较，将有助于了解哪些是正常的以及哪些是应该调查的。在本案例场景中，核心问题是，是否有不寻常的进程正在大量消耗内存。如果有的话，你可以在 Google 上搜索了解更多关于每一个进程的信息，并与客户讨论哪些软件是经过授权的。你可以向用户询问关于已登录系统的所有人员、执行日常工作的时间等问题。

12.4.4 结束调查

在你确定了电量消耗增加的原因之后，你就可以向客户展示你的发现了。在本案例场景中，建立比特币服务器的目的是制造一种数字货币，而该公司没有授权或者没有获得回报。参与建立这项业务的相关方将会被制止，并可能会被起诉和要求支付运行该系统所产生的费用，以及支付员工在建立比特币系统时的薪酬。这意味着你可能会在以后的某个时间被邀请在法庭质证中验证你的证据。

下面是此项调查的取证报告示例。

案例摘要：

2017 年 4 月 17 日，公司与我们签订合同，要求我们调查公司拥有的服务器，以确定电量消耗升高的原因。我们基于电费账单得到了一个的电量消耗增加的时间线，我们找到了重点服务器（服务器的资产编号为 4532～4539）。我们推断电量消耗增加的原因是服务器上运行有未经授权的软件。我们在本报告中总结了我们的调查结果。

获取和检查准备：

我们的调查小组可以访问正在调查的服务器（服务器的资产编号为 4532～4539）。我们克隆了每台服务器的硬盘驱动器，并调查了易失性数据，以了解正在运行哪些服务和应用程序。我们将本报告中包含的调查中获取的各种证物存储在 USB 驱动器（USB 驱动器编号为 38452）中。我们还确定了与未经授权的应用程序相关的用户（证物编号为 2340），并在同一个 USB 驱动器中提供了这些证物。

调查结果：

我们的团队能够识别每台服务器上所有的应用程序和进程。根据我们的发现，在每台服务器中都有一组特定的应用程序消耗了大部分的运算能力。证物 2343 显示了服务器（服务器资产编号为 4023）上的进程列表，其中最上端的应用程序消耗了大部分运算能力。我们确定了两个与安装和访问这些账户相关的用户。该软件程序的目的是挖掘比特币，并将其导出到我们无法识别的账户内。根据服务器的访问日志，我们发现 John.Columbus@company.com 和 Michael.Korten@company.com 连续访问比特币系统。根据提供的证据，我们没有发现其他用户账户访问系统。

结论：

我们能够收集到的证据表明，我们调查的所有服务器上都安装了比特币程序。该程序消耗了大约80%的运算能力,这可能会增加这些系统的电量消耗,导致电费增加。基于对这些程序的调查,我们能够基于证物(2341、4532和2342)确定访问这些程序的当事方使用的用户名是John.Columbus@company.com和Michael.Korten@company.com。我们已将调查中的所有发现存储在随本报告提供的USB驱动器中。

作者:
- Joseph Muniz,首席调查员,报告作者
- Aamir Lakhani,二级调查员

12.5 场景5:充当应急响应人员

在最后一个案例场景中,你是一家中型公司的网络工程师。你的角色因网络和安全的不同而不同,这使你成为应对具有频发性和高关注度事件的首选人员。今天早上,人力资源部和领导层就一名员工的事情与你联系。他们被告知,联邦调查局已确认公司的一名员工是洗钱犯罪集团的成员,该人通过公司资产进行洗钱。公司领导层打电话给你,要你控制住局面,直到拿到下一个行动方案。

12.5.1 预定方案

你的首要工作是了解你应该如何处理这种情况。在本案例场景中,很明显,很可能会发生法律诉讼,执法部门很可能会牵头这项调查工作。你的工作是作为应急响应人员,随时准备将你发现的情况交给牵头此项调查的小组或者协助他们开展调查工作。你牵头此项调查的可能性很小,显然像这样的情况往往是由司法当局接管,而且他们也会随之采取司法行动。

需要考虑是否有任何法律上的隐私问题。你需要弄清楚允许你做什么事情,以及哪些行为会被视为违反隐私法。在第1章中,我们讨论的诸如办公室隔间被视为私人空间、锁定的笔记本电脑被视为上锁的公文包等概念都取决于它们是否是犯罪地点。法律团队和人力资源部可能不知道这些问题的答案。在这种情况下,你最好的做法是隔离并记录该区域周围的资产,拍摄工作区域,但是在你知道你有权参与调查之前不要进入被隔离的区域。你不想因为违反了隐私法的行为而导致某些证据不能用于法律诉讼。最坏的情况是将工作区域用胶带封起来,等待司法部门打电话通知后再进入工作区域。在调查前少做一些安全的工作要比多做一些使整个调查陷入险境的工作要好得多。另外,如果你污染了证据,那么你可能会从雇主那里惹上很多麻烦。

12.5.2 应急响应人员的策略

第一步是分割出可能包含调查时需要收集取证证物的区域。你要记录你到达的时间和

你所看到的情况，并使用隔离带或者任何可以向附近人员表明你负责的区域属于禁区的东西将此区域封锁。如果你的机构有保安人员，那么你需要为该区域指派一名，以保证外部人员不得靠近该区域。如果有人越过封锁区域，你要告知此人违反了正在进行的调查，如果他试图接触被认为是调查关键的证物，那么需要提供他的联系信息。

在第 5 章中，我们重点讨论了日志记录的重要性。提醒一下，不要遵循错误的方法或者行业标准。重要的是要记录所有内容，最佳实践是使用各种类型的日志记录媒介。你需要有一部数码相机，可以用来拍摄整个犯罪现场和每件被记录的证物。你需要记录每件物品的当前状态、它连接到什么，以及是否正在进行无线、蓝牙或者其他不可见通信等需要记录的任何情况。如果资产所有者可能远程修改系统，那么还需要断开系统的网络连接，或者通过屏蔽电磁信号来切断无线通信，以防止被篡改。对于这种情况，在你想要阻止任何类型的通信流量之前需要得到司法当局的确认，因为首席调查员可能希望捕获尽可能多的易失性数据。如果涉及云技术，法律团队可能会根据调查云技术的诸多挑战和系统所有者试图删除关键证据的潜在可能性，授权你断开系统网络连接。断开系统网络连接的决定需要根据具体情况而定，我们建议你致电具有法律权力的人决定此事。

最佳实践是绘制草图和拍摄整个现场。这样，当你被问及关于这个案件现场的问题时，你就不需要绞尽脑汁地去回忆现场中的细节。草图不一定要漂亮，但是它应当有很好的记录。图 12-20 显示了一个模拟犯罪办公室空间的基本草图。现场草图的关键不在于其艺术方面的质量，而在于细节的层次。请注意，草图中不包含现场空间的具体尺寸。如果你认为有必要记录现场空间的具体尺寸大小，那么你可以对它们进行估算，但是最好有一把卷尺，这样你可以在草图中记录更准确的尺寸。

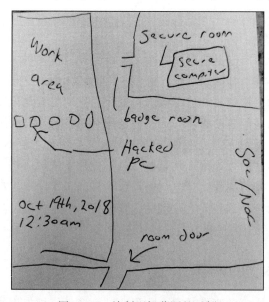

图 12-20　绘制现场草图的示例

对于这样的案件，人也很重要。你需要收集任何可能需要作为证人的信息。在这一点上，你不需要走访任何人，因为首席调查员会处理此事。目前，你只需收集联系方式，并包括一段简短的关于人员身份及其与案件关系的描述。

如果你认为你有权收集证物，你应该按照本书中所涵盖的适当的取证规范来操作。这种做法包括不改变设备的状态（通电或断电），使用经批准的防静电和电磁屏蔽袋（如可行）进行包装和标记，不沾染额外的指纹（如对案件重要），不干扰设备连接的网络（例如其他系统正在使用的网络路由器）等。对于此类案例，最好不要收集除了犯罪区域或者放置在人员流动大区域以外的其他证物，例如在人流较多的走廊里，一部放在网络打印机上的手机等疑似涉案的物品。你需要对该设备进行封存和标记。如果不移入隔离区，那么这些物品中的数据很可能会被篡改。你需要以一种安全的方式保管封存的设备和文档，就像处理整个案件的保管链一样。记住，在后续的司法诉讼中，保管链中的瑕疵可能会损害证物的证据价值。不要将封存的设备放置在公众可以接触到的区域，也不要放在非应急响应团队成员的其他同事处，或者放在如抽屉等不安全的存储空间中。假设在调查小组赶到并接管犯罪现场前，你有人监视犯罪区域，如果你没有安全的存储证物的空间，那么可以把封存的物品放在用隔离带隔开的犯罪区域内。无论你何时执行保管链，从开始到移交你都要考虑过程记录和证物保护。

12.5.3 结束调查

最终需要有人来决定这个案子的后续工作。在本案例场景中，在你完成应急响应步骤后，法务代表和公司高管很可能会打电话给负责调查的人员。你应该准备好把这个案子移交给负责接手调查的一方。预计会被问及以下问题：
- 你到达犯罪现场时的情况（日志、草图和照片）。
- 相关方人员名单及联系信息。
- 所有封存和标记的物品以及相关的保管链记录文件。
- 应急响应小组成员名单及联系方式。
- 负责保护该区域安全的安保人员名单。
- 在调查小组到达之前，应急响应人员采取措施的所有日志或者记录。

你的取证报告应当有结论。在标准的结论中，应当考虑以下几点：
- **调查回顾**：回顾调查的最初原因，并在本节中重申调查原因。提及调查的目标，以及是否达到了这些目标。如果目标没有实现，本节中应当有一个清晰、简明的信息来说明为什么没有实现这些目标。还应当包括采取的调查方法与最近实施取证调查的比较，建议如何阅读报告和传递信息等其他的项目，可以把这些看作经验教训的总结。
- **调查行动**：在调查过程中，如果在你完成报告之前采取了行动或者补救措施，那么应当在本节重申记录的信息。此外,你应当在本节中说明需要处理的高优先级项目。当人们问起你的经历,或者当你处理过的案例与将来需要你考虑相似的问题时,可以把它当作一份有用的日志。

- **最后项目**:此部分应包括所有确认、账单等未完成项目和发送给各方的通知列表。有时我们会包括或者提及调查的费用、后续跟进工作的责任以及取证报告的副本。

有了案件管理软件或者专业笔记,移交过程就容易多了。作为一名网络工程师,如果你准备主动提供犯罪现场的这些细节和记录,你可能会发现调查小组对你会有非常深刻的印象。许多取证团队都会在调查时关注现场污染,这些日志和文档能够验证你没有违反任何调查规范。我们的建议也是谨慎行事,如果你不能确定某项行动是否会导致调查出现问题,那么就做一个保守的应急响应人员,等待首席调查官。

总结本案例场景,你在这个调查中只执行了应急响应程序。根据你对这个案例的发现,我们以领导层决定将调查移交给另一方来结束这个故事。你很可能会遇到这种情况,这取决于它们的受关注程度以及未来提起法律诉讼的可能性。这意味着当另一个团队接管你的工作时,调查就完成了。

作为应急响应者,你隔离了犯罪现场并记录了各种可能被调查的设备。你被指派负责接手此案,提供了案情记录、日志和其他有助于调查的细节。将来,你可能会被问及作为应急响应人员所做的事情,但此时,你不再参与调查。

12.6 小结

我们希望你喜欢这一章。编写这些案例的目的是测验你在本书中所学到的知识,让你像一名电子数据调查取证人员一样思考。我们试图包含一些重要的概念,并向你展示调查从头到尾的样子和感觉。许多示例的注释都是有限的,这样我们可以将案例场景保持在合理的长度内。在真正的调查中,你可能会在你的报告中包含更多的细节,也可能会在你的调查中包含更多的步骤。我们还省略了案例管理日志、保管链详细信息、授权请求以及处理现场情况时所执行的许多其他步骤。我们仅仅重点提供了这些案例场景的核心概念,并假设你在理解本书中的概念后能够填写其他细节。

从本章所介绍的每个案例的结果中可以得出一个关键结论:有许多方法可以处理你所遇到的案例,包括使用的工具、执行步骤的顺序等。我们希望你学会了调查取证的基本概念,这样你就可以制定出最佳的调查计划,而不必采取可能对案件产生负面影响的行动。现在,你应该已经对需要询问的一些问题和需要关注的领域有了很好的了解,比如在隐私法范围内工作、篡改原始证据和执行所需的日志记录。我们还向你介绍了调查人员用于寻找电子数据证据的不同类型的工具和技术。

你可能在想,在一个真正的调查取证中,有太多的变数让你无法使用这些技能。我们的建议是参与你擅长做的事情。许多电视节目以律师为主角,但是只展示了刺激性的庭审情节。真正的司法诉讼工作需要更多的时间在幕后进行调查、记录等，然后才能进入法庭。电子数据取证工作的相似之处在于，除了进入设备获取犯罪证据之外，还有很多步骤要做。无论你仅仅是应急响应人员还是在帮助你的公司就如何进行调查做出最佳决定，你所能提供的任何有价值的证据对于一个案子的成功都是非常有用的。在现实世界中，你应当期望成为众多电子数据调查漫长过程中的一员，而不是成为处理所有事情的唯一英雄。

最后一章总结了本书中使用的工具，以及未来取证时需要考虑使用的其他工具。

参考文献

https://en.wikipedia.org/wiki/Reserved_IP_addresses

http://searchsecurity.techtarget.com/definition/firewall

https://www.symantec.com/connect/articles/network-intrusion-detection-signatures-part-one

第 13 章

取证工具

认识自己就是在与他人的交往中研究自己。

——李小龙

恭喜，你已进入最后一章！我们希望你能顺利成为数字取证专家。在本书中，我们为普通的网络工程师介绍了数字取证的基础。在上一章中，我们要求你通过在各种取证场景中进行思维训练来使用这些技能。在结束之前，我们要总结一下本书涵盖的所有工具。你可能会惊讶于书中提到了多少种不同的应用程序和工具。我们还意识到，在特定的章节中找不到某些工具的位置，但是需要提及它们。本章也包括这些附加工具。

本章的目的是为你提供参与调查时可能使用的取证工具的快速参考。使用本章几乎就像工具索引一样。我们不会深入介绍这些工具的用法，但会强调这些工具的用途，并指出使用这些工具的章节，或者一般来说，什么时候使用这些工具最有意义。

在这一点上，你应该有一个实验室，并且在 Kali Linux 构建中可以使用许多工具。我们的目标是快速提醒你该工具的用途，并在适用时推荐其他类似工具，以便你在一个工具无法提供所需结果时选择其他工具。

我们试图与供应商无关，并在本书中提供行业认可的工具。唯一的例外是第 11 章，该章重点介绍了思科技术。在许多情况下，基于支持水平和程序整体改进情况，与开源工具相比，企业技术可能更适合你的环境。你可能会发现自己喜欢我们推荐的开源技术，但是如果你有预算，则应该尝试一些企业级的东西。希望第 11 章给了你关于思科提供的功能的简要印象。

我们提到的许多工具仅提供一种功能。这对于实现特定目标很好，但是你可能需要完成很多任务，这些任务需要大量有特定功能的工具。专业人士倾向于购买数字取证软件包，这些软件包提供与许多特定工具相同的功能。例如，我们介绍的许多工具的功能在 DFF 中都可以找到。因此，本章以关于数字取证软件包的建议作为结尾，如果你有预算并计划执行真实的取证工作，则应考虑这些建议。

13.1 工具

在本节中，我们描述本书中引用的每个工具。这些工具是按其出现的章节来命名和组织的。我们还用标签标记了这些工具。标签应有助于识别工具的用途。本章使用以下标签，我们希望这些标签对你阅读一长串技术有帮助：

1. **数据收集**：这些工具专为取证证据的数据收集设计。
2. **数据分析**：这些工具为分析和重组数据设计。
3. **报告**：这些工具专注日志记录和报告。
4. **实验室**：这些工具用来设置和管理实验室环境。
5. **攻击**：这些是"红队"工具，你可能在取证调查时会遇到，它们被用在受害者计算机上。这些工具也被渗透测试人员使用。

你现在可能已经知道，我们更喜欢开源或免费版本的软件，以便你可以快速测试这些概念。当我们在本章中提到商业或软件许可的工具时，我们直接列出了在本书中提到它们的章节。在这种情况下，我们提供开源或免费的软件替代产品。当我们认为商用工具是最好的时候，我们会说明所有其他建议及其局限性。

请记住，几乎所有这些工具都有多个用途和类别。大多数数据收集工具都内置某种数据分析模块，反之亦然。实际上，这两个类别通常很难区分和分类。我们还想指出，每个工具都根据我们对工具的最喜欢的用法进行了标记。这并不意味着你不会发现其他用途，或者对如何标记它没有自己的想法（这完全可以有）。

13.1.1 Slowloris DDOS 工具：第 2 章

标签：攻击

Slowloris 是一种拒绝服务攻击工具，可使攻击者以最少的精力和带宽破坏另一台计算机或网络的服务。

在使用 Slowloris 之前，你需要通过下载一些必需的软件来准备系统。只需在 Kali Linux 上打开一个终端并使用以下命令，如图 13-1 所示：

```
# sudo apt-get update
# sudo apt-get install perl
# sudo apt-get install libwww-mechanize-shell-perl
# sudo apt-get install perl-mechanize
```

现在你可以从 https://github.com/llaera/slowloris.pl 下载工具。

你可以使用 ./slowloris.pl 来运行工具。

在某些情况下，你可能需要使脚本可执行，然后才能使用该工具。

> **注意** 在未经授权的远程源上使用此工具可能是非法的！

图 13-1　安装 Slowloris

13.1.2　Low Orbit Ion Cannon 网站压力测试工具

标签：攻击

Low Orbit Ion Cannon，简称 LOIC，是一个类似 Slowloris 的工具。通常，它不像 Slowloris 那样有效，因为它会使用 TCP 和 UDP 数据包对目标受害主机进行洪水攻击，试图摧毁 TCP/IP 栈。

LOIC 出现在纪录片 *We Are Legion* 中，因为 4Chan 的成员成立了匿名黑客组织，以对山达基教堂造成拒绝服务攻击。该纪录片显示了人们非法使用该工具进行拒绝服务攻击所面临的一些后果。LOIC 的用户界面如图 13-2 所示。

> **注意**　与 Slowloris 一样，在未经授权的系统上使用 LOIC 可能是非法的。

下载链接：

https://github.com/NewEraCracker/LOIC

图 13-2　Low Orbit Ion Cannon

13.1.3　VMware Fusion：第 3 章

标签：实验室

VMware Fusion 是基于 Intel 架构运行在 Mac 上的软件。它允许使用虚拟化技术在其他操作系统上运行。可以从 VMware 获得此商业工具。图 13-3 展示了在 Mac OS X 计算机上运行的 VMware Fusion。

下载链接：

https://my.vmware.com/en/web/vmware/info/slug/desktop_end_user_computing/vmware_fusion/10_0

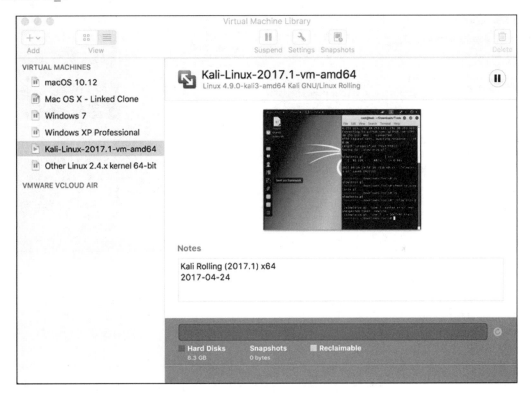

图 13-3　VMware Fusion

13.1.4　VirtualBox：第 3 章

标签：实验室

VirtualBox 是 Oracle 维护的 Linux、Windows 和 Intel 架构的 Mac 的免费工具，可以使用虚拟化技术运行其他操作系统。用户界面在许多方面与 VMware 相似，如图 13-4 所示。尽管该工具是免费的，但它具有商业工具中的许多功能。

下载链接：

www.virtualbox.org/wiki/Downloads

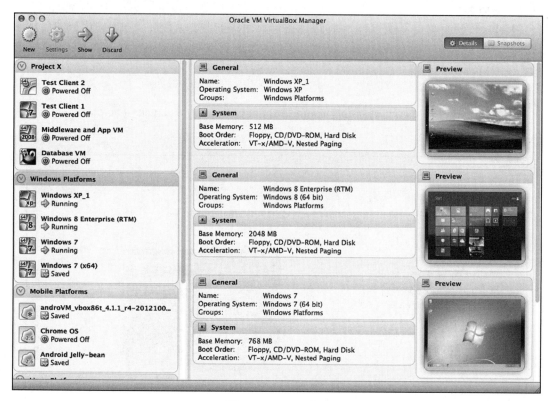

图 13-4　VirtualBox

13.1.5　Metasploit：第 3 章

标签：攻击

尽管许多计算机专业人员通常将 Metasploit 看成单个工具，但它实际上是多个开源项目的组合。在本书中，与其他大多数人一样，当我们说 Metasploit 时，我们主要指的是 Metasploit 框架。Metasploit 框架是一个开放源代码工具，以创建软件、shell 代码、规避技术和突破远程计算机的工具而闻名。该工具由研究员 H. D. Moore 开发。Rapid 7 已收购 Metasploit，但仍继续维护着社区和开源版本。运行 Metasploit 框架的最常见方法是从 Kali 终端运行命令 **msfconsole**。图 13-5 展示了在 Kali 中我们输入 **msfconsole** 命令后运行的 Metasploit 框架。

下载链接：

https://github.com/rapid7/metasploit-framework/wiki/Nightly-Installers

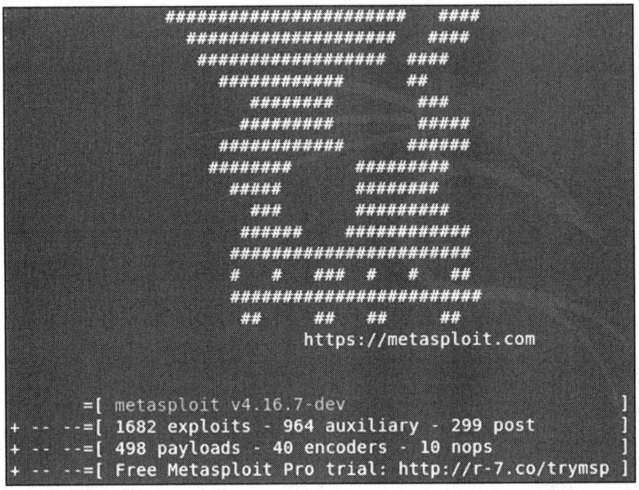

图 13-5　Metasploit 框架

13.1.6　Cuckoo 沙盒：第 3 章

标签：数据分析

我们在第 3 章中详细讨论了 Cuckoo 恶意软件分析沙盒。我们强烈建议你花一些时间来学习这个非常有价值的应用程序。你可能会遇到恶意软件，因此沙盒是在受控环境中评估恶意软件的好方法。

下载链接：

https://github.com/cuckoosandbox/cuckoo

13.1.7　Cisco Snort：第 3 章

标签：数据收集

Cisco Snort 是一个免费的开源工具，可以用作网络入侵检测系统。Snort 检测漏洞和其他可能的攻击。从网络取证的角度来看，调查人员将此软件用作网络记录器，以捕获数据包并分析系统上可能存在的威胁。取证调查人员经常使用 Snort 的系统日志作为证据来证明网络上发生了恶意活动。

Cisco Sourcefire 是基于开放源代码工具 snort 的商业产品，如图 13-6 所示。从图中可以看出 Sourcefire 包含许多易于阅读的界面，使管理员可以查看其网络。如果你使用的是开放源代码版本，如果你不满意使用 Snort CLI 监视威胁，那么许多第三方产品也可以帮助你可视化数据。

另一个流行的替代开源 IPS 是 Bro，有时也称为 Bro-IDS。Bro-IDS 建立在与 Snort 不同的架构上。它使用基于网络和使用行为的异常检测方法。许多专业人士对 Bro-IDS 表示满意，认为它可以自动执行其他 IDS 供应商所要求的许多调优需求，但有时要实现这些挑战又很费力。

下载链接：

https://snort.org/downloads/

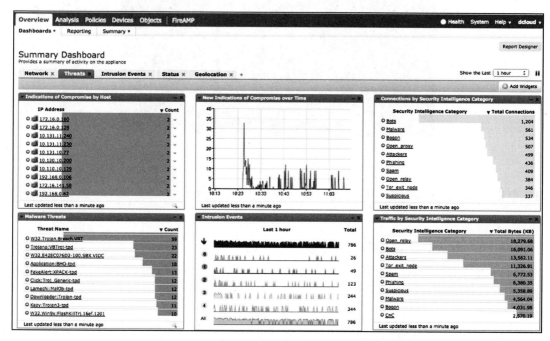

图 13-6　Cisco Sourcefire 界面

13.1.8　FTK Imager：第 3 章、第 9 章

标签：数据收集

FTK Imager 是最受取证调查人员欢迎的工具之一。请记住，Access Data 还发布了 FTK Toolkit，这是一种商业工具，具有取证调查过程中专业人员使用的许多功能，包括数据提取、分析和报告功能。

FTK Imager 是独立产品，具有一些免费提供的功能。它使你可以以几种流行的取证格式（比如 dd）获取驱动器的取证镜像。它计算其创建的驱动器镜像的文件哈希来确保完整性。该工具还可以用于分析镜像。图 13-7 展示了 FTK Imager 的主要界面。

下载链接：

http://accessdata.com/product-download/ftk-imager-version-3.4.3

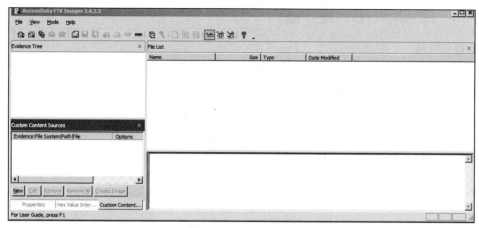

图 13-7　FTK Imager

13.1.9　FireEye Redline：第 3 章

标签：数据收集

如果 FTK Imager 是收集基于存储的镜像的事实上的标准，则 FireEye 的 Redline 可能是大多数计算机取证专家用于收集内存转储的标准之一。只有基于 Windows 的系统才正式支持 Redline。但是请记住，许多数字设备（例如 ATM、复印机和其他设备）可能正在运行 Windows。Redline 是专用的内存取证收集工具。图 13-8 展示了 Redline 的界面。

下载链接：

www.fireeye.com/services/freeware/redline.html

图 13-8　FireEye Redline 界面

13.1.10 P2 eXplorer：第 3 章

标签：数据分析

可以在 www.paraben.com 上找到 Paraben 的 P2 eXplorer（现称为 P2X）。此商业工具可让你查看保存的磁盘镜像文件并浏览其内容。尽管此工具的功能已在我们提到的其他一些工具中存在，但 P2 eXplorer 的亮点在于它提供了简单、直接的界面。

产品链接：

www.p2energysolutions.com/p2-explorer

13.1.11 PlainSight：第 3 章

标签：数据收集

PlainSight 是基于许多开源项目的取证工具的混合物。它的主要目的是帮助新手和初学者收集和查看信息。即使是经验丰富的专业人士也喜欢使用此工具，因为它运行起来非常简单，只需最少的设置或系统准备。

该工具的功能包括：

- 获取硬盘和分区信息。
- 从 Windows 设备提取用户和组数据。
- 查看多种 Web 浏览器历史记录。
- 检查 Windows 防火墙配置。
- 发现最近和已删除的文档。
- 发现 USB 存储信息和历史记录。
- 内置用于内存取证的工具。
- 提取基本的 Windows 密码哈希。

网站：

www.plainsight.info/

13.1.12 Sysmon：第 3 章

标签：数据收集

Sysmon 或 System Monitor 是一项 Microsoft Windows 服务，安装后会在 Microsoft 操作系统的多个安全组件上生成 Windows 事件。这些事件可以通过系统监视和安全事件管理工具导出和读取。

下载链接：

https://docs.microsoft.com/en-us/sysinternals/downloads/sysmon

13.1.13　WebUtil：第 3 章

标签：数据收集

WebUtil 是一个客户端工具，可收集各种基于 Java 的事件。许多安全工具使用它来生成事件，这些事件对以后的分析很有帮助。与其他客户端插件相比，它的优势在于基于 Java，因此从理论上来讲它与操作系统无关。

下载试用版链接：

www.oracle.com/technetwork/developer-tools/forms/webutil-090641.html

13.1.14　ProDiscover Basics：第 3 章

标签：数据分析

该硬盘驱动器镜像和分析工具由 ARC Group 发布，如图 13-9 所示。它以其强大的搜索功能而闻名。

下载链接：

http://prodiscover-basic.software.informer.com/8.2/

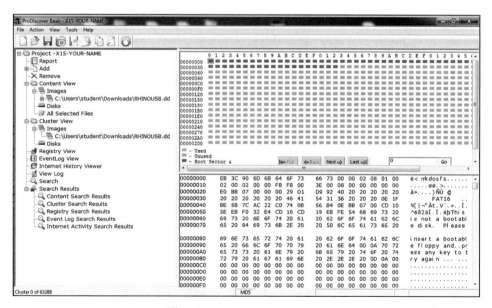

图 13-9　Prodiscover Basic 界面

13.1.15　Solarwinds Trend Analysis Module：第 4 章

标签：数据收集

Solarwinds 以为网络工程师提供各种工具而闻名。Solarwinds Trend Analysis Module 可

以通过收集各种系统和使用趋势来提供洞察力。该工具简单易懂。

网站：

www.solarwinds.com

下载试用版链接：

www.solarwinds.com/server-application-monitor

13.1.16　Splunk：第 4 章

标签：数据收集

Splunk 是一个用于生成、收集和搜索机器生成的数据的平台，包括日志、趋势或任何其他类型的数据。示例界面如图 13-10 所示。根据接收到的数据和所使用的插件的组合，可以将界面配置成数百种不同的格式。Splunk 上的各个插件和模块使用户能够进行深入的分析。一些插件直接专注于取证调查人员可能感兴趣的数据泄露分析。许多网络工程师在组织中主动设置 Splunk，以在事件发生之前进行调查，并期望 Splunk 能够收集相关数据，以便在攻击后进行查看和分析。Splunk 还提供了许多用于查看思科工具的插件。

网站：

www.splunk.com

图 13-10　Splunk

13.1.17　RSA Security Analytics：第 4 章

标签：数据分析

RSA Security Analytics 基于流行的 RSA NetWitness 套件。该软件和硬件套件收集了大量的网络数据，并提供基于机器学习的数据洞察力，尤其是在威胁和数据泄露方面。

网站：

www.rsa.com

13.1.18　IBM 的 QRadar：第 4 章

标签：数据收集

如图 13-11 所示，QRadar 是 IBM 拥有的安全性收集、分析和智能工具，旨在收集和关联安全性事件。它被认为是在大型企业环境中流行的安全信息和事件管理系统。

网站：

www.ibm.com/security/security-intelligence/qradar/

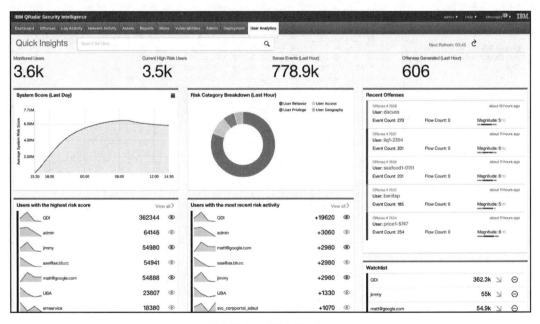

图 13-11　IBM QRadar

13.1.19　HawkeyeAP：第 4 章

标签：数据分析

HawkeyeAP 是一套收集数据并允许你基于该数据进行高级分析的工具。它可以从 200

多种不同的来源和格式中收集数据,包括 Syslog、NetFlow、数据包捕获和许多其他数据类型。它使用内置的统计功能,可以对当前数据集进行高级分析,并根据过去的参考值来应用预测结果。

网站:

https://symtrex.com/security-solutions/hexis-cyber-solutions/hawkeye-ap/

13.1.20 WinHex:第 6 章、第 7 章

标签:数据分析

WinHex 是 Windows 十六进制查看器和编辑器。如图 13-12 所示,该工具是 Windows 文件的简单编辑器。

下载链接:

www.x-ways.net/winhex/

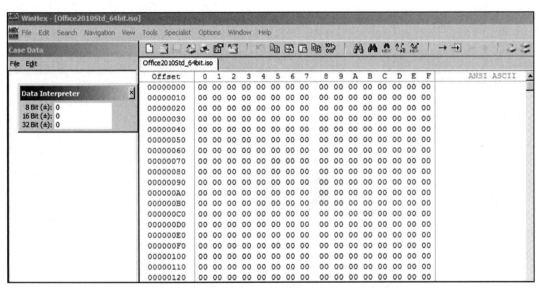

图 13-12　WinHex

13.1.21 OSForensics:第 6 章

标签:数据分析

OSForensics 是 PassMark 发布的易于使用的完备的取证数据收集和数据分析工具包,以其直观的 GUI 界面而闻名。该软件使用商业许可证。在撰写本书时,单个用户许可证的价格约为 900 美元。

网站:

www.osforensics.com/

13.1.22　Mount Image Pro：第 6 章

标签：数据分析

Mount Image Pro 是一种数据分析工具，能够装载流行的硬盘镜像格式进行分析。目前支持多种流行的格式，包括：

- EnCase .E01, .EX01, .L01, .LX01
- AccessData .AD1
- DD 和 RAW 镜像（UNIX/Linux）
- Forensic File Format .AFF
- NUIX .MFS01
- ProDiscover
- Safeback v2
- SMART
- XWays .CTR

网站：

www.mountimage.com

13.1.23　DumpIt：第 6 章

标签：数据分析

DumpIt 是一种非常流行且免费的内存分析工具。它类似于我们在本书中提到的其他工具，例如 FireEye 的 Redline 和 Volatility，用于内存取证。该工具现在是 Comae Memory Toolkit 的一部分。

下载链接：

https://comae.typeform.com/to/XIvMa7

13.1.24　LiME：第 6 章

标签：数据收集

LiME 是用于 Linux 和基于 Linux 的系统的内存取证工具，通常也用于从 Android 系统收集内存转储。

下载链接：

https://github.com/504ensicsLabs/LiME

13.1.25　TrIDENT：第 7 章

标签：数据分析

TrIDENT 是一种恶意软件逆向工程工具，使用签名来确定某些数据的文件类型和扩展名的可能性。恶意软件作者通常会试图隐藏或混淆其恶意软件。他们经常更改文件扩展名和文件指针，以使文件的真实性质难以确定。该工具可以帮助分析那些文件并确定真实的文件类型。

下载链接：

http://mark0.net/soft-tridnet-e.html

13.1.26　PEiD：第 7 章

标签：数据分析

PEiD 与 TrIDENT 极为相似，它是一种恶意软件逆向工程工具，使用签名来确定某些数据是哪种类型的文件和扩展名的可能性。恶意软件作者通常会试图隐藏或混淆其恶意软件。该工具可以帮助分析那些文件并确定真实的文件类型。PEiD 使用与 TrIDENT 不同的方法和数据库来确定文件，因此同时运行这两种工具对确保确定正确的文件类型通常是有利的。

下载链接：

www.softpedia.com/get/Programming/Packers-Crypters-Protectors/PEiD-updated.shtml

13.1.27　Lnkanalyser：第 7 章

标签：数据分析

Woanware 的 Lnkanalyser 是一种调查人员分析文件的取证工具。高级和复杂的恶意软件可能会将多个 Windows 快捷方式文件引用作为一种混淆技术，这使得很难确定实际可执行文件的来源。该工具可以帮助分析那些快捷方式文件。通常，网络取证调查人员发现具有隐藏恶意文件的用户使用了高级快捷方式规避技术。此工具可以帮助确定是否存在恶意或经过修改的 Windows 快捷方式文件，并允许调查人员检查这些文件。

下载链接：

www.woanware.co.uk/forensics/lnkanalyser.html

13.1.28　Windows File Analyzer：第 7 章

标签：数据分析

Windows File Analyzer 允许研究人员收集和分析 Windows 特有的、通常难以分析的多种类型的文件。如图 13-13 所示，此工具展示了 Thumbs.db 文件的恢复。取证调查人员可以使用此文件来确定是否删除了文件夹中存在的任何图片。该工具包包含以下流行的模块：

- WindXP Thumbnail Analyzer：这个 Thumbs.db 数据库分析器显示数据库存储的数据，包含一个图像预览。

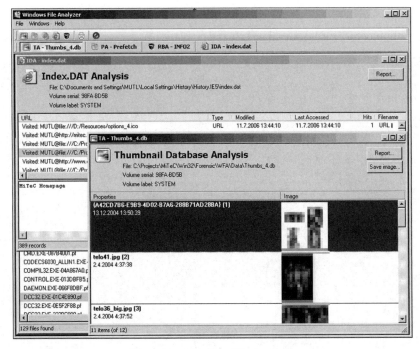

图 13-13　Windows File Analyzer

- ACDSee Thumbnail Database Analyzer：这个模块从流行的图像程序和图像格式读取 ACDSee 的 *.fpt 文件，显示存储的数据，包含一个图像预览。
- Google Picasa Thumbnail Database Analyzer：这个分析器读取 Google Picasa*.db 文件，并显示其内容以及存储的数据（包括图像）。
- Shortcut Analyzer：这个链接分析器工具读取指定文件夹中的所有快捷方式文件，并显示其中存储的所有数据。
- Index.DAT Analyzer：这个分析器读取与因特网历史记录和 Internet Explorer 中的文件有关的数据库。
- Recycle Bin Analyzer：这个分析器解码并显示 Info2 文件，这些文件实际上是已删除文件的数据库。

下载链接：

https://www.mitec.cz/wfa.html

13.1.29　LECmd：第 7 章

标签：数据分析

LECmd 是一个高级快捷方式和链接处理命令行工具，为高级用户提供了许多高级功能。图 13-14 展示了使用 LECmd 的示例。

下载链接：

https://github.com/EricZimmerman/LECmd

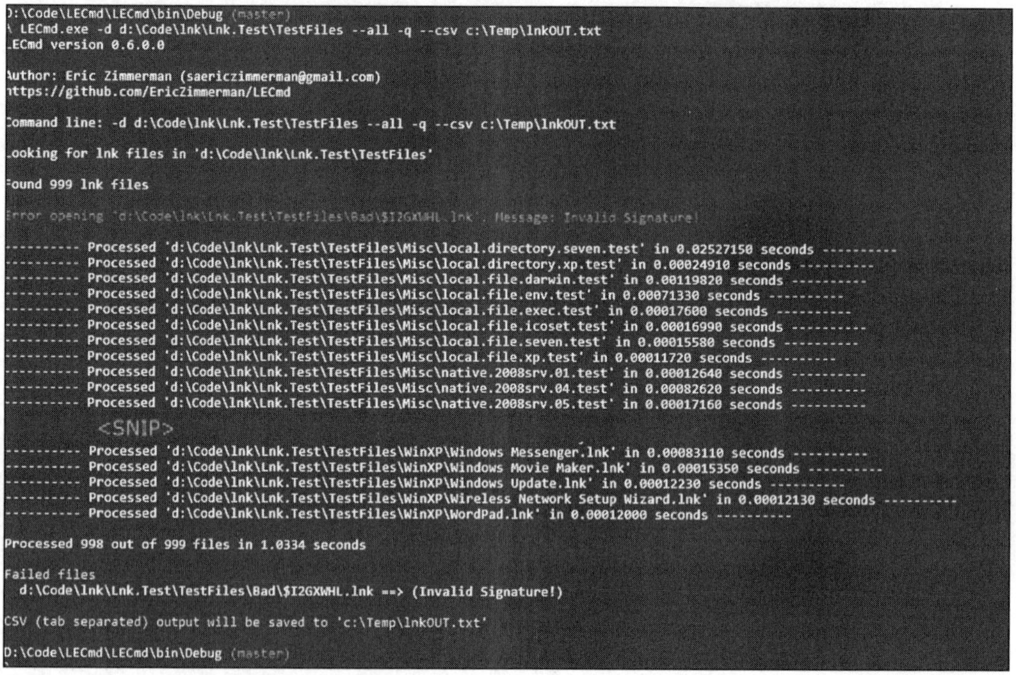

图 13-14　LECmd

13.1.30　SplViewer：第 7 章

标签：数据分析

　　SplViewer 是打印机和打印服务器取证工具。它可用于帮助确定从工作站或打印服务器打印的文档。在某些情况下，它可能能够获取打印页面的确切图像。

　　下载链接：

https://sourceforge.net/projects/splviewer/

13.1.31　PhotoRec：第 7 章

标签：数据收集

　　PhotoRec 是一种文件恢复工具，专门用于从硬盘驱动器恢复照片和图像。它忽略硬盘驱动器的状态并查找底层数据。我们使用此工具来从崩溃的硬盘驱动器中恢复照片。图 13-15 展示了使用此工具的示例。

　　下载链接：

https://www.cgsecurity.org/wiki/PhotoRec

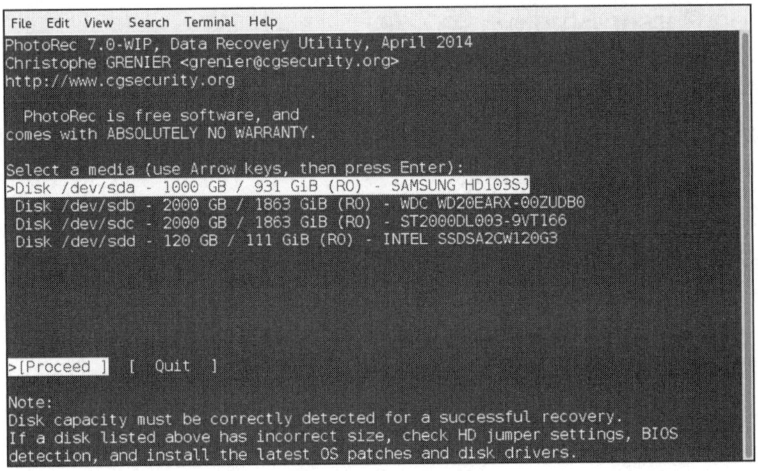

图 13-15　PhotoRec

13.1.32　Windows 事件日志：第 7 章

标签：数据收集

Windows 事件日志是 Microsoft 默认的 Windows 事件和安全日志记录控制台。在大多数 Microsoft 操作系统上，可以使用 Microsoft Event Viewer（事件查看器）访问事件日志，如图 13-16 所示。

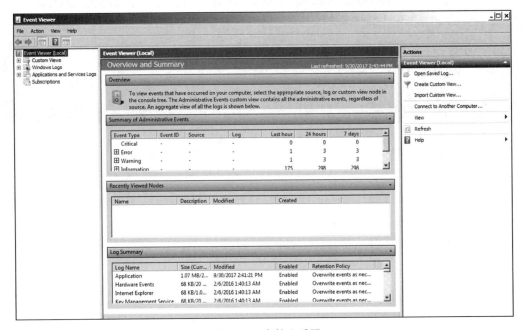

图 13-16　事件查看器

13.1.33 Log Parser Studio：第 7 章

标签：数据分析

根据 Microsoft 的说法，Log Parser Studio 是一个实用程序，可让你从服务器和日志事件以及其他类型的日志中搜索并创建报告。它将这些消息以可搜索的 SQL 兼容格式保存。

下载链接：

https://gallery.technet.microsoft.com/office/Log-Parser-Studio-cd458765

13.1.34 LogRhythm：第 8 章

标签：数据收集

LogRhythm 是一种商业安全收集、分析和情报工具，用于收集和关联安全事件。如图 13-17 所示，LogRhythm 被视为 SIEM 工具和事件界面。我们之所以喜欢 LogRhythm 团队的这些人，是因为他们向安全和取证界发布了许多工具和研究项目。NetMon Freemium 产品旨在向你出售某些商业产品，但是其免费版本具有一些出色的取证和安全操作管理工具。可以在组织中实施该工具，以帮助验证其安全策略，然后审核并响应在组织内部发生的事件。

网站：

www.logrhythm.com

图 13-17　LogRhythm

13.2 移动设备

13.2.1 Elcomsoft：第 9 章

标签：数据分析

Elcomsoft 是一家软件发行商，销售用于手机取证和恢复的商业软件。

网站：

www.elcomsoft.com/

13.2.2 Cellebrite：第 9 章

标签：数据分析

Cellebrite 是一家软件/硬件制造商，销售用于手机分析和取证的设备。

网站：

www.cellebrite.com

13.2.3 iPhone Backup Extractor：第 9 章

标签：数据收集

iPhone Backup Extractor 是用于从 iTunes 提取数据并进行分析的工具。

网站：

www.iphonebackupextractor.com/

13.2.4 iPhone Backup Browser：第 9 章

标签：数据分析

使用 iPhone Backup Browser 工具，你可以查看备份，通常是使用 iPhone Backup Extractor 创建的备份。但是在某些情况下，它可以直接读取和检查 iTunes 文件，可用于检查未加密的 iTunes 元数据、快照和数据库。

下载链接：

https://download.cnet.com/iPhone-Backup-Browser/3000-18545_4-76208089.html

13.2.5 Pangu：第 9 章

标签：攻击

盘古（pangu）团队和它的 iPhone 越狱程序是对 iPhone 进行越狱的流行的工具。尽管在编写本书时它不适用于最新版本，但它比大多数其他工具都能越狱更旧的 iOS 版本。

下载链接：

www.downloadpangu.org

13.2.6 KingoRoot Application：第 9 章

标签：攻击

KingoRoot 是一个一键对许多 Android 设备进行 root 操作的应用程序。它不在 Android Play 商店中，这意味着它需要作为第三方应用程序安装。它可以对许多不同类型的 Android

设备进行 root 操作，有人认为这是对设备进行 root 操作的最简单方法。

下载链接：

www.kingoapp.com

13.3 Kali Linux 工具

13.3.1 Fierce：第 8 章

标签：数据收集

Fierce 是一种数据发现工具，旨在查找网络内部和外部的目标。

13.3.2 TCPdump：第 3 章

标签：数据收集

TCPdump 是一种数据包捕获程序，可捕获网络上的 TCP 和 UDP 数据包。

下载链接：

https://github.com/davidpepper/fierce-domain-scanner

13.3.3 Autopsy 和使用 Sleuth Kit 的 Autopsy：第 3 章、第 6 章

标签：报告

我们在第 6 章和第 3 章中详细介绍了 Autopsy 工具。它被用作案件管理和报告工具。在专门用于数字取证调查的案件管理功能方面，它比许多商业产品都要出色。此外，Autopsy 旨在确保你遵循大多数公认的取证法律和预期的报告准则。该工具是完全免费和开源的。

下载链接：

www.sleuthkit.org/autopsy

13.3.4 Wireshark：第 8 章

标签：数据收集

许多人认为 Wireshark 事实上是数据包捕获工具。它与 TCPdump 相似，不同的是它具有清晰的图形用户界面。此外，它可以使用插件来解码特定的数据包。图 13-18 展示了使用 Wireshark 的示例。我们在第 8 章中使用了此工具，以检查各种类型的网络流量。

下载链接：

www.wireshark.org

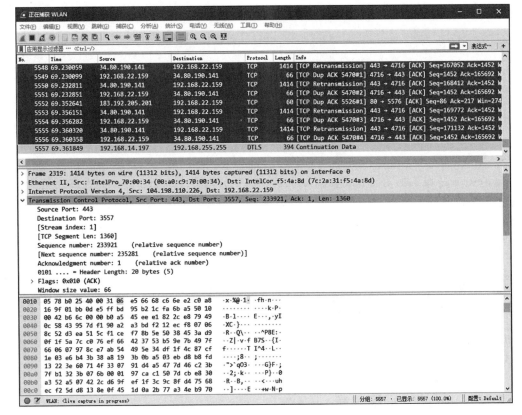

图 13-18　Wireshark

13.3.5　Exiftool：第 7 章

标签：数据分析

通过 Exiftool，你可以查看和处理图像的元数据。它可用于查看图像的 GPS 坐标、隐藏的消息、拍照所用的相机的类型以及许多其他类型的信息。

下载链接：

https://sourceforge.net/projects/exiftool

13.3.6　dd：第 6 章

标签：数据收集

dd 是用于基于 UNIX 和 Linux 的系统的标准磁盘镜像工具。它使得设备驱动器（如硬盘）看起来像是单一的镜像文件，可以被复制、保存和保留。该工具内置于 Kali Linux 和大多数其他基于 Linux 的操作系统中。

13.3.7 dcfldd：第6章

标签：数据收集

dcfldd 类似 dd，但是添加了取证和哈希的特性。该工具内置于 Kali Linux 和大多数其他基于 Linux 的操作系统中。

13.3.8 ddrescue：第6章

标签：数据分析

ddrescue 是硬盘驱动器和文件恢复工具。该工具内置于 Kali Linux 和大多数其他基于 Linux 的操作系统中。

13.3.9 Netcat：第6章

标签：攻击

Netcat 是一种非常流行的用于通过网络连接进行写入的工具。这个简单的工具允许系统在不同的端口上相互通信和写入。对于网络罪犯来说，Netcat 很流行，它可以作为一种通过隐蔽渠道与已遭到破坏的系统进行通信的方法。该工具内置于 Kali Linux 和大多数其他基于 Linux 的操作系统中。

13.3.10 Volatility：第6章

标签：数据收集

Volatility 是一个免费的开源工具，可用于进行内存取证。与本章介绍的其他一些工具不同，Volatility 是用 Python 编写的，实际上使其在各种操作系统（包括最新版本的 Mac OS X 和 Windows）上具有通用兼容性。

下载链接：

https://github.com/volatilityfoundation/volatility

13.4 思科工具

13.4.1 思科 AMP

思科高级恶意软件防护（AMP）是一种在端点或网络上运行的软件，可保护系统免受可能的破坏和利用。AMP 持续分析整个系统中的文件活动，以防止组织内的数据泄露。

社区版替代方案： 思科 AMP for Endpoint 包括针对 Windows、Mac 和基于 Linux 的系统的高级报告。Immunet 社区版仅为 Windows 主机提供了相同的保护，而没有高级报告功能。Immunet 可以从 www.immunet.com 下载。

产品主页：

www.cisco.com/c/en/us/products/security/advanced-malware-protection/index.html

13.4.2 Stealthwatch：第 8 章

思科 Stealthwatch 是使用 NetFlow 的网络可见性和威胁检测工具。尽管可以使用诸如 NetFlow Monitor 之类的一些免费工具来提取 NetFlow，但是没有任何开源工具能够提供与 Stealthwatch 等效的基于 NetFlow 数据的完全可见性。

特别是，Stealthwatch 以其安全检测功能而闻名，这是许多其他 NetFlow 工具所缺乏的。

产品主页：

www.cisco.com/c/en/us/products/security/stealthwatch/index.html

13.4.3 思科 WebEx：第 4 章

思科 WebEx 是一个校准、会议和网络研讨会平台。Webex 已发展为一个完整的通信、社交、视频和 IP 电话平台。你可以在其他免费工具如 FreeConferenceCall.com、Uber Conference 和 Join.me 中找到思科 Webex 提供的某些功能。一些商业替代方案包括 GoToMeeting 和 TeamViewer。

产品主页：

https://www.webex.com/

13.4.4 Snort：第 11 章

Snort 是适用于 Linux 和 Windows 的免费网络入侵检测系统（NIDS）软件。在第 8 章中展示了有关其价值的例子，我们在其中查看了各种类型的网络威胁。

网站：

www.snort.org

13.4.5 ClamAV：第 10 章

防病毒软件是用于检测木马、病毒、恶意软件和其他恶意威胁的引擎。如果你不想购买防病毒软件，请考虑使用 ClamAV。请注意，其他免费的防病毒和防恶意软件产品，例如 VB100 和 AV-Comparatives，在受尊敬的组织进行的独立实验室测试中，其得分一直很高。

网站：

www.clamav.net

最近的 VB100 报告链接

https://www.virusbulletin.com/testing/results/latest/vb100-antimalware ⊖

⊖ 原文为 www.clamav.net。——译者注

13.4.6 Razorback：第 10 章

Razorback 框架提供了对多层数据的高级处理以及对客户端威胁事件的检测。

网站：

www.talosintelligence.com/razorback

13.4.7 Daemonlogger：第 11 章

Daemonlogger 是一种快速的数据包记录器，专门设计用于 NSM 环境。

下载链接：

https://github.com/Cisco-Talos/Daemonlogger

13.4.8 Moflow Framework：第 10 章

Moflow Framework 提供了漏洞发现和分类的工具。

下载链接：

https://github.com/moflow/moflow

13.4.9 Firepower：第 10 章

Firepower 本质上是 Sourcefire 软件/硬件解决方案产品套件的一部分，该产品套件是思科下一代 IPS 和防火墙产品的商业产品。

产品主页：

www.cisco.com/c/en/us/products/security/firewalls/index.html

13.4.10 Threat Grid：第 10 章

Threat Grid 是思科的商业软件，用于恶意软件分析和沙盒技术。它与我们在第 3 章中讨论过的开源工具 Cuckoo 相似，但是具有更多功能。Threat Grid 还具有与其他思科产品集成的额外优势。

产品主页：

www.cisco.com/c/en/us/products/security/threat-grid/index.html

13.4.11 WSA：第 10 章

WSA（思科网络安全设备）是思科的商业硬件和软件，用于为企业客户提供网络过滤和网络威胁检测。

产品主页：

www.cisco.com/c/en/us/products/security/web-security-appliance/index.html

13.4.12 Meraki：第 10 章

Meraki 是思科提供的一组云管理产品。Meraki 产品包括安全设备、无线产品、IP 电话和摄像头解决方案。

网站：

https://meraki.cisco.com

13.4.13 Email Security：第 10 章

思科 ESA（或电子邮件安全设备）是思科的商业硬件和软件，用于为企业客户提供电子邮件过滤和电子邮件威胁检测。

产品主页：

www.cisco.com/c/en/us/products/security/email-security/index.html

13.4.14 ISE：第 10 章

ISE（思科身份服务引擎）是一种访问、授权和计费服务器，可在网络上提供增强的网络访问控制、移动设备策略和网络合规性策略。

产品主页：

www.cisco.com/c/en/us/products/security/identity-services-engine/index.html

13.4.15 思科 Tetration：第 10 章

Tetration 是一款产品，可通过大数据基础架构收集所有网络和应用程序活动中的大量数据，并提供对这些依赖项的可见性。

产品主页：

www.cisco.com/c/en/us/products/data-center-analytics/tetration-analytics/index.html

13.4.16 Umbrella：第 10 章

思科 Umbrella 是广泛使用的 DNS 和因特网保护技术。你只需将 DNS 服务器指向 OpenDNS 即可以从 Umbrella 受益，获得最基本的功能。你可以创建一个免费账户或支付最低家庭许可费用以增强报告功能。图 13-19 展示了 OpenDNS 免费设置页面，该页面记录了公共 DNS 服务器。

产品主页：

https://umbrella.cisco.com/

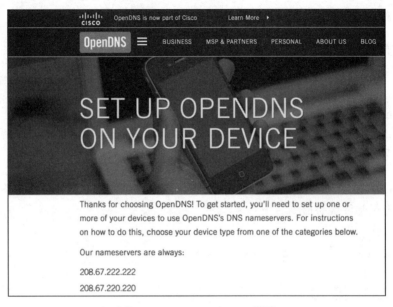

图 13-19　Cisco OpenDNS 设置

13.4.17　Norton ConnectSafe：前面未提及

我们在 Norton ConnectSafe 方面也有丰富的经验，Norton ConnectSafe 是面向家庭用户的类似于 OpenDNS 的服务。如图 13-20 所示，单独的 DNS 解析器提供不同级别的服务。

网站：

https://connectsafe.norton.com

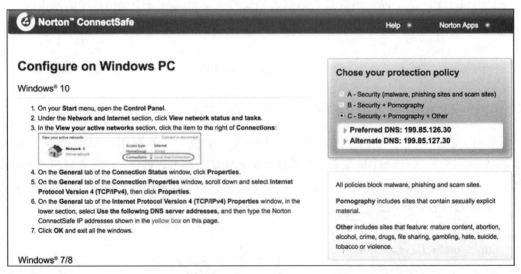

图 13-20　Norton ConnectSafe

13.4.18　Cloudlock：第 10 章

Cloudlock 是思科云访问安全代理（CASB）解决方案。它有助于为企业网络中使用的云服务提供商保护安全并提供高级授权数据保护。

产品主页：

https://cloudlock.com

13.5　取证软件包

在本节中，我们介绍业界认可的取证软件包，这些软件包包含本书目前介绍的工具的许多功能。功能包括从克隆硬盘驱动器到打开唯一文件类型的所有内容。是的，你可以使用开源工具完成许多这些任务，但是最终可能需要 50 个或更多的应用程序才能完成调查的一部分，而不是将所有工作通过一个软件包完成。

13.5.1　FTK Toolkit：第 3 章

标签：数据收集

FTK Toolkit 是 Access Data 发布的完整的取证套件。这是我们的最爱之一，因为它具有足够的能力满足最老练的专业人士的需要，而且学习曲线也很短。

网站：

www.accessdata.com

13.5.2　X-Ways Forensics：第 3 章

标签：数据收集

X-Ways Forensics 是流行的许多行业专业人士使用的完整取证套件。

网站：

www.x-ways.net/forensics

13.5.3　OSforensics：第 6 章

标签：数据收集

OSforensics 是 PassMark 发布的易于使用的完整取证数据收集和数据分析工具包。它以其直观的 GUI 界面而闻名。该软件使用商业许可。在撰写本书时，它的单用户许可证售价为 900 美元。

网站：

www.osforensics.com

13.5.4 EnCase：第 7 章

标签：数据收集

EnCase 是世界上最著名和使用最广泛的取证软件包之一。与其他任何工具相比，我们已经看到该工具在更多的审判和法庭程序中使用。它通常是法律系统所公认和理解的。它具有多种格式的数据收集、分析和报告的工具。

网站：

www.guidancesoftware.com

13.5.5 Digital Forensics Framework（DFF）：第 7 章

标签：数据收集

DFF 是一个开源工具，内置了许多有用的资源。

下载链接：

https://github.com/arxsys/dff

13.6 有用的网站

联邦调查局的因特网犯罪投诉中心（IC3）允许个人提起与因特网网络犯罪活动有关的投诉。投诉可以在线提交，网址为 www.ic3.gov/complaint/default.aspx。

13.6.1 Shodan：第 1 章

Shodan 是一个因特网搜索引擎，用于对设备和漏洞进行索引。你可以搜索特定的硬件设备，例如相机、冰箱和物联网设备。攻击者使用此网站在因特网上查找易受攻击的设备。你可以从 www.shodan.io/ 访问。Shodan 网站如图 13-21 所示。

图 13-21 Shodan

13.6.2　Wayback Machine：第 3 章

Wayback Machine 会存档旧版本的网站。它是网站的历史记录。该网站由 archive.org 维护。你可以在 https://archive.org/web/ 上找到 Wayback Machine。

13.6.3　Robot.txt 文件：第 2 章

你可能会觉得奇怪，我们在这里包含 robots.txt 作为参考，它不是一个网站。那为什么要在这里引入呢？仅仅是因为它可能在你正在调查的任何网站上。一些网站站长使用 Robots.txt 文件指定哪些目录网络爬虫不应该索引。计算机专家可以使用它，因为它可以清楚地显示哪些目录通常是公开的，哪些目录是隐藏的。此功能使正在检查文件的任何人都可以简单地转到隐藏的目录。我们没有提供指向 Robots.txt 的特定链接，因为该链接可能存在于网站上，也可能不存在。

13.6.4　Hidden Wiki：第 2 章

Tor Hidden Wiki 是位于 Tor 网络上的洋葱网站的集合。在浏览暗网时，这个流行网站列表通常是入门的好地方。你可以通过特定链接访问 Tor Hidden Wiki，如图 13-22 所示，但是许多网站都要求你访问 Tor 浏览器。

图 13-22　HiddenWiki

13.6.5　NIST：第 4 章

你可以在 http://nvlpubs.nist.gov/nistpubs/SpecialPublications/NIST.SP.800-61r2.pdf 上找到制订响应计划的指南。

13.6.6　CVE：第 4 章

标签：数据收集

你可以在 https://cve.mitre.org/ 上找到有关供应商报告的常见漏洞的信息。

13.6.7　Exploit-DB：第 4 章

标签：攻击

Exploit-DB 网站（如图 13-23 所示）由安全公司 Offensive Security 运行，Kali Linux 背后也是同一群人。该网站记录了可在利用和渗透测试工具中使用的已知攻击和漏洞。

下载链接：

www.exploit-db.com

图 13-23　Exploit-DB

13.6.8　Pastebin：第 4 章、第 10 章

标签：数据收集

Pastebin 是因特网的剪贴板，可以搜索任何东西。我们经常发现攻击者在此网站上发布有关数据泄露或密码泄露的信息。

网站：

https://pastebin.com

13.6.9　宾夕法尼亚大学证据保管链表格：第 6 章

标签：数据收集

我们在第 6 章中推荐了这种巨大的证据保管链表格。我们还在第 3 章中使用了一个示例，并使用了在本书中包含相似字段的其他形式。

网站：

www.upenn.edu/computing/security/chain/⊖

https://www.isc.upenn.edu/sites/default/files/chain_of_custody_0.pdf

---

⊖　这个网址现在无法访问了。下面的是一个证据保管链表格。——译者注

13.6.10 文件签名列表：第 9 章

标签：数据分析

此 Wikipedia 页面突出显示了已知的文件类型。如果你发现自己正在调查恶意软件并且遇到了无法识别的文件，那么这是一个很好的资源。

网站：

https://en.wikipedia.org/wiki/List_of_file_signatures

13.6.11 Windows 注册表取证 Wiki：第 7 章

标签：数据分析

Windows 注册表取证 Wiki 网站通常被视为了解 Windows 注册表和可用于收集证据的证物的顶级资源。

网站：

www.forensicswiki.org/wiki/Windows_Registry

13.6.12 Mac OS 取证 Wiki：第 7 章

标签：数据分析

我们真的很想推荐这个 Mac OS 取证 Wiki 网站，特别是因为很少有人具有 Mac OS X 取证的真实经验。如果你正在研究 Mac OS X 机器，那么这是一个很好的入门网站。

网站：

http://forensicswiki.org/wiki/Mac_OS_X_10.9_-_Artifacts_Location

13.7 杂项网站

以下网站是本书中提到的许多网站和工具的补充。本书中不一定提到它们，但是我们认为它们可能在将来的调查中派上用场。

13.7.1 可搜索的 FCC ID 数据库

标签：数据分析

United States Federal Communications Commission（美国联邦通信委员会）ID。

网站：

https://fccid.io

13.7.2 服务名称和传输协议端口号注册表

标签：数据分析

该网站对常用服务名称和使用的端口进行了分类。当使用诸如 TCPdump 和 Wireshark 之类的工具并遇到无法识别的协议和端口时，我们以此为参考。

网站：

www.iana.org/assignments/service-names-port-numbers/service-names-port-numbers.xhtml

13.7.3 NetFlow 版本 9 流记录格式

标签：数据分析

思科主页可帮助你了解 NetFlow 版本 9 记录。

网站：

https://www.cisco.com/en/US/technologies/tk648/tk362/technologies_white_paper-09186a00800a3db9.html

13.7.4 NMAP

标签：数据收集

NMAP（或网络映射器）是一种安全扫描程序，用于发现计算机网络上的主机和服务。NMAP 的主页 https://nmap.org/ 包含大量有用的 NMAP 命令。

13.7.5 Pwnable

标签：攻击

Pwnable.kr 是一个非商业性的仿真网站，它提供有关系统突破的各种挑战。基本上，这个网站会教你如何入侵。

网站：

http://pwnable.kr/

13.7.6 Embedded Security CTF

Embedded Security CTF 是夺旗类型的网站。它教你在安全的沙盒类型环境中攻击特定应用程序所需的技能。此列表中有几个这样的网站。

网站：

https://microcorruption.com/login

13.7.7　CTF Learn

标签：攻击

CTF Learn 是一个夺旗类型的网站。它教你在安全的沙盒类型环境中攻击特定应用程序所需的技能。

网站：

https://ctflearn.com/

13.7.8　Reversing.Kr

标签：攻击

Reversing.Kr 也是一个 CTF 网站。但是，与提到的其他一些网站不同，该网站旨在教你如何进行逆向工程和理解恶意软件。

网站：

http://reversing.kr/

13.7.9　Hax Tor

标签：攻击

Hax Tor 是 CTF 网站。它教你在安全的沙盒类型环境中攻击特定应用程序所需的技能。

网站：

http://hax.tor.hu/welcome/

13.7.10　W3Challs

标签：攻击

W3Challs 是一个 CTF 网站。它教你在安全的沙盒类型环境中攻击特定应用程序所需的技能。

网站：

https://w3challs.com/

13.7.11　RingZer0 Team Online CTF

标签：攻击

RingZer0 Team Online CTF 是 CTF 网站。它教你在安全的沙盒类型环境中攻击特定应用程序所需的技能。

网站：

https://ringzer0team.com/

13.7.12 Hellbound Hackers

标签：攻击

Hellbound Hackers 是一个 CTF 网站。它教你在安全的沙盒类型的环境中攻击特定应用程序所需的技能。

网站：

www.hellboundhackers.org/

13.7.13 Over the Wire

标签：攻击

Over the Wire 是个 CTF 网站。它教你在安全的沙盒类型环境中攻击特定应用程序所需的技能。

网站：

http://overthewire.org/wargames/

13.7.14 Hack This Site

标签：攻击

Hack This Site 是 CTF 网站。它教你在安全的沙盒类型环境中攻击特定应用程序所需的技能。

网站：

www.hackthissite.org/

13.7.15 VulnHub

标签：攻击

VulnHub 包含围绕新的网络漏洞和零日攻击的资源、工具和论坛。

网站：

www.vulnhub.com/

13.7.16 Application Security Challenge

标签：攻击

Application Security Challenge 是 CTF 网站。该网站也与典型的"夺旗"类型网站有所不同。它是专门为教你有关 Web 应用程序的漏洞而设计的。

网站：

http://ctf.komodosec.com

13.7.17　iOS 技术概述

标签：数据收集

这是 iOS 平台的概述，涵盖了对开发过程有影响的技术和工具。

网站：

https://developer.apple.com/library/content/documentation/iPhone/Conceptual/iPhoneOS-ProgrammingGuide/Introduction/Introduction.html#//apple_ref/doc/uid/TP40007072-CH7-SW24

13.8　小结

我们衷心希望你喜欢本书。本章的目的是为你提供快速参考，包括我们在数字取证工作中使用的工具索引，以及书中提到这些工具的位置。

当决定写一本书时，我们考察了我们之间的所有取证经验，并认为可以通过编写一本取证的书来增加一些价值。我们还注意到，我们遇到的大多数取证书籍都是围绕收集、保存和提供证据编写的。作为网络工程师和经验丰富的专家，我们意识到在组织中建立取证专业知识的技术远远超出了该领域的法律方面。它们可以帮助网络工程师成为更好的安全专业人员、恶意软件逆向工程师、渗透测试人员和信息安全管理员。取证调查人员使用的先进技术可以融入日常生活、标准操作程序和日常维护中，以帮助维护更安全的网络。

本书涵盖的许多主题可能都有自己的书，例如调查特定的网络或设备类型以及与数字犯罪相关的法律。提高技能的最好方法是学习多种资源和实践。在第 3 章中，我们提供了构建低成本实验室所需的一切。你可以通过在对自己的角色有意义的领域进行培训来提高自己的技能。考虑获得认证，参加取证课程并学习真实调查，或者至少搜索 Google 以了解有关数字取证的更多信息。

我们很想听到你的声音。你可以关注 Joseph Muniz 的博客 The Security Blogger（www.thesecurityblogger.com/），也可以在 www.drchaos.com/ 上关注 Aamir Lakhani 的博客 Dr. Chaos。

谨代表本书中涉及的每个人表示感谢。

技术缩略语表

英文缩略语	英文全称	中文说明
ACL	Access Control Lists	访问控制列表
ADB	Android Debug Bridge	安卓调试桥
ADS	Alternate Data Streams	（NTFS）交换数据流
AFF	Advanced Forensics Format	高级取证格式
AMP	Advanced Malware Protection	高级恶意软件防护
APFS	Apple File System	苹果公司新文件系统，用于替代 HFS+
ASA Firewall	Adaptive Security Appliance firewall	自适应安全防火墙
BDA	Before, During, and After strategy	（事前、事中、事后）策略
CART	Computer Analysis and Response Team	计算机分析与响应小组
CASB	Cloud Access Security Brokers	云访问安全代理
CCFP	Certified Cyber Forensics Professional	认证网络取证专业人员
CEF	CEF Format	通用事件格式
CFO	Chief Financial Officers	首席财务官
CHFI	Certified Hacking Forensic Investigator certification	黑客取证调查员认证
CIO	Chief Information Officers	首席信息官
CSO	Chief Security Officers	首席安全官
CTA	Cognitive Threat Analytics	认知威胁分析
CTF	Capture-The-Flag exercises	夺旗赛，网络安全技术人员之间进行技术竞技的一种比赛形式
CTO	Chief Technology Officers	首席技术官
CVE	Common Vulnerabilities and Exposures	通用漏洞披露，通用漏洞列表
C&C	Command and Control infrastructure	命令与控制基础设施
DBAN	Darik's Boot And Nuke	一个开源的数据擦除工具
DDoS	Distributed Denial of Service	分布式拒绝服务攻击
DFF	Digital Forensics Framework	电子数据取证框架，一个开源的取证平台
DMZ	Demilitarized Zones	非军事区
DNS	Domain Name System	域名系统
DVWA	Dam Vulnerable Web App	一个 Php/MySQL 漏洞演示系统

缩写	英文	中文
ECPA	Electronic Communications Privacy Act	电子通信隐私法
EFF	Electronic Frontier Foundation	电子前沿基金会
EnCE	EnCase Certified Examiner	EnCase 认证检查员
ESA	Email Security Appliance	思科的电子邮件安全设备
ETA	Encrypted Traffic Analytics	加密流量分析
FAT	File Allocation Table	文件分配表
FBI	Federal Bureau of Investigation	联邦调查局
GIAC	Global Information Assurance Certification	全球信息保障认证
GRC	Governance, Risk management, and Compliance	治理、风险管理和合规性软件
HIPAA	Health Insurance Portability And Accountability	健康保险隐私及责任法案
IANA	Internet Assigned Numbers Authority	因特网号码分配机构
IC3	Internet Crime Complaint Center	因特网犯罪投诉中心
ICCE	International Conference on Computer Evidence	国际计算机证据会议
IDS	Intrusion Detection Systems	入侵检测系统
IEEE	Institute of Electrical and Electronics Engineers	电气与电子工程师协会
IETF	Internet Engineering Task Force	因特网工程任务组
IOCE	International Organization on Computer Evidence	国际计算机证据组织
IoE	Internet of Everything	万物互联
IoT	Internet of Things	物联网
IPFIX	IP Flow Information Export	IP 数据流信息输出协议
IPS	Intrusion Prevention Systems	入侵防护系统
IRT	Incident Response Teams	应急响应团队
ISE	Identity Services Engine	身份服务引擎
ISE	Identity Services Engine	思科身份服务引擎,一种访问、授权和计费服务器
LLB	Low-Level Bootloader	iOS 启动阶段之一
LOIC	Low Orbit Ion Cannon	低轨道离子炮
LVM	Logical Volume Management	逻辑卷管理器
M2M	Machine to Machine	机器对机器
MTA	Mail Transfer Agents	邮件传输代理
MUA	Mail User Agents	邮件用户代理
MX	Mail eXchange records	邮件交换记录
NAC	Network Access Control	网络访问控制
NIST	National Institute of Standards and Technology	美国国家标准技术研究所
NMAP	Network Mapper	网络扫描器
NTFS	New Technology File System	Windows 文件系统
OCFA	Open Computer Forensics Architecture	开放计算机取证架构
OSCP	Offensive Security Certified Professional	攻击性安全认证专家
PCI	Payment Card Industry	支付卡行业
PHRCFL	Philadelphia Regional Computer Forensics Laboratory	费城地区计算机取证实验室

PNG	Portable Network Graphics	可移植网络图像格式文件
POE	Power Over Ethernet	有源以太网
PPA	Privacy Protection Act	隐私保护法
RAID	Redundant Array of Independent Disks	磁盘阵列
Samurai WTF	Samurai Web Testing Framework	Web 渗透测试环境
SATA	Serial ATA	串行 ATA 接口
SDC	Software-Defined Computing	软件定义计算
SDN	Software-Defined Networking	软件定义网络
SEM	Security Event Managers	安全事件管理器
SGT	Secure Group Tags	安全组标签
SIEM	Security Information and Event Managers	安全信息和事件管理器
SIM	Security Information Managers	安全信息管理器
SMB	Server Message Block	服务器消息块
SMTP	Simple Mail Transfer Protocol	简单邮件传输协议
SSD	Solid-State Drives	固态硬盘
STIX	Structured Threat Information eXpression	结构化威胁信息表示
TAXII	Trusted Automated eXchange of Indicator Information	指标信息的可信自动化交换
TCP	Transmission Control Protocol	传输控制协议
TLD	Top-Level Domains	顶级域名
UDP	User Datagram Protocol	用户数据报协议
VLAN	Virtual LANs	虚拟局域网
VM	Virtual Machines	虚拟机
WCCP	Web Cache Communication Protocol	网页缓存通信协议
WSA	Web Security Appliance	Web 安全设备